마인드스캔

마인드스캔

발행일	2019년 1월 31일

지은이	토우		
펴낸이	손형국		
펴낸곳	(주)북랩		
편집인	선일영	편집	오경진, 권혁신, 최승헌, 최예은, 김경무
디자인	이현수, 김민하, 한수희, 김윤주, 허지혜	제작	박기성, 황동현, 구성우, 정성배
마케팅	김회란, 박진관, 조하라		
출판등록	2004. 12. 1(제2012-000051호)		
주소	서울시 금천구 가산디지털 1로 168, 우림라이온스밸리 B동 B113, 114호		
홈페이지	www.book.co.kr		
전화번호	(02)2026-5777	팩스	(02)2026-5747

ISBN	979-11-6299-487-0 03180 (종이책) 979-11-6299-488-7 05180 (전자책)

이 도서의 국립중앙도서관 출판예정도서목록(CIP)은 서지정보유통지원시스템 홈페이지(http://seoji.nl.go.kr)와
국가자료공동목록시스템(http://www.nl.go.kr/kolisnet)에서 이용하실 수 있습니다.
(CIP제어번호: CIP2019001974)

(주)북랩 성공출판의 파트너
북랩 홈페이지와 패밀리 사이트에서 다양한 출판 솔루션을 만나 보세요!
홈페이지 book.co.kr   •   **블로그** blog.naver.com/essaybook   •   **원고모집** book@book.co.kr

마음을 살펴 행복으로 나아가는 명상의 기술

마인드스캔

토우 지음

북랩 book Lab

이 책에 쓰인 다음의 단어는 저자가 만든 용어입니다.

1. 제나아리: 참살앎을 순우리말로 푼 말.
    * 제나: 순우리말로 푼 참나. 원래 제 것으로서의 나 또는 우리. 살
      (몸) 차원에서의 모든 것과 앎(마음) 차원에서의 모든 것이 다 나
      라는 뜻.
    * 아리: 알음아리. 알다. 깨닫다. 깨우치다.
2. 온새미나: 깨어지거나 부서지기 전의 온전한 모양을 뜻하는 순우
    리말 '온새미'와 '나'의 합성어.
    1) 통째로서의 나. 하나(흔나).
    2) 자리 혹은 차원을 가리지 않은 모든 존재. 온 존재.
3. 마음체: 나의 몸을 제외한 마음 부분.
4. 나아가기(정진): 본나 쪽으로 가는 것. 참나에게로 가는 것.
5. 수련: 정신을 집중하여 마음으로 나아가기.
6. 수행: 실천을 통하여 몸으로 나아가기. 생활수련.
7. 아리단계: 명상으로 참나까지 깨닫는 단계.
8. 사리단계: 참나로 사는 단계.
9. 모나(몸나): 몸+나, 몸+마음. 몸나의 속성. 몸나의 마음. 거짓 나.
    거짓 마음.

10. 해모나: 몸나를 버림. 모나를 해소함.

11. 살마음: 살에 있는 마음과 살이 내는 마음. 본능과 정신.

12. 하나(흔나): 우주 나. 모두가 하나인 자리의 나. 신성.

13. 보나: 본나. 본래 나. 본성. 신(神)과 공(空).

14. 마음나: 순수 허공의 자리에서 거듭난 나. 마음으로 새로이 태어난 나. 심식체.

15. 참나: 마음나에 살이 난 참사람 나. 심체.

16. 개체의식: 낱개로 인식하는 나 의식.

17. 순수의식: 빈 의식. 색(色)이 없는 의식.

18. 흔의식: 개체의식이 없이 전체성으로 있는 의식.

19. 한알: 낱개의식. 분리된 자아의식. 몸나의 의식.

20. 한울: 테두리만 가지고 있는 낱개 의식. 의식체.

21. 한얼: 본나에서 나온 한 의식. 울 없는 나 의식. 흔 목소리.

22. 체(體): 개체의식으로서의 나. 범위. 형상.

23. 신체(身體): 몸나. 몸+나. ⬤

24. 인식체(認識體): 몸나에서 몸만 빠진 상태의 나. 살았던 경험들을 그대로 지니고 있는 나. ⬤

25. 의식체(意識體): 몸나의 경험이 모두 빼내어졌지만, 느낌과 개념을 그대로 지니고 있는 나. ⬤

26. 식체(識體): 몸은 없으나 나라고 하는 범주를 가지고 있는 개체의식의 나. ◯

27. 심식체(心識體): 마음으로 거듭난 나. 마음나. ◯

28. 심체(心體): 참나. ◡◡

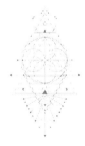

I

온새미나 일반

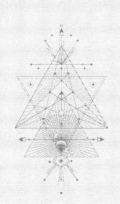

공자의 지자요수 인자요산(知者樂水 仁者樂山)이라는 말은 사람의 성품을 자연에서 찾은 하나의 예일 것입니다. 지혜로운 사람은 물을 좋아하고 인자한 사람은 산을 좋아한다면 공자는 지혜와 물의 성품을 비슷한 것으로, 어진 자애와 산의 성품을 유사한 것으로 파악한 것입니다. 물은 섭리를 거스르지 않고 흐릅니다. 산은 생명 가진 수목으로 이루어져 있으면서 또한 그 안에 수많은 생명을 품어서 기르고 있습니다. 공자가 본 지혜는 섭리를 거스르지 않는 것이고, 자애는 생명을 잘 살림하는 것이었는지도 모른다는 생각을 해 봅니다.

자연을 관심을 가지고 가만히 들여다보면 그곳에 우리 인생의 다양한 면모가 다 들어 있습니다. 제가 알고 있는 '나'에 대한 정체성도 자연에서 찾을 수 있었습니다. 그것은 마치 곤충의 한살이와 다를 것이 없다고 느꼈습니다.

곤충 중에서 인류와 가장 친숙한 곤충으로 누에를 들 수 있습니다. 인간이 누에를 치기 시작한 것은 중국에서부터라고 알려져 있습니다. 중국 산서성 장안 근처에서 기원전 신석기 시대의 유적을 발굴하다가 누에고치의 껍질을 발견하게 되었습니다. 이 발견으로 잠업의 기원은 신석기 시대까지 거슬러 올라가게 되었습니다. 우리나라의 경우에도 삼국 시대 이전서부터 잠업이 발달하였다고 합니다. 털이 없는 인류는 일찍부터 보온을 위하여 잠업을 시작하였던 것입니다. 어린 시절 저는 외가 댁에서 누에를 본 기억이 있습니다. 외가에 도착한 시간이 저녁나절로 아직 한낮이었는데 작고 하얀 누에가 모두 하늘을 쳐다보고 꼼짝도 하지 않았습니다. 그 광경은 마치 하나의 부족 전체가 기도하는 의식을 치르고 있는 것과 같이 경건하고 신성해 보였었습니다. 미동도 없는 녀석들이 이상하여 살짝 건드려 보았습니다. 외할머니는 그러지 말라고 주의를 주셨습니다. 녀석들이 잠을 자고 있다는 것입니다! 잠자는 자세치고는 매우 특이한 포즈였습니다. 그 외에 누에가 뽕잎을 먹는 소리도 기억납니다. 그것은 늘 비오는 소리를 떠오르게 했었습니다. 그리고 누에 살갗의 그 말랑하고 부드럽고 빤질빤질한 감촉도 잊을 수 없는 기억 중 하나입니다.

누에는 완전탈바꿈을 하는 곤충입니다. 완전탈바꿈 하는 곤충은 알, 애벌레, 번데기, 성충의 단계를 거칩니다. 누에 나방이 낳은 알은 누에씨라고 부릅니다. 누에씨를 20℃ 정도의 따뜻한 방에 놓아두면 노랗던 것이 점차 흑갈색으로 변합니다. 약 2주 후에는 알을 깨고 나오는데 처음 알을 깨고 나온 누에는 까만 털이 있어 까맣게 보입니다. 갓 깨어난 누에 애벌레의 크기는 2~3㎜ 정도로 아주 작습니다. 이때의 누에는 까맣고 작은 것이 개미 같다고 하여 개미누에라고도 하고, 까만 털이 있어서 털누에라고도 합니다. 요놈이 한 살 먹은 누에, 즉 1령 누에입니다.

1령 개미누에는 부지런히 뽕잎을 먹어서 3일 정도가 지나면 크기는 7㎜ 정도가 됩니다. 1령의 몸이 다 큰 것입니다. 그러면 피부 갱신을 위해 잠을 잡니다. 잠은 보통 하루를 자며, 잠자는 동안에 2령에서 입을 새로운 피부를 만듭니다. 그래서 잠에서 깨면 곧바로 허물을 벗고 좀 더 성장할 큰 몸으로 갈아입게 됩니다. 2령 누에가 되는 것입니다. 2령 누에는 다시 3일간 열심히 뽕잎을 먹고 하루 동안 잠을 잔 후 허물을 벗고 다시 새로운 몸으로 갈아입고 3령 누에가 되고, 3령 누에도 똑같은 과정을 반복합니다. 4령 누에는 훨씬 더 많이 먹고 애벌레로서는 마지막 탈피를 준비하기 위하여 잠도 이틀 동안 자게 됩니다. 5령이 된 누에는 자신이 일생 동안 먹는 뽕잎의 80%를 먹고 크기도 8㎝ 이상으로 엄청 커집니다. 일주일 정도가 지나면 누에의 하얀색은 점차 투명한 노랑색으로 변하며 이때의 누에를 익은누에라고 부릅니다. 익은누에는 더 이상 뽕잎을 먹지 않습니다. 그리고 실을 뽑을 준비를 합니다. 익은누에는 본능적으로 기어오르려는 습성을 드러냅니다. 그러면 누에가 올라가서 고치를 잘 지을 수 있도록 섶을 만들어 줍니다.

누에는 알에서 깬 지 27일이 지나면 고치를 짓기 시작합니다. 실샘에서 실을 뽑아 고치를 짓는데, 실을 뽑기 시작하여 12시간이 지나면 고치의 형태가 만들어지고 하루가 지나면 고치가 두꺼워져 누에가 보이지 않을 정도가 됩니다. 고치가 다 완성되기까지는 이틀이 걸립니다. 누에는 고치 속에서 번데기가 됩니다. 저는 5령 누에는 어른의 가운데손가락만 한데 고치 속의 번데기는 새끼손가락의 끝마디만큼 조그만 것이 의아했는데, 알고 보니 익은누에는 뱃속의 노폐물도 모두 배설하여 몸이 작아진다고 합니다. 고치 속에서 몸집은 더 줄어들고 하루가 지나면 번데기가 되는 것입니다. 번데기가 되어 약 12일 정도 지나면 등쪽 가슴이 갈라지면서 하얀 나방이 나옵니다. 작고 쭈글쭈글하고 볼품없는 번데기 시절은 누에의 가장 신비로운 기간입니다. 그 시간을 통과해야만 새하얀 날개를 가진 나방으로 탄생하는 것이니까요. 비단으로 만든 기적의 방에서 누에는 나방으로의 전변을 만들어 내는 것입니다.

번데기에서 나온 나방은 입에서 알칼리성 액체를 토해 고치를 녹여 구멍을 뚫고 나오게 됩니다. 나방이 고치에서 나오는 시간은 동틀 무렵에서부터 아침까지로 정해져 있습니다. 나방으로 탈피하여 처음에는 피부도 축축하고 날개도 구겨져 있습니다. 그 시간에 나와서 아침 햇살에 피부와 날개를 말리는 것입니다. 고치 밖에 있는 천적들의 눈에 띄지 않으면서도 몸을 말리기에도 안성맞춤인 시각에 나방이 나오는 것은 참으로 오묘한 자연의 섭리가 아닐 수 없습니다. 날개가 마르면 암컷은 유인 물질을 분비하여 수컷을 불러들입니다. 교미는 오후 늦게까지 지속되고 그날 저녁에 알을 낳기 시작합니다. 암컷은 밤사이에 약 500개의 알을 낳아서 종족 보존의 의무를 마친 다음 순리에 따라 생을 마감합니다.

저는 젊은 시절에 사람도 이와 같은 구분이 있었으면 좋겠다는 생각을 한 적이 있었습니다. 한눈에 척 봐도 그 사람이 어느 정도나 성숙했는지를 가늠해 볼 수 있는 그런 잣대가 외형으로 나타난다면 사람의 세상이 좀 더 믿을 수 있는 세상이 되지 않았을까 하는 상상이었습니다. 그런데 '나'는 실제로 그런 구분이 있었던 것입니다. 몸으로는 그렇게 구분하는 것이 불가능합니다. 그러나 마음은 분명 그런 구분이 존재합니다.

예전에 저에게는 아끼는 어른 동화가 두 권 있었습니다. 하나는 『아낌없이 주는 나무』였고 또 하나는 『꽃들에게 희망을』이라는 책이었습니다. 그중에서도 저는 『꽃들에게 희망을』이라는 책이 무척 마음에 들었습니다. 지금 이 시점에서 되돌아보면 그 감동은 '나'에 대한 이야기였기 때문이었습니다. 그 책만큼의 감동은 아니라고 하더라도 이제는 저도 나비의 판타지를 어설프게나마 이야기로 엮을 수 있을 것 같습니다.

다음의 이야기 제목은 '나비가 열리는 나무'입니다.

어느 광활한 평원에 키가 크고 아름다운 아름드리 까막과줄[1] 나무가 한 그루 있었습니다. 무성한 가지에 가득하게 잎이 자라난 어느 날 이 까막과줄 나무는 커다란 나뭇잎들을 골라서 그 끝에 알을 낳았습니다. 알들은 처음에는 모두 맑고 투명한 하늘을 닮았었지만 시간이 지날수록 마치 무지개 빛깔의 물방울이 달린 것처럼 빨강, 주황, 노랑, 초록과 파랑, 남빛과 보랏빛을 띠기 시작하였습니다. 조그만 별처럼 반짝이는 알들은 너무나 예뻐서 햇살과 바람이 매일매일 찾아와 축복해 주었습니다. 알들은 까막과줄 나무와 햇살과 바람의 사랑을 듬뿍 받으며 하루하루를 보냈습니다. 껍질 안에서는 무슨 일이 벌어지고 있는지 자기자신도 알지 못한 채 그냥 시간에 오롯이 자신을 맡기고 다만 기다렸을 뿐입니다. 모든 것은 자연적으로 되어 갔던 것입니다. 따뜻한 햇살이 비치는 봄날 알에서는 꼬물꼬물 아주 작고 귀여운 애벌레들이 나왔습니다. 빨강 알에서는 빨강 애벌레가 나왔습니다. 주황빛 알에서는 주황 애벌레가 나왔습니다. 노랑빛 알에서는 노랑 애벌레가 나왔습니다. 이렇게 초록, 파랑, 남색의 애벌레들이 나왔으며, 보랏빛 알에서는 보라색의 애벌레가 나왔습니다.

우리의 주인공은 파랑 애벌레입니다. 그냥 파랑 애벌레입니다. 파랑 애벌레는 자기는 파랑 애벌레일 뿐이라고 생각을 하였습니다. 알일 때의 기억도 없고 자신은 지금 파랑 애벌레인 것만 알며, 그다음에는 어떻게 될 것인지에 대해서는 아무것도 알 수 없기 때문이었습니다. 사실 그런 것에는 한 번도 관심을 가져 본 적도 없었습니다. 파랑 애벌레는 주위의 무성한 까막과줄 나무의 이파리를 열심히 뜯어 먹었습니다. 파랑 애벌레가 하는

---

1 주엽나무의 지방에서 부르는 이름으로 까막가시나무라고도 한다.

일은 오직 먹고 또 먹는 것이었습니다. 파랑 애벌레가 주위를 둘러보니 빨강 애벌레, 주황 애벌레, 노랑 애벌레, 초록 애벌레와 파랑 애벌레, 남색 애벌레, 보라색 애벌레들이 있었습니다. 파랑 애벌레는 자기와 색이 같은 다른 파랑 애벌레에게 다가갔습니다. 그들은 색이 같다는 유대감으로 금방 친해졌습니다. 그러나 색깔이 다른 애벌레와는 친하지 않았습니다. 그들은 색깔이 다르다는 것은 자신과 다른 것이며, 자신과 다르다는 것은 함께 어울려 살기 어려운 것이라고 판단하였습니다. 까막과줄 나무의 애벌레들은 곧 같은 색끼리 모여 살게 되었습니다. 파랑 애벌레들이 사는 가지의 안쪽에는 노랑 애벌레들이 살았습니다. 그리고 노랑 애벌레들은 보라 애벌레들의 이웃 가지에 살았는데 보라 애벌레가 자신이 살고 있는 가지까지 다가와서 이파리를 먹는 것을 보고 참을 수가 없었습니다.

"저것들이 감히 우리 이파리를 먹어!"

그들은 곧 보라 애벌레에게 전쟁을 선포하였습니다. 노랑 애벌레들과 보라 애벌레들의 싸움이 시작되자 까막과줄 나무의 다른 가지에서도 싸움이 일어났습니다. 어떤 가지에서는 가지를 구분하는 경계가 애매하여 싸웠고, 어떤 가지에서는 자신들의 가지가 더 좋은 가지임을 증명하기 위하여 싸웠고, 또 어떤 가지에서는 아름다운 이파리를 차지하기 위해서 싸우는 등 이유도 많았습니다. 그들은 싸움은 피할 수 없는 것이라고 여겼습니다. 잘 싸우는 애벌레는 존경의 대상이 되었으며, 싸우다가 죽은 애벌레는 같은 색깔을 지닌 애벌레들에게서 영웅으로 찬양되었습니다. 서너 번은 가지 전체가 싸움에 휘말리는 전쟁도 하였습니다. 그 외에도 수시로 크고 작은 싸움이 일어났으며, 그러는 동안에 예민해진 애벌레들은 같은 색깔의 애벌레들끼리도 갈등을 많이 겪었습니다.

까막과줄 나무에는 모든 애벌레들이 아무리 갉아먹어도 부족하지 않을 만큼의 아주 많은 이파리들이 있었지만 같은 색깔들끼리 모여 살다 보니 나뭇잎이 모자라는 가지도 많았습니다. 그런 가지에서 사는 애벌레들은 먹을 것이 없어 굶어 죽기도 하였고 이파리를 구하느라 다들 고생이 이만저만이 아니었습니다. 그래서 애벌레들은 참으로 고단한 삶을 살았지만 그들 중 몇몇은 그러한 싸움으로부터 까막과줄 나뭇잎을 수고하지 않고 챙길 수 있는 이익을 얻기도 하였습니다. 그리고 또 몇몇은 전리품으로 풍족하고 행복한 생활을 할 수도 있었습니다. 파랑 애벌레는 까막과줄 나무에서의 삶이 그래도 고통이기보다는 행복이라고 느끼고 있었습니다. 파랑 애벌레의 가지는 나무 중에서도 외진 곳에 위치해 있어서 다른 가지의 색깔 다른 애벌레들과 싸우는 일도 별로 없었으며, 파랑 애벌레 사이에서 평범하게 그럭저럭 지낼 만하였고, 생각해 보면 나뭇잎은 맛있고 주변의 파랑 애벌레끼리 다정하게 지낼 수도 있었으며 나름 재미있는 일도 많았습니다.

파랑 애벌레가 태어난 지 한 달하고 아흐레가 지났습니다. 그동안 파랑 애벌레는 졸리면 자고 일어나면 새 가죽옷으로 갈아입었습니다. 총 네 번의 잠을 잤습니다. 가죽옷을 갈아입는 것은 여간 성가신 일이 아닐 수 없었습니다. 시간도 걸리고 무엇보다도 등가죽이 간질간질하였으니까요. 그런데 이번에는 조금 달랐습니다. 파랑 애벌레는 무슨 병이라도 걸린 양, 몸 안에 있는 것은 다 배설하고 토해냈습니다. 몸은 쪼그라들었고 정신도 흐릿해져 갔습니다. 파랑 애벌레는 자신이 죽을 때가 되었다는 것을 본능적으로 알았습니다. 그래서 마음이 이끄는 대로 까막과줄 나무의 가지 아래에 달린 좀 더 으슥한 나뭇잎을 찾아가 적당한 죽을 자리를 보았습니다. 누가 가르쳐 주지 않았어도 남의 눈에 뜨이지 않는 곳에 자리를 잡고 나뭇잎 뒷면에 자신을 붙였습니다. 그러자 몸이 서서히 굳으면서 정신은 가물가물 속으로 잦

아들었습니다. 몸 거죽이 딱딱하게 굳으면서 파랑 애벌레는 애벌레 시절의 많은 기억들을 서서히 잊어 갔습니다. 파랑 애벌레는 희미한 감각 속에서 그냥 삶이 끝나가고 있다고 생각하였습니다.

파랑 애벌레는 그렇게 파랑 번데기가 되었습니다. 파랑 번데기는 단단한 껍질 안에서 꼼짝도 하지 않았습니다. 잠깐 속으로 생각을 하였을 뿐입니다. '어, 이건 뭐지?' 자신이 죽을 거라고 믿었으므로 죽음을 기다리고 있었는데, 껍질 속에서 번데기로 변했을 뿐 죽음은 찾아오지 않았습니다. 파랑 애벌레는 이젠 파랑 번데기였습니다. 더 이상은 먹을 필요도 없었고 단단한 껍질 덕분에 새에게 먹힐 근심도 하지 않았습니다. 절대적인 고요와 평온을 느끼면서 오로지 자신만의 크나큰 마음의 평화를 누리며 지냈습니다. 마음이 평온해지자 그 절대적인 고요 속에서 번데기는 알 수 있었습니다. '나는 무언가 더 멋진 존재였던 거야.'

다시 삼칠일이 지나가고 들판은 온갖 꽃으로 가득한 한여름의 어느 날 파랑 번데기는 갑자기 등허리가 아파 오기 시작하였습니다. 등이 갈라지는 고통 속에서 파랑 번데기는 다시 죽음의 공포에 휩싸였습니다.
'아, 이제는 진짜로 죽는가 보다!'
드디어 파랑 번데기의 등허리가 찢어지더니 그 안에서 되어 가던 파랑 번데기의 본래 모습이 드러났습니다. 축축하고 꾸깃꾸깃하게 구겨진 몸으로 다시 태어났던 것입니다. 자신의 모습을 돌아볼 겨를도 없이 아침햇살에 축축한 몸을 내맡겼습니다. 빛나는 햇살이 축축한 몸을 말려 주고 꾸깃꾸깃 구겨진 날개를 펴 주었습니다. 그러자 파랑 애벌레는 아름답기 그지없는 파랑빛의 나비가 되었습니다. 하지만 파랑빛의 나비는 이제는 그 이전의 자신을 알 수가 없었습니다. 파랑 번데기는 애벌레 때와는 달리 자신이 다르게 깨어날 것을 기대할 수가 있었습니다. 하지만 파랑빛의 나비가 되자 번데기 시절의 자신이 아무것도 아닌 것처럼 여겨졌습니다. 이렇게 멋진 날개를 가지고 있는 지금의 나만이 나이고 그 이전의 딱딱하고 작고 주름투성이의 못생긴 번데기 시절은 절대로 자신이 아닌 것이라고 부정을 해 버리고 말았기 때문이었습니다.

'그래, 맞아. 그 전까지는 내가 아니었던 거야.'

그래서 알들은 알들대로 아직 알일 뿐이었고, 애벌레는 자신이 곧 애벌레라고만 생각을 하였으며, 번데기는 자신이 무엇인지 알 수 없었고 나비는 나비대로 자기만이 나비라고 지금도 생각하고 있는 것입니다. 애벌레는 번데기와 나비가 낯설고 번데기는 애벌레와 나비를 알지 못하며 나비는 애벌레와 번데기를 경멸하고 있습니다. 애벌레는 애벌레끼리 살면서 나비를 헐뜯었습니다. 애벌레들에게는 나비들이 날아드는 것이 아니꼽고 귀찮았습니다. 잘난 척을 하질 않나, 날개가 없는 그들을 업신여기고 자기 마음대로 나뭇잎을 흔들어 놓지를 않나. 참으로 기분 나쁜 존재였던 것입니다. 또한 번데기는 정말이지 대책이 없는 존재들인 것입니다. 마침 맛나 보이는 나뭇잎을 뜯어 먹으려는데 그 밑에 붙어 있는 번데기를 보면 왜 그렇게 징그러운지 볼썽사나운 번데기입니다. 번데기는 번데기대로 애벌레가 귀찮습니다. 고요가 흔들리는 것은 다 애벌레 때문이지요. 나비도 가끔 찾아와 고요를 훼방놓고 갑니다.

그런가 하면 나비들은 애벌레들이 거슬렸습니다. 먹으려면 꿀을 먹을 것이지, 왜 까막과줄 이파리를 먹는 것인지 마음에 들지 않았습니다. 하필이면 알을 낳을 최적의 장소를 해치고 있으니까요. 나비들은 또한 움직이지도 않고 주구장창 나뭇잎에 붙어 있는 번데기들이 너무나 고집스러운, 참으로 이상한 존재라고 하며 가까이하지 않았습니다.

그래서 까막과줄 나무에는 애벌레끼리의 싸움과 알과 애벌레와 번데기와 나비의 싸움이 같이 일어나고 있었으며 따라서 나무 전체에 미움이 가득하고 갈등과 싸움으로 하루도 평화로운 날이 없었습니다. 그들은 알도 애벌레도 번데기도 나비도 모두가 다 같은 나비임을 결코 알 수가 없었습니다.

어느 날 파랑빛의 나비는 하늘을 쳐다보았습니다. 하늘은 파랑빛으로 가득하였습니다. 푸르디푸른 창공은 깊이도 넓이도 끝이 없었습니다. 파랑빛의 나비는 그 푸른 하늘로 풍덩 빠져 버리고 싶은 충동에 휩싸였습니다. 순간 자신도 모르게 까막과줄 나무 위로 훨훨 날아올랐습니다. 얼마나 날아올랐을까, 나비는 하늘 속을 헤엄치듯 한참을 날아다녔습니다. 자유로웠습니다. 실컷 날아다니고 나서 아래를 내려다보았습니다. 하늘 높은 곳에서 내려다보는 까막과줄 나무는 낯설었습니다. 아, 내가 사는 나무가 저렇게 생겼구나! 이번에는 까막과줄 나무에 이끌려 천천히 내려오면서 나무를 바라보았습니다. 호기심과 존경심과 사랑으로 가슴이 충만해졌습니다. 경외심을 가지고 자세하게 이리저리 살펴보던 파랑빛의 나비는 깜짝 놀라지 않을 수 없었습니다. 까막과줄 나무가 시들고 있었던 것입니다.

'아니, 까막과줄 나무가 시들어 가고 있다니!'

알이나 애벌레나 번데기나 나비는 서로를 알아보지는 못했지만 까막과줄 나무가 어머니 나무라는 것을 알고 있었습니다. 그런데 그 나무가 시들어 가고 있는 것입니다. 파랑빛의 나비는 다시 까막과줄 나무 가까이로 내려와서 찬찬히 둘러보았습니다. 세상에나, 어머니 나무 가지마다 싸움이 일고 다투고 갈등하는 것을 보게 되었습니다. 하지만 왜 그렇게 싸워야 하는지 알 수가 없었습니다. 그렇게 싸우고 있는 동안 독샘에서 뿜어낸 검은 먼지로 나무는 시들어 가고 있었던 것입니다. 파랑빛 나비는 약초를 구해다가 까막과줄 나무 아래에 묻어 보았습니다. 그건 아무런 효과가 없었습니다. 물을 떠 날라다 잎에 뿌려 보았지만 그것도 소용이 없었습니다. 나비는 자신이 어떻게 해야 할지 알 수 없었습니다. 이렇게 해볼까 저렇게 해볼까 고민하였지만 딱히 좋은 방법을 찾지도 못했습니다. 파랑빛의 나비는 까막과줄 나무의 그늘에 앉아서 깊은 사색에 잠겼습니다. 나비는 깊은 사색 속에서 어머니 까막과줄 나무가 시들어 가는 원인이 검은 먼지 때문이라는 것을 떠올리게 되었습니다.

'우리의 어머니 나무를 살리기 위해서는 우리들의 전쟁과 싸움과 다툼과 갈등을 멈추어야 하는 거로구나. 그렇지만 어떻게 해야 하지?'

파랑빛의 나비는 이 독이 풀풀 나오는 전쟁과 싸움과 다툼과 갈등을 멈출 수 있기를 간절히 기원하였습니다. 그러자 마음 깊은 속에서 빛나는 까막과줄 나무를 만났고 그 빛으로부터 하나의 목소리를 들었습니다.

'나는 너다. 네 마음을 통하여 나를 찾아오너라.'

파랑빛 나비가 정신을 집중하여 마음으로 들어갔습니다. 마음길을 따라 집중하고 또 집중하여 '나'를 찾아 여행을 시작하였습니다. 마음속 깊은 곳에 이르렀을 때 파랑빛의 나비는 어머니 까막과줄 나무를 볼 수 있었습니다.

어머니 까막과줄 나무는 사랑으로 충만하였습니다. 나뭇가지며 나뭇잎까지도 사랑으로 채워지자 어머니 까막과줄 나무는 지고의 행복을 느꼈습니다. 어머니 까막과줄 나무는 사랑과 행복이 자신의 살과 피와 뼈에서 무르익었을 때 그 사랑과 행복을 씨앗에 심어서 그것으로 알을 만들었습니다. 그리고 잎이 무성해진 어느 날 나뭇잎 끝에 그 알을 낳았고 그것이 깨어나 애벌레가 되었습니다. 애벌레는 다시 번데기가 되었으며, 번데기에서 허물을 벗고 자신이 나왔다는 것을 알 수 있었습니다. 빨강, 주황, 노랑, 초록, 파랑, 남색, 보라의 모든 알과 애벌레와 번데기와 나비들이 다 같은 나무의 씨앗이었습니다. 그리고 씨앗이 되기 이전에는 모두가 그 나무의 살과 피와 뼈였다는 것을 알 수 있었습니다. 아, 자신이 그 나무였던 것입니다! 그들도 모두 까막과줄 나무였던 것입니다! 그리고 자신과 그들 모두가 사랑이고 행복이었던 것입니다.

'아, 우리는 하나였구나. 어머니가 나였고 어머니가 그들이었어! 내가 어머니였고 그들이 어머니였던 거구나. 그리고 알과 애벌레와 번데기가 다 나와 똑같이 까막과줄 나무였다니! 우리는 모두가 사랑이고 행복이었어! 그런데도 왜 우리는 나와 남이 다름없는 하나인 것을 모르고 살고 있을까? 왜 그 하나의 사랑을 잊고 살고 있었을까? 왜 우리는 이 사랑을 잊고 살고 있는 것일까! 왜 우리는 이 행복을 잃고 살고 있는 것일까!'

파랑빛의 나비는 다시 까막과줄 나무로 날아올랐습니다. 그는 가지에 살고 있는 무지갯빛의 나비들에게 우리는 모두 까막과줄 나무였으며, 결국 우리는 하나이고, 우리는 모두 사랑이라는 것을 말하기 위한 여행을 시작한 것입니다.

좀 낯이 어설픈 이 판타지는 분명 까막과줄 나무가 다시 생명의 빛으로 찬란하게 빛나는 해피엔딩이 되리라 저는 믿어 의심치 않습니다. 그것이 살앎의 성장이고 진화이기 때문입니다.

1. 우리의 현주소는 사람

몇 년 전 화목원에서 숲해설가로 일할 때의 일입니다. 가을에 생태공예전에 출품할 일이 생겼습니다. 숲해설가가 네 명이었는데 나이가 제일 많은 왕언니는 혼자서 작품을 만들었고 나머지 동갑내기 세 사람은 공동으로 작품을 만들었는지라 화목원에서는 네 사람 모두 출장을 보내 주었습니다. 작품을 출품하고 견학까지 하고 오라는 것이었습니다. 우리는 서울 산림조합중앙회에 작품을 제출하고 남한산성을 들른 다음 돌아가는 길목에 있는 수목원 한 군데를 둘러보고 춘천으로 내려가기로 하였습니다. 내비게이션이 많이 보급되지 않았던 시절이었지만 운전을 한 왕언니의 차에는 내비게이션이 있었습니다. 내비게이션의 안내를 받으며 룰루랄라 남한산성으로 향했는데 도로가 얼마나 막히는지 가다 서다를 반복하며 지루하고 지루하게 남한산성에 닿았습니다.

그런데 이게 웬일입니까! 남한산성이 보이지를 않는 것입니다. 분명 내비게이션 여자는 "근처에 목적지가 있습니다. 안내를 종료합니다"라고 똑똑 떨어지는 목소리로 낭랑하게 안내를 마쳤는데 산성은커녕 산으로 올라가는 길밖에는 보이지를 않습니다. 내려서 살펴보니 앞에 떠억 버티고 서 있는 식당 간판이 '남한산성 숯불오리'였던 것입니다. 우리는 서로의 얼굴을 쳐다보며 배를 움켜쥐고 웃었던 기억이 납니다. 조수석에 앉았던 동갑내기가 주소 검색을 잘못 하였던 것이지요. 그 바람에 수목원도 못 들르고 길바닥에서 시간을 모두 낭비한 채 서둘러 돌아와야 했습니다.

　주소가 틀리면 우리는 다른 자리에 가서 헤매게 됩니다. 산림조합중
앙회에서 남한산성은 40분이면 넉넉히 갈 수 있는 그리 멀지 않은 거리
입니다. 그런데 우리는 주소를 잘못 검색해서 서해 고속도로를 타고 무
려 3시간을 헤맸습니다. 그곳은 산성 근처의 맛집이 아니었기 때문에
남한산성에 가는 것은 아예 포기해야 했습니다. 돌아오는 길도 더 멀어
졌습니다. 계획하였던 일정에 맞추지도 못하였습니다. 하지만 그래서 그
날 하루가 지금도 기억하는 특별한 날이 되기는 하였습니다.

　그날 주소를 정확히 알았더라면, 그래서 시간을 잘 맞추었더라면 그
날의 추억은 다른 것으로 채워졌을 것입니다. 길에서 헤매다가 돌아온
기억이 아니라 남한산성에 들러서 보고 누렸을 기억과 오는 길에 견학
하고자 했었던 수목원의 경험들을 추억할 수 있었을 것입니다. 그것도
기억에 남는 좋은 시간이었을 것이라는 생각이 듭니다.

　만약 제가 춘천에 살면서 마치 부산에 살고 있다고 믿는다면 어떤 일
이 벌어질까요? 만약 제가 대한민국에 살면서 미국이나 아프리카 어디
에 살고 있다고 믿는다면 어떤 일이 벌어질까요? 우선 주변 사람들과 의
사소통을 제대로 할 수 없을 것 같습니다. 중앙시장에서 콩나물을 사면
서 자갈치시장에서 갈치를 사 온다고 말하면 춘천에서 같이 살고 있는
어느 누가 알아들을 수 있겠습니까? 이것은 바르지 않습니다. 중앙시장
은 중앙시장이고 자갈치시장은 자갈치시장입니다. 콩나물은 콩나물이
고 갈치는 갈치입니다.

저는 우리 삶에서의 현주소를 이야기하려고 합니다. 사람으로 살고 있는 우리의 현주소, 지금여기. 진화론적인 인간 호모 사피엔스의 이야기가 아닙니다. 대한민국의 역사적인 현시점, 최순실 게이트와 박근혜 대통령의 탄핵, 그리고 19대 대통령 선거 등 정신없이 다사다난한 2017년 초의 현시점을 이야기하려는 것도 아닙니다. 저는 명상론적인 입장에서 사람의 이야기를 하고 싶습니다. 나의 현주소는 사람이기 때문입니다.

분명 나는 사람입니다. 이것을 벗어날 수 있는 사람은 아무도 없습니다. 사람으로 살고 있으면서 이것을 부정할 수 있는 사람은 있을 수 없습니다. 있다고 하면 그 사람은 사람이 아닌 것입니다. 사람. 그 사람이라는 말은 살과 앎이라는 뜻이 있습니다. 그리고 살앎은 삶이라는 말이 되는 것입니다. 이것을 등식으로 표현하면 이렇습니다.

사람 = 살 + 앎
살 + 앎 = 삶

여기서 살은 몸을 뜻합니다. 앎은 안다는 의미의 의식, 즉 마음입니다. 살에 마음이 있어야 살아 있는 삶인 것이고, 살에 앎이 있을 때 그것을 사람이라고 부릅니다.

사람 = 살 + 앎 ⇒ 살앎 ⇒ 삶

여기서 우리는 쉽게 생각할 수 있습니다. 살에 앎이 없으면 삶이 아니라는 사실을 말입니다. 살에 의식이 없으면 우리는 그 살을 살아 있다고 하지 않습니다. 그것은 살이 아니고 그냥 고깃덩어리에 불과합니다. 우리의 현주소는 몸과 마음을 가지고 살고 있는 바로 사람인 것입니다. 이것은 이 세상에 살고 있는 그 누구도 부정할 수 없습니다. 내가 살고 있는 한 몸이 없다고 할 수 없고 또한 마음이 없다고도 할 수 없습니다. 몸이 없다고 해도 살아 있는 것이 아니고, 마음이 없다고 해도 살아 있는 것이 아니니까요. 만약 당신이 몸이 없다고 한다면 당신은 사람이 아닙니다. 마찬가지로 만약 당신이 마음이 없다고 해도 당신은 사람이 아닙니다. 우리는 우리의 현주소를 잊어서는 안 됩니다. 현주소를 잊게 되면 현실을 바르게 볼 수 없습니다. 우리의 현주소는 **사람**입니다.

2. 행복한 사람

　지난해 겨울이었습니다. 가리산 휴양림에서 산림치유 활동을 마치고 산에서 내려올 때 20대 여성이 저에게 물었습니다.

　"선생님은 살아오신 동안 언제가 제일 행복했어요?"

　저는 그 질문에 선뜻 대답을 하지 못했습니다.

　"지금 이 순간 저는 행복해요"라고 그분에게 말씀드리고 싶었으나 그것이 나름 어려웠습니다. 왜냐하면 그분은 외국에서 아주 어렵게 살다가 대한민국으로 왔으며 현재도 많은 고난을 안고 살고 있는 사람임을 알기 때문입니다. 그래서 대신 질문을 하였습니다.

　"선생님은 언제가 제일 행복했어요?"

　그러자 그 여성은 유치원 시절이 가장 행복했다고 대답하였습니다. 그 시절에는 어려운 것도 몰랐고 근심걱정은 자기 몫이 아니었으므로 친구들과 어울려 놀기만 하면 되었기 때문이라고 하였습니다. 우리는 그날 숲에서 운동도 하고 걷기도 하고 깔깔거리며 놀이도 하였으며, 제가 싸 가지고 간 곶감과 따뜻한 차도 마셨고 양지바른 곳에 두꺼운 매트를 깔고 앉아서 쉬기도 하였습니다. 저는 조심스럽게 물었습니다.

　"그래도 저와 함께 숲을 내려가고 있는 지금은 행복하지요?"

　그분은 기꺼이 그렇다고 대답하였습니다.

　그때도 저는 그런 생각을 했었습니다. 우리는 행복하기 위해서 행복을 느끼는 훈련도 해야 하지 않을까 하는.

행복은 멀리 어딘가에 있는 것이 아닙니다. 지금여기를 행복으로 알면 그게 바로 행복입니다. 그러나 우리는 습관적으로 행복을 먼 데에서 찾아 헤매고 있습니다. 20대 여성이 어린 유치원 시절에서 행복을 찾듯 우리는 대부분 지나간 시절에서 행복한 기억을 떠올립니다. 이상하게도 지나간 날은 불행조차도 애틋한 행복으로 기억되기까지 합니다. 힘이 들었지만 "그래도 그때가 좋았어"라고 말입니다. 또는 우리는 앞으로 올 언젠가에 행복이 있을 거라고 생각하면서 오늘을 견디기도 합니다. 그러나 사람이 삶 하는 것은 지금여기뿐입니다. 시간적으로는 과거나 미래가 아닌 지금이고 공간적으로는 저기나 거기가 아닌 오직 여기입니다. 잘 사는 것이 행복이라면 삶이 이루어지는 지금여기에 살아 있음에서 행복을 찾을 수 있을 것입니다. 왜냐하면 여기에 몸은 있으나 마음은 과거에서 떠돌고 있는 것은 이 자리에 반만 살아 있는 것이고, 몸은 여기에 있으나 마음은 미래에서 헤매고 있다면 그것도 절반밖에 살아 있지 않은 것이기 때문입니다. 그것은 잘 살고 있는 것이 아닙니다. 바로 지금여기에 몸과 마음으로 온전하게 존재할 때 우리는 생생하게 살아 있는 것이라고 할 수 있습니다. 그것이 바로 잘 사는 것이고, 생기 있게 살아 있음이며, 그것이 곧 사람의 행복이 아닐까요?

물론 우리의 지금여기 삶에는 행복만 있는 것은 아닙니다. 행복한 때도 있고 불행한 때도 있습니다. 대부분의 시간은 행복하지도 않고 불행하지노 않은 그저 명범한 그런 일상입니다. 그러니 산다는 것을 고(苦)라고만 생각할 것도 아니요, 낙(樂)이라고만 할 수도 없습니다. 일상적인 무던함이 가끔 가다가 기쁠 때도 있고 슬플 때도 있으며 즐거울 때도 있고 괴로울 때도 있는 것이라고 봐야겠지요. 지금여기에 그렇게 표현이 된 것입니다. 우리의 인생은 그래서 좋습니다. 아마도 음악에서 변주 없이 한 소절만 끊임없이 되풀이된다면 그 음악은 지루해서 사람들이 마침내는 듣지 않을 것입니다. 그림에서도 마찬가지입니다. 하나의 패턴이 변화 없이 무한정 되풀이된다면 역시 아름다운 조화는 일어나지 않습니다.

살이 있는 지금여기를 앎 함에 있어서 기쁠 때도 있고 슬플 때도 있으며, 즐거운 때도 있고 괴로울 때도 있다는 것을 알면 기쁨과 즐거움도 영원하지 않고 슬픔과 괴로움도 지나갈 것이라고 알게 되겠지요. 기쁨과 즐거움만으로 점철된 삶을 살고 있다면 그것은 정상이 아니라고 단언하겠습니다. 정신 이상이거나 속고 있는 중이거나 속이고 있는 것일 테지요. 무엇이 잘못되어 있는지 제대로 볼 줄 아는 지혜가 필요합니다. 또한 슬픔과 괴로움만으로 점철된 삶을 살고 있다면 그것도 정상이 아닙니다. 이런 사람 역시 정신 이상이거나 속고 있는 중이거나 속이고 있는 중일 것입니다. 이런 사람도 무엇이 잘못되어 있는지 제대로 볼 줄 아는 지혜가 필요합니다. 살 하는 것(산다는 것)은 무던한 일상만으로 이루어진 것도 아니요, 기쁨과 즐거움만으로 이루어진 것도 아니며 슬픔과 괴로움만으로 이루어진 것도 아닙니다.

다시 말해서 언제까지나 무던한 것도 아니고 언제까지나 기쁘고 즐거운 것도 아니고 언제까지나 슬프고 괴로운 것도 아니라는 사실입니다. 또 다르게 말하면 무던함도 끝이 있고, 기쁨과 즐거움도 끝이 있고, 슬픔과 괴로움도 끝이 있는 것입니다. 삶에는 바이오리듬과 같은 변화가 존재하는 것이 자연스럽습니다. 우리는 그러한 변화를 통하여 성장합니다. 마치 계단을 통하여 1층에서 2층으로 올라가는 것과 같이 우리는 그러한 변화를 통하여 수준을 달리하는 진화의 길로 나아갑니다. 계단은 단계와 경계로 이루어져 있습니다. 단계가 평범한 무던함이라면 기쁨이나 즐거움, 슬픔이나 괴로움은 경계가 되겠습니다. 우리는 그렇게 단계와 경계를 넘나들면서 삶을 꾸려 갑니다.

경계를 통하여 단계(壇戒)를 올라가는 성장의 원리, 진화의 원리. 행복을 이 안에서 찾는다면 너끈히 슬픔과 괴로움도 누릴 수 있는 지혜가 생기리라 여겨집니다. 지금여기를 온전히 누릴 줄 아는 사람, 저는 그 사람이 행복한 사람이라고 생각합니다. 기쁘면 기쁜 줄을 알고 슬프면 슬픈 줄을 아는, 좋으면 좋은 줄을 알고 나쁘면 나쁜 줄을 아는, 그냥 지금여기가 평안하면 평안함을 아는 그런 사람은 삶의 온전함을 누릴 줄 아는 사람입니다.

3. 나와 남

처음 숲속의 명상을 시작한 것은 2010년 3월이었습니다. 그때부터 지금까지 숲속의 명상을 함께 해 오신 현우 선생님이 '남'은 '나 앎'으로 '나를 앎', 즉 '나를 아는 것이 남'이라는 이야기를 들었을 때 깊이 공감을 하였다는 이야기를 하셨습니다. 나를 아는 것이 남이고 나를 알게 하는 것도 남이지요. 이때의 남은 상대성을 가집니다. 남은 나의 거울과 같이 나를 반영하고 있습니다. 그래서 남은 나를 비춰 나를 알게 하지만 달리 표현해 보면 남은 나의 투사체로 이해할 수도 있습니다. 거울에 비추어진 나와 같은 존재로서 말입니다. 나를 아는 것은 상대적인 의미와 절대적인 의미가 다 있습니다. 우리는 흔히 상대적인 의미의 나만을 이해합니다. 나와 너의 입장에서 너가 나를 안다는 것입니다. 그 너가 바로 '남'이지요. 그렇지요?

절대적인 의미에서는 나와 너 할 것 없이 다 '나'인 것을 안다는 뜻입니다. 이 말은 각자가 자기자신을 안다는 뜻으로 이해하기 십상입니다. 그런 뜻이 틀린 것은 아닙니다. 그러나 이 말에는 그것보다 더 깊은 뜻이 있습니다. 여기에서는 각자의 나, 즉 상대적인 '나'가 아닌 너와 나 구분이 없는, 너도 나이고 그들도 나이고 그것들도 나인, 전체가 하나의 나, 즉 절대적인 나를 안다는 의미입니다.

나 앎 ⇒ 낢 ⇒ 남

아, 심오해지기 시작하였습니다. 이런 설명은 하기도 어렵고 듣고 이해하기도 어렵습니다. 여기에서의 나는 절대성의 '나'이기 때문입니다. 상대적인 시각에만 익숙한 우리에게 절대적인 '나'는 비경험적이어서 너무나 낯설고 따라서 개념적으로 들릴 수밖에 없습니다. 그래서 이해하기가 정말 어렵습니다. 명상적인 경험을 하고 나면 설명할 필요 없이 단박에 이해를 하겠지만 지금은 그냥 듣는 수밖에 없겠습니다.

절대성의 '나'에서는 나만 '나'가 아니고 너도 '나'이고 그들도 '나'이며 그것들도 다 '나'입니다. 그런 '나'를 각자가 다 알고 있으므로 '나'를 아는, 즉 나 앎 하는 남인 셈입니다. 아마도 요가나 불교에서 회자되는 인드라 망(Indra's Net)이라는 개념을 알고 있는 사람이라면 그 절대성의 '나'를 비슷하게 이해하시리라 기대합니다. 인드라 망은 개체들이 모두 그물 망처럼 연결되어 있다는 것이어서 완전하게 같은 뜻은 아니지만 전체성을 그려 볼 수 있다는 점에서는 유사합니다. 그 절대성의 '나'로부터 남(출생)하여 남(타인)이 된 것입니다. 그게 '남'이지요.

'그래도 난 모르겠어. 도대체 뭔 소리야!'라고 생각하시는 분도 있을 수 있습니다.

심오한 것은 흘깃 들어서는 알 수 없습니다. 좀 더 곰곰이 곰씹어 생각하면 모를 일도 아닙니다. 일단은 나만 나가 아니라 너도 나이고 그들도 나이고 그것들도 다 '나'라더라 정도로 알고 계셔도 좋겠습니다.

그럼 나는 뭔가요? 나는 그 절대성의 '나'가 온 것입니다. '나'가 그대로 나인 것이지요. '나'가 주관을 가졌을 때 지금여기의 나입니다. 그 '나'가 바로 지금여기에서 살로 앎하고 있습니다. 우리 각자가 그렇습니다. 마치 커다란 자석이 여러 조각으로 쪼개져도 각각의 쪼가리들이 다 자석인 것처럼 우리는 각자가 본래 '나'로부터 나온 한 알의 '나'인 것입니다. 나도 자석 쪼가리, 너도 자석 쪼가리. 같은 자성(磁性)을 자성(自性)으로 가지고 있으면서 내가 좀 더 예쁜 쪼가리라고 혹은 좀 더 큰 쪼가리라고 나만 잘났다고 우길 필요가 없습니다. 내가 너보다 더 잘난 것도 없고 내가 너보다 못난 것도 없습니다. 너가 나보다 잘난 것도 없고 너가 나보다 못난 것도 없습니다. 그냥 자성대로 사는 것이 제대로 사는 길입니다.

자성(自性)대로 사는 것이 제대로 사는 것이라고 하면 내 마음대로 사는 것이 제대로 사는 것이라고 생각해 버릴 수가 있습니다. 그것은 옳지 않습니다. 그때의 내 마음은 자석 쪼가리로서의 자성(磁性)이라고 할 수 없습니다. 자석 쪼가리가 원래의 자성(磁性)을 잃어버리고 함부로 마음먹은 가짜 자성(自性)입니다. 우리의 본래 나의 성품은 욕망으로 들끓는 그 마음이 아닌 온전하고 한이 없는 사랑이기 때문입니다. 내 마음대로 사는 것에는 사랑이 들어 있지 않습니다. 남을 배려하는 마음이 들어 있지 않으므로 사랑이라고 할 수 없는 것이지요. 자성은 사랑입니다. 원래 나의 성품이 사랑이고, 우리 각자는 모두가 그 성품을 가지고 있습니다. 그래서 두말할 것도 없이 나와 남의 관계 역시 사랑입니다. '살앎'의 '살'이라는 말은 그 자체가 사랑이라는 의미입니다. 사랑이라는 말에서 살이 나오고 살에서 사람도 나왔으니 사랑이 곧 사람이고, 사람이 곧 사랑인 셈입니다. 이천 년 전에 이미 예수님은 이 사랑을 아셨습니다. 그래서 예수님은 "네 이웃을 네 몸과 같이 사랑하라"라는 이러한 진리를 가르치고 계십니다.

사실 우리는 사랑으로 살고 있습니다. 사랑이 없으면 우리는 죽습니다. 사랑은 존재 개념입니다. 한 알을 추구하는 마음이 바로 사랑이라서 그렇습니다. 그리고 한 알이 추구하는 마음도 사랑이라서 그렇습니다. 어느 나라의 말이든, 어느 종족의 말이든 말에는 기(氣)가 있습니다. 말이라는 것은 마음을 반영하는 파동 에너지이며 의미를 담고 있기 때문에 그 자체가 기입니다. 반만년의 역사를 지니고 있는 우리 한민족의 언어는 정말이지 심오하고 정교한 영적 에너지입니다. 심지어는 자음과 모음을 가지고 명상 수련을 하는 사람들도 있을 정도입니다. 그런 우리말을 들여다보면 그 안에서 정말로 심오한 의미가 떠오릅니다. 사랑이라는 말은 살을 우러른다는 말입니다. 살앙(仰) → 사랑. 그리고 살이 개체성이니 사랑에서 사람이 나옵니다. 이렇게 우리 존재 자체가 사랑입니다. 살을 우러르는 것. '잘 살'하는 것. '잘 살게' 하는 것. '잘 삶'하는 것. '잘 살림'하는 것. 우리는 살면서 이것을 잊으면 안 됩니다. 서로 사랑하면서 살아야 사람이지요. 서로 사랑하려면 사람에게서 모가 없어야 합니다. 모가 난 사람은 사랑하기가 힘듭니다. 사람에게서 모서리를 다듬어 둥글게 해도 사랑이 나옵니다. 사람 → 사랑. 사람에서 모가 없어진 것이 사랑인 것 맞지요?

당신은 사랑.

나도 사랑.

그들도 사랑.

그것들도 사랑.

그러니 우리 사랑하면서 사십시다.

사랑이 없으면 사람이 아닙니다. 따라서 사랑이 없는 사람은 나쁜 사람입니다. 나쁘다는 말이 '나뿐이다'라는 말인 것을 이제는 많은 사람들이 알고 있습니다. 남도 다 나여서 내 마음에는 나도 있고 남도 다 있어야 하건만 오직 쪼가리 나밖에 없는 사람은 오직 '나뿐'이니 나쁜 사람인 것입니다. 숲해설을 할 때마다 그리고 산림치유를 할 때마다 이 소리를 해 댔더니 이제는 나쁜 사람이 무엇인지를 아는 사람이 제법 많아졌습니다.

나만 '나'가 아니고 너도 '나'이고 그들도 '나'이고 그것들도 다 '나'입니다. 남과 나는 다 같은 '나'임을 알고 우리 서로 사랑하면서 살아야겠습니다.

4. 사람의 마음은

해마다 여름 방학이 끝나갈 무렵이면 산소에 벌초를 하러 갑니다. 어느 해인가 서울서 내려오는 사촌들도 못 온다고 하여, 온달은 벌초하는 날에 가기 어려운 먼 곳의 산소를 먼저 다듬어 놓고자 평강만을 데리고 산으로 갔습니다. 소갈증이 있는 온달이 벌초를 하려면 목이 마를 것 같아 평강은 물을 페트병에 담아 가지고 나왔습니다. 부부는 작은 포터를 타고 산길로 들어갔습니다. 그리고 산소가 있는 골짜기 입구에 차를 세워 두었습니다.

잔디 주변으로 자라난 풀이며 그새 싹을 틔우고 자라난 참나무며 온달은 구슬땀을 흘리면서 제초기로 벌초를 하였습니다. 평강은 거든다고 해 봤자 하는 게 별로 없습니다. 기껏해야 낫을 들고 잔가지나 치면서 돌아다닙니다. 지친 건 온달입니다. 그래도 온달은 평강이 따라와서 조잘조잘 말벗이라도 해 주는 것이 기분이 좋습니다. 일을 다 마치고 야생화도 들여다보고 나무 그루터기에 돋아난 버섯도 들여다보면서 내려오는데 온달은 목이 말라왔습니다. 온달은 평강에게 물어봅니다.

"물 가지고 있지?"

"어, 아니. 차에서 안 가지고 왔나 보네."

온달은 평강이 물을 가지고 산을 오르는 것을 분명히 보았습니다. 아무래도 저 여자가 산소에 페트병을 흘리고 왔나 봅니다.

"아까 물 가지고 왔잖아. 그걸 산소에 두고 오면 어떻게 해."

"아니야, 산소에는 아무것도 안 두고 왔어. 차에다 두고 왔나 보네."

그렇지 않아도 산소에 무언가 두고 오는 것이 있을세라 한 바퀴 돌아보고 내려온 평강입니다. 페트병에 물을 담아 가지고 집에서 나온 것은 기억하지만 아무리 생각해도 산소에는 가지고 가지 않은 것 같습니다.

"뭘, 당신이 아까 손에다 들고 올라갔잖아."

"아니야. 가지고 간 기억이 없는데."

요즘 들어 더욱 깜박깜박하는 평강이 걱정입니다. 온달은 또 물을 가지고 올라간 것을 기억하지 못하는 평강이 못마땅합니다. 기억을 못하면 순순히 인정이나 할 것이지 평강은 언제나처럼 끝까지 아니라고 합니다.

"당신 또 우기지!"

"당신이 우기는 거지, 내가 우기는 거야?"

온달은 평강이 자존심덩어리라고 생각을 하였습니다. 평강은 평강대로 가지고 가지 않았는데 끝내 우기고 있는 온달이 또 저러는구나 싶고 어쩔 수 없는 고집불통이라고 여겼습니다. 평강이 억울해서 내뱉습니다.

"그럼 산소로 가 봐!"

"가긴 뭘 가! 한참 내려왔는데!"

"내가 안 가지고 갔다니까 그러네!"

"안 가지고 가긴 뭘 안 가지고 갔어! 아까 당신이 차에서 꺼내는 걸 내가 분명히 봤는데. 그리고 손에 들고 이렇게 흔들면서 올라가더구만."

'잊어버리고 내려와서 미안해'라고 한마디만 하면 될 것을 가지고 저렇게 우기고 있는 평강이 온달은 말할 수 없이 얄미워 울화통이 터집니다. 어쩌면 저렇게 자기가 한 일을 모를 수 있을까요! 평강은 세세하게 기억하는 온달의 기세에 눌려 더 이상 말을 하지 않고 입을 다물어 버렸습니다. 그러나 아무리 생각해도 가지고 간 적이 없는 거지요. 평강도 가슴에서 열불이 납니다. 아니나 다를까요. 골짜기를 다 내려와 포터를 열고 보니 물을 담은 페트병은 좌석 뒤편에 얌전히 놓여 있었습니다.

- 마음은 경험을 만들어 내기도 합니다.

많은 사람들이 그렇듯 저도 모르는 것이 있으면 인터넷으로 검색부터 합니다. 그러면 여러 가지 정보가 뜨는데 링크, 쇼핑, 블로그, 백과사전, 이미지, 카페 글 등등 찾는 내용에 관하여 다양하게 접근할 수 있는 경로를 보여 줍니다. 저는 백과사전도 많이 이용하는 편이지요. 이 중에 '우리 모두의 백과사전', 위키백과가 있습니다. 저는 이 위키백과를 한동안 키위백과라고 알고 있었습니다. 의심도 없이 키위백과였던 것입니다.

얼마 전에는 딸아이와 피자를 사 먹었습니다. 피자 가게에서 주문을 하는 경우에는 배달을 할 때보다 거의 5,000원이 쌌습니다. 딸아이와 저는 피자를 미리 주문해 놓고 가서 가지고 왔습니다. 상자 안에는 냉장고에 붙일 수 있도록 자석이 붙어 있는 홍보물이 들어 있었습니다.

그것을 보면서 "다음에는 갈릭버터 쉬프림을 사 먹어 보자"라고 했지요.

"갈릭버터 쉬림프거든." 딸아이가 말합니다.

"아, 그러네. 나는 왜 쉬프림이라고 읽었을까?"

저는 쉬림프라는 말을 몰랐습니다. 쉬프림이 아니라 슈프림이었으나 외국어니까 쉬프림이라고 쓸 수 있을 것도 같습니다. 그리고 쉬림프보다는 알고 있는 슈프림이라는 말이 더 친근했습니다. 저와 같이 새우가 쉬림프라는 것을 모르고 있는 사람일수록 저와 같은 실수를 많이 할 것입니다. 다른 사람들은 어떨까 싶어서 인터넷에 '쉬프림'이라는 키워드로 검색을 해 보았습니다. 많은 사람이 쉬프림으로 글을 올려놓고 있었습니다. 심지어는 갈릭버터 쉬림프 피자를 포스팅하여 포장에 쉬림프라는 글자가 크게 보이도록 사진을 올려놓고도 쉬프림이라고 쓰고 있었습니다.

이런 예는 저에게 드문 일이 아닙니다. 어느 관광지에선가 산꼭대기에서 버스로부터 하차를 한 다음 그곳에 있는 건축물들을 돌아보고 산 아래에 있는 주차장까지 걸어 내려가서 버스를 타야 했습니다. 내려가는 길에서 산 아래에 있는 주차장이 언뜻 보였습니다. 그리고 주차장 노면에 쓰여 있는 버스라는 글자를 보았습니다. 그런데 저는 읽기는 버스로 읽으면서도 머리는 택시라고 기억을 했었습니다. 같이 간 사람은 버스가 서 있는 주차장으로 저를 끌어당겼습니다.

"거기 아닌데." 제가 말했습니다.

그러자 그분은 "여기 맞는데. 내려오면서 봤어" 합니다.

"어, 그러네. 나는 왜 보면서도 그걸 택시라고 기억을 했을까?"라고 하자 그분이 말했습니다.

"선생님은 그게 좀 심해."

어떤 부분에 있어서 저는 아주 주의가 부족한 편입니다. 특히 무언가를 하고 있을 때에는 주목한 것 이외에는 주의를 두지 못하는 편입니다.

이렇게 주의가 부족하면 두뇌는 자기 멋대로 마음에 인식을 만들어 놓습니다. 어떤 때는 참으로 당혹스러운 실수입니다.

- 마음은 익숙한 쪽으로 받아들입니다.

제가 처음 명상 수련을 한 것은 단전호흡이었습니다. 단전호흡은 그 방법이 선도(仙道)수련과 관련이 있으며 이것은 선가(禪家)와는 다른 계보를 가집니다. 선도는 신선이 되기 위하여 도를 닦는 수련을 하고, 선가는 대승불교의 한 파로 화두나 공안으로 참선을 합니다. 대부분 절 내에서 하는 수행은 참선이지만 그 외의 명상 단체에서는 선도와 관련된 수련을 많이 하고 있습니다. 그러나 우리나라에서 하고 있는 단전호흡은 중국에서와 같은 신선이 되기 위한 호흡수련이라고 보기는 어렵습니다. 선도는 도교의 일종인데 사실 도교는 매우 현세적인 이익을 목적으로 하며, 목적을 달성하기 위한 여러 가지 방법을 쓰고 있습니다. 점을 치고 부적을 사용하며 주문을 외우고 구복을 위하여 기도를 하기도 합니다.

인도인들은 삶을 고(苦)로 보고 그것으로부터 벗어나기 위하여 수련을 하였다면, 중국인들은 삶을 낙(樂)으로 보아 어떻게 하면 건강한 몸으로 오래오래 살 수 있을까를 생각하며 수련하였습니다. 따라서 불로장생을 위한 방중술이며, 불로장생약을 먹는 복이(服餌), 곡기가 든 음식을 먹지 않는 벽곡(辟穀) 등의 수련법도 발달하였습니다. 그리고 불로장생법의 하나로 단학이라는 것도 전수되었습니다. 그 단학 안에는 외단(外丹)과 내단(內丹), 도인(導引) 등이 들어 있습니다. 이 중에서 외단은 신선이 되는 선약을 만들어 복용하는 것이고, 내단은 생명의 기본 요소인 정과 기와 신을 모아 단전에 쌓아서 단(丹)을 만드는 것입니다. 도인은 기를 따라 몸을 푸는 체조나 피부를 자극하여 기의 운행을 원활히 하는 안마 등을 말하며 이때의 체조나 안마에서는 들이쉬고 내쉬는 호흡에 맞추어 동작이 이루어집니다. 이런 다양한 방법 중에서 우리나라에 들어와 양생법으로 널리 알려졌던 것은 내단과 도인입니다.

대승불교인 우리나라의 사찰에서는 화두를 들어 참구하는 선가의 수행을 해 오고 있지만 다른 종교와 마찬가지로 여러 종파가 있고, 또한 종파마다 여럿의 수행법이 있습니다. 그리고 불교가 들어오기 전부터 해 오던 도가 선도수련의 계보를 가지고 있는 단전호흡이나 기수련도 명맥을 유지하고 있는 것으로 보입니다. 요즘은 참선 이외에 소승불교의 수행법인 사마타와 위빠사나 수행도 많이 보급되고 있는 실정입니다. 선가의 교풍이 워낙 엄격하고 교학의 발달이 미비하여 수행자가 초발심을 잃지 않고 수행하기가 아주 힘들고 어려웠습니다. 화두 하나 던져 주고 면벽 수도하면서 네가 알아서 깨달으라고 하는 교풍으로는 깨달음을 얻기가 하늘에 별 따기가 되고 말았습니다. 대승이고 뭐고 간에 이럴 바에는 다시 초기 불교의 석가모니 부처님의 방식으로 돌아가 깨달음을 얻어 보고자 하는 수행자들의 염원을 반영한 실태라고 볼 수 있겠습니다.

저와 같은 일반인들은 명상은 선방의 스님들이나 하는 것이라고 알고 있기 십상입니다. 저는 명상을 하고 제나아리[2]를 하였으나 명상학에는

---

2 '나'를 아는 것 상대성 및 절대성의 나를 다 아는 것

정말이지 문외한이었습니다. 오직 참선만을 명상이라고 하는 줄 알았으니까요. 참선이 무엇인지도 몰랐습니다. 명상이라는 말이 그렇게나 흔하게 쓰이고 있는 줄도 몰랐습니다. 처음으로 한 명상이 단전호흡이었는데 그것이 명상의 범주에 드는 것인 줄도 몰랐습니다. 단전호흡에서는 호흡으로 들어가기 전에 도인체조를 하였는데 저는 그렇게 움직이는 것은 명상이 아니라고 생각했었습니다. 가부좌하고 앉아서 눈을 감고 고요히 침묵하는 것만이 명상이라고 알고 있었던 것입니다. 그래서 단전호흡이 도가 쪽의 명상이라는 말을 듣고는 깜짝 놀라지 않을 수 없었답니다. 그것도 명상이었습니다!

그다음에 ○○명상원에서 명상을 해 보고는 이번에는 명칭에 명상이라는 말이 들어가 있는 것만이 명상인 줄 알았습니다. 그리고 명상은 좀 특별한 것이라고 생각하였습니다. 명상학을 조금 들여다보니 걷기명상, 먹기명상, 바다명상, 물명상 듣기명상에 차명상, 심지어는 목욕명상까지 갖다 붙이기만 하면 다 명상이 되었습니다. 그렇게 흔한 것이 명상이더군요.

단전호흡은 공기로 하는 호흡이 아니라 기로 하는 호흡을 말합니다. 우리 몸이 하는 호흡은 숨을 들이쉬면서 공기가 코를 통하여 폐로 들어가고 내쉬면서 폐 속의 공기가 밖으로 배출됩니다. 단전호흡에서는 숨쉬기와 함께 들어온 천지의 기운(外氣)으로 단전을 통하여 호흡을 하는 것입니다. 숨을 천천히 들이쉬면서 기가 코로 들어와 임맥을 타고 내려가 단전까지 갑니다. 이때에는 천지의 맑은 기운이 내 몸으로 들어와 온몸 구석구석까지 보내진다고 생각하면서 숨을 마십니다. 기가 단전까지 내려가면 다시 천천히 끌어올려서 코를 통하여 몸 밖으로 내보냅니다.

숨을 내보낼 때에는 몸 안의 묵은 기운, 탁한 기운을 전부 바깥으로 내보낸다고 생각하면서 내쉽니다. 이러한 방법을 토납(吐納)이라고 하는데 가장 오래된 단순한 형태의 단전호흡입니다.

단전호흡은 기호흡이라고도 하며, 기호흡과 도인 등 기수련을 아울러 기공(氣功)이라고 부르고 있습니다. 이 기공은 인도 요가의 역사와 같이 6천~7천 년 전의 고대로부터 내려오는 역사를 가진 수련 방법이라고 이야기합니다. 요가의 시원을 인더스 문명에서 찾는 것과 마찬가지로 기공의 역사는 황하 문명에 두고 있다고 보기 때문입니다.

단전호흡은 토납(토고납신, 吐古納新), 태식(胎息), 주천(周遷, 周天) 등 여러 가지로 발달해 왔습니다. 따라서 가르치는 사람에 따라 그 방법이 다양합니다. 단전에서 숨을 멈추라는 사람이 있는가 하면 단전에서 멈추지 않고 그냥 천천히 숨을 내쉬라고도 하고 한 호흡의 길이가 길수록 좋다는 사람도 있습니다. 또는 임맥으로 내리고 독맥으로 올리라는 사람도 있습니다. 그러나 무리한 호흡은 부작용을 가져옵니다. 호흡수련을 하는 사람은 자기의 몸에 맞게 호흡하는 것이 가장 좋다고 저는 생각합니다. 편안하게 호흡을 하지 않으면 기가 상충되어 그것이 두통의 원인이 되기도 하고 또 다른 고통의 원인이 되기도 합니다. 웬만큼 집중력이 생기고 의식이 깊어지면 기호흡을 코가 아닌 명문혈을 통해서 하기도 합니다. 들이쉴 때 명문으로 숨이 들어가 단전에 감기고 내쉴 때 단전에서 숨이 풀려나와 명문혈을 통하여 밖으로 배출됩니다. 이때의 숨은 공기가 아니고 온전히 기가 됩니다. 현대에 들어와서는 단전호흡 대신 뇌호흡, 심장호흡 등 집중하는 방법을 조금씩 변형한 많은 형태의 호흡법들이 행해지고 있습니다.

기라는 것이 눈에 보이거나 감각으로 느껴지는 것이 아니기 때문에 이것은 의념으로 하게 됩니다. 그렇게 호흡을 하면 단전에서 몸 에너지인 정과 호흡을 따라 단전까지 보내진 기가 서로 엉기고 맺혀서 단(丹)이 생깁니다. 단은 보통 붉은색으로 표현되는 생명 에너지입니다. 이것이 단전에 충분히 모이면 흘러넘쳐서 대맥과 임맥이 뚫리고 온몸에 기가 순환하면서 환골탈태(換骨奪胎)하고 성통공완(性通功完)한다고 합니다. 환골탈태는 뼈가 바뀌고 태를 벗어난다는 의미로 몸이 젊어지고 건강하며 기능적으로 바뀐다는 뜻입니다. 성통공완은 깨달음을 통하여 진리를 얻고 세상에 널리 이롭게 한다는 의미입니다. 제나아리 명상에서의 성통은 음인 살과 양인 앎이 합일되는 것으로 최종의 깨달음의 단계를 말합니다. 공완(功完)은 일을 완전하게 끝낸다는 뜻입니다. 즉, 자신이이 세상에서 해야 할 임무를 다한다는 개념입니다. 그리고 이 세상에서 해야 할 자신의 사명으로 제세이화, 홍익인간을 꼽습니다. 이것은 우리나라의 건국신화에 명시된 건국이념이기도 합니다. 제가 했던 단전호흡은 도가 수련의 방법으로 우리나라의 건국이념을 정신적 신조로 삼고 있었습니다. 저는 지금은 단전호흡을 하는 수련원에 다니고 있지는 않지만 그 목적이 개인의 영달을 위한 것이 아니라 세상을 널리 이롭게 한다는 참으로 위대한 사랑의 실천을 요구하고 있어 올바른 명상의 하나라고 여기고 있었습니다. 이것은 대승불교의 보살행과 다를 것이 없습니다. 단, 그 이념을 제대로 실천하는 수련원이라면 틀림없이 좋은 수련처가 될 것입니다.

단전호흡은 호흡에 정신을 집중하게 됩니다. 호흡을 따라서 의식이 함께 움직입니다. 그러나 단전호흡을 하다 보면 의식이 한결같이 지속적으로 호흡을 따라가지는 못합니다. 단전호흡을 하는 초기에는 온갖 잡생각으로 마음이 흐트러집니다. 저는 단전호흡을 통하여 처음으로 나의 의식을 보았습니다. 세상에나, 생각이 바람 부는 날 해변에 몰아치는 파도와 같이 끊임없이 밀려들고 있었습니다.

들이쉴 때는 콧구멍으로 들어온 공기를 느끼고 임맥으로 내려가는 공기를 느끼고 단전에 잠시 머무는 공기를 느끼며, 내쉴 때는 단전에서 임맥으로 올라오는 공기를 느끼고 콧구멍을 통해 밖으로 나가는 공기를 느낍니다. 그렇게 계속 되풀이하다 보면 슬그머니 잡생각이 올라옵니다. 언제 어떻게 시작되는지도 모르게 나타나는 생각입니다. '내가 지금 잘하고 있는 걸까? 단전이 내가 생각하는 여기 맞아? 그러고 보니 오늘 새벽에 일어나서 수련할 때 뭔가 잘되는 기분이었어. 그럼 그렇지, 나는 아무래도 타고난 소질이 있는 게 분명해. 그나저나 한 호흡 길이는 얼마가 좋은 거야?' 끝없이 생각이 이어집니다.

그러다가 퍼뜩 정신이 듭니다. 다시 코로 들어오는 들숨을 느낍니다. 단전까지 숨을 내리고 천천히 내쉬는 숨을 느낍니다. 얼마간을 헤맸는지 알 수 없습니다. 내가 딴생각을 하고 있다는 것을 자각할 때까지 끝도 없이 망상에 젖어 들었습니다.

- 마음은 한시도 가만히 있지 않습니다.

○○명상원에서는 마음으로 죽습니다. 마음으로 죽기 위해서 별의별 상황을 다 설정합니다. 차에 치어서 죽기도 하고, 다리 밑을 걸어가는데

갑자기 다리가 무너져 거기에 깔려 죽기도 하고, 고층빌딩에서 떨어져 죽기도 하고, 지진이 일어나 천장이 떨어지면서 그 아래 깔려 죽기도 합니다. 이것은 몸을 빼고 마음만을 상대로 한다는 의도가 있습니다. 죽은 다음에는 자신의 시체를 잠시 내려다보기도 합니다. 그리고서는 집으로 가서 식구들을 만납니다. 아무도 자신이 찾아온 것을 알지 못합니다. 그런 다음에 하늘로 올라갑니다. 마침내 지구를 벗어나 우주로 날아갑니다. 마음은 내키든지 내키지 않든지 간에 앞에서 안내하는 대로 이것들을 다 따라서 합니다.

그런가 하면 최면 상담을 배울 때 선생님은 NLP(Neuro-Linguistic Programming, 신경언어학 프로그래밍)[3]도 함께 가르쳐 주셨는데, NLP 방법 중에서도 이와 비슷한 것이 있었습니다. 외상이 되어 버린 지난날의 아픈 기억의 현장을 높은 곳에서 내려다보는 것입니다. 처음에는 천장만큼 올라가서 내려다봅니다. 그다음에는 큰 나무만큼 올라가서 내려다봅니다. 다음에는 비행기가 떠 있는 높이만큼 올라가서 내려다봅니다. 마침내 자신이 개미만큼 작게 보이면서 그 상황도 하찮게 여기게 되는 것입니다.

최면 상담을 배우면서 리그레션(regression)으로 전생 체험을 했었습니다. 선생님께서 전생으로 퇴행 유도를 해 주셨는데 처음에는 트랜스 상태로 빠져들지 않았던지 물음에 어떻게 대답을 해야 할까 고민하였습니다. 그래서 평소에 내가 진생의 느낌이라고 생각했던 것으로 이야기를

---

3 체계적인 언어를 사용하여 긍정적 행동을 이끌어내는 응용심리기법. 어떤 사건에 대하여 왜곡된 기억을 수정하여 부정적인 감정을 해소하거나 긍정적으로 전환하는 심리 상담기법의 하나.

시작하였습니다. 그것은 어느 수양버들 아래에 말을 매어 놓고 흘러가는 시냇물과 그 뒤 산을 물끄러미 바라보고 있는 젊은 선비의 모습입니다. 무언가 색깔이 없는 그런 침묵과 별다른 감정도 나타나지 않은 좀 맹숭맹숭한 약간 지루하고 약간 의무적인 그런 분위기입니다. 그 생은 그 이전 생의 어머니와의 인연 때문에 살았던 생이었습니다. 그 장소는 내가 사는 집으로부터 10리쯤 떨어져 있는 곳인데 나는 자주 그곳을 찾아가 생각에 잠기곤 했습니다. 그런 이야기를 주고받다가 갑자기 다른 생으로 넘어갔습니다. 이때의 저는 완전히 트랜스 상태가 되었습니다. 첫 장면은 부모님과 이별을 하고 있습니다. 저의 나이는 열다섯. 어머니가 울고불고 발버둥을 치고 있고 아버지는 그 상황을 안타까워하고 있습니다. 저는 스님을 따라서 출가하고 있는 중입니다. 왜 그렇게 어린 나이에 출가를 하느냐고 선생님이 물었는데 저의 대답은 어떤 스님이 그래야 한다고 말을 해 주었다는 것이었습니다. 다음 장면은 제가 스무 살이 넘었습니다. 저는 계를 받고 있습니다. 법명은 명암(明岩)이라고 하였습니다. 출가하고 꽤 오래되었는데 왜 이제야 계를 받느냐고 선생님이 물어보았는데, 원래 그 절은 우리 집에서 시주를 하는 곳이었습니다. 저의 출가에 대해서 어머니의 반대가 심했을 뿐만 아니라 부모님이나 절에서도 어린 나이에 집을 떠났기 때문에 중도에 포기하고 집으로 돌아가지 않을까 기대해서 그때까지 계를 주지 않았던 탓이라고 하였습니다. 그다음 장면에서는 제가 부엌에서 일하는 사람에게 마구 야단을 치고 있는 중입니다. 도대체 하라는 대로 일을 하지 않는다는 것입니다. 정리 정돈도 제대로 못하고 일은 지저분하게 하면서 말도 듣지 않는다는 것입니다. 제가 불만이 아주 많은 느낌입니다. 그리고 그다음의 장면으로 갔을 때 저는 눈물을 주르륵 흘렸습니다. 선생님이 깜짝 놀라 왜 울고 있느냐고 물었는데 저는 힘없이 대답하는 것이었습니다.

"내가 많이 아파."

이제는 많이 늙고 몸이 쇠약해졌습니다. 거동도 어렵고 사는 것이 힘이 듭니다. 그다음에는 저의 임종 장면입니다. 저는 소매 긴 옷을 입는 계절에 방에서 죽었습니다. 저는 그 절에서 존경받는 스님이었기 때문에 임종은 많은 사람들이 지켜 주었습니다. 저의 임종 장면에서도 눈물을 계속 흘렸습니다. 이번 생에서 가장 아쉬운 것은 무엇이었냐는 질문에 이렇게 대답했습니다.

"깨닫지 못한 거. 그토록 깨달음을 위해서 열심히 수련하며 한 평생을 살았는데도 나는 깨닫지 못했어."

그럼 이번 생에서의 교훈은 무엇이냐는 질문에 이렇게 대답했습니다.

"다음 생에서는 절대로 절에서 수련하지 않을 거야"라고 저는 대답하고 있었습니다. 그만큼 했으면 깨달을 법도 한데 깨달음을 얻지 못한 것은 방편에 문제가 있다는 느낌이었습니다. 정말 그래서 현생에서는 절과 인연이 없었을까요? 그래서 지금 제나아리 명상을 하고 있는 것인지, 아니면 현재 명상을 하고 있는 사람이어서 전생 리그레션에서 그런 이야기가 나온 것인지는 알 길이 없습니다. 하지만 마음은 이렇게 전생까지도 들여다볼 수 있는 것입니다.

— 마음으로는 못 할 것이 없습니다.

오늘은 유명산 휴양림으로 숲해설가 지원을 나갔습니다. 춘천에서는

4명이 가기로 되어 있었습니다. 어제 이 선배님 차로 가기로 약속을 잡아 두었습니다. 저는 아침 8시 10분에 팔미리 사거리에서 그들과 만나기로 했습니다. 토요일에는 고3인 딸 혜강이가 9시까지 등교하기 때문에 약간의 시간 여유가 있는 날입니다. 하지만 오늘은 다른 날과 다름없이 일어났습니다. 토요일에는 혜강이가 도시락을 싸 가지고 가는 날입니다. 어제저녁에 가만히 생각해 보니 반찬통이 세 개인데 그걸 다 아침에 만들어 채울 시간이 없을 듯합니다. 그래서 밤에 마른 오징어 무침을 만들어서는 세 개의 반찬통 중에서 하나를 꺼내 담아 놓았습니다. 한쪽에는 보온이 되는 국과 밥을 넣는 칸이 있고 다른 한쪽에는 세 개의 반찬통이 들어가는 도시락입니다.

오늘 아침에 일어나서 해물동그랑땡을 꺼내어 팬에 익혔습니다. 시어머니는 밭에 나가셨는지 보이지 않습니다. 약속 장소까지 데려다 달라고 남편도 깨웠습니다. 상을 보아 놓고, 남편 밥과 국 그리고 제 밥과 국을 떠 놓았습니다. 남편이 일어나서 식탁으로 가는 동안 후다닥 옷을 갈아입고 마주앉아서 밥을 먹습니다. 편식쟁이 우리 남편, 동그랑땡을 다 담아올 기세였습니다.

"혜강이 도시락 반찬하고 어머니 드실 건 남겨야지!"

잔소리를 하자 반 정도를 덜어 옵니다. 세상에… 마주 앉아서 먹는데도 맛이 어떻다는 말도 없이 동그랑땡을 자기 혼자 하나도 남김없이 다 집어 먹습니다.

저는 몇 숟가락 뜨지도 못하고 일어섰습니다. 겨우 반찬 하나 해 놓았는데 시간이 벌써 다 갔습니다. 약속 장소에 내려 주고 돌아가는 남편에게 전화를 걸어 당부했습니다. 늦지 않게 딸을 학교에 데려다 주라고. 남편은 엊저녁에 공부하라고 잔소리를 퍼붓자 딸아이가 화가 단단히 나서 말대꾸를 했던 것이 생각이 났습니다.

"못돼 먹은 것! 지가 알아서 가든지 말든지 나는 이제 신경 안 써! 지가 알아서 가라고 그래!"

아, 진짜로 유치가 찬란합니다. 저의 머리꼭지에서는 지지직 스파크가 일어납니다.

"흐이구!"

유명산 휴양림에서의 숲해설은 유치원 행사였나 봅니다. 원생들과 아빠가 함께하는 숲 체험 프로그램으로 오후 3시에 끝이 났습니다. 가족을 상대로 할 때는 언제나 할 이야기도 많습니다. 유치원생들은 대개 선생님이나 엄마와 함께 만나는 때가 많은데 이렇게 아빠와 나올 때에는 당부하고 싶은 말이 더 많아지기 마련이어서 고르고 골라 프로그램을 진행합니다.

여러 가지 모양의 나뭇잎을 보고, 만져 보기도 하고 여러 가지 색깔과 모양의 꽃들도 관찰해 보고 꽃반지도 만들고, 오디도 따서 맛을 보았습니다. 괭이밥도 뜯어서 먹어 보고, 올챙이도 보았습니다. 생강나무 이파리의 냄새도 맡아보고 잣도 까서 먹었습니다. 그리고 또… 애벌레 놀이에다가 도토리가 되어 잔디밭을 굴러 내려오기까지 했습니다. 즐겁고 행복한 시간이었지만 돌아오는 길은 너무 더웠습니다.

집에 도착한 때는 여섯 시경. 땡볕에 걸어오다 보니 진이 다 빠진 상태였습니다. 방에 들어오는데 혜강이가 방에서 뛰쳐나옵니다.

"어, 어, 엄마, 도시락이 그게 뭐야!"

"에, 도시락이 왜?"

"도시락에 오징어만 있고 빈 거잖아."

그런데 거기서 끝났으면 좋았을 것을….

딸과 이야기를 시작하다 말고 배고파 죽겠다는 남편 말에 씻을 새도 없이 가방 내려놓자마자 상을 차리는데, 우리 시어머니, 자신이 원망을 받을까 봐 그러시는지. 아 참, 진짜 말 많으십니다. 진이 빠져 들어와 앉 아보지도 못하고 밥을 차리고 있는 며느리한테 식탁 의자에 앉아서 네 탓만 줄줄이 꿰고 계십니다.

이제는 마음까지도 완전 방전 상태….

밥이 조금 모자랄 듯도 하고….

자기네는 차린 음식을 먹고 있고 나는 서서 내가 먹을 국수를 삶고 있는데 그 뒤에 대고 남편은 진돗개 두일이 밥을 해 주라고 주문을 합 니다. 순간, "관둬! 나 안 해 줄 거야!"라는 말이 저도 모르게 튀어나왔 습니다.

"왜 안 해 주는데!"

"나도 지금 막 짜증나!"

아차, 이 말은 하지 말걸… 남편은 이미 있는 대로 핏대가 올라갑니다.

"니가 뭣 때문에 짜증이 나는데!"

그러면서 이어지는 개발조발 소리… 나는 수돗물을 틀어 놓고 열불이 나는 가슴을 식히면서 외면하고 말았습니다. 하지만 기분은 참 더럽습니다. 정말 짜증이 났습니다.

남편은 식식대면서 나가 버렸고, 시어머니는 눈치를 살피고서는 역시 밭으로 나갔습니다. 나는 식사 후 딸아이를 데리고 오다나 따 먹고 오자고 나왔습니다. 혜강이는 어릴 때 할머니를 따라 K대학교 안에 있는 약수를 뜨러 다녔는데 그때 오디를 여러 번 따 먹었다고 합니다.

우리는 차를 끌고 동네 제일 꼭대기 골짜기로 갔습니다. 뽕잎 밑에 까맣게 익은 오디가 다닥다닥 달려 있습니다.

"아, 달다!"

딸아이는 오디를 먹으면서 이야기합니다.

"엄마, 반찬통을 먼저 꺼내 놓았거든. 애들이 반찬통을 열더니 오징어가 있다고 좋아했어. 그런데 그다음부터는 반찬통이 비었다고 하는 거야. 그러면서 밥통을 꺼내는데 이게 가벼운 거야. 순간 기분이 이상했지. 아니나 달라? 글쎄, 밥도 없는 거야. 한 애가 국통을 열더니 그것도 비었대. 그래서 애들이 아주 뒤집어졌지. 아침에 나도 오징어는 봤거든. 그래서 엄마가 다 싸 놓은 줄 알고 가져갔던 건데… 아무튼 오늘 그 바람에 많이 웃었어. 컵라면 사 먹었지, 뭐. 아빠가 글쎄 나를 여덟 시 이십 분에 깨운 거 있지. 밥도 겨우 먹고 갔어. 세 숟가락이나 먹었나? 할머니가 엄마가 도시락 다 싸 놓고 갔다고 집어 주기에 그냥 가지고 튀어 나갔지. 동그랑땡은 세 개밖에 없었는데, 뭘."

어쩐지, 노인네가 말씀이 쓸데없이 많더라니… 어젯밤에 나는 내일 아침에 일찍 나가니 여덟 시에 애 깨워서 어머니께서 도시락 싸서 보내야

한다고 얘기했었는데…:

- 마음은 상하기도 합니다.

　친정아버지께서는 일흔 살이 되던 해에 인삼 농사를 시작하셨습니다. 저는 오남매 중에서 제일 맏이입니다. 저희 부모님은 제가 아주 어릴 때부터 담배 농사를 지으셨습니다. 연엽초로 한여름에 잎을 따서 건조실에 불을 때어 건조시킨 다음 한 묶음씩 조리를 지은 후 큰 뭉치로 만들어 전매청에서 수매하는 날 판매를 합니다. 우리 형제자매에게 '성실의 트레이드마크이신 아버지의 성실의 결과로 담배의 색이 좋았고, 그래서 늘 등급을 잘 받았습니다. 덕분에 시골에 살면서 어렵던 시절에도 우리는 세끼 밥을 넉넉하게 먹을 수 있었고 다섯 남매가 다 대학까지 공부를 할 수 있었습니다.

　아버지 연세가 환갑을 넘어가면서 담배 농사는 힘에 부치셨습니다. 특히 아버지와 한 살 차이인 어머니께서 몸이 약했기 때문에 그 무거운 담뱃잎을 건조기에 매어 달기는 무리셨지요. 땅도 오랜 기간 한 작물을 재배하다 보니 바이러스가 생겨 수확도 줄었습니다. 그래서 담배 농사를 그만두고 몇 년을 다른 작물을 심으셨습니다. 그러면서도 아버지의 소원이 죽기 전에 인삼 농사를 해 보는 것이라 하셨다더니 남들은 농사를 그만두고자 하는 70세에 정말로 인삼 농사에 도전을 하셨습니다. 인삼을 심으면서 아버지께서는 "내가 이것을 캐고 죽을지 그 전에 죽을지 모르겠다" 하셨었습니다. 그래도 자식 된 입장에서 부모님을 뵈면서 드는 마음은 인삼 농사를 하실 때가 담배 농사를 하실 때보다는 편하였습니다. 무겁지 않았고, 그늘에서 일을 하시니까요. 그렇다고 해도, 농사라는 것이 다 그렇듯 결코 쉽다거나 편한 일은 아니었습니다.

드디어 올해 육 년 근 인삼을 수확하셨습니다. 담배 농사를 지으면서 오랫동안 총대도 맡으셨던 아버지는 나름대로 그런 농사에는 노하우가 있으십니다. 인삼 농사는 처음이지만 작물을 돌보는 마음이 남다른 아버지는 인삼을 무처럼 키워 내셨습니다. 첫 인삼 농사임에도 참으로 대단한 수확이었지요. 인삼은 조합과 계약 재배라 농약 잔류량 검사도 꼼꼼하고, 수확량 검사도 꼼꼼합니다. 조합에서 조사하여 내보낸 박스가 거의 20개 정도나 모자라 임시로 만든 박스에 담아 가지고 가서 재포장하는 해프닝까지 벌여야 했습니다. 아마도 처음 지으신 인삼 농사인 것을 아는지라 조합에서 이만큼까지는 기대하지 않았나 봅니다.

맏이이면서 딸인 저는 교직을 명퇴한 뒤로 그래도 우리 형제자매들 중에서는 평일에 시간을 낼 수 있는 유일한 자식입니다. 친정 동네에서는 아버지가 처음으로 인삼 농사를 시작하여 수확 역시 처음인지라, 삼십 리는 떨어져 있는 우리 동네 사람들을 몰고 나가서 인삼을 캤습니다. 트랙터도 친정에 있는 것은 작았기 때문에 남편의 집안 조카가 되는 분이 가지고 갔습니다. 세가 살고 있는 이 동네는 인삼 농사를 지은 역사가 이십 년이 넘습니다. 담배 농사를 아버지와 함께 지으셨던 분들도 계십니다. 그분들 덕분에 아버지의 함자를 알고 있는 분들이 많았습니다. 일하러 가셨던 분들이 칭송이 대단하였습니다. 노인네가 그것도 처음 인삼 농사를 하면서, 정말 잘 키우셨다는 것입니다. 저는 어린애같이 부모님이 참으로 자랑스러웠습니다. 상이라도 드리고 싶은 생각이었습니다. 그래서 일꾼을 얻어 주고 조합에 나가서 삼 내리고 재포장하는 것을 도와주신 두 분에게 감사의 표시를 하라고 부모님께서 주신 10만 원을 부모님 모르게 두고 오면서 그런 마음을 혼자서 누렸습니다. 부모님의 뜻대로 저희가 따로 감사의 표시를 하였음은 물론입니다.

그런데 어제, 해마다 그랬듯 친정과 부모님의 오 남매네가 먹을 김장을 모여서 담그고 바리바리 싸 가지고 돌아오려는 딸들을 부르셨습니다. 그러고는 백만 원씩을 내어 놓으시며 며느리들에게도 똑같이 주었다고 하십니다. 이미 마음먹고 내놓으시는 것인지라 사양을 해도 소용없다는 것을 아는 자식들입니다. 동생은 마지못해 주저하다가 "감사히 쓰겠습니다" 하면서 받았는데, 저는 주책없이 눈물이 났습니다. 저의 부모님의 며느리들과의 생활이라든지 자식들에게 베푸는 모습은 저에게는 늘 감동입니다. 내 부모님의 가정과 내 가정을 비교하면서, 저는 늘 나도 나의 부모님처럼 가정을 꾸려야겠다는 마음을 먹습니다.

"나야 걸핏하면 울었지만, 언니가 눈물 흘리는 것은 참으로 오랜만에 본다" 하면서 동생도 눈시울이 뜨거워지는 모양입니다. 나는 아버지의 옆에 앉아서 눈물을 훔쳐내며 아버지가 내어놓으신 돈을 한참 동안 물끄러미 바라보았습니다. 그런 큰딸의 마음을 아시는 아버지가 한 말씀 하십니다.

"이거 가지고 냉장고 하나 사라. 막상 목돈이 드는 것은 사려면 어려운 법이다."

"아버지, 돈이 없어서 못 사는 것이 아니라 저희 집에는 냉장고를 들여놓을 자리가 없어서 안 사는 중이에요."

나의 집은 다락방입니다. 남편이 손수 만든 숙소인데, 공장 한편에 쇠기둥을 몇 개 받쳐 놓고 그 위에 지은 것이라서 하중이 늘 염려가 됩니다. 그리고 살림살이에는 관심이 없는 남편은 저의 불편은 아랑곳하지 않고 한꺼번에 큰돈이 드는 살림 장만 얘기에는 두드러기가 돋는다는 반응입니다. 이런저런 이유로 저는 명퇴 전에 장만한 220리터짜리 김치냉장고 하나로 살림을 하다 보니 불편한 점이 많습니다. 특히 친정에 다녀올 때 냉장고가 없다는 핑계로 가져오지 않은 것이 많다 보니, 아버지께서 그런 말씀을 하시는 겁니다.

"아버지, 저도 아버지만큼 나이가 들었을 때 아버지가 저희들에게 하시는 것처럼 남에게 하면서 살게요" 하면서 주신 돈을 받았습니다.

이런 일이 있었던 것이 벌써 육년 전의 일입니다. 부모님은 이제는 팔십 중반이 되셨습니다. 올해 정초에 세배를 드렸을 때 아버지와 어머니는 각자 1만 원씩을 저의 남편과 저에게 세뱃돈으로 주셨습니다. "에이, 제가 용돈을 드려야지 어떻게 세뱃돈을 받아요"라고 하자 "우리가 죽고 나면 주고 싶어도 못 준다. 그냥 받아라" 하십니다. 저는 또 주책없이 눈시울이 뜨거워져서 고개를 푹 숙이고서 얼른 돈을 받아 챙겼습니다. 그 연세에도 5,000평이나 되는 그 큰 밭에 콩을 심고, 자식들이 좋아하는 푸성귀며 옥수수, 그리고 열매재소를 골고루 다 심으십니다. 이제는 농사일이 힘에 부치지만 그래도 노는 것보다는 일하는 것이 낫다고 하십니다. 큰아들이 공무원이어서 멀리 가 있는 바람에 농사를 지을 수 없는 형편이고 보니 도움을 받기도 어렵습니다. 규모를 줄이라고 말씀드리지만 "힘이 들기는 해도 아직은 할 만하다" 하십니다.

  늘 성실하고 아름답게 사시는 내 부모님께 감사하는 마음입니다. 그리고 부모님께 드린 약속을 꼭 지키고 싶습니다. 저야 남에게 용돈을 나누어 주는 일을 하기는 어렵겠지만 저의 깨달음을 나누는 일은 저의 부모님이 저에게 베푸신 것처럼 그렇게 해 보고 싶습니다.

– 마음도 건강해야 아름답게 삽니다.

5. 마음의 구조

 이렇게 여러 가지 특징을 가지고 있는 마음은 도대체 어디에 있을까요? 머리로 생각을 하니까 분명 마음은 머리에 있을 것도 같습니다. 그러나 억울하거나 슬프거나 우울하면 가슴이 답답하고 아파옵니다. 아, 그러고 보니 마음이 가슴에 있는 것도 같습니다. 이웃집 아주머니가 며느리에게 몹시 섭섭한 일을 겪은 후에 이유도 없이 몸이 차고 여기저기 아프다고 하십니다. 한방치료를 받으러 갔더니 혈액순환이 잘 안 된다고 하였답니다. 그럼 마음은 핏속에 있는 걸까요?

 우리는 마음에 관련하여 아는 것이 별로 없을 수도 있다는 이야기를 하고 싶었습니다. 현대에는 뇌과학이 발달하여 마음은 순전히 두뇌의 작용이라고 밝히고 있습니다. 자극을 느끼고 분석하고 판단하고 반응하고 기억하는 사람의 일련의 활동들이 모두 두뇌의 영향 아래에 있습니다. 숨을 쉬고 피가 몸을 순환하는 것, 소화가 되고 호르몬이 분비되는 것까지도 뇌의 어느 부분이 관여하고 있으며 화가 나고 슬퍼지고 즐겁거나 기뻐하는 감정까지도 생화학을 관장하는 연금술사가 두뇌의 어느 부분에서 활동하기 때문인 것으로 뇌과학은 설명하고 있습니다. 종교도 두뇌의 활동이고 명상노 마찬가지입니나. 이 모든 것은 우리의 살인 뇌에서 이루어지는 것입니다. 따라서 인간은 혹은 사람은 곧 두뇌라고 설명하고 있습니다. 이 의견에 저는 전적으로 동의합니다. 하지만 사람이 두뇌 그 이상은 아니라는 의견에는 찬성하지 않습니다. 존재에 관하여 사고하는 명상인의 1인으로서 지구상에 살고 있는 영장류로서의 자존심을 걸고 살앎은 두뇌 그 이상이기를 희망하고 있는 건지도 모르겠습니다. 저는 그 안에 있을 때에는 그 이상을 모른다는 것을 뇌과학자들에게 말하고 싶습니다. 제나아리 명상에서 살앎의 마음은 뇌를 통해서 나오는 것임을 분명히 합니다. 어떻게 그렇지 않을 수 있겠습니까. 하지만 그것은 두뇌라고 하는 살이 내는 마음입니다.

한꺼번에 두 개의 생각을 할 수 있는 재주가 사람에게는 없습니다. 생각은 한 가닥으로 나오지만 그 한 가닥의 생각은 세 겹으로 이루어진 마음입니다. 본성 한 겹, 본능 한 겹, 그리고 생각 혹은 사고라고 하는 두뇌 작용이 또 한 겹. 그래서 세 겹인 것입니다. 사람의 마음에는 생각과 본능과 본성이 다 들어 있습니다.

사람은 살과 앎을 말하며 살은 몸이고 앎은 마음입니다. 앎이라고 하는 것은 '알다'라는 뜻이고 '알다'의 의미에는 느끼거나 깨달아 아는 것, 지식, 판단, 생각 등이 다 포함됩니다. 그러면 앎이 마음이라고 한다면 이런 것들이 다 마음이 되겠지요. 그러나 마음은 더 많은 내용을 담고 있습니다.

사실은 살앎의 앎이라는 마음은 식(識)이라고 하는 것이 더 바른 표현입니다. 식도 마음의 하나인 셈입니다. 가장 근본이 되는 마음입니다. 나라고 하는 것의 본래 성질에 해당하는 마음입니다. 앎이란 것 자체가 마음을 뜻합니다. 그런데 살에도 살 자체가 가지고 있는 마음이 있습니다. 살에 내재해 있는 마음은 살고자 하는 마음입니다. 생명이 다할 때까지 건강하게 그리고 안락하게 살고자 하는 이 같은 살 마음을 우리는 본능이라고 합니다. 살에게 이런 마음이 없다면 우리는 목숨을 하찮게 여길 것입니다. 그리고 어렵고 고생스러우면 삶을 포기하는 일도 아주 쉽게 일어날 것입니다. 그러나 살은 내재적으로 살려는 마음, 즉 살의 마음을 구비하고 있습니다. 이 마음으로 인하여 생명 가진 것들은 어려운 고난 속에서도 살고자 하는 끈질긴 생명력을 보장받고 있습니다. 나아가 내가 가지고 있는 세포들은 나의 죽음과 함께 운명을 다하게 됩니다. 그래서 내가 죽은 다음에도 이 땅 위에서 번영하기 위한 그 살의 마음도 이 속에 포함되어 있습니다.

그런데 사람은 이것들만을 가지고 있는 것이 아닙니다. 사람은 나의 바탕이 되는 본래의 마음과 살 마음 외에 살이 내는 마음 하나를 더 가지고 있습니다. 살 마음이 모든 세포가 가지고 있는 마음이라고 한다면 살이 내는 마음은 두뇌로 내는 마음이라고 이해하면 될 것 같습니다. 우리가 자각하는 그것의 대표적인 마음이 생각과 사고라고 하는 것입니다. 이것은 경험과 학습을 통하여 이루어집니다. 자각하는 것 자체가 두뇌의 작용이어서 인간은 두뇌 그 이상이 아니라고 하는 의견과 두뇌는 존재를 표현하는 도구일 뿐 사람은 그 이상이라고 하는 주장은 과학의 발달과 관계없이 좁혀지지 않는 대립적 의견일 것입니다. 어떤 주장을 견지할지는 개인의 자유입니다.

사람은 잘 때만 빼고 끊임없이 생각합니다. 사고 작용으로 일어나서 인식하면서 엮어 가는 내용들입니다. 어떤 때는 생각에 본능이 개입합니다. 배가 고프다든지 춥다든지 요의를 느낀다든지 이성이 그립다든지 그런 마음도 나오는 것입니다. 그런데 생각과 사고에 의한 이성적인 판단과 본능이 상충하면 어떤 것이 더 큰 힘을 발휘할까요? 물론 살 마음이 더 큰 힘을 가지고 있습니다. 그래서 금강산도 식후경이 되는 것이고 피는 물보다 진한 것이고 점심을 먹고 나면 두뇌로는 절대 졸고 싶지 않은데도 눈꺼풀이 천근만근이 되는 것이지요.

그것보다 더 깊은 내면에 존재하는 본성을 우리의 의식은 알아차리기 어렵습니다. 하지만 그것은 본능보다도 우리 두뇌를 지배하는 힘이 더 강력하다고 여겨집니다.

어떤 삼 형제가 홀어머니와 살고 있었습니다. 맏이는 20대 중반이고 둘째는 20살을 갓 넘었으며 막내는 아직 10대 후반이었습니다. 그런데 패기 넘치는 나이의 맏형은 개차반이었습니다. 매일 술을 먹고 들어와서는 어머니에게 술주정을 해 대고 두 동생을 두드려 팼습니다. 어느 날은 맏이가 대낮부터 술을 마시고 들어와 술주정을 하였습니다. 어머니는 일하러 나가고 집에는 막내만 있었습니다. 술이 취해서 들어오는 자신을 곱게 맞이하지 않는 막내를 맏이는 되지도 않은 시비를 걸어서 패기 시작했습니다. 때마침 집에 돌아온 둘째가 달려와 말렸습니다. 맏이는 다시 둘째에게 달려들었습니다. 한순간에 둘째는 식칼을 집어 들었습니다. 그리고 맏이를 찔러 버린 것입니다. 맏이는 그 자리에서 죽고 말았습니다. 둘째와 막내는 형의 시신을 화단을 깊이 파서 묻어 버렸습니다.

맏이가 집에 들어오지 않았지만 어머니도 마을 사람들도 맏이가 없어진 것에 대해서 의심을 하지 않았습니다. 왜냐하면 그는 평소에 술을 마시면서 집을 떠날 것이라고 늘 떠들어 댔기 때문에 온 동네 사람들이 그가 언젠가는 집을 떠날 것이라고 믿고 있었던 것입니다. 그래서 화단에 맏이를 묻은 사실은 둘째와 막내만의 비밀이 되었습니다.

그런데 몇 해 지나지 않아서 둘째는 목을 매어 자살을 합니다. 그 후 막내는 서른 중반이 되었으나 장가도 안 가고 맏이처럼 술주정뱅이가 되었습니다. 어머니는 그런 아들을 보면서 억장이 무너집니다. 보다 못한 어머니는 어느 날 아들을 붙잡고 하소연과 넋두리로 통곡을 하였습니다. 그런 며칠 후 막내는 경찰서를 찾았습니다. 아무도 자기를 의심하거나 비난을 하지는 않았지만 둘째가 살해한 형을 화단에 유기한 죄에 대한 양심의 가책에서 한시도 벗어날 수가 없었던 것입니다.

아마도 우리의 일상 의식의 수준에서 본성을 지각할 수 있는 두뇌의 영역이 있다면 그것은 양심이라는 형태가 될 것입니다. 그리고 감동이라는 것도 우리 본성의 울림이라는 생각을 합니다. 명상을 하다 보면 이러한 본성에 접하는 시간을 만나게 됩니다. 마음으로부터 솟아나오는 눈물을 통하여 우리는 그 감동을 접할 수 있습니다. 그리고 가슴이 맑아지는 느낌을 느낄 수 있을 것입니다. 우리 진지하게 명상을 해 보는 것은 어떨까요?

좀 더 단순하게 요약하면 **사람(살앎)**의 마음이 있고 **살**의 마음이 있고 **앎(識)**의 마음이 있습니다. 사람에게 있는 마음은 생각, 살에게 있는 마음은 본능, 앎(識)이라고 하는 우리 본래 의식의 마음은 본성입니다. 한편 정신(精神)이라는 말도 쓰는데 정신도 역시 살과 앎이라는 뜻이 있습니다. 정은 몸이고 신은 마음존재에 해당합니다. 그런데 보통은 이런 뜻보다는 정이 가지고 있는 신이라는 면에서 정신은 두뇌 활동의 마음 영역인 생각을 나타냅니다. 영혼이라는 말에는 몸은 없네요. 마음체만 있습니다.

```
사람    =    살  +  앎
 ↓          ↓      ↓
생각(두뇌 작용)   본능     본성

          ⇩

마음   =   생각 + 본능 + 본성
```

　그리고 혹시 어떤 분이 '우리는 몸으로 사는가, 마음으로 사는가?'라는 질문을 저에게 하신다면 예전 같았으면 마음으로 산다고 말을 했을지도 모르겠습니다. 지금은 분명하게 말씀드릴 수 있습니다. 사람은 몸과 마음으로 산다고. 사람은 살앎이니까요. 그중에서 이 세상에 드러나 있는 것은 몸이고 드러나지 않은 것은 맘(마음)입니다. 표현된 것이 몸이고 숨어 있는 것이 맘(마음)입니다. 표면은 몸이고 이면은 맘(마음)입니다. 즉, 몸은 표전이고 맘은 차전입니다. 드러나지 않은 차전은 드러나 있는 표전을 통하여 이 세상에 실현됩니다. 그래서 사람의 삶이라는 것은 우리 마음이 몸으로 이 세상을 살고 있는 것입니다. 마음을 몸이 표현하고 있습니다. 그래서 마음만으로도 살 수 없고 몸만으로도 살 수 없습니다. 그리고 가장 중요한 것은 마음만으로는 아무런 결과도 생기지 않는다는 것입니다. 실행이 따라야 비로소 마음먹은 것들이 이 세상에 구현됩니다. 당신이 원하는 것들을 마음에 품고 있기만 한다면 아무것도 이룰 수 없습니다. 가슴에는 대자대비한 꿈을 품고 그것을 차근차근 실천하여 당신의 인생에서 반드시 성공하시기 바랍니다.

II

명상 일반

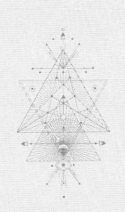

1. 명상이란 무엇인가?

우리가 명상이라는 것을 생각할 때 가장 먼저 떠오르는 것은 '도 닦는 것'이 아닐까 싶습니다. 도 닦는 것에 대해서 우리는 흔히 등을 뒤덮는 치렁치렁한 머리에 허연 수염을 길게 기르고 바위 꼭대기나 토굴 같은 곳에서 가부좌를 틀고 앉아 있는 사람의 모습을 연상합니다. 잿빛 가사를 걸치고 면벽 수도하는 빡빡머리 스님의 형상보다도 먼저 떠오르는 명상하는 사람의 모습인 것입니다. 도를 닦는다는 말도 우리에게는 낯선 말은 아닙니다. 도사 같다는 말도 그렇습니다. 그러나 도를 닦는 사람이 흔하지는 않았던가 봅니다. 주변에서 그런 사람을 만나 본 적은 없으니까요. 우리의 개념 속에 도 닦는 사람은 매우 기이한 사람으로 자리 잡고 있습니다.

제가 단전호흡을 할 때는 보통 '수련한다'는 표현을 썼습니다. 그랬기 때문에 저는 단전호흡을 명상이라고 생각해 본 적이 더 없었던 것입니다. 단전호흡은 수련하는 것이고 명상은 가부좌를 틀고 조용히 앉아 있어야 하는 것이었습니다. 더욱이 제가 하는 단전호흡에서는 움직이는 동작의 도인을 많이 하였기 때문에 오로지 앉아 있는 것과는 약간 차이가 있었습니다. 저는 명상의 본질을 전혀 몰랐던 것입니다. 명상이라고 하는 것을 외관으로 분별하고 있었습니다. 하지만 명상의 본질은 마음이었습니다. 그리고 보니 명상이라는 것은 그렇게 특별한 것은 아닐 듯 싶습니다. 정신을 집중하여 내면을 바라볼 수 있는 방법은 자세가 어떻든 모두 명상이라고 할 수 있습니다.

현재 명상이라는 말은 '마음공부'라는 말로 쓰이기도 합니다. 집중력을 길러 마음을 다스릴 수 있다는 점에서 잘 어울리는 표현이라고 여겨집니다. 명상은 마음에 대한 마음을 위한 마음에 의한 활동입니다. 마음을 떠나서는 이루어질 수 없습니다.

명상이라는 말은 한자로 冥想 혹은 瞑想이라고 쓰는데 앞의 어두울 명은 뒤의 눈 감을 명과 다른 뜻이 아닐 것이므로 눈을 감고 고요히 생각하는 것이 곧 명상임을 알 수 있습니다. 산스크리트어 디야나(Dhyāna)는 요가 용어로 집중명상의 의미이며 초기 불교 경전에 쓰인 빨리어로는 쟈나(Jhāna)가 이에 해당하는 말이라고 합니다. 요가라는 말은 의식을 무엇에 묶는다는 뜻으로 의식을 집중하는 것을 의미합니다. 요가에서 명상은 그 집중된 상태를 한결같이 유지하는 것으로 정의합니다. 중국에서는 이 쟈나를 발음대로 옮겨 선나(禪那) 혹은 사유수(思惟修)라 하였으며 발음과 뜻을 합하여 선정(禪定)이라고 하였습니다. 그러므로 선, 참선 등은 모두 명상을 나타냅니다. 영어권에서는 '조용히 생각에 잠기다' 또는 '조용히 생각을 가라앉히다'는 뜻의 메디테이션(Meditation)을 쓰고 있습니다. 그리고 이 메디테이션의 어원은 라틴어 메디타티오(Meditatio)에서 찾을 수 있습니다. 메디타티오는 '깊이 생각하는 것' 혹은 '특정한 대상에 주의를 집중하고 유지하는 것'을 말합니다. 이와 같이 명상이라는 밀을 살펴보면 중요한 의미가 두 가지 있습니다. 하나는 고요히 깊게 생각하는 것이고 또 하나는 집중된 상태를 지속하는 것입니다. 그러므로 명상을 언어상으로 파악하면 고요히 깊게 생각을 집중하여 오랫동안 유지하는 것임을 알 수 있습니다.

명상이란 무엇인지 알기 위해 사전을 찾아볼 수도 있겠습니다. 인터넷을 뒤져 보니 여러 가지 설명이 있었습니다. 그중에서 가장 마음에 든 것은『두산백과』의 설명이었습니다. '마음을 자연스럽게 안으로 몰입시켜 내면의 자아를 확립하거나 종교 수행을 위한 정신집중을 널리 일컫는 말'이 요약으로 나와 있습니다. 적절한 설명이라고 생각합니다.『두산백과』의 설명을 보면 다음과 같습니다.

　　힌두교에서 보면 사마디는 해탈 혹은 깨달음으로 불리는 상태이다. 불교의 명상법은 요가의 영향을 받았으며 각 종파에 따라 다르다. 선종에서는 모든 잡념을 떨어 버리고 공이나 무심의 상태인 무념무상을 목표로 삼았다. 밀교에서는 관심(觀心) 혹은 관찰이라고 하며 명상을 통하여 신들이나 부처의 세계를 볼 수 있다고 생각하였다. 도교에서는 명상 수행을 통해서 영원무궁의 세계로 통하는 진인을 수태하여 도와 하나가 될 수 있다고 여겼다.

　　항상 외부에 집착하고 있는 의식을 안으로 돌려주므로 마음을 정화시켜 심리적인 안정을 이루게 하고 육체적으로도 휴식을 주어 몸의 건강을 돌보게 한다.[4]

여기에서는 명상의 의미와 단계, 목표 그리고 효과를 포괄적으로 설명하고 있습니다. 한편 우리 모두의 백과사전, 위키백과에서는 간략하게 다음과 같이 설명하고 있습니다.

4　출처: 네이버 지식백과(http://terms.naver.com/entry.nhn?docId=1169911&cid=40942&categoryId=31433)

현대적 의미의 명상은 마음을 집중해서 얻게 되는 신체적, 심적 이득을 목적으로 하는 대체의학 또는 심리치료의 성격이 강하며 전통적 의미의 명상은 명상을 지도하는 수행 단체나 종교 단체의 이념과 관계가 깊다.[5]

위키백과를 보면 아주 다양한 명상 방법들이 있다는 것을 이해할 수 있습니다. 그리고 현대 명상의 개념과 쓰임새를 가늠할 수 있고, 10년 전의 자료이지만 미국에서 활발히 파급되고 있는 명상의 추세를 엿볼 수 있습니다. 요가 명상을 하는 유명인으로 저는 가장 먼저 비틀스를 떠올릴 수 있을 것 같습니다. 애플(Apple) 이사회 의장을 지낸 고(故) 스티브 잡스도 요가 명상을 하였습니다. 불교 쪽의 명상을 한 사람으로 가장 먼저 기억나는 이는 우리나라에도 잘 알려진 액션배우 스티븐 시걸과 구글(Google)의 차드 몽탕 등입니다. 저처럼 인명에 어두운 사람도 알고 있는 것을 보면 이러한 사실들이 널리 알려진 사례인 것 같습니다. 지금은 우리나라의 명상법들도 세계 여러 나라에 진출해 있는 것으로 알고 있습니다. 이러한 경로를 통하여 글로벌 기업인들과 세계적인 스타들은 물론이고 서구의 많은 사람들이 명상을 하였거나 하고 있으며 통합의학이나 상담 분야에서 활발하게 도입, 보급, 확산되고 있습니다. 이에 비하여 우리나라에서는 아직도 명상이라고 하면 일반인들에게는 매우 낯선 분야입니다. 저의 남편은 제가 매달 세 번째 일요일에 숲속의 명상을 하러 갈 때면 두 손을 합장하면서 "또 아멘 하러 가?"라고 묻곤 합니다. 벌써 10년째 하고 있는데도 말입니다. 그런가 하면 딸아이는

---

5 출처: 위키백과(https://ko.wikipedia.org/wiki/%EB%AA%85%EC%83%81)

제나아리 명상원이라는 말이 대중에게는 무슨 사이비종교 같은 느낌을 줄 수도 있다는 충고를 해 주었습니다. 그러니 제나아리 명상 센터라고 고치는 것이 나을 거라 하였습니다. 아직은 명상을 종교성이 농후한 말로 판단하고 있는 것이 대한민국 갑남을녀의 일반적인 견해인 듯합니다.

사전적 의미를 살펴보기 위하여 하나 더 인용을 하자면 다음백과의 설명을 덧붙이고 싶습니다. 설명이 상당히 평이한 느낌을 주기는 하지만 우리의 명상을 종교적으로만 이해하려는 편견을 희석시켜 줄 수 있으리라 기대합니다.

> 영적인 자각이나 신체의 평정을 높이는 데 도움이 된다고 여겨진다. 명상은 고대부터 전 세계적으로 여러 상황에서 시행되어 왔다. 은둔 신비주의자의 경우처럼 순수하게 정적주의적(靜寂主義的)인 목적에 도움이 될 수도 있고, 수도원과 대다수 정신요법가의 경우처럼 정신이나 육체를 회복하고 일상생활을 풍요롭게 해주는 데 도움이 될 수도 있다.
>
> (중략)
>
> 명상요법은 치료에 임하기 전에 맥박과 호흡을 조절하는 데 효과가 있으며, 편두통·고혈압·혈우병 등의 증상을 억제하는 데 각기 정도는 다르나 숙달된 정신요법가들에 의해서 효과가 있음이 입증되어 왔다.[6]

숲속의 명상을 할 때 어떤 분이 숲속의 명상 첫 회부터 지금까지 함께 하고 계시는 현우 님께 어떻게 그렇게 오랜 기간 동안 변치 않고 참

---

6 출처: 다음백과(http://100.daum.net/encyclopedia/view/b07m3266a)

여할 수 있었는지를 물었습니다. 현우 님은 "비록 한 달에 한 번 짧은 시간 동안 하는 명상이지만 그 시간이 아니면 나의 내면을 들여다볼 시간이 없더라고요"라고 말씀하셨습니다. 우리는 그런 시간이 아니면 자신의 내면을 바라볼 짬이 없습니다. 그래서 많은 사람들이 이 세상에서 가장 소중한 나에 대해서 알지 못합니다. 밖으로만 시선을 두고 살기 때문에 남에게 비치는 자신을 나라고 생각하고 있습니다. 그것이 자신이라고 믿고 있으니까요. 남에게 비치는 그 상이 자기자신이라고 생각하게 되면 우리는 남에게 비치는 나를 위해서 살게 됩니다. 우선 돈이 많아야 합니다. 그래야 남에게 번듯하게 보이지요. 그래서 충분히 쓰고도 남는 돈을 가지고 있어도 악착같이 돈을 더 많이 모으려고 합니다. 또는 쥐뿔도 없으면서 많이 가진 척 허풍을 떨고 삽니다.

권력이 있어야 남 위에 군림할 수 있습니다. 그래서 윗사람에게 아부하며 아랫사람은 짓밟아 가며 삽니다. 더 높은 자리에 오르기 위해서는 남의 가슴에 못을 박고, 남의 가슴에서 피눈물이 나는 것을 모른 척하고 대수롭지 않게 여기며 남과 자신을 다 속이고 삽니다.

예쁘게 생겨야 남에게 사랑을 얻을 수 있습니다. 요가도 우리나라에서는 깨달음을 얻는다든지 신과의 합일을 모색하기 위한 수련의 목적이 아니라 몸매를 날씬하고 아름답게 하려는 미용을 목적으로 하여 퍼져 나갔습니다. '요가에도 철학이 있어요?', '요가에서도 명상을 해요?' 그런 것은 알고 싶지도 않습니다. 몸이 건강해지고 아름다워지는 것이 요가인 것입니다. 그뿐인가요? 청소년기의 지아 교정은 이제 필수입니다. 성형수술은 아무리 부작용이 많다고 해도 여전히 그리고 앞으로 더욱더 성황을 누릴 수 있는 의료 분야입니다.

착하게 보여야 남에게 호감을 얻을 수 있지요. 이건 당연합니다. 문제는 나는 그만큼 착하지도 않은데 무리하여 착하게 보이고자 하는 것입니다. 남을 속이고 자신을 속이다 보니 정작 나는 스트레스를 엄청 받습니다. 결국은 우울증이 옵니다. 그러면서도 내가 왜 그렇게 살고 있는지조차 알 수 없습니다.

명예도 얻어야겠습니다. 남들이 나를 인정해 주고 존경해 주며 칭송할 것입니다. 나는 자존심을 높일 수 있고 함부로 그 자존심에 상처를 주는 사람도 없을 것입니다. 가슴에 훈장 하나쯤 달고 있으면 얼마나 훌륭해 보일까요. 메달도 금메달만이 가치가 있습니다. 2등은 알아주지도 않지요. 남들이 나를 우습게 보지 않도록 번쩍이는 황금빛 명예가 필요합니다.

이렇듯 세간의 욕심만을 따라가면서 자기자신을 본 적이 없으니 나를 알 길이 없습니다. 우리는 어쩌면 자신을 들여다보는 방법도 모릅니다. 비교하고 경쟁하고 비난하고 좌절하고… 그렇게 사는 것이 삶이려니 여기고 그냥 그렇게 살아가고 있습니다. 그것이 자기 인생에서 성공하는 길이 아님을 의심조차 하지 못합니다. 왜냐하면 내면을 들여다본 적이 한 번도 없기 때문입니다.

명상은 시선을 자신의 내면으로 돌려줍니다. 자신의 참나를 찾아가는 여정이 명상입니다. 거울에 비춰진 나의 모습은 나의 허상이지 참나가 아닙니다. 우리는 그 허상으로 살고 있습니다. 내 얼굴에 있는 눈은 남에게 비추어진 나의 허상밖에는 볼 수 없습니다. 그게 나라고요? 그렇지 않습니다. 거울에 비친 나만 해도 체온이 없습니다. 감각도 느낄 수 없습니다. 만져 보십시오. 그것은 거울의 감촉이지 나의 체온이 느껴지는 피부가 아닌 것입니다. 체취도 느낄 수 없고 목소리도 없습니다. 그 허상은 늘 좌우가 바뀐 모습이지요. 우리는 의심도 없이 습관적으로 그것을 나라고 알고 살고 있습니다. 거울에 비친 내가 참나가 아니듯 남에게 비추어진 나도 참나가 아닙니다. 참나는 마음의 눈으로 보아야 볼 수 있습니다. 시선을 내 안으로 돌려서 자신의 내면을 살펴보아야 합니다. 그 안에서 우리는 자신의 참나를 발견할 수 있습니다. 그리고 그 참나는 남과 비교하지 않습니다. 경쟁하지도 않습니다. 남들이 무어라고 하든 상관하지 않는 절대성의 나입니다. 자신의 모습 그대로 온전한 나인 것입니다. 온전한 나는 이미 온전하므로 부족하지 않습니다. 비교할 것도 없고 경쟁할 것도 없고 찌질하지도 않고 못나지도 않습니다. 그래서 자유롭고 자비롭고 무엇이든 할 수 있는, 따라서 남들과 공존하며 남에게 친절할 수 있는 그런 나입니다. 그러니 우리 명상을 하십시다.

2. 명상은 왜 하는가?

예전에 제가 ○○명상원을 다녀와서 저의 아버지께 그 명상원을 소개해 드렸습니다. 저의 생각에 그래도 제 주변에서 명상에 관심을 가질 만한 사람은 아버지 한 분밖에는 없었던 것입니다. 그러나 아버지도 한번 다녀와 보시라는 권유를 단번에 거절하였습니다. 평생을 걸어도 깨우칠까 말까 한 그 짓을 왜 하느냐는 것입니다. 많은 사람들이 그것을 하면 돈이 나오느냐 쌀이 나오느냐고 묻곤 합니다. IMF 때보다도 경기가 더 어렵게 느껴진다는 요즈음 명상을 하기 위하여 지불해야 하는 회비도 아깝습니다. 낮에는 일을 해야 먹고삽니다. 퇴근하여 저녁 먹고 명상원에 가자니 몸이 천근만근입니다. 쉬는 것이 상책입니다. 또는 그 시간에 회식이 있습니다. 아니면 친구들과 어울려 술 한잔 기울이는 것이 더 좋습니다. 수요일에는 드럼을 배우러 갑니다. 금요일에는 인문학 강좌를 들어야 합니다. 아이고, 아이가 수험생입니다, 등등. 하지 못하는 이유는 차고 넘칩니다. 명상을 하지 못할 오만가지 이유와 이런저런 유혹을 뿌리치고 큰 맘 먹고 막상 시작을 해 보니 한두 시간을 꼼짝도 않고 앉아 있는 것이 너무나 고통스럽고 어렵습니다.

명상 그까짓 거 안 해도 되는 것이 현실입니다. 그럼에도 불구하고 세계적인 유명 인사들이 명상을 하고 있습니다. 현대에는 사람의 심신 건강과 치유의 수단으로 명상을 합니다. 건전한 마음뿐만 아니라 몸의 통증을 감소시키고 건강하게 하는 방법으로 명상이 보급되고 있습니다.

병원에서 상담소에서 심지어 교도소에서도 명상을 하고 있습니다. 이 시점에서 우리가 명상을 간과하고 있었던 것은 아닌지 재고해 볼 필요가 있습니다. 내가 내 것을 귀한 줄 모르고 버려 두었는데 누군가 다른 사람이 가져가서 애지중지하면서 보물처럼 사용하더니 이제는 내가 다시 비싼 값을 치르고 그것을 사야 할 때와 같은 기분을 바로 명상에서 느낍니다.

원래 우리나라에는 24K 황금 원석이 있었습니다. 우리는 그것으로 금관도 만들고 금귀고리도 만들었습니다. 그런데 중국에서 혹은 인도에서 보석을 붙인 황금귀고리가 들어왔습니다. 그러자 순금귀고리나 목걸이는 보석이 붙은 장신구에 밀려났습니다. 오랜 세월이 흐르는 동안 순금 장신구는 보석으로 치장하는 것이 정설이 되었다가 마침내는 그것마저도 귀한 줄 모르는 시절이 온 것입니다. 그것이 얼마나 귀한 것인지 아무도 알지 못했습니다. 24K는 단단하지 못하고 물러서 쉽게 구부러지고 닳아 버리기 때문에 그 자리는 스테인리스나 플라스틱이 대신하게 되었습니다. 그런데 최근에 그 24K를 서양인들이 가지고 갔습니다. 서양에는 그 금원석이 없었거든요. 24K를 처음 접하게 된 그들은 곧 그것의 진가를 알아보았습니다. 실용적인 활용의 귀재인 그들은 그것으로 18K를 만들어 단단하고 닳지 않는 금붙이를 만들어 냈던 것입니다. 그리고 더 단단하고 닳지 않는 실용적인 금이라고 하여 순금보다도 더 비싼 가격으로 우리에게 팔아먹고 있습니다. 이제 우리나라 사람들은 18K 금귀고리나 금목걸이를 사려고 순금보다도 더 많은 돈을 지불하면서 "오, 금!"이라고 외치고 있습니다. 원래 그 금은 우리나라에도 있었으며 지금도 있으며 18K보다 순도 높은 황금이라는 사실을 좀 알았으면 좋겠습니다. 동양에서 수천 년을 내려온 명상은 행복하게 사는 궁극의 지혜를 깨닫기 위한 순금이었다면 지금 서양으로부터 건너온 명상은 자기계발이라든지 치유라든지 하는 목적으로 개발된 18K짜리 합금입니다. 이제 우리는 금이 반짝인다는 것을 새삼스럽게 깨닫고 있는 중이지요. 그 가치 있는 순수한 황금을 우리가 가지고 있다는 것도 알아야 합니다. 그런가 하면 있지만 그것을 활용할 줄을 몰라서 방치해 놓고 인도로, 미얀마로, 태국으로 혹은 몽골 등지로 황금을 찾으러 떠나는 사람 또한 적지 않습니다. 우리는 깊이 반성하고 그것을 어떻게 활용할지 현대적으로 고민하고 가치 있게 쓸 줄도 알아야 할 것입니다.

그렇다면 인류는 왜 명상이라는 것을 하였을까요? 사람들이 흔히 말하듯 돈이 나오는 것도 아니고 쌀이 나오는 것도 아닌데, 꼼짝 않고 앉아서 눈 감고 가만히 있는 고통스럽고 지루한 짓을 왜 하였을까요? 그것은 아마도 사람들이 무슨 까닭에 명상을 하기 시작하였는지를 살펴보면 답이 나올 것 같습니다.

일반적으로 명상은 인도에서부터 시작되었다고 알려져 있습니다. 인도의 경우 명상의 역사를 길게는 6천 년 전에서부터 행해졌다고 보고 있습니다. 아리안족이 인도에 정착하기 이전부터 살고 있었던 원주민들로 거슬러 올라가서 기원을 찾을 수 있다는 것입니다. 원주민들에게는 아주 수준 높은 정신문화가 자리 잡고 있었습니다. 아리아인들이 원주민을 정복하여 노예화하거나 남인도로 몰아내고 갠지스강 유역에서 정착한 것은 기원전 1500년대였습니다. 그들은 원래 가지고 있었던 자신들의 종교적 배경을 기반으로 원주민들의 종교와 문화를 흡수하여 베다(Veda) 문화를 이룩합니다. 베다라는 말은 '지식', '지혜' 또는 '종교적 지식'을 말하는데, 인도에서 가장 오래된 신화적 제식문학(祭式文學)을 집대성한 것입니다. 베다 시대의 아리아인들이 신에게 제물을 드리는 제사 의식에서 제사장은 반드시 명상으로 호흡을 평온하게 한 다음 제사 의식을 행하도록 되어 있었다고 합니다. 명상이 하나의 제식 절차였던 것입니다. 세속을 떠나 경건하고 신비로운 신의 제단으로 향하는 준비 과정이 명상이었던 것이지요. 그리고 후기 베다 시대의 경전에서는 초월적 지식을 얻는 수단으로써 명상 수련을 하였다고 합니다.

　인도에서 명상을 힌두교의 역사와 관련하여 생각을 해 본다면 힌두교는 창시자가 따로 있는 것이 아니라 그냥 그 땅에서 살았던 사람들이 고대로부터 믿어온 신앙으로 그 기원을 소급해 볼 수 있을 것입니다. 혹자는 오스트랄로계 원시부족의 문명보다 더 오래되었으리라고 추론하고 있는 것을 보면 세상에나, 진짜로 오스트랄로피테쿠스도 명상을 하였으려나요? 내적 고찰이라는 것은 그냥 생명의 특성이라고 생각하는 것도 가능하지 않을까요? 인류의 영성에 대한 관심과 지혜는 도대체가 그 시원이 어떻게 되는 것인지 생각해 보면 참으로 경이롭기만 합니다. 언어가 시작되면서 내 생각과 네 생각을 나누고 내 경험과 네 경험을 나누고 나와 너의 지혜를 나누게 되면서 형이상학적인 믿음까지 나누게 되었고 그로부터 종교가 시작되었다고 봅니다. 일반적으로 언급되는 것은 기원전 3천여 년 전 이미 인더스강 유역에 살고 있었던 원주민들입니다. 이들은 상당히 세련된 문명을 이룩하고 있었으며 자연물을 숭배하였고 소나 뱀 같은 동물이나 성기 등을 신성시하여 이것들을 숭배하는 숭배 제의가 있었습니다. 그리고 이런 숭배 의식을 행하기 위한 신성한 목욕과 선정(禪定)과 같은 명상의 개념까지 가지고 있었다고 합니다.

인더스 문명(기원전 약 3300~1700년)의 유적지에서 여러 봉인들은 사람이 요가나 명상 자세를 취하고 있는 듯한 모양을 하고 있었다. 이에 대해 고고학자 그레고리 포셀은 '요가의 시초가 되는 제의적인 운동의 형태'라고 보았으며, 이에 대한 증거가 모이고 있다. 그는 후기 하라파의 유적지에서 발견된 16개의 요기 조각에 대해 '제의적인 수양과 집중'이라고 말한다. 이 형상은 요가 자세로 '신들과 인간 모두가 행했던' 것이라고 본다.[7]

이 설명에 따르면 인더스 문명을 이룩한 고대인들은 신과 신처럼 고귀한 사람의 형상을 요가 자세를 취하고 있는 모습으로 그려 냈던 것입니다. 우리나라에서는 산신령을 용의 형상을 한, 구부러진 지팡이를 짚고 머리와 수염이 길고 하얀, 그리고 흰 두루마기 차림으로 서 있는 사람의 모습으로 묘사하는 것과 같은 맥락입니다. 중국에서는 구름을 타고 가는 신선의 모습을 주로 그리고 있습니다. 이것은 모두 그 지역의 사람들이 인식하고 있는 이상적인 인간상이라고 할 수 있습니다. 인도에서의 이상적인 사람의 초상은 가부좌를 하고 명상에 든 형상이었습니다. 고대로부터 내려오는 인도인들의 생의 주기에 대한 관습은 그러한 실제적인 본보기라고 할 수 있을 것 같습니다. 인도인들은 이상적인 삶의 네 단계를 설하고 있습니다. 출생에서부터 25세까지는 학습기, 그다음서부터 25년 동안은 가주기(家住期), 그다음 25년 동안은 은둔기(隱遁期), 그다음 25년 동안은 유행기(遊行期)라고 합니다. 학습기는 삶에서 필요한 도덕과 윤리와 기술 등 삶의 지식을 배우는 시기입니다. 가주기는 집에 머무는 시기로서 가정을 꾸리고 자식을 낳고 물질적 부를 누리는 시기입

---

7 출처: 위키백과(https://ko.wikipedia.org/wiki/%EC%9A%94%EA%B0%80)

니다. 은둔기는 가정을 떠나 숲에 머물면서 가치 있는 고결한 삶을 사는, 즉 수행을 하는 시기입니다. 유행기는 수행을 마치고 숲에서 나와 한 곳에 머물지 않고 자유로운 삶을 사는 시기입니다. 이것은 아마도 힌두교의 전통으로서, 사람에게 적용되는 이상적이고 바람직한 삶의 네 주기로 보입니다. 이미 아주 오랜 옛날부터 100세 인생을 설계하고 지침으로 삼아 생활하고 있었던 것입니다. 중국의 도가에서도 세속을 멀리하고 산으로 들어가 수련하는 삶을 고귀하게 여겼던 것과도 다름이 없습니다. 그리고 요가의 사마타 수행에서 나오는 선정이 지금으로부터 5,000여 년 전에 이미 형성되어 있던 개념이라는 것이 저로서는 놀라운 일이 아닐 수 없었습니다. 선정은 전적으로 불교적인 개념으로 알고 있었으니까요.

인도인들이 삶을 고(苦)라고 생각한 것은 그들의 역사와도 무관하지 않을 것입니다. 아리안족이 중앙아시아의 스텝 지역으로부터 남하하여 펀자브 지방으로 이동해 오는 과정도 전쟁이었을 것이고 원주민을 정복해 나가는 과정도 고난이었을 것입니다. 원주민인 문다족이나 드라비다족 입장에서는 이미 원시시대로부터 내려온 삶은 고라는 인식이 있었지만, 철기 문화와 청동기 문화로 대변할 수 있는 무기의 수준 차이로 인하여 아리안족의 지배를 받으며 천민으로 전락한 정복당한 민족의 수난이 삶을 더욱 더 비참한 고로 만들었을 것임은 자명합니다. 그래서 인도인들은 브라만 계급에서부터 불가촉천민에 이르기까지 계급을 불문하고 그러한 고에서 벗어나 행복해지고자 하였습니다. 그들에게 삶은 고입니다. 사는 동안의 행위의 결과로 생성된 다르마(업)에 의하여 죽은 다음에도 다시 태어나 윤회하는 끊임없는 고통에서 벗어나 행복해지기 위하여 그들은 명상을 하였습니다. 그리하여 그들은 선정과 해탈 등의 개념을 일찍부터 발전시켰던 것입니다.

한편 인류 문명의 4대 발생지 중 또 다른 하나인 황하 유역의 삶의 인식은 인도와는 달랐습니다. 중국인들은 개똥밭에 굴러도 이승이 좋다고 하는, 삶이 곧 행복이고 즐거움(樂)이라는 사고를 가지고 있었습니다. 그래서 어떻게 하면 죽음을 피하여 건강하게 오래 살 수 있을까를 추구하였습니다. 그들은 불로불사를 사람의 최고의 경지로 꼽았습니다. 그러한 경지에 이른 사람을 선인(仙人)이라고 합니다. 그리고 도교의 가르침에 의하면 선인이 되기 위한 여러 가지 재미있는 방법들이 있었습니다.

첫째는 선약(仙藥)을 먹는 것입니다. 중국 최초의 황제 진시황이 이 선약을 얻기 위하여 방사 서복에게 삼천 명의 동남동녀를 내어 주고 불로초를 찾아오라고 동쪽으로 보냈다는 일화는 유명합니다. 일설에 의하면 그 동쪽이 우리나라와 일본이라고 합니다. 또는 대만과 유구군도라는 설도 있습니다. 이 선약을 얻으려고 했던 왕이 진시황제만 있던 건 아니었습니다. 중국 전국 시대의 여러 왕들, 이를테면 제(齊)나라의 위왕(威王, B.C. 356~320)과 선왕(宣王, B.C. 319~301), 연(燕)나라의 소왕(昭王, B.C. 311~279)도 불로초를 구하고자 하였다니 도교에서 불로불사는 인도인들의 해탈과 다를 바 없는 염원이었음을 알 수 있습니다.

둘째는 피곡(皮穀)입니다. 곡물을 먹지 않는 것입니다. 도교에서는 산으로 들어가 곡기를 끊거나 생식을 하면서 수련하는 것을 가치 있고 고귀한 삶으로 여겼습니다.

셋째는 도인(導引)입니다. 호흡과 같이 하는 기공체조나 안마, 마사지

등을 도인이라고 합니다. 태극권도 도인의 하나라고 볼 수 있겠습니다. 호흡을 따라 몸을 천천히 움직이거나 두드리거나 눌러 주는 등 기혈이 잘 돌 수 있도록 몸에 자극을 주는 것이 도인입니다. 이러한 기수련은 상당히 비밀스럽고 신비로운 면이 있습니다. 기라는 개념 자체가 신비주의적 경향을 띠기도 하지만, 수련에 있어서도 스승과 제자 사이에 비전되는 비술로 이루어져 있었던 것입니다. 그래서 전해지는 '전설 따라 삼천리' 같은 일화도 많이 있습니다.

어떤 수련생이 첩첩산중에서 살고 있는 명망 높은 도사를 찾아가 한 수 가르침을 청했습니다. 그러나 도사는 아무것도 가르쳐 줄 것이 없다고 합니다. 수련생은 애써 찾아간 도사에게서 비법을 전수받고 싶었지만 건진 것이 없었습니다. 애석한 마음에 발이 떨어지지를 않았습니다. 마침 날도 저물어 도사에게 하룻밤만 묵어갈 수 있게 해 달라고 간청하였습니다. 해는 떨어지고 밤중에 산을 내려가다가는 호랑이의 밥이 될 수도 있는지라 하는 수 없이 도사는 하룻밤 묵어가기를 허락하였습니다. 첩첩산중을 잔뜩 기대에 차서 고생고생하며 찾아온 수련생은 도무지 잠이 오지 않았습니다.

'이렇게 그냥 돌아가야 하다니. 아니야, 분명 무슨 수가 있을 거야.'

한밤중이 되었는데 도사는 기척도 없이 일어나서는 기마자세[8]를 취하고 손을 천천히 움직이기 시작합니다. 한 반시간 동안 조용히 움직이더니 언제 그랬냐는 듯이 다시 드러누워 잠을 자는 것입니다. 수련생은 다음 날 아침 도사에게 정중하게 인사를 드린 다음 하산하였답니다. 그

---

8 말을 탔을 때와 같은 자세를 말한다. 다리를 어깨 넓이로, 발은 11자 모양으로 하고 무릎을 말안장에 앉았을 때와 같이 굽혀 준다.

리고 실눈을 뜨고 훔쳐본 그대로 수련을 하여 그 역시 훌륭한 도사가 되었다고 하네요. 믿거나 말거나입니다.

네 번째로 호흡이 있습니다. 단전호흡이 바로 그것입니다. 단전호흡은 확실히 몸을 편안하게 해 줍니다. 제가 단전호흡수련을 할 때 수련원에 오는 사람들 대다수가 건강을 위하여 수련을 하였습니다. 그렇게 호흡을 하다 보면 몸이 편안하고 따듯해집니다. 그러면 마음도 편안해지면서 가슴이 열리고 따라서 심신의 건강을 모두 챙길 수 있습니다. 요가에서 일곱 개의 차크라가 열리듯 단전호흡에서는 하단전, 중단전, 상단전이 열리게 됩니다. 그리고 기혈이 순환하면서 임맥과 독맥이 터지고, 이것을 따라서 기가 도는 것을 소주천이라고 합니다. 기가 더욱 성해지면 척추 안쪽의 충맥을 뚫고 뇌로 들어가 대주천이 일어나서 성통공완하게 된다는 것입니다. 사실 도교의 수련법도 종류가 많다고 보는 것이 맞을 것 같습니다. 기공도 나름의 유구한 발달 역사를 가지고 있고 기 철학도 나름의 심오함을 갖추고 있습니다. 우리가 흔히 쓰고 있는 기라는 말의 뜻을 살펴보면 그 낱말 하나가 얼마나 많은 의미를 내포하고 있는지를 짐작할 수 있습니다. 『도교호흡수련』[9]에서는 기일원론(氣一元論)의 입장에서의 기의 특징을 여섯 가지로 요약하고 있습니다.

첫째는 만물의 근원으로서의 기입니다. 만물을 생성하는 본체를 기로 보고 있습니다.

둘째는 만물의 질료로서의 기입니다. 형체이든 형체가 아닌 것이든 기가 아닌 것이 없습니다.

9　이태영, 『도교호흡수련』, 여래, 2007.

셋째는 운동 변화하는 실체로서의 기입니다. 대립과 전환으로 끊임없이 변화를 가져옵니다.

넷째는 물질의 매개체로서의 기입니다. 빛이나 소리를 전달하는 것도 이 기에 의한 것입니다.

다섯째는 인간의 성명(性命)으로서의 기입니다. 인간은 기를 받아 태어나서 기의 작용으로 살고 있습니다.

여섯째로 천인합일(天人合一)의 기능으로서의 기입니다. 사람은 내면의 호연지기를 길러 천지의 기운과 하나가 될 수 있습니다.

도교의 여러 방법들이 양생을 목적으로 하지만 그중에서도 기수련과 연관되어 있는 것은 기의 여섯 번째 특징이라고 할 수 있겠습니다. 동양인들에게 있어 하늘(우주)은 궁극의 도입니다. 기를 수련함으로써 도를 이룬 사람을 선인이라고 하고 선인은 구름을 타고 하늘로 올라가 만세를 누리는 것입니다. 그리고 우리가 흔히 들어 본 적이 있는 도사는 자연 속에서 초월적인 능력과 지혜로써 세속에 물들지 않은 이상적인 삶을 살아갑니다.

결과적으로 인도에서나 중국에서나 명상은 그들이 생각하는 가장 고차원적 행복을 추구하는 염원에서 출발을 하였습니다. 고에서 벗어나 행복해지기 위해서, 혹은 행복한 이 세상을 더 오래토록 누리기 위해서 인간은 명상을 하였던 것입니다. 이런 까닭에 명상은 당연히 행복하게 살기 위해서 하는 것이라고 결론지을 수 있습니다. 힘들고 어려울 때에는 명상을 해 보십시오. 그러면 그 고통에서 벗어날 수 있는 지혜를 만날 것입니다. 즐겁고 행복할 때에도 명상을 해 보십시오. 그러면 오래 향복(享福)할 수 있을 것입니다.

그리고 또 하나, 명상은 자신의 내면을 성장시켜 보다 크고 온전하게 자기를 인식하게 합니다. 우리는 자신이 믿고 있는 종교나 철학에 의해 자신을 한정짓고 남을 이해하지 못하는 편협에서 이제는 벗어날 수 있습니다. 왜냐하면 세계는 해양과 항공으로 오대양 육대주를 넘나드는 하나의 지구촌으로 자리 잡았기 때문입니다. 이제는 지리적으로 한곳에 매이지 않습니다. 인터넷의 발달은 지구촌을 동양과 서양, 북반구와 남반구를 통틀어서 이웃으로 만들어 버렸습니다. 지난해 스물세 살 먹은 딸아이가 제 사촌언니와 처음으로 유럽 여행을 떠났습니다. 2주간 배낭여행을 떠난 것입니다. 몇 달 전에서부터 인터넷으로 검색하여 비행기 표며 숙소, 유레일과 유로패스권을 알아보고 예매하여 떠났습니다. 이탈리아, 독일, 스위스, 체코를 거쳐 오는 여행이었습니다. 그동안 두 집 식구들은 카톡방을 만들어 아이들이 어디를 어떻게 돌아다니고 있는지 서로 정보를 주고받았습니다. 그때 정말로 지구촌이라는 말을 실감할 수 있었습니다. 이런 시대에 나는 전통적인 가문의 여인으로서 양반집 법도대로 조신하게 집에서 지내야 하고 말(馬)만 한 여자들끼리 배낭여행을 해서는 안 된다는 식으로 자기를 의식하고 있다면 지나치게 소심하고 답답하다고 할 것입니다. 각자는 우리의 좋은 점을 알고 그 좋은 점은 지켜 가면서 다른 사람, 다른 나라의 좋은 점을 이해하고 수용하여 내 안에 한 인간으로서의 자기존재인식, 자기존재의 정체성을 통합해 나갈 필요가 있습니다. 그렇게 할 때 내 집구석을 떠날 수 없었던 제한적인 나의 인식으로부터 지구만 하게 보다 크고 온전한 자기를 만들어 갈 수 있을 것입니다. 그렇지요? 하지만 내 안에 수용하는 것보다 더 온전한 자기는 모든 것이 있는 그 자리에 있게 하고 그중에 자신도 있는 그 자리에 그냥 있게 하는 것입니다. 자연 속에 그냥 또 하나의 자연으로 존재하는 것이지요. 그것이 가장 큰 자기의 인식입니다.

저는 이러한 시각이 명상의 세계에서도 이루어져야 한다고 생각합니다. 명상은 자기존재인식 또는 자기존재의 정체성을 확립합니다. 내가 누구인지, 나는 어디서 왔는지 그리고 어디로 가는지, 나는 어떻게 살아야 하는지와 같은 원론적인 질문에 대한 대답을 들을 수 있는 것이 바로 명상이기 때문입니다. 그래서 명상에서의 깨달음은 이러한 궁극적인 의문에 대한 해답으로서의 자기를 인식하게 됩니다.

예수님은 우리 모두 하느님이 창조한 신의 자녀라고 하였습니다. 우리는 하느님 앞에서 같은 형제자매입니다. 따라서 우리는 신 앞에서 동등합니다. 다 같은 신의 자녀로 이는 세계만방이 한 집안의 형제자매인 것입니다. 그러니 다투고 미워하지 말고 네 이웃을 네 몸과 같이 사랑하라고 예수님은 가르치고 있습니다.

도교에서 인간은 소우주이고 기(氣)입니다. 소우주인 것은 우주의 섭리가 그대로 인간에게 들어와 있다는 뜻입니다. 기적인 차원에서는 육신도 기이고 정신도 기로 구성됩니다. 이 기는 태극에서 유래하며 음양의 성질을 가지고 있습니다. 음양과 오행은 유교의 세계관이지만 동양에서 태극과 음양오행, 그리고 기는 거의 한 덩어리로 이해되고 있습니다. 음양은 음기와 양기로 설명이 됩니다. 그러나 이 음과 양은 두 개의 독립된 성질이 아닙니다. 하나의 양면 같은 것이지요. 그래서 음은 태음과 소양으로 된 성질이고 양은 태양과 소음으로 이루어진 성질입니다. 여기에 불교의 영향을 받았을 것으로 보이는 무극의 개념이 태극을 넘어서서 있습니다. 그리고 음양은 오행으로 펼쳐집니다. 보통은 남자는 양이고 여자는 음이라고 알고 있습니다. 그러나 정확하게 말하자면 남자는 남성성과 여성성을 다 가지고 있지만 남성성이 여성성보다 많은 것이고 여자 또한 마찬가지로 여성성과 남성성이 다 내재하고 있으나 여성성이 남성성보다 많은 것입니다. 음과 양은 서로 대립하는 하나의 양극과 같은 것으로 여기서의 대립성은 결과적으로는 전체적인 조화를 위하여 화합하는 성질을 가졌습니다. 남자와 여자는 내재적인 상극의 성질을 바탕으로 서로 당기는 상생의 길이 본능적인 것입니다. 이것을 바로 알고 화합을 이루어 조화롭게 살아야 할 것입니다.

인도에서는 인도의 선주민들이 이룩한 인더스 문명에서부터 발달된 정신 문화를 가지고 있었습니다. 이것의 영향을 받아 아리아인들이 이룩한 베다와 베다에서 비롯되는 브라만교와 힌두교, 비베다로서의 불교, 자이나교 그리고 12세기경 인도 내륙까지 장악한 이슬람교의 정신까지 시대를 따라 영향을 주고받으며 오늘에 이르고 있습니다. 서양 세력이 유입되면서부터는 기독교도 영향을 미쳤을 것으로 사료됩니다. 따라서 인도에서의 자기존재인식은 매우 광범위하고 다양할 것 같습니다. 하지만 여러 종교의 간섭에도 불구하고 인도인들의 자기존재인식은 특징이 있습니다. 신과 나는 본질적으로 동질이라는 인식이 그것입니다. 인도의 정통 철학 중 하나인 상키아 철학에서는 우주 만물의 시원으로서 프라크리티(Prakṛti)를 들고 있습니다. 프라크리티는 사트바(Sattva), 라자스(Rajas), 타마스(Tamas)라는 세 가지 성질로 구성되어 있습니다. 사트바는 밝음의 성질이고 라자스는 움직이는 성질입니다. 타마스는 어두운 성질을 가지고 있습니다. 균형을 이루고 있던 이들의 조화가 깨지면서 세계가 탄생하고 전개되었다는 것입니다. 사트바와 라자스, 타마스의 균형을 깨뜨린 것은 절대순수의식에 해당하는 푸르샤(Puruṣa)입니다. 푸르샤로 인하여 프라크리티는 평형을 유지하지 못하고 세계로 전개되었는데 맨 처음 나타난 것이 사트바의 성품인 붓디(Buddhi, 지성)입니다. 그리고 이 붓디를 자기 자신과 동일시함으로 인하여 고(苦)가 생겨났습니다. 요가에서의 무지는 푸르샤를 알지 못하고 프라크리티를 자기라고 믿는 것입니다. 따라서 요가 명상을 통하여 드러난 것의 근원을 끊임없이 찾아들어가 절대순수의식에 해당하는 실체를 회복하게 되면 비로소 자신을 완성한다고 하였습니다.

한편 베단타 철학에는 초월적이고 절대적인 개념으로 브라만이 있습니다. 그 브라만이 상대적으로 드러난 것이 아트만입니다. 그래서 인간 안에 내재한 본질인 아트만은 브라만과 동일합니다. 그러나 브라만만이 유일한 실재이고 그 밖의 모든 것은 가짜이며 무지입니다. 우리가 브라만으로 되돌아가기 위한 유일한 방법은 상대적인 현상계의 모든 것을 부정하는 것입니다. 여기서도 우리는 현상계에서 살고 있는 나의 본질인 아트만은 곧 초월적인 브라만이라는 것을 알 수 있습니다. 인도의 유구한 세월 속에 쌓아 온 지혜는 우리를 본질적으로 한 알의 먼지 같은 쪼가리가 아니라 무한한 초월자적 존재라고 말하고 있습니다.

불교에서는 나는 무아입니다. 부처님은 실재하는 '나'라는 것은 없다고 하였습니다. 이것을 보통 사람들은 이해하기 어렵습니다. 그래서 시산 속에서 영원하지 않은 나는 죽으면 사라지는 것이라는, 즉 찰나생과 같은 것으로 해석하여 이해하려고 합니다. 하지만 부처님이 말하는 무아는 '내가 없다'는 뜻입니다. 여기에 멀쩡히 살아 있는 내가 없다는 선언은 이천오백육십여 년간 사람들의 마음을 흔들어 깨웠습니다. 하지만

이 무아라는 것은 실존적 차원에서 사람들에게 참으로 난해한 개념이 아닐 수 없습니다. 그러나 인간의 마음을 오랜 세월 동안 변치 않고 그렇게나 잡아끄는 데에는 우리로 하여금 무의식적으로 이끌리게 하는 매력이 있기 때문입니다. 그 매력은 바로 진리라는 것이라고 저는 말하고 싶습니다. 이것은 예수님이 말씀하시는 사랑이라는 말에의 끌림과도 차이가 없습니다. 예수님의 사랑도 바로 진리이기 때문이지요. 우리가 본질적으로 초월적 존재라는 것 역시 저는 진리라고 생각하고 있습니다.

사마타 수행으로 얻은 삼매가 고를 해결하지 못한다고 판단한 고타마 싯다르타 부처님은 이전에 했던 사마타 수행을 거부하고 자신만의 새로운 수행법인 위빠사나를 통하여 해탈의 지혜인 무상, 고, 무아를 얻었습니다. 따라서 부처님은 '내가 있다'고 하는 것이 가장 큰 무지라고 하였습니다. 요가 철학에서 푸르샤가 자기라고 믿는 것이 무지인 것과 비교하면 요가와 불교라는 각 패러다임의 차이를 엿볼 수 있어 개인적으로 매우 흥미롭게 느껴집니다. 이것이 바로 자기존재인식의 차이인 것입니다.

그 밖에 자기자신을 인식하는 것으로 어떤 것이 있을까요? 노장의 무위자연(無爲自然)이라는 말도 자기존재인식을 규정합니다. 인간은 하나의 자연이므로 자연 그대로 살라는 이야기이기 때문입니다. 우리나라에는 인내천(人乃天) 사상이 있습니다. 사람이 곧 하늘이라는 것입니다. 이것에 따르면 나는 하늘입니다. 당신도 하늘입니다. 그들도 다 하늘이니 우리는 모두가 하늘인 것입니다. '나는 생각한다. 고로 존재한다'는 정의는 데카르트의 자기존재인식이고, 파스칼의 자기존재인식은 '생각하는 갈대'였습니다. '창구 없는 모나드(Monad)'는 라이프니츠의 자기존재인식입니다. 이렇듯 철학자들도 깊은 사색을 통하여 자기존재를 인식하였습니다. 하지만 의식의 더 깊은 심층에서 이루어지는 명상에서의 자기존재인식은 초월적인 경지로 우리를 이끌어 갑니다. 인류의 미래의 역사 속에서 이세돌은 알파고를 한 번이라도 이긴 유일한 인간으로 기록이 되겠지만 그러한 알파고도 할 수 없는 것은 명상일 것입니다. 이것은 만물의 영장이라고 하는 인간만의 특별하고 고유한 능력이라고 저는 생각합니다. 그래서 인간이 인간답기 위해서는 명상을 하는 길밖에 없습니다. 알파고는 초월적 존재가 될 수 없지만 우리 인간은 초월적인 존재가 될 수 있습니다. 명상하는 알파고가 나오기 전에 당신께서도 한번 명상을 해보시지요.

왜 명상을 하느냐고 물으신다면 첫째로 행복하게 살기 위해서 명상을 하고, 둘째로는 자기존재인식과 자기완성을 위해서 명상을 한다고 말씀드리겠습니다.

3. 명상의 효과

　명상을 하면 그 결과 깨달음을 얻어 마음이 평안해지고 사랑이 충만해진다든지, 자기존재인식이 우주만 하게 된다든지 혹은 신과의 합일을 이룬다든지 혹은 '무아로구나' 혹은 '나는 하나의 자연이구나' 하는 것을 알았다고 한다면 이런 것들은 모두 명상의 궁극적인 효과라고 할 수 있습니다. 세상에, 명상을 해서 깨달음을 얻는다는 것은 하늘에 별 따기라던데 어느 세월에 깨달음을 얻어서 여여한 삶을 살 수 있을까요? 깨달음을 얻는 데에 시간이 얼마나 걸릴까 하는 문제는 접어 두고 명상은 꼭 깨달음만이 효과는 아니더라는 이야기부터 하겠습니다. 왜냐하면 명상의 효과는 명상의 목적을 달성하는 데에서만 얻어지는 것이 아니라 명상을 하는 과정에서도 얻어집니다. 현대는 명상의 효과를 과학적으로 증명할 수 있는 시대입니다. 뇌파를 측정한다든지 체내의 호르몬 변화를 측정한다든지 또는 스트레스 지수를 재 본다든지 심박수나 맥박수를 재 본다든지 등등 명상의 효과를 측정할 수 있는 여러 가지 지표가 있습니다. 그뿐만 아니라 뇌과학 또한 명상의 효과를 입증하는 증거를 많이 제시하고 있는 실정입니다. 그리고 양자물리학은 기철학과도 밀접한 관련을 맺고 있으며 불교의 공사상이나 요가 철학과도 연관을 짓고 있습니다. 다시 말해서 명상이라는 것이 단지 허무맹랑한 허구나 미신적이고 독선적인 환상이 아니라는 점을 강조하고 싶습니다.

저는 명상의 효과를 명상 수련 과정으로 생각해 보겠습니다. 명상은 가볍게 눈을 감고 호흡을 가다듬어 의식을 내면으로 집중하게 됩니다. 내면으로 마음이 모아지면 심리적인 긴장이 풀어지고 편안해집니다. 그러면 마음을 따라 몸도 편안해집니다. 이러한 원리를 심기혈정(心氣血精)이라고 합니다. 마음이 가는 곳에 기가 따라가고, 기가 가는 곳에 피가 따라갑니다. 그리고 피가 가는 곳에 정이 따라가는 것입니다. 여기에서 심은 마음이고 혈은 피라는 것은 어렵지 않게 이해하겠으나 기나 정이라는 말은 낯선 분들도 있을 것입니다. 기(氣)라는 것은 파동 혹은 에너지와 같은 것으로 우리 몸과 마음의 기본 요소가 되는 것 정도로만 이해해도 될 것 같습니다. 그리고 정은 그 기가 물질의 형태를 갖추어 물처럼 된 생명 요소로 이해를 하시면 될 것입니다. 일상생활에서도 이러한 원리는 경험이 가능합니다. 손바닥에 마음을 집중하고 있으면 손바닥이 간질간질해지면서 열이 난다거나, 맛있는 음식을 생각하는 것만으로도 침이 고이는 것과 같은 평범한 경험들이 그에 속합니다.

몸이 편안해지면 호흡도 따라서 고요해집니다. 이 상태에서 호흡에 집중을 해도 좋고 어떤 바깥 대상에 마음을 묶어서 집중해도 되며 몸을 대상으로 집중을 해도 좋습니다. 지금 가장 강하게 느껴지는 몸 부위에 집중하는 것입니다. 느낌 혹은 마음 상태에 집중을 하기도 합니다. 혹은 마음으로 무언가를 의도적으로 할 수도 있습니다. 기공 같은 경우에는 들어오고 나가는 호흡에 맞추어 천천히 움직이는 동작으로 기를 운행하기도 하고, 제나아리 명상의 경우에는 마인드스캔(Mind-scan)을 하지요. 이렇게 명상은 심신을 이완한 다음 정신을 집중하여 그 상태를 계속 유지하면서 이루어집니다. 그러면 깊은 의식 속에서 생각이 올라옵니다. 어떤 각성이 일어나는 것입니다. 이러한 각성을 통하여 수준 높은 통찰을 얻을 수 있습니다. 이것이 명상 수련의 과정입니다. 제나아리 명상에서는 이것을 아리 단계라고 합니다. 깨달음을 얻기까지가 아리 단계이고, 그 깨달음으로 사는 것은 사리 단계라고 합니다. 그래서 제나 아리하고 제나사리하게 됩니다.

몸과 마음은 이완하고 정신은 집중하여, 의식이 더욱 선명하고 또렷하게 깨어 있는 각성 상태가 되고, 그것을 계속 유지하다 보면 심오한 통찰의 단계에 도달하는 것이지요. 이에 따라 명상의 효과는 첫째로 이완에서 오는 효과, 둘째로 집중에서 오는 효과, 셋째로 각성에서 오는 효과, 넷째로 통찰에서 오는 효과로 살펴볼 수 있겠습니다.

1) 이완에서 오는 효과

명상을 한다는 것은 우선 심신을 이완한다는 것입니다. 긴장된 상태에서는 집중을 할 수가 없기 때문입니다. 심신을 이완하는 방법은 두 가지로 생각해 볼 수 있는데 하나는 먼저 몸의 긴장을 푸는 것이고, 다른 하나는 먼저 마음을 차분하게 하는 것입니다. 몸의 긴장을 풀어 편안히 해 주면 마음이 몸을 따라 느긋해지면서 안정을 취하게 되고, 반대로 마음을 편안히 하여도 몸이 마음을 따라 긴장을 풀면서 이완하게 됩니다. 명상을 하는 곳에 따라 명상에 들기 전에 도인(導引) 체조나 스트레칭을 하는 곳도 있지만 곧바로 정좌로 자세를 잡고 명상으로 들어가는 곳도 있는 것은 이 때문입니다. 몸을 먼저 이완하든 마음을 먼저 이완하든, 이완을 통해서 얻어지는 효과는 많이 있습니다.

첫째로 마음이 평온해지는 것입니다. 이것은 스트레스 감소 효과라고도 말할 수 있습니다. 명상을 하기 위해서는 의식을 지금여기로 가지고 와야 합니다. 고삐 풀린 망아지 모양으로 관심의 초점이 삼세사방으로 나가 있던 의식이 지금여기로 돌아오면 마음은 훨씬 단순해집니다. 그 단순해진 마음이 내면으로 접어들면 비로소 심신이 온전히 하나가 되어 평온해지는 것입니다. 이것은 마치 바람이 불고 파도가 치던 바다가 바람이 멈추고 파도가 잦아드는 것과 같습니다. 서양에서 이루어지고 있는 현대 명상은 대체로 이 이완을 위해서 행해지고 있습니다. 전통적인 동양의 명상 수련의 이론과 방법에다가 심리요법을 적용한 것들이 스트레스 감소, 우울증 개선, 자아통찰과 내면의 성숙 등을 위한 프로그램으로 재탄생하고 있는 추세입니다. MBSR, MBCT, DBT, ACT, 아바타 코스, 에니어그램 등등 값비싸게 행해지고 있는 명상 프로그램들이 그러한 예라고 할 수 있습니다.

명상을 하면 마음이 편안해지면서 넉넉하고 여유로워집니다. 스트레스 감소는 당연히 따라옵니다. 그리고 이해 판단하는 비판력도 느긋해집니다. 손바닥만 하던 마음이 태평양처럼 넓은 마음 부자가 되는 거지요. 넉넉하고 여유롭고 평온한 마음으로는 이 세상에 이해 못할 것이 없고 용서하지 못할 것이 없습니다. 일상적인 수준의 의식에서 가졌던 갈등과 번민을 내려놓고, 미움과 질투심, 수치심 등 부정적인 정서로부터 벗어나 온화하고 온전한 참된 자기를 회복할 수 있는 방법이 바로 명상이라고 할 수 있는 것입니다. 진정한 사랑이 이완에서부터 온다는 것을 우리는 알아야 합니다.

둘째로는 건강 증진 효과를 얻을 수 있습니다. 몸과 마음이 충분히 이완되어 편안해지면 우리의 인체는 휴식 모드로 전환됩니다. 아침에 눈을 뜨면 우리의 신체는 일상생활을 영위하기 위해서 긴장하고 근육 활동을 시작하기 위하여 코티졸을 분비합니다. 코티졸은 스트레스 호르몬으로도 잘 알려져 있습니다. 적당한 긴장이야말로 생활의 활력입니다. 그런데 사회생활이라는 것이 적당한 스트레스만 허락하지는 않습니다. 도시의 환경은 그 자체가 또 하나의 스트레스입니다. 청각적으로, 시각적으로, 후각적으로, 미각과 촉각적 감각까지도 과도한 자극을 받고 있습니다. 우리 몸은 알게 모르게 찌들어 있는 것입니다. 그런데 명상을 하여 심신이 이완되면 잠을 잘 때와 같은 뇌파 상태가 됩니다. 그러면 우리의 몸은 내가 잠이 든 줄 알고 잠을 잘 때와 같은 호르몬을 분비하게 됩니다. 코티졸의 분비는 줄어들고 행복 호르몬으로 알려진 세로토닌이 나오면서 부교감신경이 활성화되고 심박동과 맥박은 느려집니다. 이러한 작용은 기분을 안정시키고 마음을 차분하게 하여 충동 조절 능력도 신장됩니다. 세로토닌이 신체 건강에 미치는 효과는 긴장감, 우울감, 불안감을 감소시키고, 스트레스, 충동장애, 강박이나 편집증, 폭식증과 같은 정신적 정서장애, 그리고 고혈압, 편두통, 과민성위장장애, 기타 만성질환 등의 질병을 예방하는 것입니다. 따라서 이러한 효과는 그대로 명상을 통하여 얻을 수 있는 효과라고 볼 수 있습니다.

셋째로는 충분한 휴식의 효과입니다. 심신의 이완은 휴식 모드로 전환되어 심신이 잠을 잔 것과 같은 휴식을 가져옵니다. 실제로 제가 모 명상원에서 5박 6일 집중 수행을 할 때 첫날과 둘째 날에는 휴식 시간마다 숙소로 달려가 잠을 잤습니다. 그러나 사흘째부터는 정해진 시간 외에는 잠을 자고 싶은 욕구가 아예 없었습니다. 그 명상원은 밤 10시에서부터 새벽 4시까지가 수면시간이었습니다. 평소에 7시간 내지 8시간을 잤던 저로서는 있을 수 없는 일이 벌어졌던 것입니다.

명상을 하게 되면 처음에는 자세 때문에 상당히 괴롭습니다. 그래서 명상이 휴식이라는 말을 실감할 수 없습니다. 휴식은커녕 완전히 고통이지요. 하지만 오래 하다 보면 내성이 생깁니다. 그런 다음에는 명상하는 것이 어렵지 않을 것입니다. 그때쯤이면 이완을 통해서 휴식의 효과도 경험하게 될 것입니다. 처음 명상을 시작하는 분들은 참는 자에게 복이 있나니, 꾸준히 하다 보면 얼마 지나지 않아 심신의 평화를 느낄 수 있을 것입니다.

〈이완에서 오는 효과〉
첫째, 마음이 평온해지고, 스트레스를 감소시킵니다.
둘째, 심신 안정과 건강 증진 효과가 있습니다.
셋째, 잠을 자는 것과 같은 휴식의 효과가 있습니다.

2) 집중에서 오는 효과

저는 명상을 할 때 집중함으로써 얻어지는 효과의 첫 번째를 충만감이라고 꼽고 싶습니다. 심신이 깊이 이완된 상태에서는 고요하고 안정된 환경에서 책을 읽을 때와 마찬가지로 의식의 집중이 커집니다. 우리의 삶은 바로 의식의 집중으로 꾸려 나갑니다. 행동과학을 연구하는 위니프레드 갤러거는 『몰입, 생각의 재발견』에서 행복하게 사는 방법의 하나로 집중과 몰입을 강조합니다. 우리가 무언가를 행한다는 것은 선택에 의하여 이루어집니다. 그리고 선택은 자신이 주목한 대상이 됩니다. 자신이 선택한 것을 행동하게 되고 그러한 행동의 경험들로 삶은 구축되는 것입니다. 그녀는 부정적인 것보다는 긍정적인 것에, 쓸데없는 것보다는 유용한 대상에 주목하라고 권고합니다. 그리고 그 대상과 지금여기에 몰입하여 온전한 삶을 살라고 말합니다. 주목의 대상을 선별하고 몰입을 관리하는 것이 삶을 창조적이고 온전하게 한다고 주장하고 있습니다.

여기에서 문제가 되는 것은 우리가 주목하여야 할 대상이라고 하겠습니다. 일상생활에서 그것은 외부에 존재하는 어떤 대상이 됩니다. 보통은 일에 몰두할 것이고 그 연장선상에 물질적인 부, 명예, 권력과 같은 것들이 있을 것입니다. 이러한 외부적인 대상에로의 집중은 삶의 건전한 목적이 될 수 있습니다. 우리 노력의 동력으로 작용을 하고 그 성과를 누리는 자연스런 삶을 살게 하는 대상임에는 틀림이 없지만 저는 그것이 삶의 목적이라기보다는 삶의 수단이라고 생각합니다. 그러한 집중은 마음을 그다지 충만하게 하지는 못합니다. 그냥 일상이니까요. 그리고 문제는 그러한 집중이 도를 넘을 때입니다. 과도한 집중은 집중이 아니라 집착이 됩니다. 사람에 대한 욕심도 커서 그것이 사랑이라는 이름으로 포장된 집착이 되는 경우도 많습니다. 그렇게 집중된 몰입은 마음을 충만하게 채워 주지 못합니다. 그러한 집착은 과도할수록 오히려 지나친 비교와 경쟁을 부추기고 마음을 더욱더 허기지고 고독하게 만들어 갑니다. 하지만 명상에서의 집중은 자신의 내면을 향해 있습니다. 거기에서는 남에게 비친 나를 의식하지 않습니다. 온전히 자신이 된 느낌, 제대로 살고 있다는 무의식적인 자각으로 삶에 대한 만족감을 높일 수 있습니다. 몸이 있는 여기에 마음도 있어서 온전히 살앎 함으로써 100% 생생하게 살고 있다는 느낌, 그것이 명상의 집중에서 오는 가장 큰 선물이라고 저는 생각하고 있습니다. 바르게 명상을 한다면 말이지요.

두 번째로 명상은 집중력을 길러 줍니다. 명상은 몸과 마음을 이완한 상태에서 정신을 집중함으로써 이루어집니다. 이완을 하는 목적이 바로 온전하게 집중을 하기 위함입니다. 우리가 일상에서 휴식을 취하면서 느끼는 편안함도 이완이지만 명상에서는 의도한 바에 따라 의식적으로 이완을 유도합니다. 일상의 휴식과 명상의 이완이 다른 점은 아마도 의식의 깊이와 집중도라고 할 것입니다. 일상의 휴식은 오히려 느긋하고 몽롱한 의식과 느슨한 집중도를 추구하지만 명상에서는 더욱 깊으며 일상에서는 경험하기 어려운 선명한 의식과 고도의 집중으로 유도됩니다. 이렇게 심신을 이완하고 집중하여 명상을 하다 보면 자연히 집중력이 길러집니다. 명상은 바로 의식의 집중력 훈련입니다. 방편에 따라 환경적 요인 중의 어떤 하나를 대상으로 삼아서 집중할 수도 있고 자기자신을 상대로 하여 집중할 수도 있습니다. 자기자신을 대상으로 삼을 때에도 신체의 어느 한 부위에 집중할 수도 있고, 호흡이나 단전이나 차크라에 집중할 수도 있고, 자신의 내면에 있는 느낌이나 이미지에 집중할 수도 있습니다.

집중력이 높아지면 일의 효율성을 높일 수 있습니다. 명상을 하면 성적이 올라간다는 것은 이 때문입니다. 집중해서 단시간 공부한 것은 정신 에너지를 최대한으로 발휘하여 공부를 한다는 뜻입니다. 산만한 상태로 공부한 것보다 많은 것들을 이해하고 외울 수 있습니다. 집중력이 높은 학생이 성적이 좋은 것은 당연한 결과입니다.

세 번째로 명상은 인내심을 키워 줍니다. 명상은 집중하여 그 상태를 유지하는 것입니다. 집중 상태를 유지하는 것은 쉬운 일이 아닙니다. 그러나 명상은 그 자체가 집중을 유지하는 것이기 때문에 참고 견디는 속성을 본질적으로 가지고 있습니다.

우리나라 사람들은 '빨리 빨리'가 일상의 구호입니다. 도무지 참고 견디는 인내력을 키울 수 있는 기회가 없습니다. 아이들은 인터넷에 물들어 있고 IT 산업은 '빠르게 더 빠르게'를 부추기고 있습니다. 이러한 사회 분위기는 ADHD 아동의 증가라든지 관심사병 같은 문제를 야기하고, 심지어는 '묻지 마 살인'과 같은 끔찍한 결과를 초래하기도 합니다. 대학생들은 과를 바꾸는 일을 어렵지 않게 생각하고 있으며, 어른들의 경우에도 어려운 일에 당면하게 되면 참고 견뎌서 이겨 내기보다는 회피하고 포기하는 쪽으로 행동하는 경우가 많습니다.

명상은 결코 쉬운 일이 아닙니다. 매일 하면 더 좋겠지만 어쨌거나 꾸준히 하여야 하는 것입니다. 무언가를 포기하지 않고 매일같이 꾸준히 한다는 것이 저는 세상에서 가장 어려운 일 중 하나라고 생각합니다. 매일 같이 보약을 챙겨 먹는 것도 어려운데 하물며 아무것도 하지 않고 가만히 앉아 있는 것을 매일 또는 지속적으로 한다는 것이 쉬울 리 없습니다. 그렇기 때문에 명상을 하는 사람은 인내심을 키울 수 있습니다.

네 번째로 또한 명상은 생기(生氣)를 높여 줍니다. 우리는 몸과 마음으로 살게 됩니다. 사람은 몸으로만 사는 것도 아니고 마음으로만 사는 것도 아닙니다. 그래서 몸과 마음이 하나가 되었을 때 살과 앎 하는 삶이 이루어지는 것입니다. 그런데 우리는 보통 몸은 늘 지금여기를 벗어날 수 없으나 마음은 그렇지 않습니다. 마음은 못 할 것이 없어서 시간상으로는 과거와 미래를 넘나들고 공간적으로는 저기 거기를 헤매고 다닙니다. 그런데 명상은 마음을 지금여기 나에게로 이끌어 옵니다. 이것은 몸과 마음을 일치시켜서 살앎으로서의 삶을 온전하게 해 줍니다. 의식이 깨어 있게 하고 살아 있게 하는 것입니다. 실제로 우리 인체는 무언가에 집중하였을 때 도파민이나 엔돌핀과 같은 기쁨 호르몬을 분비합니다. 이것은 사랑에 빠졌을 때와 같은 상태를 만들어 줍니다. 사랑에 빠진 사람을 보십시오. 얼굴에서 광채가 납니다. 하물며 나 자신에게로 향한 집중은 말해 무엇 하겠습니까. 명상을 오래 한 사람은 얼굴에서 빛이 난다고 합니다. 생생하게 살아 있다는 느낌, 그것은 곧 기쁨이고 행복이라고 할 수 있습니다.

마지막으로 명상은 자긍심과 자존감을 높여 줍니다. 명상적으로 설명을 하면 의식은 삶의 주체로서 생기(生氣)입니다. 그래서 의식을 한군데로 주목하여 집중력이 증가한다는 것은 생기를 높인다는 의미가 됩니다. 생기가 높아지면 정신적으로 진하게 살아 있다는 느낌으로 기쁨과 만족감을 갖게 됩니다. 그래서 놀이에 열중하는 아이들은 기쁘고 재미있고 즐겁고 행복합니다. 마찬가지로 명상은 하나의 정신 수련이고 마음 수련이지만 놀이에 푹 빠진 아이와 같은 정신적인 기쁨과 만족감을 얻을 수 있습니다. 이 기쁨과 만족은 자신을 긍정적으로 인식하는 자기 긍정 에너지를 키워 줍니다. 이 긍정 에너지는 또한 타인에 대해서도 긍정적으로 평가할 수 있는 힘이 되어 줍니다. 그래서 지속적으로 꾸준히 명상을 함으로써 의식을 한군데로 모으는 집중력이 강화되면 무언가 열심히 그리고 가치 있게 살고 있다는 자긍심과 함께 긍정적 사고 능력을 기르게 되는 것입니다. 외부의 성과에서 만족하는 사람은 자만심이 높지만 내면의 성과가 높은 사람은 자존감이 높습니다.

사람은 자신의 가치를 제대로 알 때 남의 가치도 제대로 볼 수 있습니다. 자긍심이 크고 자존감이 높은 사람은 절대로 남을 얕보거나 깔볼수가 없습니다. 오히려 남에게 친절할 수 있고 배려하며 베풀 줄도 아는 사람이 될 것입니다.

〈집중에서 오는 효과〉
첫째, 충만감으로 삶에 대한 만족감이 상승합니다.
둘째, 집중력을 키워 일의 효율성 상승, 성적 향상을 가져옵니다.
셋째, 인내심을 길러 꾸준히 할 수 있는 추진력이 신장됩니다.
넷째, 생기를 높여 행복지수가 향상됩니다.
다섯째, 자긍심·자존감을 높여서 긍정적 사고력이 증가합니다.

3) 각성에서 오는 효과

이것은 깨어 있음의 효과입니다. 명상에서의 깨어 있음은 우리의 삶이 이루어지는 지금여기에 집중하라는 뜻이기도 합니다. 인도의 구루 오쇼 라즈니쉬는 삶과 죽음의 차이를 깨어 있음이라고 하였습니다. 그는 먹을 때에도 깨어 있고 걸을 때에도 깨어 있으라 하였습니다. 눈을 뜨고 있다고 해서 깨어 있는 것이 아닙니다. 무언가를 생각하고 있다고 해서 깨어 있는 것도 아닙니다. 지금여기에 의식이 온전히 집중되어 몸과 마음이 일치하였을 때보다 선명하게 알아차릴 수 있는 각성이 있게 되는 것입니다. 깨어 있지 못한 상태는 알아차림 없이 습관적 혹은 관성적으로 살게 됩니다. 우리나라에서도 널리 알려진 'MBSR'의 창시자 존 카밧진 박사의 저서 『마음챙김 명상과 자기치유』에서는 우리의 일상의 식을 '자동조종상태' 또는 '알아차리지 못함(Unawareness)'이라고 표현하 고 있습니다. 자동조종상태는 의식적으로 충분히 자각하지 못하고 혼 미한 상태에서 습관적 혹은 관성적으로 행동하는 것을 말하고, 알아차 리지 못함은 마음챙김 명상에서 나온 말로서 알아차림 없이 행동하는 것을 뜻합니다.

우리의 뇌는 에너지효율 법칙을 따릅니다. 익숙한 것은 자세히 분별 하여 지각하지 않고 그대로 인식해 버립니다. 그래서 '따시로운 햇살'이 라는 글자를 보면 늘 그래 왔던 것처럼 '따사로운 햇살'로 읽어 버리지 요. 자세히 주의를 집중해서 보는 것이 에너지가 더 많이 들기 때문에 두뇌는 힘을 덜 들이는 방식으로, 대상을 예전에 익혀 두었던 대로 그 냥 받아들이는 것입니다. 이것이 자동반응시스템입니다. 이런 일들이 우리의 일상인 셈입니다. 그것이 우리들의 일반적인 삶이라고 할 수 있 을 것입니다. 명상은 지금여기에 깨어 있는 훈련입니다. 몸과 마음이 편 안해질수록 정신은 더욱 맑고 선명해집니다. 이것은 마치 화질 좋은 사 진을 보는 것과 같은 시계(視界)를 우리에게 제공합니다. 그 효과도 여러 가지가 있습니다.

첫째, 바르게 볼 수 있습니다. 삶은 행동으로 실천됩니다. 행동은 그 냥 일어나지 않습니다. 먼저 생각의 단계를 거칩니다. 사고(思考)는 무한 합니다. 생각으로는 못할 것이 없지요. 하지만 생각은 드러나지 않습니 다. 행동으로 옮겼을 때 비로소 드러나게 됩니다. 따라서 죽이고 싶은 살인의 충동도 행동으로 옮겨지지 않는 한 아무도 죽지 않습니다. 생각이 무서운 것은 그것이 바로 행동의 씨앗이기 때문입니다. 바른 행동은 바른 생각에서 비롯됩니다. 그런데 바른 생각도 전 단계가 있습니다. 바로 인식하는 것에 의해서 바른 생각을 하게 되는 것입니다. 바로 인식한다는 것은 있는 그대로 보고 듣고 받아들인다는 의미입니다. 우리는 같은 대상을 보더라도 다 같게 보지 않습니다. 왜냐하면 자신의 경험과 상황, 느낌에 따라서 다르게 보게 되기 때문입니다. 그런데 의식이 선명하게 각성되어 있는 상태에서는 화질 좋은 사진을 보는 것처럼 분명하게 알아차리게 되지요. 뿌연 달빛에 사물을 보는 것과 환한 대낮에 사물을 보는 것은 분명 차이가 있습니다. 대낮에 눈 밝은 사람이 길을 걸어가듯이 각성된 사람은 삶의 길을 보다 더 잘 걸어 갈 수 있을 것입니다.

둘째, 문제 해결 능력이 향상됩니다. 각성된 상태에서는 시야가 선명하고 폭넓어집니다. 시야가 좁은 사람은 하나밖에 볼 수 없습니다. 그에 비해서 두 개를 보고 세 개를 볼 줄 아는 사람이라면 과제를 해결할 때 성공할 수 있는 확률이 더 높습니다. 전후좌우와 자초지종을 볼 수 있기 때문입니다. 서른을 갓 넘긴 젊은 시절에 저는 당구를 배우려고 혼자서 당구장에 가 본 적이 있었습니다. 삼십 년은 지난 예전의 일이니 그때에는 여자가 당구장에 가는 일은 정말이지 별일이었습니다. 작정하기로는 몇 달 다니면서 당구를 배워야겠다고 마음먹었었으나 한 삼 일쯤 나가고 나서는 포기해 버렸습니다. 당구장의 뭇 남성들의 이목이 집중된 가운데 당구를 배우려니 여간 어려운 게 아니더군요. 여하튼 나의 공 하나로 나머지 공 두 개를 맞추는데 방법은 늘 하나가 아니었습니다. 그중에서 가장 나은 길을 택해야 하는 것이었습니다. 그리고 저는 그 하나의 길마저도 제대로 볼 줄 아는 안목이 없었습니다. 장기를 둘 때에도 지금 장기판의 상황을 잘 파악하여 내가 이렇게 알을 놓으면 상대방이 어떻게 나올지 내다볼 수 있어야 이길 수 있습니다. 바둑도 마찬가지이고 오목도 그렇습니다. 우리의 삶도 그와 다르지 않습니다. 지금여기의 상황을 보다 잘 파악할 수 있으면 우리는 문제를 더 효과적으로 처리할 수 있습니다. 명상은 지금여기에 깨어 있는 훈련이 됩니다. 따라서 명상을 하면 문제를 잘 풀어내는 능력을 기를 수 있습니다.

셋째, 창조성이 계발됩니다. 저는 창조성은 집중력에 의하여 길러지는 것이라기보다는 각성의 문제라고 알고 있습니다. 명상을 통하여 이완하고 집중하여 각성한 상태에서는 우리의 의식층이 깊어집니다. 그러면 낮은 수준의 의식에서와는 다른 해결책을 찾아낼 수도 있고 차원이 다른 영감이 떠오르기도 합니다. 그때 창조성이 발휘되지요. 창조는 아무것도 없는 무에서 일어나지 않습니다. 그것은 아마도 임계점에서 일어나는 현상일 것입니다. 바탕이 충분히 구비되었을 때 참신한 무언가 다른 생각을 하게 되는 것입니다. 그 바탕은 경험과 지식일까요? 창조의 예를 위대한 미술작품인 어떤 그림이라고 생각해 봅시다. 그림을 창작하기 위해서는 그림을 그리기 위한 백지가 필요합니다. 그리고 그림을 그리기 위한 물감과 붓, 파레트와 같은 도구도 필요하지요. 이런 것들은 창조적인 예술품을 탄생시키는 데 필요한 조건이 아닙니다. 무한히 많이 그려본 습작의 훈련도 명작을 탄생시키는 데에 기여는 하겠지만 그렇다고 그것이 곧 명작을 만드는 것은 아닙니다. 그러한 훈련을 통하여 얻는 것은 그림을 그리는 기술입니다. 명작을 창작하는 데에 작용한 핵심은 본성에서 나오는 목소리, 혹은 우리가 영감이라고 부르는 그것이라고 저는 단언합니다. 그리고 그 영감은 마른 땅을 파 들어가서 땅 속에 흐르는 물길을 만났을 때 샘이 솟아오르듯 자신의 심연에서 온전히 자기자신이 되었을 때 비로소 나타날 것입니다. 아마도 상대적인 시각에서 벗어나 자신의 내면에서 만나게 되는 절대적인, 즉 온전한 나만의 생각을 하게 되었을 때 내 안에 있는 모든 것들을 활용할 수 있는 종합력이 생기고 그 안에서 무언가 새로움이 돌출하는 것이 창조성이라고 저는 여기고 있습니다.

넷째, 섬세함이 길러집니다. 특히나 가족에게서 서운한 것이 많았다면 그것은 나를 서운하게 한 그 사람이 내가 기대한 만큼 섬세하지 않아서일 것입니다. 섬세함이 결여되면 당연히 챙겨야 하는 것도 챙기지 못하게 됩니다. 일을 할 때에도 섬세함이 부족하면 일이 투박해집니다. 아귀가 맞아떨어지지 않는다든지 마감이 덜 된다든지 공정이 흐트러져 오락가락할 수도 있고, 그렇게 되면 완성적인 결과를 낳을 수 없습니다. 관광지에서 길을 가다가 서너 명의 일행이 사진을 찍고 있습니다. 일행 중 한 사람이 다른 사람들을 찍어 주고 있는 장면입니다. 그럴 때 그들은 한 명이 단체사진에서 빠진 것입니다. 비록 모르는 사람들이지만 얼른 다가가서 찍어 주는 센스, 그런 사소함이 섬세함이라고 할 수 있습니다. 한아름 짐을 안고 가는 이에게 문을 열어 주는 것과 같은 것. 이것은 아무것도 아닌 것 같지만 좀 더 포근하고 무난한 삶을 살게 하는 요인입니다. 섬세한 사람은 배려가 깊습니다. 저는 당신이 그런 사람이었으면 좋겠습니다.

명상을 하는 산림치유지도사 한 분은 치유 센터에서 건강상태를 체크합니다. 그런데 명상을 하는 자신이 명상을 하지 않는 사람보다 늘 스트레스 지수가 높게 나오는 것이 이상했습니다. 그러다가 명상의 효과에 대한 이야기를 들은 다음 그녀는 이해할 수 있었습니다. 그것은 바로 각성의 정도가 멍때리는 사람과 달랐던 때문이었습니다. 멍때리는 것은 두뇌를 쉬게 하는 효과가 있습니다. 피곤한 뇌가 휴식을 취하게 되면 이완이 되어 그다음의 두뇌 활동에 활기를 얻을 수 있습니다. 하지만 명상에서의 각성은 세포가 생생하게 살아나는 생체의 활력, 생기의 활성으로 이루어지는 것이라고 이야기할 수 있을 것입니다. 멍때리고 있는 동안에는 몽롱한 의식 상태가 됩니다. 이때에는 선명한 지각이 이루어지지 않습니다. 그래서 명상 수련이 얼마 되지 않아 충분히 이완되지 않았지만 의식은 또렷하게 각성이 되면서 자신의 스트레스 지수가 높았던 것입니다. 깨어 있지 않으면 바르게 볼 수 없습니다. 바르게 보지 못하면 바르게 사고하고 판단할 수 없습니다.

사실 우리는 살면서 의식적으로 주목하고 집중하는 훈련이나 교육을 받아 본 적도 없습니다. 그런데 명상은 마음 그리고 몸이 있는 지금여기에 집중하게 하는 능력을 계발합니다. 삶에 있어서 지금여기는 온전한 시간입니다. 물론 모든 지금여기가 따뜻하고 화창한 봄날 같을 수는 없습니다. 그것은 삶의 불가피한 요소로 때로는 불안하고 불편하며 아프고 힘든 시간일 수도 있지만, 마음을 돈보기마냥 초점을 모아서 집중하게 되면 어려움도 더욱 세밀히 볼 수 있는 안목이 생기고 기꺼이 그 시간을 지금여기로 살 수 있는 마음을 열어 줍니다. 지금여기로 산다는 것은 멍때리기의 '단지 존재하기(Just being)'와 달리 초점이 잘 맞는 화상도 높은 사진과 같은 선명함으로 '단지 존재하기(Just being)'라고 할 수 있습니다. 우리는 명상을 통하여 단지 존재할 수 있는 맑고 또렷한 현실에 대한 자각이 가능하며 이러한 각성은 쓸데없는 의심과 갈등과 방황을, 그리고 미혹으로 빚어지는 원망과 미움을 줄여 나갈 수 있습니다.

〈각성(깨어 있음)의 효과〉
첫째, 바르게 볼 수 있습니다.
둘째, 문제 해결 능력이 향상됩니다.
셋째, 창조성이 계발됩니다.
넷째, 섬세함이 길러집니다.

4) 통찰에서 오는 효과

이것은 깨달음의 효과입니다. 깨달음은 깨고 닿는다는 뜻입니다. 지금까지 가지고 있는 틀에서 벗어난다는 의미이기도 합니다. 또는 정신적인 도약을 내포하고 있습니다. 인간은 깨달음을 통하여 살게 되어 있습니다. 흔히 아는 대로 산다고들 합니다. 그러나 앎에는 외우거나 배워서 아는 앎과 깨달아 아는 앎이 있습니다. 전자는 지식이라고 하고 후자는 지혜라고 합니다. 그런데 지식으로 아는 앎은 그대로 행동이 되지는 않습니다. 깨달아 아는 앎은 그대로 실천이 됩니다. 사실 우리는 누구나 깨달은 사람입니다. 단지 그 깨달음의 정도가 다를 뿐입니다. 어떤 사람은 손톱만큼 깨닫고 살고 어떤 사람은 손바닥만큼 깨닫고 삽니다. 또 어떤 사람은 팔뚝만큼 깨닫고 살고 어떤 사람은 한아름 깨닫고 삽니다. 그런가 하면 하늘만큼 깨닫고 사는 사람도 있고, 우주만큼 깨닫고 사는 사람도 있습니다. 손톱만큼 깨달은 사람은 손톱만 한 크기로 살고 손바닥만큼 깨달은 사람은 손바닥만 하게 삽니다. 하늘만큼 깨달은 사람은 하늘만 하게 삽니다. 우주만큼 깨달은 사람은 우주로 살겠지요. 깨달음이 많아지면 그만큼 삶에도 변화가 생깁니다.

첫째로 나와 남을 이해하는 능력이 신장되고 대인관계를 개선합니다. 명상은 자신의 내면을 향한 집중이기 때문에 남과의 비교에 의한 것이 아닌 절대적인 자기인식이 피어납니다. 나는 어떤 사람인지를 의식하게 되고 존재에 대한 의식도 생깁니다. 따라서 타인에 대한 안목도 새롭게 정립될 수밖에 없습니다. 이러한 자각은 이기적인 나로부터 이타적인 나로의 전환이 조금씩 생겨나면서 대인관계를 개선해 줍니다. 명상을 하면서도 남을 대하는 태도에 아무런 변화가 없다면 그 방편은 잘못된 것이라고 판단해도 좋습니다. 그러한 명상의 방법은 분명 내면적인 깊이가 결여되어 있다고 여겨지기 때문입니다.

두 번째로는 환경에 대한 관심과 이해가 많아집니다. 지금여기는 나와 나의 주변에 대한 인식입니다. 나는 우주 공간에 홀로 존재하는 것이 아니고 이곳이라고 하는 환경 안에 있기 때문입니다. 환경은 남에 대한 인식이라고 생각해도 좋을 것입니다. 남이라는 개념을 확장하면 나 아닌 모든 존재가 됩니다. 그래서 환경은 나 아닌 모든 존재의 일면인 것입니다. 명상으로 나와 남과 존재에 대한 안목이 생기면 자연히 지속 가능한 환경에 대하여 관심을 가질 수밖에 없습니다. 명상이 깊어질수록 사랑을 외면할 수 없고, 사랑에 주의를 기울이게 되면 공존과 조화를 생각하지 않을 수 없습니다.

세 번째로 초월적 지혜를 얻을 수 있다는 것입니다. 저는 이것을 명상의 궁극적인 목적이라고 생각합니다. 초월적인 지식은 종교적인 믿음을 통해서도 얻을 수 있지만 초월적인 지혜는 오직 자신이 수련함으로써만 얻을 수 있습니다.

우리의 의식은 파도에 휩쓸리는 부초처럼 우리의 깊은 내면을 알지 못합니다. 자동조종상태나 알아차림 없음 상태는 우리 마음의 거죽입니다. 우리는 명상을 통하여 우리의 내면으로 보다 깊이 들어가서 '나' 의식의 심층을 만날 것이고 그 심층의식의 무한한 능력을 만나게 될 것입니다. 우리는 일상에서 중요한 일을 계획할 때라든지 무언가 해결할 실마리를 찾을 때 혹은 간절한 소망을 바랄 때와 같이 골똘히 생각에 잠기는 것을 통하여 깊은 의식의 단초를 알 수 있습니다. 대개 우리는 그러한 심사숙고를 통하여 문제를 해결하고 성공적인 계획을 세울 수 있으며 소망을 이루기 위한 에너지를 얻습니다. 이렇게 깊은 의식에 빠져 골똘히 생각하여 얻는 지혜는 하나의 깨달음이라고 할 수 있습니다.

명상에서의 깨달음은 일상의 깨달음과 수준을 달리합니다. 그것은 세간적인 문제를 해결하는 지혜보다는 인생을 통째로 해결하는 지혜의 증득입니다. 명상에서 얻는 지혜는 그러므로 세간 어디에서나 두루 통하는 보편지가 됩니다. 우리는 행복하게 살아야 하고 사랑하면서 살아야 하며 어질게 살아야 한다는 성인의 가르침이 지식적인 앎이 아니라 깨달음으로서의 앎이 될 때 비로소 실천적인 진리가 될 수 있습니다. 명상 수행을 통하여 통찰지가 생길 때에 나와 이 세상은 온전한 것이며 지금여기는 완전한 것이며 깨어 있음이 행복이고 사람이 곧 사랑이라는 것을 알고 그대로 살 수 있게 됩니다. 지금여기에 있는 그대로 자연스러운 사람이 된다는 뜻입니다.

무한한 내면의 성숙, 보다 큰 자아의 인식, 부초처럼 떠돌던 나의 의식이 지금여기에 온전히 존재하는 나로서의 인식을 통하여 그보다 더 큰 자아로 거듭 나아가는, 그래서 '더 이상 품지 못할 것이 없는'이 아닌 '품어야 할 것이 하나도 없는' 자아를 알고 그것으로 살 수 있게 하는 것이 제나아리 명상의 깨달음의 효과라고 할 것입니다.

〈통찰(깨달음)의 효과〉
첫째, 나와 남을 이해하는 능력이 향상되고,
대인관계가 개선됩니다.
둘째, 환경에 대한 관심도 높아집니다.
셋째, 내적으로 성숙하며, 초월적 지혜가 계발됩니다.
그래서 인생의 제반 문제에 휘둘리지 않게 됩니다.

4. 명상을 하는 기본적인 마음 자세

이것은 제나아리 명상을 하는 자세만을 이야기하는 것이 아닙니다. 어떤 명상을 하든지 명상을 할 때의 일반적인 자세입니다. 명상이라는 것이 생각보다 어려울 수 있습니다. 이것은 당장의 이익과는 거리가 멀어서 현실적인 매력도 별로 없습니다. 안 해도 얼마든지 살 수 있는 것이잖아요, 명상이. 그거 안 한다고 해서 불이익을 받는 것도 눈곱만큼도 없습니다. 눈에 보이는 소득도 없는 것을, 그리고 진통제를 먹으면 이삼십 분 이내로 약발을 받는데 이건 효과가 있는지 없는지 몇 날 며칠을 해도 알 길이 없는 그런 짓거리를 시간을 내서 한다는 것이 얼마나 힘들고 어려운지 모릅니다. 요즘 사람들은 참는 것이 익숙하지 않습니다. 명상을 몇 번만 해도 효과가 팍팍 느껴진다면 얼마나 좋을까요. 한 번 거를 때마다 얼굴에 점이 하나씩 생긴다든지 혹은 머리털이 하나씩 빠진다든지 그런 눈에 띄는 증상이 있었더라면 열심히 할 텐데 말입니다. 이건 마음공부라 도무지 확인을 할 수가 없습니다.

불과 이삼 세기 전만 해도 일반인들은 공부를 하기 어려웠습니다. 학문의 내용도 지금보다는 아주 협소했을 터입니다. 명상은 하나의 고상한 지식이었을 수도 있습니다. 지식을 갖는다는 것은 상당한 가치가 있었습니다. 명상은 그만큼 메리트가 있었을 것입니다. 그러나 지금은 누구나 공부를 할 수 있습니다. 내용에 있어서도 얼마나 방대하고 심오한지 모릅니다. 과학을 하든 철학을 하든 심리학을 하든 혹은 문학을 하든 심지어는 기술공학을 하든, 그 안에서 나름대로의 철학과 진리를 찾을 수 있습니다. 본래 나 혹은 참자아를 알고자 하는 본성적 욕구를 명상이 아닌 곳에서도 웬만큼은 채워 나갈 수 있는 것입니다. 그만큼 명상에 대한 관심은 희석이 되었다고 볼 수 있습니다. 먹고살기도 바쁜 일상에서 마음을 수양하는 것쯤 할 필요를 못 느끼고 사는 것이지요. 몸이 아프면 금방 병원에 갑니다. 그러나 마음이 아픈 것은 병원에 가지 않습니다. 그냥 지내다 보면 다 잊습니다. "마음 수양을 해서 무엇 하나요? 그거 하려면 돈이 들잖아요, 돈이! 돈을 그런데 쓰는 것은 낭비이고 허세입니다. 나는 절약하는 알뜰한 사람이지요. 그러니 명상이 좋다는 것은 알아도 나는 명상을 돈 주고 하고 싶지는 않을 것입니다. 혹은 명상이 무언지 모릅니다. 들어 본 적도 없습니다. 도대체 명상이 뭐하는 거예요? 아, 명상…. 그거 이상한 사람들이 하는 거 아닌가요? 뭐더라, 산 속에서 수염 기르고 혼자 사는 사람들이 하는 거, 〈나는 자연인이다〉에 나오는 그런 사람들이나 하는 거 아닌가요?" 이렇게 묻는 사람도 심심찮게 있습니다. 안타깝게도 이것이 대중적인 명상에 대한 이해의 실정입니다. 그래서 명상에 입문하는 사람이 아주 귀합니다. 그렇게 명상을 시작하고서도 몇 번 지나지 않으면 영락없이 권태기가 찾아옵니다. 꾀를 내기 시작합니다. 이런 때에는 핑계도 잘 생깁니다. 그러면 결국 포기하게 되는 것입니다. 그래서 명상을 시작하기 전에 몇 가지 준비 자세가 필요합니다.

1) 목표를 크게 갖기 바랍니다

혹시 이 책을 계기로 명상을 해야겠다는 사람이 생길 수도 있다고 기대합니다. 아직까지 한 번도 명상을 해 보고 싶다는 생각을 하지 않았던 사람이라면 명상이란 무엇인지 감도 잡히지 않을 수 있습니다. 또는 상담이나 숲해설, 산림치유, 혹은 무슨 테라피나 치유사 같은 일을 하다 보니 명상이라는 것을 해야 할 것 같은 압박감을 살짝 느꼈을지도 모릅니다. 아니면 TV를 보니까 스트레스 해소나 우울증 등 심신 건강에 명상이 좋다고 하던데 나도 한번 해 볼까 하는 호기심이 생겼을지도 모릅니다. 명상을 하고 있는 부모님이나 친구 혹은 아는 사람으로부터의 권유를 받아들였을 수도 있습니다.

어떤 경로를 통해서든지 명상을 하겠다는 마음을 내셨으면 명상에 대하여 조금은 알아보는 것이 좋을 것 같습니다. 정보화 시대에 인터넷을 뒤지면 많은 정보를 얻을 수 있으니까요. 특히나 안티 쪽의 이야기까지 섭렵할 수 있답니다. 그리고 나는 명상을 통해서 무엇을 이루고 싶은지 본인이 분명하게 자각하고 있는 것이 중요합니다. 보통은 건강을 위해서 시작을 합니다. 두통이 심한데 그걸 좀 개선해 보고 싶다든지, 갑갑증이나 우울감, 스트레스가 많은데 그것을 해소하고 싶다든지, 건강 회복이나 유지 관리에 도움을 받고 싶다든지 하는 이유로 명상을 시작합니다. 그런가 하면 자신의 성격을 교정하고 싶은 사람도 있습니다. 소심함이나 조급함, 참을성이 없는 성격 또는 욱하는 성질을 고쳐 보고 싶다거나, 여여한 사람이 되고 싶다는 소망을 가진 사람들입니다. 청소년이 명상을 할 때는 아이의 성적을 올리기 위하여 부모가 보내기도 합니다. 이런 경우에는 집중력 강화가 목적이라고 볼 수 있겠습니다. 거의 대부분이 각자의 명상을 하고자 하는 이유가 있습니다. 어쨌거나 이러한 이유는 명상을 하다가 포기하고 싶을 때 그 심적인 저항을 극복할 수 있는 힘이 됩니다.

그런데 "저는 이번 생에서 아라한이 되고 싶소이다"라고 하셨던 분도 계셨습니다. 이분은 아라한이 되기 위하여 위빠사나 명상을 하고 계실 것입니다. 그리고 제가 만나 보지 못한 많은 수련자들이 깨달음을 얻기 위해서 또는 득도를 위해서 수련을 하고 계시리라 생각합니다. 성통공완하기 위해서 수련을 하는 사람도 있을 것이고, 보살이 되고 싶은 분들도 계시겠지요. 신과의 합일을 원하는 사람도 분명 있을 것입니다. 아, 맞다. 신통력을 얻기 위해서 명상을 하는 사람도 있을 것 같네요.

제나아리 명상이라면 참사람 또는 참나가 되기 위해서 명상을 하고 있는 중입니다. 아라한이나 깨달음을 얻는 것이나, 득도, 성통공완, 보살, 신과의 합일, 참사람 혹은 참나가 되는 것 등을 목표로 명상을 하는 이들은 모두 자신이 아는 최고의 경지를 목표로 하여 명상을 하는 사람들입니다. 골인 지점을 최고의 경지로 설정해 두면 일상의 삶은 하나의 방향성을 갖게 됩니다. 인생길에서 좌충우돌은 피할 수 없고, 가다가 다른 길로 접어들 수도 있지만 돌고 돌아서라도 결국은 골인 지점을 향해 나아갈 것입니다. 명상을 하다가 싫증이 나 그만둔다고 하더라도 이런 사람들은 기회가 주어지면 다시 명상을 하게 됩니다. 그러나 명상을 하는 목적을 가볍게 설정한 사람은 경계를 극복하기 어렵습니다. 하기가 싫으면 안 해도 되는 것이기 때문입니다.

저는 명상은 꼭 해야 하는 것이라고 말씀드리고 싶지는 않습니다. 명상을 안 해도 먹고사는 것에 지장을 받을 리 없고, 명상을 안 한다고 해서 건강에 이상이 생기는 것도 아닙니다. 명상을 안 하는 사람이라고 해서 착하지 않은 사람이 되는 것도 아니고, 수명이 단축되는 것도 아닙니다. 그러니 사람이 반드시 명상을 할 필요는 없습니다. 단지 인간의 본질적인 질문, 자신의 가장 원론적인 것에 의문이 생겼다면 그런 사람은 명상을 하십시오. 나는 누구인가? 나는 어디서 왔는가? 나는 왜 살고 있는가? 나는 어디로 가는가? 그런 것의 해답을 찾고 있는 사람은 오직 내 안에서 그 대답을 들을 수 있습니다. 자신의 내부로 들어가는 길이 바로 명상입니다. 나는 누구이고, 어디서 와서 지금 이렇게 살고 있으며, 또한 어디로 가는지를 아는 사람은 삶에서의 막연한 공포는 생기지 않습니다. 당신이 참나가 된다면 제대로 삶을 꾸려 갈 수 있을 것입니다. 아하, 제대로 살고 싶은 사람은 제나아리 명상을 하여야겠네요. 깨알 같은 홍보였습니다.

2) 방편을 잘 선택해야 합니다

수행처나 명상원 혹은 종교마다 명상을 하는 방법은 다르다고 할 수 있습니다. 인도의 요가 명상, 불교 명상, 이슬람교의 수피즘, 도가 명상이나 우리 전통 수련법이라고 하는 명상들, 그 외 각 종교에서 하는 명상, 그리고 각종 현대 명상 등 범주를 크게 잡아도 그 수는 만만치 않은데, 각 명상은 또 그 안에서 수많은 명상 방법을 가지고 있습니다. 저는 어떤 방편이 되었든지 명상은 효과가 있을 것이라고 생각합니다. 하지만 효과의 크기는 같지 않습니다. 그리고 중요한 것은 도달점이 다 다르다는 것입니다. 정한수를 떠 놓고 온 마음을 다해서 기도하는 것도 명상의 하나라고 할 수 있습니다. 이런 기도에서는 기원하는 바가 이루어지는 것을 그 효과로 보아야 할 것입니다. 교회나 성당에서 하는 명상인 묵상이나 관상기도는 성령을 체험하고 하나님과의 하나 됨을 경험할 것입니다. 수피들도 신과의 합일을 경험하게 될 것입니다. 요가 명상 역시 신과의 합일을 이룰 것이고, 위빠사나를 통해서는 무아가 될 것입니다. 유식관으로는 일체유심조와 같은 마음으로 이루어진 세상을 볼 것이고, 참선에서는 '산은 산이요, 물은 물이로다'와 같이 이 세상이 그대로 진리인 것도 깨닫게 되겠지요. 도가 명상은 소주천과 대주천을 이루어 환골탈태하고 신선이 되는 것이 그 효과일 것입니다. 제나아리 명상은 제나를 모두 깨닫는 것이 그 효과라고 할 수 있습니다. 이러한 것들을 알고 자신과 인연이 있거나 마음이 이끌리는 방편을 선택하여야 할 것입니다.

저는 모든 분들께 제나아리 명상을 하시라고 권유할 수 없습니다. 그것은 가당치 않습니다. 우리 모두는 경험이 다르고 가치관이 다르고 따라서 알고 있는 진리도 한결같지 않습니다. 당집에 점을 치러 다니는 사람에게 신과의 합일이니 공이니 하는 말은 이해할 수 없는 궤변입니다. 교회에 다니는 사람에게 무아라는 것은 너무나 추상적인 개념입니다. 공성계 단계에 머물러 있는 사람에게 '내가 있다'라는 말은 용인되지 않습니다. 그것은 망상이기 때문입니다. 어느 계이든지 그 계의 안에서 단계살이[10]에 빠져 있을 때는 그 계만이 진리이고 진실이고 현실입니다. 다른 계는 보이지도 않고 알 수도 없습니다. 다른 계는 그야말로 허튼소리에 지나지 않습니다. 그 안에서 경계를 만나서 그 계를 벗어났을 때만이 다른 계의 진리도 그 차원에서의 진리인 것을 이해할 수 있습니다.

---

10 단계살이는 어느 단계 안에서 살고 있는 중이라는 뜻입니다. 명상을 해나가는 과정을 하나의 계단에 비유한 것입니다. 수직면은 경계이고 수평면은 단계입니다. 의구심을 품게 되는 것이 경계의 시작이라면 그것의 해답을 찾은 것은 단계의 시작입니다. 그 단계는 그 해답이 사는 지혜가 됩니다.

그런데 제나라는 개념은 이 세상에 지금 막 나온 셈입니다. 이 책을 읽고도 제나를 이해할 수 있는 사람이 몇이나 있을까요? 사람들은 모두가 자신이 깨달은 단계의 차원에서 그 계만이 진리이고 진실이며 현실이라고 주장하고 있습니다. 그런데 그 모두가 진리이고 진실이며 그 차원 안에서는 그것이 현실이라고 저는 이야기하고 있습니다. 단지 차원이 달라서 계가 각기 다를 뿐 모두가 다 '나'의 어느 과정이라고 지금서부터 구구절절 말씀드리고자 하고 있는 중입니다. 과연 자신의 단계 안에서 경계를 만나고 있는 사람이 얼마나 있을까요? 그리고 또 그런 사람들 중 제나를 자신으로 받아들일 수 있는 사람이 몇이나 될는지 저는 알 수 없습니다. 하지만 분명 제나아리하실 분이 계시리라는 믿음은 변함이 없습니다.

자신의 마음으로 받아들여지는 명상을 하셔야 합니다. 어떤 방편으로 시작을 하시든 상관이 없습니다. 자신과 파장이 맞아서 편안한 명상을 하여야 당신의 뜻을 이룰 수 있습니다.

또한 반드시 제나아리 명상을 할 필요도 없습니다. 자기의 인식을 제나로 할 수만 있다면 힘들고 어렵게 명상을 할 필요가 무엇 때문에 있겠습니까? 내가 너이고, 너가 나이며, 그들도 나이고 그것들도 나라는 것을 안다면, 그리고 나의 영성과 신성과 공성과 심성과 이 세상이 그대로 다 진리이고 진실이며 나의 본질인 것을 안다면 우리는 굳이 제나아리 명상을 할 이유가 없습니다. — 다만 **현실은 지금여기뿐**이네요.

이런 말을 하고 있는 지금 제나아리는 저의 뜻이지 당신의 뜻은 아닙니다. 하지만 지금은 전혀 관심이 가지 않더라도 아주 먼 어느 시점에서 제나아리와 인연이 닿을 때가 있을 것입니다. 그때가 당신이 제나아리하여야 하는 때가 되겠습니다. '나'의 성장이 그렇게 되어 가는 것이어서, 제나는 우리의 본질로서 거부할 수 없기 때문입니다.

① 무속인을 찾아가는 것이 안심이 되고 굿을 하면 정화가 된다고 믿는 사람은 그곳에서 안식을 찾을 것입니다.

② 내가 감당하기에는 너무나 힘들고 벅차서 절대적인 지지와 위로가 필요한 사람은 예수님의 품 안에서 영혼을 달랠 수 있습니다. 마찬가지로 유대교나 이슬람교에서도 하느님의 말씀에서 삶의 이유와 목적을 발견할 수 있을 것입니다.

③ 한 알의 개체성을 초월하여 나와 너가 다 하나가 되는 신과의 합일을 원하는 사람은 요가 수행이나 힌두교의 깨달음으로 인도해 줄 것입니다.

④ 존재가 다 공하여 우리는 무아라는 것을 깨닫고자 하는 사람은 위빠사나 명상에 마음이 끌릴 것입니다.

⑤ 그리고 이 세상 모든 것이 다 내 마음먹기에 달렸더라, 혹은 일체유심조(一切唯心造)라는 것이 가장 큰 진리라고 여겨지는 사람은 유식관이 가장 좋을 것 같습니다.

⑥ 산은 산이요, 물은 물이로다 하는 것이 참이라고 생각하는 사람에게는 참선이 맞을 것 같네요. 또는 지금여기 우리가 사는 세상이 그대로 신리여서 자연스럽게 있는 그대로 살고자 하는 사람은 무위자연이 가장 올바른 견해라고 믿을 것입니다. 그런 사람은 도가 수련도 좋은 방편이 되리라 생각합니다.

⑦ '나'에 대하여 일련의 과정이 있는 수련 방법을 저는 두엇 정도 알

고 있습니다. 캔 윌버의 통합이론에도 단계가 있었습니다. 그러나 통합 명상에서는 우주나 공까지만 언급하고 있습니다. 그리고 국내의 모 명상원에서도 나의 단계가 있습니다. 그곳에서는 마음나까지 이야기되고 있는 것으로 압니다. 왜냐하면 이 세상이 참세상이라고 말하고 있지는 않으니까요. 그들은 자신들의 명상 방법을 통하여 영원히 살 수 있다고 주장합니다. 그것을 엄밀히 설명한다면 '죽어서 영원히 살리라'가 될 것입니다. 그러나 그들은 그냥 '영원히 산다'고 말합니다. 하지만 산다와 죽는다는 말은 어차피 몸나를 지칭하고 있습니다. 몸은 영원히 살 수 없습니다. 그런 것들로 인해서 모 명상원의 진리에도 저로서는 약간의 아쉬움이 있습니다.

⑧ 마지막으로 영혼과 신성과 공성과 심성, 그리고 이 세상이 모두 진리이고 참인 것을 깨닫는 방법도 이제는 있습니다. 제나아리 명상에서는 영성과 신성과 공성과 심성, 그리고 이 세상이 모두 진리이고 참이라고 이야기합니다. 또한 이 세상에 존재하는 모든 것이 '나'이고, 영성과 신성과 공성과 심성, 그리고 삶앎으로 살고 있는 지금여기도 모두 다 나의 단계라고 말합니다. 이러한 말들이 거슬리지 않고 가슴에 와서 닿는 사람이라면 제나아리 명상을 해도 될 것입니다.

3) 좋은 스승과 좋은 도반을 만나시기 바랍니다

좋은 스승이라 함은 내가 이루고자 하는 경지를 꿰고 있는 사람일 것입니다. 그렇지 않으면 경험 많은 장님이 경험 없는 장님을 이끌고 가는 것과 다르지 않습니다. 길 안내를 해 줄 수는 있지만 아무래도 시력 짱짱한 가이드와는 비교할 수 없습니다. 더군다나 정상이라는 곳으로 가는 길은 오로지 하나만 있는 것은 아닙니다. 경험 많은 장님은 오직 한 길만을 알고 있을 가능성이 높습니다. 따라서 오르려고 하는 자의 특성에 맞는 길로 안내하기 어렵습니다.

우리는 명상에서 그 명상의 최초 경험자가 경험한 것을 그대로 따라가기 마련입니다. 그만큼 스승의 경험은 제자에게 중대한 영향을 미칠 수밖에 없습니다. 스승이 눈곱만큼 깨달았는데 어떻게 제자를 사발만큼 깨닫게 할 수 있겠습니까? 스승이 하늘만큼 깨달았다면 제자가 눈곱만큼 되었는지 사발만큼 되었는지 제자의 수행 정도가 얼마나 되었는지 알 수 있습니다. 당연히 제자가 하늘만큼 깨달을 수 있도록 조력할 수 있습니다. 그래서 명상에서도 좋은 스승이 필요합니다.

우리나라의 인기 있는 유명한 스님이 운영하는 명상원에 다녀온 적이 있습니다. 그때는 제가 한동안 명상을 하고 있지 않았던 때였습니다. 다시 명상을 하려니 15분 동안도 반가부좌를 하고 앉아 있을 수가 없었습니다. 저는 사람들과 명상을 하려면 제가 먼저 명상이 끝날 때까지 바르게 앉을 수 있어야 했습니다. 그래서 불교인이 아닌 일반인도 받아 주는 명상원을 찾다가 그곳에 가게 되었던 것입니다. 스님은 명상을 참으로 억세게 시켰습니다. 한 시간 동안 꼼짝 없이 앉아 있어야 했습니다. 15분을 넘기기가 어려운 판에 1시간은 정말이지 지옥이었습니다. 끝나는 종소리가 애가 타게 기다려졌습니다. 다리가 얼마나 아픈지 속에서 열불이 나다가 나중에는 속으로 스님 욕을 막 했습니다. '으아, 지독한 스님. 어떻게 이렇게 악랄할 수가 있어! 정말 죽인다, 죽여!' 끓어오르는 분노로 가슴이 터질 것 같았습니다. 그때 다른 사람들도 마찬가지였을 것입니다. 명상에 참여했던 분들 중 남자 세 분이 도중하차하였으니까요. 여자들이 더 독한가 봅니다. 여자들은 한 명의 낙오자 없이 끝까지 해 냈습니다. 나중에 회향하기 전에 소감을 발표하는데, 한결같이 하는 소리가 있었습니다. 옆 사람을 보면서 참았다는 것입니다. 제 옆자리에 앉았던 여자분 왈, "옆에 앉은 저렇게 쪼끄만 여자도 반듯하게 앉아서 하고 있는데 나라고 못하겠나!"

함께 수련을 하는 사람들은 서로서로 영향을 주고받아서 시너지 효과가 있습니다. 따라서 수련은 혼자 하는 것보다는 여럿이 함께 하는 것이 좋습니다. 그중에서도 수련의 목표를 가장 높은 데에 두고 있으면서 꾀부리지 않고 수련하는 사람을 가까이 한다면 나에게 경계가 찾아올 때 그것을 극복할 수 있는 모범이 되어 줄 것입니다. 내가 좌절할 때에 위로가 되어 주고, 나에게도 남을 위로해 줄 수 있는 기회를 제공해 주면서 서로가 서로에게 성장할 수 있도록 도움을 받을 수 있습니다. 서로에게 배우고 가르치는 것은 수련의 또 다른 방법입니다. 그런 도반이 수련하는 사람에게는 없어서는 안 될 필요조건이라고 말할 수 있습니다.

4) 익숙해지는 시간이 걸립니다

처음 명상원에서 명상을 하게 되면 한 달은 뭐가 뭔지도 모르고 하게 됩니다. 두어 달은 하여야 감이 잡힙니다. 그런데 시작하고서 한 보름쯤 지나면 하기가 싫어집니다. 이게 도대체 뭐하는 짓인가 싶기도 하고, 과연 효과가 있을까 싶기도 한 것이 공연한 의심도 들고, 거부감이 생기기도 하면서 마음이 저항을 하는 것입니다. 그런 것을 극복하는 데에 또한 달은 걸립니다. 어떤 사람은 더 걸릴지도 모릅니다. 그것이 지나가고 나서야 그 명상에 대한 체험이 시작되는 것입니다. 그래서 명상을 할 때에는 기본적으로 세 달은 하여야 한다고 말씀드리고 싶습니다. 이 말은 세 달이면 일정 수준에 오른다는 것이 아니고 명상을 해 보니 어떻더라는 이야기를 꺼내려면 적어도 세 달은 필요하다는 뜻입니다. 세 달이 되기도 전에 하다가 그만두었다면 "내가 명상을 해봤어"라는 말도 하지 마십시오. 평일 날 매일 하는 수련이 그렇고요, 만약 일주일에 두 번 내지 세 번 나가면서 하는 수련이라면 적어도 네다섯 달은 하고 나서야 명상을 해 보았다는 말을 할 수 있을 겁니다. 만약 밤낮으로 하는 집중 수련을 한다면 최소한 6박 7일은 해야 하고, "○○명상을 해 봤어"가 아닌 "○○명상을 해 보니 어떻더라"라는 말을 할 수 있으려면 기본적으로 10일은 하여야 한다고 생각합니다. 왜냐하면 사나흘 길게는 닷새까지는 자세를 잡는 것에 시간을 다 보냅니다. 그리고 나서야 마음이 차분해지고 집중이 가능해집니다. 사실 자세 때문에 극심한 고통을 겪는다면 그래서 그것에서 마음을 떼지 못한 상태였다면 그것도 하나의 명상이기는 합니다. 하지만 그 ○○명상의 방법대로의 무언가를 할 수 있는 것은 몸에 부는 폭풍이 지나간 다음부터라고 할 수 있습니다. 몸이 편안해야 마음이 평온합니다. 마음이 평온해야 제대로 집중할 수 있습니다. 그리고 ○○명상법도 익숙해지는 데에 또 시간이 걸립니다. 그러니 맛을 보려면 10일은 잡아야 한다는 것입니다.

처음 명상을 하다가 그 명상법이 싫어서 포기할 때에는 이만큼의 시간은 들인 다음에 그만두어야 한다고 말씀드립니다.

5) 마음은 단순무식지극정성으로 하십시오

'단무지'는 모 명상원에서 제가 명상을 할 때 들었던 구호였습니다. 단순·무식·지극정성으로 하라는 말이었습니다. 젊은이들이 못된 성격 유형을 '단순, 무식, 지랄 같은'이라고 표현했던 말에서 따온 것입니다. '단순하게'는 '내가 잘하고 있는 걸까? 이게 과연 효과가 있을까? 다른 사람은 어떻게 하고 있지? 아, 내가 다른 명상을 얼마나 많이 했는데 이런 걸 시키는 거야' 등등 잔머리 굴리지 말고 하라는 대로 그냥 하는 겁니다. '무식하게'는 '이렇게 하는 게 더 빠르지 않을까? 전에 배운 △△명상은 이러저러하게 했는데 이런 것은 같고 저런 것은 다르네. 뭐야, ◇◇명상에서는 이게 맞는다고 했는데 여긴 아니네' 등등 비교하고 분석하고 꾀부리거나 꼼수 부리지 말고 하라는 것입니다. '지극정성으로'는 마음을 모아서 성실하게 하라는 것입니다.

하다가 하기 싫어질 때에는 이 단무지 정신이 필수입니다. '아, 내 마음이 지금 저항하고 있구나'라는 것을 알아차리고 그냥 하다 보면 그 싫음도 기승을 부리다가 세력을 잃고 물러갑니다. 그때서야 한 고비를 넘습니다.

오랜 기간 명상을 하다 보면 이러한 싫증이 오고 또 오지만 처음 시작할 때가 극복하기 가장 어렵습니다. 이때 그만두면 명상에 대해서 이해가 없는 상태에서 포기한 것이기 때문에 섣부른 선입견만 생겨서 다시 명상에 입문하기가 쉽지 않습니다. 그러니 이래서 혹은 저래서 하기 싫어질 때에는 이것도 누구나 겪는 과정이라고 생각하고 단무지 정신으로 그냥 하시기 바랍니다. 그만두는 것은 하기 싫을 때가 아니라 한 고비 넘기고 만족하였을 때 하는 것이라면 지나친 억지일까요?

6) 누구나 장애를 겪습니다

말씀드린 것들이 명상을 계속 할 것인가 말 것인가에 대한 고민이라면 명상을 하는 중에 찾아오는 장애도 만만치 않습니다. 명상을 방해하는 잡념이 침범하여 집중하지 못하도록 마음을 자꾸만 흔들어 놓습니다. 부처님은 수행에서의 장애를 다섯 가지로 분류하였습니다. 이것을 오장애라고 하는데, 첫 번째로 감각적 욕망(Kāmacchanda)입니다. 두 번째가 성냄(Byāpāda, 악의)이고, 세 번째로 혼침과 졸음(Thina-Middha)이 있습니다. 네 번째로는 들뜸과 회한(Uddhacca-Kukkucca)이 있고, 다섯 번째로 회의적 의심(Vicikicchā)을 들고 있습니다. 고요하고 맑은 물이어야 사물을 비출 수 있습니다. 그런데 감각적 욕망은 오색 물감을 풀어 놓은 물과 같아서 있는 그대로를 비추어 주지 못합니다. 성냄과 악의의 분노는 펄펄 끓고 있는 물과 같고, 혼침과 졸음은 수초로 가득 덮힌 물과 같으며, 들뜸과 회한은 바람에 출렁이는 물과 같고, 회의적 의심은 흙탕물을 휘저어 놓은 것과 같다고 하였습니다. 그러나 이것들은 모두 선정(삼매) 요소로 극복할 수 있습니다. 감각적 욕망은 마음의 한 정점(Ekaggata), 즉 한 점에 마음을 모은 집중(삼매)으로 물리칠 수 있습니다. 성냄은 명상이 깊어지면 느끼게 되는 희열(pīti, 喜)로써 이겨 내고, 혼침과 졸음은 일으킨 생각(Vitacca)으로, 들뜸과 회한은 집중에서 경험하는 즐거움으로, 그리고 회의적 의심은 머무는 생각으로 극복할 수 있다고 하였습니다.

이에 비하여 단전호흡과 같은 기수련에서는 장애의 요인을 두 가지로 요약합니다. 하나는 상기(上氣)가 되었을 때이고 다른 하나는 하기(下氣)가 되었을 때입니다. 상기가 되면 생각이 많아집니다. 온갖 망상에 젖어들게 되고, 마음이 달뜨게 됩니다. 오장애 중에서 분노, 들뜸과 회한, 회의적 의심은 여기에 속할 것입니다. 하기가 되면 멍청해지고 졸음이 옵니다. 그것을 틈타 슬그머니 욕정이 일어나 시달리게 되는 것도 하기에 속합니다. 오장애 중 감각적 욕망, 졸음과 혼침이 하기에서 일어나는 것들입니다. 수련이 제대로 되려면 수승화강(水昇火降)이 이루어지고 인체 내에서 음양이 조화되는 것이 중요합니다. 이런 때에는 들숨과 날숨으로 조절해 줍니다. 상기가 되면 기를 내리기 위해서 날숨을 길게 해 줍니다. 하기가 되면 기를 보충하기 위해서 날숨을 더 짧게 합니다. 명상을 하다가 딴 생각으로 빠지게 되면 '아, 내가 망상에 들었구나' 하고 알아차리는 것이 중요합니다. 그러면 다시 명상하던 마음자리로 돌아와 집중을 할 수 있게 됩니다. 그러한 과정을 통해서 집중력이 생기고 마음의 힘이 길러집니다.

예로부터 수련을 제대로 하고자 하는 노력이 얼마나 많았는지 이러한 가르침들로부터 짐작할 수 있습니다. 즉, 나만 그런 장애를 겪는 것이 아니라는 말입니다. 누구나 겪는 거지만 누구나 극복할 수 있는 것은 아닐 것입니다. 목표가 뚜렷하고 의지가 강한 사람이어야 어려움 속에서도 깨달음을 추구해 나갈 수 있습니다. 임하는 자세부터 해도 그만 안 해도 그만이면 쉽게 포기할 수밖에 없습니다. 그래서 끝까지 해 보겠다는 마음으로 인내와 끈기를 가지고 그냥 해 보는 겁니다. 그냥 단무지로 묵묵히 해 나간다면 결국에는 가고자 했던 목표점에 이르러 있는 자신을 만나게 될 것입니다. 힘내세요, 수련 중인 여러분.

III

제나아리 명상

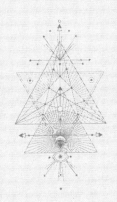

처음 몇 년 간은 저에게조차도 제나아리라는 말이 참 낯설었습니다. 말은 만들어 놓았지만 아무도 쓰지 않는 말이었습니다. 그런데 숲속의 명상에 오시는 성철 님은 아무 거리낌 없이 제나아리 명상을 불러 주었습니다. 남으로부터 제나아리라는 말을 들었을 때는 정말 이상한 기분이 들었었습니다. 어딘지 쑥스러운 그런 기분. 마치 제가 잘난 척을 하고 있는 것 같기도 했습니다. "나는 제나를 깨달았어" 혹은 "내가 깨달은 것은 제나야"라고 말하는 것이 다른 분들에게 어떤 위화감을 줄 것 같은 느낌이기도 했습니다. 저 자신이 나는 깨달았고 당신은 못 깨달았다는 차별을 조장할까 봐 염려하는 마음이 컸던 것 같습니다. 성철 님으로부터 몇 번을 듣고 난 다음에야 저에게서도 제나아리라는 말이 나오기 시작하였습니다. 그러니 다른 사람들은 오죽하겠습니까! 처음 들어 보는 이상한 말인 거지요. 아직은 들어도 알 수 없는 신조어인 셈입니다. 나라는 개념의 새로운 인식, 나는 그 모든 것이라는 인식, 또는 그 모든 것들이 다 나라는 인식, 나는 제나라는 것을 알게 되면 나와 남의 관계는 한결 따듯해질 것입니다. 제나가 나라는 것을 알면 나와 남, 그 사이는 훨씬 평등하고 조화로울 것입니다. 저는 이제야말로 제나아리를 서슴없이 말할 수 있습니다. 구조와 과정을 가지고 있기 때문에 조금 긴 설명이 될 수밖에 없지만, 당신에게 아주 생소할 제나아리에 관하여 이야기를 시작해 보겠습니다. 이해하기도 아주 힘이 드는 낯설고 어색하고 어려운 이야기가 되겠지만 그래도 많은 수의 당신이 이해해 주셨으면 참 좋겠다는 생각을 해 봅니다.

1. 제나아리의 의미

1) 제나아리의 뜻

많은 분들이 제나아리라는 말을 궁금해합니다. 제나아리가 어느 나라 말이냐고 묻기도 합니다. 제나아리는 순우리말입니다. 순우리말 중에 라온제나라는 단어가 있습니다. 라온은 '즐거운'의 뜻이고 제나는 '원래 제 것으로서의 나' 혹은 '우리'라는 뜻입니다. 그래서 라온제나는 '즐거운 나' 또는 '즐거운 우리'도 되는 것이지요. 제나아리의 '아리'는 '알다' 또는 '앎'의 뜻입니다. 제나를 알아가는 명상이 제나아리 명상입니다. 원래 제 것으로서의 나는 참나입니다. 그 참나를 알아가는 명상이기에 제나아리 명상이라고 하였습니다.

저는 모든 명상이 자기자신의 참된 존재 인식이라고 생각합니다. 명상의 궁극적인 깨달음이 바로 이것이지요. 내가 어떤 사람인지, 내가 무엇인지를 명상으로 규명합니다. 그리고 명상의 깨달음으로 자기존재인식이 이루어지면 그것은 모든 이들 역시 규명해 줍니다. 만약에 '나는 누구의 아내이고 누구의 어머니이며 누구의 자식이고 어떤 일을 하고 있으며 지위는 어떻고…' 이런 식으로 자기존재를 인식하게 되면 모든 이들을 그런 식으로 인식하게 됩니다. '저 사람은 누구의 남편이고 누구의 아버지이며 누구의 자식이고 어떤 일을 하고 있으며 지위는 뭐고…'
만약 '나는 신의 아들이다'라고 깨달아 인식하게 되면 다른 이들도 신의 아들인 것을 알게 됩니다. 내가 신이 되면 다른 이들도 신인 것을 알게 됩니다. '내가 공이더라', 그것은 다른 사람도 공이라는 인식을 하게 되는 것이고, '나는 마음이야' 하는 사람은 모든 사람이 다 마음인 것을 알게 되지요. '내가 자연이더라' 하면 사람들은 모두 자연이 되는 것입니다.

　분별에는 차별이 있지만 깨달음에는 차별이 없습니다. 왜냐하면 명상에서의 깨달음이라는 것은 상대적인 밖의 세상으로 향해있던 시야를 안으로 수렴하여 절대적인 나의 수준에서 이루어지는 것이기 때문에 절대성을 지닐 수밖에 없습니다. 상대성의 세계에 대한 깨달음이라면 상대적으로 세상을 파악하게 될 것입니다. 사이비도 상대적일 것이고, 깨달았으되 덜 깨달아도 상대성이 남아 있습니다. 그렇게 되면 나와 남에 대한 차별이 남아 있어서 '나는 신이고 너는 인간이고'라는 식의 논리를 가지게 됩니다. 이런 경우에 나보다 남이 더 우월하지는 않은 것이 특징입니다. 사이비성이 강할수록 그 차별은 커지고 내가 아니면 안 되는 가치나 권력의 편중이 심합니다. 그래서 그 1인에게로의 의존도가 높아지게 됩니다. 지나친 의존도, 이것도 사이비의 특징으로 꼽을 수 있습니다. 절대성 안에서는 누구나 절댓값을 갖기 때문에 절대평등의 개념이 있습니다. 내가 신이면 너도 신이며, 내가 공이면 너도 공이고, 내가 자연이면 너도 자연이 되는 것입니다.

　어떠한 자기존재인식이 되었든지 사람은 그 인식으로 살아가게 됩니다. 나는 누구의 아내이고 누구의 어머니이며 누구의 자식이고 어떤 일을 하고 있으며 어떤 지위를 가지고 있는 사람으로 자기를 인식하고 있는 사람은 그러한 존재입니다. 자신을 신의 아이로 인식하게 되면 신의 아이로서 살아가고 자신을 신으로 인식한 사람은 신으로서 살아갑니다. 공도 마찬가지입니다. 내가 공이로구나 깨달은 사람은 공으로 살아갑니다. 자기 존재를 마음이라고 인식한 사람은 마음으로 살 것입니다. 나는 하나의 자연이로구나 하고 깨달아 인식하였다면 그 사람은 하나의 자연으로 살아갑니다. 그래서 명상에서의 깨달음은 자신의 삶과 직접적인 관련이 있습니다. 아마도 마음이 큰 사람이 보다 마음의 여유를 가지고 살 것입니다.

당연히 제나도 그러한 자기존재인식입니다. 원래 제 것으로서의 나란 뜻인데 이것을 설명하기가 간단하지 않습니다. 그냥 한마디로 표현하여 참나라고 말하였지만 사실 참나가 그대로 제나라고 할 수 있는 것은 아닙니다. 하나의 단어로 제나의 모든 것을 담아내려면 온새미나라고 표현하는 것이 가장 좋을 듯합니다. 온새미나라는 것은 '통다지 나'라는 의미가 담겨 있습니다. 가르거나 쪼개지 않고 원래의 생긴 그대로를 말하는 '온새미'와 '나'를 합한 합성어입니다.

제가 아리한 것이 제나였습니다. 이 제나를 설명하는 데에 어려움이 많았습니다. 우리가 쓰는 일상의 용어들을 가지고 표현하기 어려운 내용들이 있었던 것입니다. 그래서 여러 개의 단어가 만들어졌습니다. 덕분에 익숙하지 않은 말들로 인해 저의 책들이 읽기가 매우 어렵다는 평을 들었습니다. 하지만 그것은 우리의 의식 확장을 의미하는 바도 있어서 접하다 보면 또 익숙해지리라 믿어 의심치 않습니다.

'제나를 다르게 표현하면 온새미나라고 한다…'. 에고, 이것이 더 어렵습니다. 하지만 한 가지 단서를 얻을 수 있습니다. 온새미나에서는 가르거나 쪼갤 수 있다는 것을 암시하고 있는 것입니다. 그러니 제나는 통합적인 개념이 틀림없습니다. '온새미나로부터 나온 나'의 속성에는 그래서 분리성이 있습니다. 그 외에 온새미나로부터 남(출생)한 나는 변화성과 유한성을 가지고 있습니다. 생장멸(生長滅)이라고 하는 분리성과 변화성과 유한성은 이 세상에 존재하는 모든 것들의 피할 수 없는 속성입니다. 그것을 극복할 수 있는 방법은 제나를 아는 것입니다. 제나가 될 때 나는 무한 긍정의 존재임을 알게 됩니다. 왜냐하면 제나를 알면 온새미나를 이해할 수 있으며, 또한 이 세상에 나 아닌 것이 하나도 없다는 것을 알게 되기 때문입니다.

2) 제나의 의미

제나가 온새미나라면, 그래서 가르거나 쪼개어질 수 있는 것이라면, 온새미나는 어떤 구도 내지는 구성 요소를 가지고 있다는 말이 됩니다. 그 구성을 살펴보기 위해서는 수평적 의미와 수직적 의미를 다 알아야 합니다. 나의 현주소는 사람이지만 명상으로 접근한 내면의 세계에서는 여러 과정을 거쳐야 했습니다. 수평적 의미로서의 나는 사람으로 살고 있는 나의 현주소를 말합니다. 그리고 명상을 하지 않는 사람들이 이해하기가 쉽지는 않겠지만 지금 이 순간 현상계에 존재하는 모든 것들이 다 나라고 하는 것이 수평적 제나입니다. 나만 나가 아니고 너도 나이고 그들도 나이고 지금 당신의 눈에 들어오는 존재하는 모든 것들이 다 나인 것입니다. 저는 이 말에 당신의 가슴이 뭉클했으면 좋겠습니다. 그것은 당신이 이 말을 이해하였다는 의미이기 때문입니다. 제발 그랬으면 좋겠습니다.

"나만 나가 아니고 너도 나이고 그들도 나이고 지금 당신의 눈에 들어오는 것들 모두가 다 나입니다."

제나의 수직적 구조는 명상에서 나왔습니다. 수행이 깊어지면서 경험하는 나에 대한 인식이 마치 누에가 알에서부터 애벌레와 번데기와 나방으로 탈피를 하듯 여러 번의 전변을 가져왔던 것입니다. 이 대목에서 명상에서의 방편에 대한 중요성을 다시 한 번 이야기하지 않을 수 없습니다. 어떤 방법으로 명상을 하는가에 따라서 종착점이 달라지니까요. 종교마다 혹은 명상원이나 수행처마다 명상하는 방법은 다 다릅니다. 그리고 수련을 하는 이들은 그 종교나 명상원 혹은 수행처의 최초 경험자의 경험치를 벗어나지 못합니다. 교회에 다니는 사람은 예수님의 가르침대로 성령의 경험을 할 것입니다. 요기들은 신과의 합일을 이룰 것입니다. 붓다의 제자들은 무아를 경험할 것이고 유식에서는 마음으로 된 세상을 만날 것입니다. 우리나라 선방의 스님들은 산은 산이고 물은 물인 이치도 깨달을 것이며, 노장[11]의 후예들은 무위자연의 도를 깨달을 것입니다. 제나아리 명상을 하는 이들에게는 제나의 체험이 이루어지겠지요.

그리고 명상에서는 관(觀)이 무엇보다도 중요합니다. 명상을 통해서 얻은 경험을 어떻게 보는가가 관건이기 때문입니다. 같은 경험을 하였더라도 그것을 어떻게 혹은 무엇으로 보는가가 경험을 의미 있게 만듭니다. 의미 있는 경험을 하고도 그 가치를 모른 채 지나간다면 너무 아깝습니다. 그래서 스승이나 지도자가 있는 곳에서 명상을 하는 것이 좋습

---

11 노자와 장자.

니다.

　제나아리 명상의 명상 방법을 마인드스캔이라고 부릅니다. 명상이라
는 것의 역사가 오래되다 보니 차별화된 적당한 우리말을 찾기가 어려
웠습니다. 무언가 뜻이 통하는 말을 찾아 놓고 보면 이미 쓰고 있는 말
이었던 것입니다. 그리고 현재 우리나라에서 명상을 접하고 있는 일반
인들은 상담사라든지 산림치유지도사라든지 테라피스트나 힐러 등의
직업을 가지고 있는 사람들이 많다고 봅니다. 이 분들은 직업 활동상
명상을 하고 있으며 보통은 치유 활동의 일환으로 명상을 활용하고 있
습니다. 또한 그들 중 많은 분들이 MBSR이나 NLP 혹은 코칭 등을 통
하여 명상을 접하고 있는데, 그중 MBSR의 프로그램에는 보디스캔(Body
Scan)이 들어 있습니다. 그리고 MBSR에서 파생된 여러 심성 프로그램에
도 보디스캔이 들어가 있습니다. 아무래도 익숙한 것이 편합니다. 영어
는 이제 세계인이 쓰고 있는 언어이다 보니 고품격 한국어를 놓아두고
마인드스캔이라고 하는 것이 내키지 않는 구석도 있었지만 그냥 쓰려고
합니다. 구태여 우리말로 하자면 마음바래기 정도면 어떨까 싶습니다.
마인드스캔이라고 하면 마음을 세세하게 살펴본다는 뜻입니다. 마음바
래기라는 것은 빨갛게 익은 고추를 햇볕에 놓아두면 햇빛에 의하여 빨
간 색깔이 바래서 하얗게 되는 것과 같이 마음의 색깔을 빼고 맑게 정
화시킨다는 의미가 됩니다. 관심법(觀心法), 정심법(淨心法), 심관법(心觀法),
심정법(心淨法) 등도 생각해 보았지만 어차피 한자로, 외국어이기는 마찬
가지였습니다.

　나는 사람이고 사람은 살과 앎으로 이루어졌다고 하였습니다. 살은

드러난 것으로 표전(表詮)입니다. 앎은 드러나지 않은 것으로 차전(遮詮)입니다. 몸은 나의 드러난 부분이고 마음은 나의 드러나지 않은 부분인 것입니다. 이 드러나지 않은 부분인 마음은 세 겹으로 되어 있음을 이미 여러분은 알고 계십니다. 본성과 본능과 두뇌 활동이 그것입니다. 두뇌 활동은 생각과 사고 혹은 정신(精神)이라고도 합니다. 정신이라고 하는 말에서 정(精)은 몸을 뜻합니다. 명상의 원리의 가장 기본이 되는 것으로 심기혈정(心氣血精)을 듭니다. 여기에서의 정은 기라고 하는 에너지가 처음으로 물질화된 상태로서 물질을 나타냅니다. 사람에게서는 몸이 되겠습니다. 정신의 신(神)은 영성 내지는 신성으로서 마음을 나타냅니다. 따라서 정신이란 몸에 있는 신 혹은 몸에 있는 마음을 가리킵니다. 몸에 있는 마음, 즉 몸이 내는 마음 내지는 몸의 마음. 제나아리 명상에서는 이 마음을 마인드스캔으로 비워 나갑니다. 우리는 모두가 '하나의 나'로부터 나온 '한 알의 나'입니다. '한 알의 나'의 입장에서 본성은 나의 근원이지만 우리의 의식이 닿지 않는 무의식 깊은 곳에 있습니다. 본능은 정신을 지배하지만 의식의 바로 아래에 있습니다. 우리가 의식할 수 있는 것은 생각과 사고의 영역입니다. 거기에는 경험한 기억들로 채워져 있고 추상적인 개념들과 느낌들도 들어 있습니다. 이것들을 나 자신의 깊은 본성의 에너지로 빛바래기를 하는 것입니다. 먼저 기억들을 낡게 합니다. 이것은 상담 기법 중 체계적 둔감법과 비슷하게 이해하시면 될 것 같습니다. 기억들이 다 바래져 정화되고 나면 나의 영성이 살아납니다. 계속해시 마인드스캔을 하게 되면, 그다음으로 신성이 살아납니다. 그리고 신성도 마인드스캔으로 정화가 되면 공성이 드러납니다. 그 공성으로 살다 보면 다시 심성이 살아납니다. 그 심성으로 살다 보면 마침내 살삶 하는 지금여기 이 자리로 되돌아와 참된 인성이 살아나는 것입니다.

　제나의 수직적 구조는 결국 지금여기로 환원되는 360° 원의 형상을 가집니다. 그러나 이 360°라는 개념은 마치 세워 놓은 스프링을 평면도로 본 것과 같은 표현입니다. 입면도로 보면 완전히 다른 개념이라고 할 수 있습니다. 위에서 본 360° 지점은 0° 지점과 차이가 없습니다. 이 경우에는 같은 자리입니다. 그러나 눕혀서 보면 0°와 360° 지점은 높이는 같은 평면 위에 위치하지만 처음 출발한 원점 0°로부터 360° 지점은 같은 위치에 있지 않습니다. 분명 앞으로 나아간 위치에 놓여 있습니다.

스프링

A

스프링 평면도

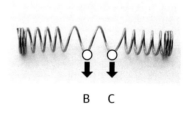

B　C

스프링을 옆으로 눕혀 놓은 입면도

　이것은 점A와 같이 같은 자리라고는 하나 실제로는 같은 자리가 아니고 점B에서 점C까지와 같이 거리의 차이가 있는 것입니다. 이 차이는 현상을 보는 눈이 다르다는 것을 의미합니다. 처음 영도(점B) 자리에서 바라보는 이 세상은 정말이지 이해할 수 없습니다. 알 수 없는, 그래서 요지경 속이라고들 합니다. 극단적인 경우에는 '거짓'이라고 말하고 있습니다. 깨달음 없이 이 세상을 보면 도대체가 믿을 수 없고 거짓투성이의 세상인 것입니다. 하지만 같은 이 세상인데 깨닫고 보는 이 세상인 삼육공도(점C)는 그 자체로 참입니다. 그대로 진리이고 진실입니다. 이 세상은 참으로 참세상인 것입니다. 어떻습니까? 당신은 거짓 세상에서 살고 계신가요, 참세상에서 살고 계신가요?

제나는 원래 제 것으로서의 나이며, 수평적 의미는 나만 나가 아니고 너도 나이고 그들도 나이고 그들과 그것들 모두가 다 나라는 의미이며, 수직적 의미는 사람으로 살고 있는 인성의 나도, 영성의 나도, 신성의 나도, 공성의 나도, 그리고 심성의 나와 다시 되돌아온 삼육공도 자리의 참인성의 나도 모두 다 나라는 것입니다. 사람과 영혼과 신과 공과 마음나와 참나 이 모두가 다 나라는 인식입니다. 이렇게 제나를 알게 되면 우리는 남과의 관계를 유기적으로 유지할 수밖에 없습니다. 이것은 마치 한 몸의 세포와 같은 것이어서 서로 싸우고 갈등할 것이 없기 때문입니다. 팔과 발가락이 한 몸에 있는 다른 부위인 것을 안다면 팔이 발가락을 팔이 아니라고 해서 자르려고 하는 일은 일어나지 않을 것입니다. 손가락이 제 눈을 손가락이 아니라고 해서 파 내려고 하지도 않겠지요. 우리는 제나를 모르기 때문에 서로 갈등하고 경쟁하면서 다투고 있습니다. 더군다나 종교를 앞세워 전쟁을 하다니요. 이것은 말이 되지 않습니다. 종교는 절대성으로부터 나와야 하는데 그렇지가 못한 종교도 있습니다. 절대성으로부터 나온 종교였어도 믿는 이들이 그 절대성을 알지 못하니, 자기존재인식이 상대적이어서 차별하고 시기하고 질투하면서 반목하고 갈등하고 투쟁하게 됩니다. 내 것만이 옳고 나와 같아야 한다는 이기심은 명상적으로 볼 때 너무나 어리석고 무지합니다. 종교를 가진 사람이라면 자기 종교의 신의 이름으로 사랑하여야 합니다. 서로 사랑하고 자비로울 때 진정한 종교인이라고 할 수 있습니다. 차별하고 시기하고 질투하고 갈등하고 미워하면서 서로 다투고 싸우는 것은 당신의 신을 욕되게 하고 있음을 명심하여야 할 것입니다. 만약 당신의 신이 당신에게 차별하고 시기하고 질투하고 갈등하고 미워하면서 다투고 싸우라고 가르친다면 그런 신은 마땅히 믿지 마십시오. 그 가르침은 분명코 당신의 신의 가르침이 아니거나 그것이 아니라면 당신의 신이 진정한 신이 아닐 것이기 때문입니다. 절대성에서는 절대로 차별, 시기, 질투, 갈등, 미움이 나올 수가 없습니다. 상대성 단계의 영성만 되어도 차별이나 시기, 질투, 갈등이나 미움은 있을 수가 없습니다. 그러니 신의 이름으로 차별하고 시기하고 질투하고 갈등하고 미워한다면 그것은 신의 계시가 아니라 당신의 이기심이 발동하고 있는 것이 틀림없습니다.

제나는 개념이 단순하지가 않아서 이것을 어떻게 설명해 드릴 수 있을까 고민이 많았습니다. 그래도 제가 깨달은 것은 제나였고, 제나를 알고 나니 이것은 모든 이가 알아야 될 것이라고 판단하였습니다. 제가 아리하고 집으로 돌아올 때 이것을 알리는 것이 바로 저의 사명이라는 것을 인식하였습니다. 그래서 기회가 될 때마다 책이나 이야기로 나누고 있지만 이해하는 사람은 너무나 적습니다. 명상을 해 본 경험도 없고, 명상을 했다고 하여도 이제 막 이 세상에 나온 제나아리 명상을 경험해 보지도 않은 분들에게 제나라는 개념은 너무나 어려운 이야기라는 것을 절감하고 있습니다. 그래도 저는 이 제나를 계속 이야기해 나갈 것입니다. 이제는 나단경계를 완성하여 제나의 차원적 구도를 제시할 수 있게 되었습니다. 이제야말로 많은 분들이 제나로서의 자신을 인식하고 제나아리하시기를 염원합니다. 그래서 제나사리하셔야지요. 지금여기 우리의 존재성은 제나라고 하는 온새미나로부터 옵니다. 공성의 완전함으로부터 온전함이 나오고 신성의 대자유자재, 대자대비, 전지전능으로부터는 자유와 사랑과 가능성이 나옵니다. 삼육공도에서 보는 이 세상은 있는 그대로 온전하고 사람 또한 온전함의 존재입니다. 우리는 모두 자유로운 존재이며 사랑이 충만한 그리고 무엇이든 할 수 있는 사랑과 가능성의 존재입니다. 당신은 당신이 알고 있는 당신보다 훨씬 더 크고 멋진 사람이어요. 우리 모두 제나아리하셨으면 좋겠습니다.

2. 제나의 단계

저는 한 개인의 의식 발달이나 전 인류의 의식 발달은 같은 방식으로 전개된다고 생각합니다. 이것은 진화의 원리이기도 합니다. 진화는 점차적으로 상승하는 직선형으로 일어나는 것이 아니라 단계와 경계로 이루어진 계단과 같은 형태로 이해하고 있습니다. 명상에서의 앎의 과정이 이러하였습니다. 살아가면서 순탄한 일들만 있는 것은 아닙니다. 보통은 물에 물 탄 듯, 술에 술 탄 듯 맹숭맹숭한 일상이 이어집니다. 나중까지 회상할 수 있는 기억에 맺혀진 그런 경험이 아닌 기억미달의식의 경험으로 사는 것입니다. 그러다가 무언가 마음에 맺히기 시작합니다. 문제를 만나게 되는 것입니다. 소극적으로는 삶에 대하여 회의가 밀려온다거나 후회나 의혹과 같은 것들로 맺혀질 수 있고, 적극적으로는 좌절이나 절망, 고통 등등으로 인하여 다르게 살고자 하는 계기가 생길 수도 있습니다. 이런 것들이 경계입니다. 경계는 평탄하지 않습니다. 마치 산행에서 가파른 경사면을 올라가는 것과 같이 힘들고 어렵습니다. 그러나 그런 경계를 통하여 상승하게 됩니다. 힘들고 어려워도 해는 저녁이면 서산 너머로 사라지고 달도 차면 기울듯 어떤 경계도 영원하지 않습니다. 오르다 보면 해결책이 나옵니다. 거기서부터는 다시 단계가 시작됩니다. 기억미달의식의 면… 잘 자고 잘 먹고 잘 소화시키고 잘 싼 날과 같은 혹은 아무 맛도 나지 않는 질 좋은 물맛 같은 일상의 나날. 순탄하고 평범하고 밋밋하고 맹숭맹숭하고 안락해 보이는 평범한 그냥 그런 날로 또 살아갑니다. 살다 보면 그 단계도 역시 영원하지 않습니다. 다시 무언가 고난이 찾아옵니다. 그 고난을 통하여 또다시 한 발자국 나아가는 돌파구를 찾게 됩니다. 한 개인도 이렇게 진화하고 인류도 이렇게 진화하며 지구도 이렇게 진화합니다. 저는 우주도 이렇게 진화한다고 생각합니다.

그런데 진화는 변화의 다른 말이기도 합니다. 모든 변화에는 생장멸이라고 하는 구조 속에서 생장멸하는 일종의 프랙털 구조를 가지고 있습니다. 기운으로 보면 성쇠라고 할 수 있습니다. 음의 기운이 성하여 극에 달하면 쇠퇴하며 양이 찾아옵니다. 양의 기운도 마찬가지로 극성하면 쇠퇴하고 다시 음이 찾아옵니다. 단계와 경계도 그렇습니다. 하나의 단계와 하나의 경계 안에서도 이런 변화를 겪지요. 패러다임이 다른 게 — 차원적 구조 — 에서도 그렇습니다. 계에서 단계와 경계를 계속 나아가다 보면 마치 스프링 B점에서 C점으로 이동하는 것처럼 다시 처음의 그 평지에 닿아 있는 것입니다.

'나'의 진화도 이런 절차를 밟아 나갑니다. 살면서 어떤 계기로 명상을 만났습니다. 명상을 하면서 여러 가지 일상에서는 경험하지 못하는 것들도 체험하였습니다. 그리고 나의 내면으로 의식을 돌렸을 때 그 안에서 나의 역사를 보았습니다. 어릴 때부터의 기억들, 그것이 바로 나였습니다. 그것을 버리고 나자 내 안에는 심줄이 하나 있었는데 그것으로 인하여 앞뒤와 위아래가 생기고 나의 모든 개념과 느낌이 있었습니다. 그것도 다 버리고 나자 나라고 하는 하나의 경계, 즉 하나의 울타리만 남아 있었습니다. 그 한울도 벗어 버리자 나는 그대로 허공이 되었습니다. 그러나 그것은 그야말로 허공이었습니다. 경계는 없었지만 하나의 목소리가 남아 있었던 것입니다. 그 목소리까지 비워 내니 비로소 완전한 공이 되었습니다. 공에서는 더 이상 비울 것도 버릴 것도 없습니다. 그냥 그것으로 살았습니다. 의식도 없이 그냥 그것으로 있다 보니 홀연히 내가 다시 나타났습니다. 그런데 그때의 나는 순전히 마음뿐이었습니다. 도대체 몸이 어디에 있는지 알 수가 없었습니다. 다시 열심히 수련하여 마음뿐인 나에게 몸을 내었습니다. 그러자 나는 다시 몸과 마음이 되었습니다. 뭐야, 그런 거였어? 그때의 기분은 너무나 싱거웠습니다. 정말로 저는 실소를 금할 수가 없었지요. 허탈하였다고나 할까⋯ 저는 이미 처음서부터 이 모든 것을 알고 있었으면서 왜 그걸 그때까지 몰랐던 것일까요? 이 세상은 하나도 달라진 것이 없었습니다. 그럼에도 불구하고 이 세상은 참세상이었던 것입니다. 그리고 이 세상이 참세상인 것을 저는 이미 알고 있었다는 참으로 어처구니없는 자각이 있었습니다. 알고 있었는데 몰랐구나. 와, 저는 단지 의식이 알아차리지를 못했을 뿐이었습니다. 그 기분⋯ 이해하실 수 있으실까요? 아마도 당신께 이 세상은 참세상이라고 그대로 다 진리이고 진실이라고 말씀드리면 "뭔 개소리여!" 하면서 드는 기분과 비슷한 일면이 있을 것 같기도 합니다.

자, 나의 단계계는 바로 설명 드린 바와 같습니다. 단계는 수평면입니다. 여기에서는 평탄한 삶을 살고 있습니다. 그러다가 무언가 문제를 만납니다. 그러면 경계가 시작됩니다. 경계는 수직면입니다. 그것을 통하여 올라갑니다. 경계는 언젠가는 해결이 되고 그 해결된 지점서부터는 다시 평범한 일상의 단계가 시작됩니다. 단계수련을 하다 보면 다시 정화해야 할 무언가를 만납니다. 그러면 다시 경계로 돌입합니다. 수직면이지요. 경계수련을 계속 하다 보면 그것이 다 정화되고 비워집니다. 그러면 단계수련으로 들어갑니다. 다시 수평면으로 이어진 것입니다.

그 나단경계[12]에 이름을 붙여 봤습니다. 그런데 이름을 붙이면서 우리 말이 참으로 영적이라는 생각을 또다시 하게 되었습니다. 왜냐하면 우리말에는 그 단계나 경계를 표현할 말들이 거의 다 있었던 것입니다. 어쩌면 이렇게 우리가 평소에 쓰던 말들이 심오한지 새삼 놀랐습니다. 단지 공에서 다시 '나'가 나온 부분에 해당하는 말은 찾지 못했습니다. 그런 정도야 뭐, 별것도 아닙니다. 제나라는 개념은 이 세상에 아직 없었던 것이기 때문에 우리말에서만 없는 것이 아니니까요.

나는 몸과 마음으로 존재합니다. 나는 살과 앎인 사람입니다. 그런데 명상은 오로지 마음으로 하는 것이라 몸을 뺐습니다. 몸을 빼고 보니 마음만 남았습니다. 그 마음을 한 알(하나의 개체)로 일컫는 말이 뭐가 있을까요? 귀신? 영혼? 혹은 영(靈)? 아, 마땅치 않습니다. 그것들을 다 아우르는 말이 필요합니다. 흠, 그러니까… 마음체라는 말을 써야겠습니다.

마음체: 나의 몸을 제외한 마음 부분

괜찮네요. 그 마음체는 경험한 것들의 기억을 담고 있습니다. 경험한 모든 것을 기억하지는 않습니다. 우리의 기억은 그물과 같이 일정 자극 이상만 걸려 있습니다. 그 이하는 기억하기에 못 미치는 기억 미달의 평범하고 순탄한 자극입니다. 마음에 맺혀서 맺어지는, 매듭으로 치면 풀

---

12 나의 단계와 경계.

어지는 매듭이고 보통의 무난한 경험들로서 다 잊힙니다. 일정 자극 이상으로 맺히는 감정, 즉 즐거웠다든지 슬펐다든지 기뻤다든지 비참했다든지 아팠다든지 수치스러웠다든지 그런 것들이 맺어지고 걸러서 남아 있게 됩니다. 경험은 대개 이야기로 저장이 되어 있습니다. 자초지종이 있지요. 그리고 개념들이 있습니다. 이것은 살면서 배워 온 추상적인 의미들입니다. 그것들은 단어로 저장되어 있습니다. 그 외에 느낌도 있습니다. 느낌도 역시 낱말로 들어 있습니다. 나단경계의 구분은 이러한 것들을 분별해 내는 것으로부터 시작합니다. 우선 나단경계 중 나단계를 알아야겠습니다.

현재 내 마음체의 모습은 인식체입니다(⬤).

경험과 개념과 느낌이 다 들어 있는 상태입니다. 이것이 인식체의 모습입니다. 어렸을 때부터 쌓아 온 나의 역사가 이 속에 모두 들어 있습니다. 새까맣군요. 어떻게 새까맣지 않을 수 있겠습니까! 우리는 온갖 우여곡절을 다 겪으면서 살았잖아요. 에휴, 한숨이 나오는 분도 계실 줄 압니다. 저 까만 타원을 보고 있으면 애잔한 슬픔이 느껴지기도 합니다. 가만히 들여다보십시오. 당신의 느낌은 어떠신가요?

마인드스캔으로 경험을 정화합니다. 마음으로 자꾸 떠올려서 탈색하여 까만색을 벗겨 내야 합니다. 한 번 스캔할 때마다 한 꺼풀씩 벗겨진다고 생각하면 됩니다. 그렇게 수련을 하다 보면 더 이상 벗겨 낼 기억이 없는 때가 옵니다. 기억들이 더 이상 떠오르지 않는 것입니다. 그렇게 되면 이제는 개념과 느낌만이 마음체에 남아 있습니다.

이것을 의식체라고 합니다(◯).

우리의 마음체가 많이 밝아졌네요. 비록 그림으로 보고 있지만 기분이 좋습니다. 저 새카만 것이 이토록 환해지다니요. 이때는 마음도 가볍습니다. 명상을 하면서 집중력도 붙고 자신감도 충만해집니다. 제나아리에 대한 확신이 생기는 것도 이때입니다. 의식체가 되었으니 한동안은 의식체로 살아야 합니다. 여기서 깨닫는 것들이 또 있기 마련입니다. 그런 단계는 또 경계를 만나게 됩니다. 아직 내 마음에 남아 있는 것들을 다시 정화해야 합니다. 다시 마인드스캔을 합니다. 이때에는 개념과 느낌을 스캔하게 됩니다.

개념과 느낌의 스캔이라… 이 방법이 이해가 잘 안 됩니다. 어떤 것이 개념이고 느낌인지 도무지 모르겠습니다. 그럴 때는 내 안에 있는 나의 낱말사전을 없애는 작업이라고 생각하면 쉽습니다. 모든 개념이나 지식, 느낌까지도 우리의 마음에 남아 있는 것은 말로 되어 있기 때문입니다. 낱말로 된 느낌 이전의 느낌도 있을 수 있습니다. 그러나 이런 느낌은 미세하여 내 마음체에 매듭처럼 남아 있지 않습니다. 여하튼 이것은 경험을 스캔하는 것보다 어려울 것입니다. 경험은 시간이나 장소와 결부되어 있습니다. 그래서 나이순으로 떠올리든지 장소를 기준으로 해서 떠올릴 수가 있었습니다. 그러나 개념과 느낌은 그런 기준을 잡을 수가 없습니다. 내가 얼마만큼 스캔을 했는지 알 수 없습니다. 하지만 내 마음속의 낱말사전을 다 스캔하였다고 여겨지는 시점에서 다시 앞서 스캔하였던 낱말들을 스캔해 나갑니다. 그런 식으로 해 나가면 이것도 역시 비워집니다. 내 안에서 잡혔던 심줄이 사라지고 아무것도 없는 단계에 이르게 됩니다. 이때 비로소 내 안과 밖이 같은 우주가 되는, 또는 밖은 공이고 안도 공이 되는 순수 마음체가 됩니다. 이것은 마음체의 개체성만 있어서 식체(識體)라고 합니다(◯).

　마음이 순수한 나. 그러나 아직은 한 알의 나입니다. 한 알이라고 하는 개체성이 있다는 것은 상대적인 존재라는 것입니다. 네가 있고 그들이 있습니다. 여기서의 나는 경험도 개념과 느낌도 다 비워지고 본성만 남아 있는 한 알입니다. 본성… 한 알의 우리가 본래 가지고 있는 성품, 그것은 절대계의 속성입니다. 공성으로부터 나온 온전함과 신성으로부터 오는 자유, 사랑, 가능성이 다 우리의 본성입니다. 식체의 단계에서 표현된 몸은 순수한 마음체이고 그 안에 내재하는 마음은 신성입니다. 여기에서는 자유와 사랑과 창조의 기쁨을 누릴 수 있습니다. 그래서 나단계 중에서 가장 기쁨이 충만하고 따뜻하고 풍요로운 단계가 바로 이때입니다.

　우리의 본성만 남아 있어서 여기서는 더 이상 버릴 것이 없어 보입니다. 그러나 자세히 살펴보십시오. 분명 있는 것이 있는데 무엇일까요? 이것은 명상이 아닌 지식으로는 알아낼 수 없습니다. 내 안에는 아무것도 없으니까요.

　그런데 여기에는 내가 있고 네가 있고 그들이 있습니다. 아, '있는 것'이 있네요. 안과 밖을 만들어 한 알로 나누어 주는 울(울타리)이 있습니다. 그 울타리로 인하여 내가 있고 네가 있고 그들이 있었던 것입니다. 이제는 그것을 정화해야 합니다. 울타리 혹은 테두리 혹은 껍질이나 허물 같은 것, 그것을 벗어 버려야 합니다. 그것을 벗고 나면 안과 밖이 존재하지 않습니다. 그대로 하나인 우주 허공이 됩니다.

　우주 허공, 이것을 그냥 식(識)이라고 합니다(　　).

괄호 안이 비어 있습니다. 나라고 하는 개체성이 사라진 것입니다. 그런데 이 식은 하나의 의식(意識)입니다. 명상에서는 하나의 목소리로 표현이 됩니다. 생각이 있다는 것입니다. 이전까지의 개체성을 가지고 있는 나에게서의 목소리는 하나가 아니라 둘이었습니다. 내가 있고 나를 바라보는 내가 있습니다. 나와 나를 바라보는 나를 구분할 때 에고와 슈퍼에고라고 하는 표현과 인지와 메타인지라고 하는 표현이 있습니다. 하지만 허공의 식은 오직 하나의 목소리만 존재합니다. 그 목소리는 아마도 메타인지라고 하는 게 뜻이 맞을 것 같습니다. 내가 어떤 인지를 하고 있고 그것이 하나의 목소리로 있다는 것입니다. 이에 비하여 슈퍼에고는 식이 아니라 식체의 단계라고 여겨집니다. 에고가 상대적인 개체성을 의미하고 있으니까요. 하지만 하나의 목소리만 있는 것을 알게 되는 것은 거기에서 다시 경계를 만났을 때였습니다. 설명하기가 참 어렵습니다.

목소리가 있으니 이것을 또 해결해야 합니다. 마인드스캔은 그것을 비워 내는 작업입니다. 그래서 그 목소리마저 비워 내면 그다음으로 드러나는 것은 아무 의식도 없는 상태가 됩니다. 말도 없고 목소리도 없고 나도 없고 너도 없고 그들과 그것들도 없는 그런 단계입니다. 이것을 공(空)이라고 합니다. 그림으로 표현을 하기 위한 괄호도 칠 수 없는 그런 단계가 됩니다.

여기에서는 더 이상 정화할 것이 없습니다. 서는 이 단계를 '없음도 없음'이라고 표현하였습니다. 마음도 없고 몸도 없습니다. 나도 없습니다. 그래서 정화할 수 있는 것도 없습니다. 이 단계의 수련은 그냥 공 그대로 지내는 것입니다. 무아를 깨닫는 것이 어렵다고 합니다. 경험을 하더라도 찰나적으로 공을 경험한다고 하지요. 그래서 그것은 경전에 있는 이야기일 뿐이라고도 말합니다. 하지만 그렇지 않습니다. 집중도(集中度) 레벨이 상승하면 누구라도 할 수 있다고 저는 생각합니다. 그리고 그 상태를 지속하는 것도 가능합니다. 저를 보신다면 정말로 평범한 범부라는 것을 누구나 느끼실 거예요. 그런 제가 할 수 있었던 경험이라면 당신도 할 수 있습니다. 저는 그것이 당연하다고 믿고 있습니다. 없음도 없음을 지속하다 보면 어떤 일이 벌어질까요? 저는 없음도 없음으로 언제까지나 있게 되는 줄 알고 있었습니다. 제가 아는 한 그것이 깨달음이라고 하는 것의 가장 정상이고 마지막 단계였었기 때문입니다.

그런데 거듭남이 있었습니다. 이 거듭남이야말로 제나아리 명상의 가장 큰 특징이 될 것 같습니다. 왜냐하면 공으로부터 거듭남이 있어야 제나를 알 수 있기 때문입니다. 이 거듭남이 없으면 공이 수련의 마지막 단계가 되고 공이 최고의 단계가 될 것입니다. 삼육공도(360°) 평지로 돌아오는 환원의 구조도 나올 수가 없고 스프링 구조도 볼 수 없습니다. 이 거듭남이 있었기 때문에 처음 출발했던 지평으로 돌아올 수 있었습니다. 그러나 앞서 이야기했던 것처럼 이 평지는 영도(0°)와 같은 평지는 아닙니다. 영도와 삼육공도는 같은 평지 위에 위치하지만 스프링 입면도에서 보이는 점B와 점C 같은 차이가 있는 것입니다.

이 거듭남은 순전히 마음으로 이루어집니다. 저는 이것을 시각적인 것으로 경험하였습니다. 어느 순간 제가 있었습니다. 미켈란젤로의 「천지창조」에 그려진 아담의 모습과 아주 흡사한 자세로, 누워서 두 팔꿈치로 바닥을 딛고 상체를 약간 들고 있는 형상으로 보였던 것입니다. 없음도 없는 공에서 부지불식간에 출현한 형상의 지각입니다. 온 우주 안에

나밖에는 없었습니다. 이때의 나는 그야말로 천상천하 유아독존(天上天下 唯我獨尊)이었습니다. 공의 단계 이전도 하나의 식이었으나, 그때의 식과 거듭난 나의 식은 느낌이 약간 달랐습니다. 여기서의 나는 한 알의 나였던 것입니다. 이것을 저는 심식체(心識體)라고 합니다(◯).

공에서 거듭난 나는 하나의 테두리, 즉 울을 가진 것입니다. 그러나 이때는 아직 상대성은 없습니다. 천상천하 유아독존이기 때문입니다. 이 상태에서 눈을 떠야 상대성이 생깁니다. 눈을 떠보니 세상이 있었습니다. 네가 있고 그들이 있고 그것들이 있었습니다. 그런데 그것들은 모두 다 마음이었습니다. 이 세상에 마음 아닌 것은 하나도 없었지요. 심식체의 단계가 시작되었던 것입니다. 마음으로 거듭남 한 내가 마음으로 된 세상에서 살았습니다. 이 심식체의 단계를 저의 이전 책 『참살앎』이나 『제대로 살기』에서는 다른 그림으로 표현했었습니다. 그것은 틀린 그림이 아닙니다. 독자는 이 단계를 좀 더 이해할 필요가 있습니다. 이 단계에서 '나'는 주관성을 가질 수도 있고 객관성을 가질 수도 있습니다. 온새미로부터 분리되어 나올 때 객관성을 띠게 되면 그림은 앞서 보았던 식의 단계(   )와 같습니다. 괄호만 있고 안에 아무런 그림이 없는 형상이지요. 주관성을 띠고 한 알로 생겨나오면 괄호가 없는 단계(◯)가 됩니다. 그래서 눈을 뜨면 (◯)이 되는 것입니다. 이것도 설명하기가 참 어렵습니다. 이해하시기는 얼마나 어려우실까요?

이 단계 초기의 수련에서는 마음나가 마음으로 낳아진 나였으나 수행에서는 몸은 그대로 몸의 감각이었습니다. 그래서 되어 살기인 단계수행에서 몸이 마음이 되는 수련을 하였습니다. 그러고 나자 명상을 할 때 이런 생활을 할 때이건 나는 온전히 마음으로 살게 되었습니다. 그때의 저는 무엇을 하든 마음으로 하였습니다. 존재하는 모든 것이 다 마음이었습니다. 도대체 마음 아닌 것이 하난들 있을까요! 그러다가 다시 경계를 만났습니다. 그 경계가 무엇인가 하면 바로 나의 '죽음'이었습니다. 여기는 분명 마음으로 사는 세상입니다. 여기에 마음이 아닌 것은 하나도 없습니다. 신체로 사는 영도(스프링 점B)의 세상에서는 신체가 죽어도 마음은 그대로였습니다. 그 얘기는 결국 마음은 죽지 않는다는 것입니다. 그렇다면 순전히 마음으로 살고 있는 나는 영원히 살 것입니다. 그런데 현실적으로 나는 죽을 수밖에 없습니다. 세상에, 어떻게 그럴 수가 있지요! 도저히 납득이 가지 않았습니다.

저는 마음으로 살고 있는데 그런 내가 결국 죽는다는 것입니다. 이게 말이 안 되는 것입니다. 와, 이건 또 뭐지? 내가 죽는구나…. 죽는 것은 마음이 아니라 몸이었습니다. 그럼 나에게 몸이 있다는 것입니다. 그런데 보십시오. 몸이 어디에 있단 말입니까! 지금 나에게는 몸이 없습니다. 나는 마음입니다. 어디를 찾아봐도 몸을 찾을 수가 없었습니다. 이 기막힌 딜레마에서 어떻게 빠져나올 수 있을지 정말로 난감했습니다. 이 마음으로 된 세상에서 빠져나올 수 있는 방법이 무언지 알 길이 없는 것입니다. 도대체 이 난국을 어떻게 해결해야 합니까!

저는 다시 초심으로 돌아가야 함을 느꼈습니다. 처음에 내가 어떻게 했었더라?

처음에 저는 죽었습니다. 마음체가 되기 위하여 다리에서 뛰어내려 죽고, 차에 치어서 죽고, 지진으로 무너지는 건물에 깔려서 죽고…. 그런데 이 단계에서는 죽을 수가 없었습니다. 마음이니까요. 그것은 몸이 있어야 죽을 수가 있는 것인데 저는 지금 몸이 없습니다. 오직 마음인 것입니다. 아, 어떻게 한다? 마음을 없애는 방법을 찾아야 했습니다. 그것은 마인드스캔이었습니다. 다시 마인드스캔에 돌입했습니다. 그냥 단무지로 했습니다. 그렇게 하다 보니….

드디어 살이 나왔습니다. 마음으로 된 나에게 살을 내었던 것입니다. 양(1)인 마음에 음(一)인 몸이 비로소 합쳐진 것입니다. 비로소 참살앎이 된 것이지요.

저는 이것을 심체(心體)라고 합니다 ☺.

심체란 마음과 몸으로 된 나를 뜻합니다. 드디어 마음과 몸으로 살게 되었습니다. 여기에서의 나는 마음과 몸으로 되어 있었던 것입니다. 비로소 삼육공도(360°), 돌아온 평지가 되었습니다. 그 평지는 영도(0°)의 평지와 다를 것이 하나도 없었습니다. 네가 그대로 있고, 그들이 그대로 있고, 그것들도 그대로 있습니다. 다른 것이 있다면 그것은 오직 나였습니다. 내가 보는 이 세상은 어디 한군데 잘못된 것이 없었습니다. 그대로 참이고 진리였습니다. 있는 그대로 모두가 온전하였습니다. 찌그러진 것은 찌그러진 대로 온전하였고 일그러진 것은 일그러진 대로 온전하였습니다. 이럴 수가 있습니까? 내가 알고 있던 이 세상이, 그토록 허무하고 거짓투성이였던 이 세상이 그대로 참이고 진리라니요! 있는 그대로 다 온전함이리니요! 이건 정말이지 도깨비놀음과 같았습니다. 저는 그저 실없는 너털웃음을 지었을 뿐입니다. 그리고 살짝 애석한 느낌도 들었습니다. 나는 이미 다 알고 있었는데 여태까지 찾아 헤맸다는 그런 느낌. 틀림없이 영도의 평지도 삼육공도의 평지도 같은 평지였습니다. 그 평지는 그때에도 알고 있었습니다. 그리고 그 평지는 그때에도 참이고 진리였는데 왜 나는 그것을 몰랐을까요? 왜 우리는 참이고 진리인 세상에서 살고 있으면서도 그것을 모를까요? 이게 무슨 조홧속이란 말이냐구요! 노래 가사가 생각이 납니다. '세상은 요지경~ 요지경 속이다~' 정말로 요지경 속이었습니다.

저는 당신도 이 세상이 그대로 참이고 진리인 것을 그리고 있는 그대로 온전하다는 것을 알았으면 좋겠습니다. 어쩌면 명상 수련이라는 노력의 과정을 거치지 않고도 이 세상은 참이고 진리이고 온전하다는 것을 아신다면 얼마나 좋을까 하는 생각을 해 봅니다. 참이고 진리인 이 온전한 세상에 사는 당신이야말로 진실로 참이고 진리이고 온전합니다. 아시겠어요? 당신은 참이고 진리이고 온전함이에요. 그것을 당신이 아신다면 명상을 하지 않아도 제나아리한 것입니다.

나단계는 이렇습니다. 영도범부로 살고 있는 지금의 나는 신체의 단계이고 이때에는 몸으로 살고 있으면서 마음은 있지만 어디에 있는지 모릅니다. 하지만 마음이라는 것이 있으며, 마음속에 무엇이 있는지는 알지요. 경험과 개념, 느낌입니다. 우리가 명상으로 나를 찾아서 떠나는 첫 단계는 그 마음으로 들어가는 것입니다. 그래서 몸은 제쳐두고 마음만을 상대로 합니다. 몸은 제쳐둔 마음의 상태, 즉 마음체의 이 단계는 '인식체'입니다. 그중에서 경험부터 마인드스캔으로 정화하여 빼 나갑니다. 경험의 기억들이 다 벗겨지고 개념과 느낌만 남아 있는 마음체 단계는 '의식체'입니다. 의식체로부터 개념과 느낌까지 다 벗겨낸 것이 '식체'입니다. 가장 순수한 마음체를 의미합니다. 그러나 이 식체는 개체성이 남아 있습니다. 이 개체성도 마인드스캔으로 정화하여 벗겨내면 그대로 우주가 됩니다. 이것은 개체성이 없으므로 '체'라는 말을 쓸 수 없습니다. 그냥 '식'의 단계인 것입니다. 그러나 식에는 앎이 **존재**합니다. 이것도 빼 버리면 알 수 없음의 단계인 '공'이 됩니다. 공은 완전히 비어 있어서 더 이상 정화하거나 뺄 것이 없습니다. 그냥 공으로 살아갑니다. 공을 지속하다 보면 다시 식이 나옵니다. 내가 다시 **있는** 지경을 만나게 되는 것입니다. 그러나 이때에는 아직 상대성은 없습니다. 온 우주 안에 나만 홀로 있기 때문입니다. 여기서 눈을 뜨면 비로소 세상이 있고 그 안에 내가 있습니다. 이때는 마음으로 낳아진 '심식체'입니다. 오직 마음으로 된 한 알이기 때문입니다. 여기에서는 마음은 있으나 몸이 없습니다. 다시 살을 내야 합니다. 그래서 양인 마음과 음인 살이 하나가 되어야 합니다. 음양의 합일, 그것이 성통공완(性通功完)의 성통입니다. 마침내 살을 내게 되면 비로소 마음과 몸으로 된 나로 돌아옵니다. 이것을 '마음과 몸'이라는 뜻에서 '심체'라고 하였습니다. 영도 평지에서는 몸만 있고 마음은 어디에 있는지 모르지만 삼육공도 평지에서는 몸과 마음이 같이 있습니다.

신체 → 인식체 → 의식체 → 식체 → 식 → 공 → 심식체 → 심체

저는 이 단계들을 분명하게 알고 있지만 단지 설명으로 보고 있는 독자들은 이해하기 어려울 수도 있습니다. 그래서 다시 한 번 글자를 가지고 이해를 도와드릴까 합니다. 나단계에서 식과 공을 제외한 나머지 단계에는 체(體)가 들어있습니다. 이것은 낱개를 가리키는 말로 한 알이라는 개체성을 나타냅니다. 그런데 이 체도 두 가지로 나누어집니다. 체(體)와 식체(識體)가 그것입니다. 체는 그대로 몸을 말합니다. 식체는 마

음체를 뜻합니다. 즉, 몸뚱이를 제외한 마음 부분을 식체라고 표현하였습니다.

신체는 몸으로 된 개체, 인식체는 감각으로 받아들인 마음체, 의식체는 뜻으로 받아들인 마음체, 식체는 받아들여 쌓아 놓은 것이 없는, 그대로 지고지순한 마음체, 식은 개체성이 없는 절대성의 마음이고, 공은 마음조차도 없는 단계이며, 심식체는 마음만으로 이루어진 마음체입니다. 그리고 심체는 마음과 몸인 것입니다.

신체 → *인식체* → *의식체* → **식체** → *식* → *공* → *심식체* → *심체*

(신+체) → *(인+식체)* → *(의+식체)* → *(식체)* → *식* → *공* → *(심+식체)* → *(심+체)*

실제로 신체 단계의 영도범부인 우리는 몸만 알고 있습니다. 그래서 신체 단계의 세상에서 살고 있는 우리는 명상에 대한 관심이 별로 없는 것이 어쩌면 당연한지도 모릅니다. 눈에 보이지 않으니 마음이야 어떻든 상관하지 않습니다. 눈에 보이는 것은 몸입니다. 그래서 우리는 몸에는 지대한 관심이 있습니다. 예뻐야 하고, 멋져야 하고, 눈에 보이는 신체적인 결함이 없어야 하고, 건강해야 합니다. 마음이 예쁘고 마음이 멋지고 마음이 병들지 않아야 하고, 마음에 균형과 조화가 있어야 함에는 별다른 신경을 쓰지 않습니다. 숲속의 명상을 운영하면서 사람들에게 아쉬웠던 부분이 그것입니다. 조깅을 하는 사람, 자전거를 타는 사람, 등산을 하는 사람은 참 흔했습니다. 그러나 명상을 하고자 하는 이는 극히 드물었지요. 인류는 역사적으로 잔혹사가 많습니다. 노예의 역사를 생각해 보면 나와 남이 얼마나 극명하게 차별되어 왔는지 알 수 있습니다. 특히나 백인에 의한 흑인노예 매매는 근세 인류의 가슴에 낸 상처 중에서도 가장 아픈 역사 중 하나일 것입니다. 인도의 사성계급 역시 인간 차별의 지독한 역사라고 할 수 있습니다. 우리나라의 반상 전통 역시 마찬가지입니다. 여자에 대한 차별도 만만치 않습니다. 지구상의 많은 나라에서 남편이 죽으면 그 아내를 같이 생매장하는 풍속도 있었습니다. 지금도 종교적으로 풍속적으로 여자에 대한 차별을 극복하지 못하고 있는 지역이 많습니다. 인류의 전쟁의 역사도 가슴 아픈 흑역사라고 할 수 있겠습니다. 이런 것들은 모두 마음이 보이지 않기 때문에 자행되었던 일들입니다. 마음을 볼 수 있었다면 그런 차별과 잔혹한 행위는 벌어지지 않았을 것입니다.

심체 단계에서는 마음이 어디 있는지 압니다. 그래서 남의 마음을 아프게 하는 짓은 할 수가 없습니다. 내 마음도 아프게 할 수 없고 남의 마음도 아프게 하지 않을 것이며 그들과 그것들의 마음까지도 아프게 하지 않을 것입니다. 마음이 어떤 것인지를 알기 때문에 할 수만 있다면 내가 행복하게 살고자 하는 것과 같이 남을 행복하게 하고자 할 것이며, 그들을 행복하게 하고자 할 것이며, 그것들을 행복하게 하고자 할 것입니다. 이것이 사랑이고, 이것이 조화입니다. 나와 남의 비중이 다르지 않음, 그것이 온전함이고 또한 사랑이고 조화이고 균형이라고 저는 알고 있습니다. 우리는 원래 사랑이고 조화이고 균형입니다. 그것이 제 나의 삶입니다. 우리 그렇게 살아 봅시다.

3. 제나의 마음 단계

제나를 깨닫고 나서 제가 단계를 구분한 것은 위의 설명과 같습니다. 그런데 정리를 하다 보니 이런 단계가 우리나라에는 이미 거의 다 있었던 것을 알게 되었습니다. 제가 처음으로 명상을 접한 것은 단전호흡으로 우리나라에서 전통적으로 내려오던 수련에서 나온 방법이라고 합니다. 그 단전호흡은 아마도 도가명상의 한 갈래일 것으로 여겨집니다. 그것을 십수 년 하였고 마지막으로 ○○명상을 하였습니다. 거기서의 명상 방법은 죽어서 영혼이 되어 내 마음을 버리는 것이었습니다. 기본적으로 그 명상에서는 이 세상에 있는 것이 무엇인가를 별과 해와 달과 지구와 나로 파악합니다. 그래서 그 존재하는 것을 하나하나 떠올려 버리는 수련을 합니다. 맨 처음 버리는 것이 나입니다. 나의 몸을 버리는데 그것은 다름 아닌 죽음입니다. 그래서 명상 시작을 죽는 것으로부터 하게 됩니다. 죽어서 하늘로 올라가 지구를 내려다보면서 내 안에 있는 기억들을 버리고 그런 다음 해와 달과 별을 버립니다. 그러면 텅 빈 우주가 되는 것입니다. 그런 수련을 하다 보니 영혼이라는 것은 저절로 자명한 개념이었습니다. 만약 저에게 정말 내세가 존재하는지를 물어본다면 저는 모른다고 대답할 것입니다. 왜냐하면 제가 실제로 죽었다가 깨어나 본 것이 아니기 때문입니다. 그러나 개인적으로 내세에 대한 믿음을 가지고 있는지를 물어본다면 저는 그렇다고 대답할 수 있습니다. 우리가 보통 죽으면 간다고 하는 영혼의 세계는 어디 안드로메다 부근에 있다든가 하는 물리적 영역에 대한 개념은 아닙니다. 그럼에도 불구하고 우리는 영혼의 세계가 있다고 생각합니다. 영혼 세계의 근원은 인류가 서로에게 의사를 표현하면서부터 너의 경험과 나의 경험, 너의 생각과 나의 생각을 통하여 모아진 인식으로부터 파악해야 한다고 저는 주장하고 싶습니다. 영혼이라는 것은 우리 본래의 인식이기 때문입니다. 나 자신으로 알고 있는 몸뚱이의 차원을 초월하는 자기존재인식. 그것을 우리는 영혼이라고 부릅니다. 이러한 개념은 명상을 하지 않았음에도 불구하고 매우 정교하게 발달해 있었던 것입니다. 그것이 무엇을 뜻하는지도 모른 채 일상적으로 사용하고 있는 셈입니다. 저는 어렸을 때부터 무서운 이야기를 좋아했습니다. 무서운 이야기라고 하면 귀신 이야기가 으뜸입니다. 귀신은 사람을 놀라게 하고 장난을 일삼는가 하면 자신의 한을 풀기 위하여 못된 짓을 합니다. 못된 짓은 보통 대상을 죽음으로 몰아넣는 것입니다. 머리는 치렁치렁하게 풀어헤치고 입가에는 피가 묻어 있으며 손톱 긴 손을 마치 금방이라도 할퀴려는 듯 얼굴 앞에 오므려들고서 나타나는 귀신의 이야기가 왜 그렇게 흥미로웠었는지 모르겠습니다.

가끔은 혼백이라는 말이 나오기도 합니다. 넋이라는 말도 있습니다. 영혼이라는 말은 많이 나옵니다. 그러나 영혼은 귀신과 같이 으스스한 분위기는 아닌 것 같습니다. 신이라는 말도 참 많이 듣고 살았습니다. 이 신이라는 말은 정신에도 있고, 무속에서는 귀신이나 영혼도 그냥 다 신이라고 부르고 있습니다. 옛날이야기를 토대로 살펴보면 귀신은 자신의 삶에서 아주 많은 원한을 가지고 있거나 이루지 못한 집념을 가지고 있어서 그것을 해결하기 위하여 이승에 남아 있는 마음체라고 풀이할 수 있습니다. 경험들이 해소되지 못한 채로 쌓여 있는 것입니다. 이것은 마음체 중에서도 인식체에 해당합니다. 그다음에는 혼백이라는 말이 있습니다. 혼백은 혼과 백을 이르는 말입니다. 혼은 넋의 마음이고 백은 넋의 몸이라고 합니다. 백은 몸으로 쌓은 경험의 기억이고 혼은 생각이나 느낌 등으로 쌓은 마음의 기억입니다. 그래서 백이 인식체에 해당합니다. 혼은 의식체입니다. 영혼이라고 할 때의 영은 모든 기억과 감정이 정화된 깨끗하고 순수한 마음체로 식체입니다.

그냥 신이라고 하는 말도 흔히 듣고 많이 쓰고 있습니다. 우리와 같은 문화권에서는 넓은 의미의 신은 절대성의 신의 개념으로 범신론적인 신이나 우주적 질서까지도 의미합니다. 좁은 의미로 쓸 때는 개체의 마음 부분을 나타냅니다. 예를 들면 우리나라의 무속에서 보는 바와 같이 귀신을 모시고 있으면서도 신을 모신다고 표현을 합니다. 그러나 제나의 단계에서의 신은 초월적인 절대성의 신만을 뜻합니다. 이것은 아마도 종교에서 유일신으로 표현되는 그 신만 해당된다고 봅니다. 개체성을 완전히 소멸하여 절대성만을 지니고 있는 신, 제나에서의 신은 그런 신입니다. 이 신은 상대성이 없으므로 체를 지니지 않습니다. 그냥 절대의식인 식(識)에 해당합니다.

다음은 공입니다. 공은 그냥 공입니다. 불교에서는 무아가 곧 공입니다. 초기 불교에서는 무아이고 대승불교에서는 공이라고 하지요. 석가모니 부처님은 "나라고 할 만한 것이 없다"고 설하였고 나라고 할 만한 것이 없으므로 무아(無我)라고 한 것입니다. 그것이 대승불교로 넘어오면서 공(空)이 되었습니다. 그래서 일반적으로 무아나 공은 '내가 없다'는 뜻으로 쓰입니다. 저에게 있어 무(無)나 허(虛)는 공과는 느낌이 약간 다릅니다. 무나 허는 숫자 안에 들어 있지 않은 '없음'이나 '비다'로 이해하고 있기 때문일지도 모르겠습니다. 우리는 숫자 0을 '영'이라고 읽기도 하고 '공'이라고 읽기도 합니다. 저에게 있어 숫자 0은 '없다'는 뜻이라기보다는 '비어 **있음**'이자 양수와 음수의 사이에 있는 존재의 개념으로 있습니다. 그래서 저에게서 공은 아무것도 없는 상태가 됩니다. 무아 역시 제나에서는 '내가 없음'이 아니라 '없는 나', 혹은 '비어서 없음'이 아니라 '비어서 있음'이라고 풀이됩니다. 완전히 비어 있기 때문에 그것에 대해서 무엇이라고 표현하는 것이 불가능합니다. 없음조차도 없으므로 공은 그냥 공입니다.

나단계에서 그다음은 심식체인데 이 단계에 해당되는 말은 찾지 못하였습니다. 공에서 나왔으므로 다시 태어났다는 의미로 거듭난다는 말을 썼습니다. 성당이나 교회에서 거듭난다는 말을 많이 쓰고 있기는 하지만 성경에 쓰인 거듭난다는 말의 의미는 거의 믿음이 없던 사람이 신자가 된다는 뜻이어서 제나의 거듭난다는 말과는 거리가 있는 것 같습니다. 자아(自我)라고 해야 할까요? 그런데 순 마음으로 된 나이고 보니 이것도 충분하지가 않습니다. 심아(心我)? 이것도 역시 성에 차지 않는군요. 결국 그냥 우리말로 마음나라고 하였습니다.

그리고 그다음으로 나오는 단계가 심체인데 우리에게 익숙한 말로는 참나가 가장 적합하다고 판단하였습니다. 참으로 된 나. 참된 나.

영적 단계를 찾아보면서도 말을 하나 더 만들고 말았습니다. 사실 명상 분야에서는 이 단계들이 세상에 다 나와 있습니다. 그럼에도 불구하고 우리가 흔하게 표현하지 않았던 단계가 있다는 것은 그만한 단계가 아주 귀한 것이었을 수도 있고, 그 단계가 하나의 종교 안에서 종파로 나와 있을 뿐 독립적인 종교로 분리되어 있지 않았던 까닭일 수도 있다고 여겨집니다.

신체 → 인식체 → 의식체 → 식체 → 식   → 공 → 심식체 → 심체

몸나 → 백(魄) → 혼(魂) → 영(靈) → 신(神) → 공 → 마음나 → 참나

나단계를 펼쳐 놓고 가만히 들여다보니 참 복잡하다는 생각이 듭니다. 이러니 깨달음의 길이 쉽지만은 않은 것이 분명합니다. 그러나 평생을 거쳐야 하는 것이어서는 안 된다고 생각합니다. 이 모든 단계가 저의 명상에서는 토요일 밤에 오리엔테이션이 있었고 일요일에서부터 시작을 하여 월화수목금토일을 지낸 다음 월요일 아침에 명상원을 나왔으니 9일 만에 이루어진 것입니다. 하지만 그 전에 호흡 명상을 십수 년간 해 왔었기 때문에 딸랑 9박 10일 간에 일어난 일이라고 할 수는 없을 지도 모릅니다. 그러나 한평생이 걸린 것은 아닙니다. 저는 다른 명상으로 착실히 집중력을 키운 사람이라면 제나아리하는 데 그렇게 오랜 세월이 걸리지 않으리라 기대하고 있습니다. 아주 평범한 촌부에 지나지 않는 제가 할 수 있었던 것이라면 당신이 못하실 리 없습니다. 그렇지요?

오늘도 TV 세계 뉴스에서는 자살 테러와 총기난사에 대한 보고가 있었습니다. 자살 테러는 종교를 이유로 저질러지고 있습니다. 이것은 무엇보다도 안타까운 일이 아닐 수 없습니다. 진실로 신을 안다면 그 신의 이름으로 폭력은 겨자씨만큼도 나올 수가 없습니다. 그런데 신을 앞세워 테러를 자행하고 있음은 우리 인류의 마음이 아직도 미숙함을 벗어나지 못하고 있다는 증거일 것입니다.

심각한 이상기온에 대한 내용도 있었습니다. 미국에서 가장 더운 지역인 네바다 데스밸리는 2017년 6월 19일 기온이 섭씨 53도였으며, 라스베이거스와 애리조나도 50도에 육박하는 날씨를 보였다고 합니다. 세계

곳곳에서 폭염과 폭설, 홍수나 돌풍으로 인한 인명피해와 자연재해가 갈수록 심해지고 있습니다. 저는 이러한 자연현상에 대하여 인류가 함께 심도 있게 반성하고 고민하여야 한다고 목소리를 높이고 싶습니다. 명상가가 바라보는 지구는 인간으로 감염되어 있습니다. 감염이란 어떤 생물체가 이상적으로 번식할 때 쓰는 말이라고 합니다. 인간이 들어간 자연은 훼손되지 않은 적이 없는 것 같습니다. 우리는 자연과 분리되어서는 안 됩니다. 자연과 대등해서도 안 됩니다. 우리는 자연 속에 있어야 합니다. 그렇게 볼 때 현재 지구에는 인간이 너무 많습니다. 인간과 인간, 자연과 인간의 공존에 관한 지혜를 모아야 할 때입니다. 사랑으로 조화를 지켜 나가는 방법을 모색하여 인간과 인간, 자연과 인간이 균형을 맞추어 살 수 있는 길을 만들어 가야 합니다. 이런 때에 제나를 아는 것은 중요합니다. 왜냐하면 당신도 나이고 그들도 나이고 그것들도 나인 것을 알 수 있는 방법이기 때문입니다. 남을 해치는 것이나 자연을 해치는 것은 나를 해치는 것과 다르지 않습니다.

4. 나단경계

나단계를 알았으면 이제는 나경계를 볼 수 있습니다. 단계가 나오지 않으면 경계를 알 수가 없습니다. 경계에 대한 개념도 단계만큼이나 우리가 익숙하게 쓰고 있었습니다. 단지 잘 모르는 채로 쓰고 있었을 뿐입니다. 또한 제나라는 것이 이 세상에 없던 개념이어서 아직까지 표현된 말이 없는 경계도 있습니다. 우리말에서 찾은 것은 영성계까지입니다. 신성계나 공성계는 절대계에 속하므로 별개의 단계로서 경계가 있을 수 없는 형편이었고 그 외의 마음으로 거듭나는 단계나 다시 살을 내는 단계에 대한 차원에는 단계에 해당하는 말 자체도 없는 형편입니다. 이제는 제나아리를 통하여 그것들에 대한 개념이 존재하게 되었습니다. 그 과정이 다 나라는 것을 우리는 기억해야 합니다. 그래서 자신이 어떤 존재인지 자기존재인식을 올바로 할 수 있어야 합니다. 우리는 모두가 지금 나라고 알고 있는 그 이상의 존재임을 이제는 분명히 알아야 합니다. 그래서 지금보다 더 빛나는 있는 그대로 온전한 존재로 살아가야 합니다. 나는 어제보다는 더 나은 나로서 지금여기를 살 수 있어야 합니다.

나단계나 진화와 마찬가지로 나경계도 이 원리를 따라갑니다. 단계살이를 하다 보면 문제를 만나 경계가 시작되고 그것을 기점으로 상승하는 면이 생깁니다. 그 문제를 해결하기 위해서 노력하다 보면 실마리가 풀리고 돌파구가 보입니다. 그러면 경계는 끝이 납니다. 다시 수평면인 단계살이로 돌입하게 됩니다. 이것이 우리 삶의 모습이기도 합니다. 분리성과 변화성과 유한성은 모든 생겨난 것의 속성으로서 숙명이고 그것을 피할 수 있는 것은 아무것도 없습니다. 생장멸하는 것, 흥망성쇠를 겪게 되는 것, 바이오리듬과 같이 변화를 겪는 것이 모든 존재의 길입니다.

몸과 마음으로 살고 있는 나라는 존재인식에서 처음으로 만나게 되는 경계는 마음입니다. 나는 분명히 몸이 있고 마음을 쓰면서 살고 있는데, 마음이란 것이 도대체 어디에 있는지 알 길이 없습니다. 더군다나 몸은 껍데기일 뿐이고 마음이 진짜라고 합니다. 마음이라고 하는 것이 눈에 보인다거나 만질 수 있다거나 하는 오감으로 느낄 수 있는 것은 아니었으나, 저는 나에게 마음이 있다는 것을 부정할 수 없었기 때문에 이 말을 진리로 받아들였습니다. 그러자 그것을 어떻게 해야 만날 수 있을까가 문제였던 것입니다. 제가 ○○명상원이 마음에 들었던 이유가 이것입니다. 거기에서는 이 문제를 아주 쉽게 풀어 주었습니다. 즉, 죽어서 몸을 없애고 마음만 남겨 버렸습니다. 그다음부터는 마음의 단계로 올라갈 수 있었습니다. 그래서 인식체와 의식체, 식체, 식, 공, 심식체, 심체로 나아갔는데 이것을 정리하면서 우리말로 된 단계가 있음을 알았고 그래서 나경계는 말을 더 만들지 않고 그냥 우리말에서 가져오기로 하였습니다. 나경계가 밝혀지자 비로소 나단경계가 다 만들어졌습니다.

① 나단계: 신체→인식체→의식체→식체→식→공→심식체→심체
  = 몸나→백(魄)→혼(魂)→영(靈)→신→공→마음나→참나

② 나경계: 몸 빼기→혼백→영혼→신령→신 빼기→거듭남→살내기

③ 나단경계: 신체→몸 빼기→인식체→혼백→의식체→영혼→식체→ 신령→식→신 빼기→공→거듭남→심식체→살내기→심체[13]

어이구, 풀어서 써 놓고 보니 꽤 길어서 지레 겁이 납니다. 제나아리하는 길이 너무 먼 것 같기도 하고, 나를 이해하는 것이 무진장 어려워 보입니다. 하여튼 그렇게 단순하지는 않을 것 같습니다. 하지만 저의 수련에서 참나를 찾아 길을 떠난 지 아흐레 만에 도달한 마음여행이었습니다. 그러니 너무 염려하지 마십시오. 단지 우리가 알아야 할 것은 나라고 하는 것이 이렇게 단순하지가 않다는 것입니다. 지금 내가 지치고 힘들고 어렵더라도 나의 원래 모습은 그 모든 것임을 알기만 해도 많은 위로가 될 것입니다.

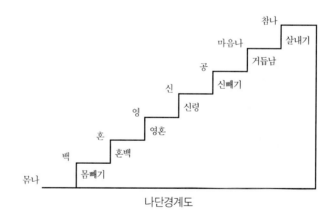

나단경계도

---

13 여기 나오는 '빼기'라는 말은 사실 '죽기'라고 써야 하는데 너무 살벌해서 빼기라고 쓴 것입니다. 왜냐하면 계는 표현된 것, 즉 그 계의 몸의 소멸을 의미하거든요. 이것과 관련하여 영화 <인셉션>은 그 발상이 기가 막힙니다.

저의 두 번째 책인 『제대로 살기』에서도 공까지만을 언급했었습니다. 왜냐하면 표현할 말이 없었기 때문입니다. 그렇다고 단계가 없는 건 아니어서 할 수 있는 말로 다 이야기할 수밖에 없다는 생각이 들었습니다. 그러다 보니 신에서 공으로 이어지는 경계부터는 경계 명상을 나타내는 것으로 표현이 되더군요. 색깔은 계(界)를 구분하기 위하여 넣었습니다.[14]

저 복잡한 그림이 다 나를 나타내고 있습니다. 영도에서부터 삼육공도에 이르기까지 단계를 이렇게 구분하여 보았는데, 아직 말에 있어서 흡족하지 못한 것도 있답니다. 또 하나 알아두어야 할 것은 명상을 해나가는 과정에서 실제로 계단처럼 정교하고 선명한 구분이 있었던 것은 아니라는 점입니다. 이것은 마치 심리학에서 발달단계를 나누는 것과 같습니다. 매슬로우(A. Maslow)의 욕구5단계설(욕구위계설)과 같은 경우를 생각하면 이해하기 쉽습니다. 매슬로우는 인간의 욕구 수준을 가장 낮은 단계에서부터 가장 높은 단계까지 5단계로 구분하였는데 생리적 욕구, 안전 욕구, 소속감과 애정의 욕구, 자존감 욕구, 그리고 자아실현 욕구가 그것입니다. 이런 위계에 대해 몇 살에서부터 몇 살까지가 생리적 욕구를 갖는 단계이며, 안전에 대한 욕구를 갖는 단계는 언제부터 언제까지라고 기간을 단정하기는 어렵습니다. 단지 그는 하위 단계가 충족되지 않으면 상위 단계로 나아가지 못한다는 주장을 제시하고 있습니다. 제나의 단계 역시 마찬가지입니다. 그때의 상태를 그렇게 관(觀)하였다는 것이지 누에의 한살이처럼 딱딱 날짜로 맞아떨어지는 그런 구분은 아닙니다. 매슬로우의 욕구5단계설이 설득력을 가지는 것은 일반

---

14 계에 대한 설명은 뒤의 '제나의 차원적 구분'을 참조하십시오.

적으로 동의하는 바가 있기 때문입니다. 제나의 단계 역시 일반적인 개념이 되는 날이 있기를 기대해 봅니다.

제나단계	나단계	단계의 성정	나경계
심체	몸과 마음	참인성(참마음)	참나
심식체	심	심성(心性)	마음나
공(空)	공	본성(本性)	보나
식(識)	신	신성(神性)	ㅎ나
식체	령	영성(靈性)	신령나
의식체	혼	귀성(鬼性)	영혼나
인식체	백	귀성(鬼性)	귀신나
신체	몸	인성(人性)	몸나

나단경계

5. 성정으로 살펴보는 나단경계

이제 제나에는 단계가 있다는 것은 어느 정도 이해를 하셨으리라 믿습니다. 하지만 아직도 도통 뭔 소린지 모르겠다는 분들도 계실 줄 압니다. 그래서 이번에는 제나의 단계를 그 단계의 성정으로 살펴보겠습니다. 성정이라고 하면 사람의 성질과 마음씨, 또는 타고난 본성을 말합니다. 사람은 그 단계에 따라서 드러나는 성품이 다르게 나옵니다. 마음체 단계로 들어가기 전에 몸으로 살고 있는 우리의 현주소, 살앎의 성정을 먼저 보아야 할 것 같습니다. 사람의 성정은 물성으로서의 인성입니다. 살과 앎이 사람인데, 살은 몸체를 말합니다. 앎은 마음체로 그 안에는 본성과 본능과 정신이 있다고 하였습니다. 본성은 우리의 무의식층에 있어서 우리의 일상의식이 접근하기 어렵습니다. 살에 있는 의식은 살의 마음으로 본능에 해당합니다. 이것은 살이라고 하는 유기체의 성질입니다. 살고자 하는 강렬한 경향성으로 이 세상을 살이 살아가는 데 필수적인 의식이라고 볼 수 있습니다. 하지만 이것도 표면의식의 아래에 있는 의식이어서 일상의식이 그것에 의해 조종되기는 하지만 분별하면서 알아차리기 어렵습니다. 살이 만든 앎도 있는데 이것이 우리의 두뇌 자용인 정신에 해당합니다. 정신에 해당하는 이 마음은 우리 두뇌가 경험을 통하여 구축한 회로의 산물입니다. 우리의 삶은 이 정신으로 이루어집니다. 본능도 이 정신을 통하여 작용합니다. 본성은 본능보다도 더 은밀하고 은근한 느낌을 통하여 정신보다 더 근원적으로 두뇌 작용으로 표현되고 있습니다. 사람의 성정인 인성은 그래서 살(두뇌를 포함한 세포들)이 가지고 있습니다. 이것은 감각을 통해서 대상을 인지하므로 나와 너를 구분하고 그들과 그것들을 구분합니다. 인식 자체에 분별이 있고, 차별이 있어 삶 또한 그것들로 이루어집니다. 좋은 것과 더 좋은 것, 나쁜 것과 더 나쁜 것, 기쁜 것과 더 기쁜 것, 싫은 것과 더 싫은 것 등등 그러한 분별과 차별은 갈등을 낳고 다툼을 낳습니다. 가져도 가져도 끝이 없는 욕심이 상대성에서 나옵니다. 그래서 우리의 현주소는 투쟁의 도시 안에 있게 되었습니다. 그것이 영도에 해당하는 몸나의 성정입니다. 그것에 대하여 실감하는 경험이 있는 사람이면 아마도 그것이 나의 전부가 아닐 것이라는 회의를 가져 본 적이 있을 지도 모릅니다. 그러한 자기를 인식했던 사람이라면 그 초라하고 찌질한 자기가 아니라 무언가 더 위대한 자기를 찾아나서는 것을 두려워 마십시오. 우리 이젠 참나를 찾아서 길을 떠날 때가 되었습니다. 참으로 참된 나는 그렇게 초라하지도 그렇게 찌질하지도 않습니다. 이 세상은 영도에서나 삼육공도에서나 똑같은 이 세상이니까요. 있는 그대로 온전하여 찌그러진 것은 찌그러진 대로 온전하고 일그러진 것은 일그러진 대로 온전하니까요. 당신은 원래 참이었음을 기억하셨으면 좋겠습니다.

1) 혼백(魂魄)의 귀성(鬼聖)

그 초라하고 찌질한 나는 몸과 마음으로 이루어져 있는데 참나를 찾아서 떠나는 길은 시선을 몸의 밖이 아닌 그 내면으로 돌려서 나아가는 길이었습니다. 우리는 아직까지 밖에서 나를 찾았건만 참나는 밖에 있지 않았습니다. 밖에는 구별하고 차별하는 대상들만 있었던 것이지요.

이제 그것을 깨닫고 밖이 아니라 안으로 눈을 돌려야 하는 것입니다. 안으로 돌려서 처음으로 만나는 나는 마음으로 된 나입니다. 몸을 제쳐두고 마음체를 마주하여야 하는 거지요. 그 마음체를 우리는 보통 영(靈)이라고 합니다. 그러면 이제 나단계의 첫 번째 계단인 영을 살펴보겠습니다. 영 안에서도 우리는 또 다시 성정을 세분하여 구분할 수 있는데 그것은 정화된 정도이면서 성숙도라고 할 수 있습니다.

아직 마음이 하나도 정화되지 않은 가장 미숙한 상태가 백(魄)이고 그 다음이 혼(魂)입니다. 단지 몸만 빠진 마음체의 상태가 백입니다. 백은 넋의 몸이라고 하였습니다. 몸의 기운이 그대로 유지된 마음체로서 이것은 몸으로 경험한 기억들을 다 가지고 있다는 뜻입니다. 백(魄)에서는 이생에 살았던 경험의 기억을 모두 가지고 있어서 원한도 있고 증오도 있게 됩니다. 만약에 무속인에게 가서 나를 괴롭히는 원령을 만난다면 이때의 대상은 바로 백(魄)인 것입니다. 더군다나 남을 괴롭히는 원령이라니요. 이것은 영성계에서 가장 낮은 단계입니다.

혼(魂)은 넋의 마음이라고 하였습니다. 경험만을 정화하였을 뿐 개념과 느낌은 여전히 들어 있습니다. 이 단계만 해도 그 넋에는 원한이나 증오가 없습니다. 몸으로 경험했던 기억을 다 정화한 상태이기 때문입니다. 슬프고 괴롭고 고통스럽던 기억뿐 아니라 기쁘고 즐겁고 행복했던 경험의 기억들까지도 모두 빛이 바래고 정화되어 맑고 밝음만 남습니다. 이것은 마치 깨끗한 물에 빨강, 주황, 노랑, 녹색, 파랑, 남색, 보라색을 풀어 놓았던 것이 다 정화되어 다시 맑고 청량해진 것과 같습니다. 찬란한 색상을 모두 제거하고 혼은 무채색의 개념과 느낌을 가지고 있을 따름입니다. 무채색은 색상은 없고 밝은 정도만을 가지고 있지요. 하지만 이생에서 익힌 개념과 느낌은 그대로 있어서 아직도 반은 이기적인 상태라고 할 수 있습니다. 그래서 혼백의 단계에서 나오는 종교는 원한이나 증오가 있습니다. 이기심을 그대로 반영합니다. 혼백의 의식 수준은 상대적이어서 자기의 내면을 살펴 나를 알기보다는 남에게 반영된 나를 나라고 인식합니다. 그래서 늘 나의 고통을 남의 탓으로 돌리고 삽니다. 나의 상태가 너무나 아프고 괴로운데 이것은 나 때문이 아닙니다. 누군가가 나를 그렇게 만들고 있는 것입니다. 혹은 내가 누군가에게 원한이나 증오가 있는데 남들의 눈도 있고 법에도 어긋나고, 도무지 해소할 길이 없습니다. 이런 때에 사람들은 자기보다 월등한 힘을 가지고 자기편을 들어줄 신을 찾게 됩니다. 혼백의 수준에서 찾을 수 있는 신들은 역시 상대적인 신입니다. 힘 있는 어떤 개체성의 신을 찾게 되는 것입니다. 이때의 신은 절대성의 신과는 완연히 의미가 다릅니다. 한자로는 같은 신(神)을 쓰겠지만 상대성의 신은 정신 영역에 해당하는 신입니다. 절대성의 신은 하나를 뜻하는 유일신으로서의 신이 되겠습니다. 상대성의 신은 동자도 있고, 조상신이나 장군신 심지어는 용신과 산신, 천신에 이르기까지 개체성을 가지는 신이므로 종류도 많습니다. 개체성의 신들은 희로애락을 다 가진 성품일 수밖에 없어서 위하면 복을 주고 위해 주지 않으면 해를 줍니다. 그래서 혼백의 종교는 현실에 밀접하게 관여하게 되는 것입니다. 병을 고쳐 주고, 복을 가져다주거나, 자녀를 대학에 입학시켜 준다거나 사업을 성공하게 만들어 주는 등 나에게 유리한 긍정적인(?) 힘을 빌려주기도 하지만 나 대신 원수를 응징한다든지, 내가 미워하는 사람을 벌한다든지 크게는 전쟁에서 상대편을 많이 죽여서 승리하게 하는 등 부정적인(?) 힘도 발휘합니다. 마음이 아프거나 마음이 병든 사람들이 현대에는 심리 상담이나 정신과 의료를 통하여 마음을 치유할 수 있다면, 그런 시스템이 없었던 이전의 사회에서는 이런 상대성의 신들을 믿음으로써 마음의 체증을 해소할 수 있었을 것입니다. 우리의 얼마나 많은 어머니들이 점과 굿으로 화를 달래며 살았을까요? 그런 측면에서 이 단계의 신앙은 매우 의미가 있습니다.

하지만 역시 명상인으로서 하지 않을 수 없는 조언은 우리는 그 상대성을 떠나 자신의 내면으로 눈을 돌려야 한다는 것입니다. 그래서 절대성의 자신을 만날 때 자신의 삶을 온전히 자신이 감당하게 될 것입니다. 내가 콩을 심으면 나는 콩을 거둘 것이요, 내가 팥을 심으면 나는 팥을 거두는 것이 이치에도 맞습니다. 또한 한 알의 콩을 심고 열 알을 심어 나오는 만큼의 콩을 갖고 싶어 하는 것은 욕심입니다. 한 알의 팥을 심고도 돌보지 않으면 그 팥에서는 결실을 보기 어렵습니다. 우리의 삶은 이러한 자연의 이치에 한 치도 벗어남이 없습니다. 그리고 빌려온 힘은 갚아야 하는 것도 이치라고 하겠습니다. 또 하나는 소원성취라는 것이 과연 상대성의 그 신의 영험한 위력이었을까 하는 점입니다. 우리의 마음은 이루지 못하는 것이 없습니다. 내가 진심으로 소망한다면 나는 원하는 바를 이루어 낼 것입니다. 상대성의 어떤 신보다는 자기자신의 절대성이 이루어 내는 성과라는 것을 말씀드리고 싶습니다.

혼백의 이러한 성정을 우리는 귀성(鬼性)이라고 부를 수 있습니다. 넋이라는 것이 귀(鬼)를 이르는 말이지요. ○○명상원에서 명상을 할 때 귀신이 되지 말고 영혼이 되어야 한다는 소리를 들은 적이 있습니다. 이말은 미음체의 수준을 높여야 한다는 뜻입니다. 본성도 아니고 본능도 아니고 정신이 만들어 내는 미움과 원망에 휘둘리는 수준을 넘어서는 마음으로 살라는 훈계일 것입니다. 이런 것들을 살펴보면 우리는 죽음이 지금의 나와의 단절이라고 볼 수 없습니다. 때문에 저는 여기서 자살이라는 것을 생각해 보고 넘어갈까 합니다. 자살을 하는 사람들은 지금 이 현실이 너무나 힘들고 비참해서 목숨을 끊습니다. 하지만 그것은 자기존재인식이 바르지 않기 때문에 하는 선택입니다. 나의 마음은 죽는다고 해서 절대로 달라지지 않습니다. 지금 사는 게 너무나 힘이 들어 자살을 하고 싶은 사람이 있다면 이 점을 심각하게 재고해 보아야 합니다. 지금 사는 게 너무나 힘이 든다는 것은 몸의 마음이 고통의 극에 달해 있다는 이야기가 됩니다. 이러한 극적인 상황은 경험치가 너무나 크고 진한 것이므로 그러한 죽음은 한을 남깁니다. 한은 집착입니다. 살아서의 경험들이 그대로 남아 거기에 집착하여 머무는 단계를 우리는 귀신이라고 합니다. 죽더라도 지금 이 괴로운 마음이 달라지는 것도 아니라면, 귀하게 얻은 자신의 삶을 실패로 끝내는 자살로 마무리해서는 안 될 것입니다. 죽음을 선택할 수 있는 자격은 아마도 성통공완한 자에게는 있을지 모릅니다. 삶을 완성한 자이니까요. 하지만 원망과 한이 많은 사람은 지금 당면한 문제를 해결한 다음에 생각해 볼 일입니다. 그러나 지금의 문제를 해결하고 나면 사는 것에 아무 지장이 없습니다. 어디서나 경계는 고난의 가시밭길이지만 단계는 어느 수준이든지 다 살만 합니다.

2) 영(靈)의 영성(靈性)

영의 수준에서는 영성을 가집니다. 영성의 성품은 오직 순수한 의식을 갖고 있습니다. 본성이 그대로 내 안에 드러나 있는 것입니다. 나의 밖이 우주라면 나의 안도 우주입니다. 나의 밖이 공이라면 나의 안도 공입니다. 나의 밖이 신성이라면 나의 안도 그대로 신성입니다. 나의 밖이 온 우주에 가득한 사랑이라면 나의 안도 다르지 않은 그 사랑입니다. 명상의 과정 중에서 가장 따듯하고 기쁨과 사랑으로 충만한 지고의 행복을 느낄 수 있는 단계가 바로 여기였습니다. 여기에서는 예수 그리스도의 말씀을 다 알아들을 수 있습니다. 그리스도교는 분명한 영성의 종교라는 것을 여기에서 알 수 있습니다. 영성계 안에서 그리스도의 말씀은 진리이고 사실이며 현실이 됩니다.

> *나는 사랑입니다.*
> *그러니 당신도 사랑입니다.*
> *그러므로 그들도 사랑이고 그것들도 모두 사랑입니다.*
> *우리 사랑하면서 사십시다.*

제나의 마음은 바로 이런 것입니다. 요즘 절이나 명상원에서는 자비 명상을 많이 하고 있습니다. 제나를 알면 자비 명상은 할 필요도 없습니다. 존재가 다 자비인 것을 알기 때문입니다. 우리가 몸나인 나 하나에 갇혀서 나만 사랑하면서 살다 보니 본성을 잊어버렸을 뿐 우리는 누구나 사랑인 것을 제나아리하면 알게 됩니다. 제나를 다 몰라도 이 영성의 경험만으로도 우리는 그것을 알 수 있습니다.

저의 친한 친구는 결혼생활이 너무나 힘이 들었습니다. 결혼을 해서 십여 년이 지나도록 남편이 돈을 빌어다 자기가 관리를 하고 아내에게는 생활비도 주지 않았습니다. 아이는 셋이나 있었습니다. 그녀는 결국 이혼을 하였는데 그 과정이 또한 너무나 힘들고 험해서 스트레스가 이만저만이 아니었습니다. 스트레스는 건강의 적입니다. 그녀는 편도암에 걸리고 말았습니다. 그렇게 어려운 때에 예수님 말씀이 귀에 들어왔고 지금은 아주 독실한 기독교인이 되었습니다. 저는 이 친구의 경우처럼 마음이 힘겨운 때에는 그리스도를 만나라고 권하고 싶습니다. 그리스도의 상징은 사랑입니다. 내가 마음이 고갈되어 따듯한 사랑의 힘이 필요할 때 예수님의 가르침은 크나큰 위안이 됩니다. 이것은 비단 교회나 성당뿐 아니라 지구상에 있는 모든 사랑을 가르치는 종교는 다 위안이 될 것이라는 의미입니다.

단 사랑과 함께 폭력을 가르친다면 그러한 종교는 멀리함이 마땅합니다. 폭력은 영성의 단계에서는 절대로 나올 수가 없습니다. 그러한 종교는 혼백의 종교라고 할 수 있습니다. 넋의 몸인 백의 단계에서는 몸으로 쌓아온 경험들로 인하여 욕심과 원한과 증오가 자리 잡고 있기 때문입니다. 만약 당신이 그런 종교를 믿고 있다면 그 믿음에서 진리인 것만 취하고 진리가 아닌 것은 신의 말씀이 아니라 유구한 종교 역사 속에서 사람이 집어넣은 것이라고 여김이 마땅합니다. 어떤 종교를 막론하고 한 토막이라도 진리를 담고 있음으로 인하여 존속합니다. 진리를 담고 있지 않은 종교는 공허하기 때문에 단명할 수밖에 없습니다.

그러나 신앙은 진리로만 이루어져 있지는 않습니다. 인간에게 이어져 내려오는 동안 그것을 믿는 자들에 의하여 발전하는 이면에서는 그만큼 오염되고 변질되는 것이 종교라고 할 수 있습니다. 종교의 역사는 순수한 신앙보다는 권력의 힘에 의해 이루어진 부분이 적지 않을 것입니다. 종교 자체 내에서도 교리에 있는 진리의 추구보다는 권력을 유지하기 위한 내용들이 추가되는 일은 어느 종교에나 있었을 것입니다. 또한 믿는 자마다 진리의 해석이 달라지기 마련이어서 세월이 갈수록 변질되는 것을 막을 수 없습니다. 그러다 보니 어떤 종교에는 진리의 말씀은 한 토막만 들어 있고 아주 많은 다른 말씀들이 뒤섞여 들었다고 판단함도 틀리지 않을 것입니다. 이런 경우에도 제대로 된 신앙인이라면 자기 종교의 경전에 있는 많은 말씀들 중에서 그 한 토막의 진리를 구별할 수 있어야 합니다. 그러기 위해서는 저는 내 종교의 역사를 관심을 가지고 살펴볼 것을 권합니다. 신자가 똑똑해져야 종교 내의 권세가가 자신의 권익을 위하여 진리를 왜곡하는 짓을 저지르지 못합니다. 더욱 중요한 이유는 내가 믿는 종교가 어떤 변천사를 가지고 있는지를 알게 되면 그 속에서 진짜 말씀과 가짜 말씀을 구분해 낼 수 있으리라는 것입니다.

그리스도의 말씀인 성경에서 최고의 진리는 사랑이라고 저는 알고 있습니다. 성경의 말씀 중에서 제가 가장 좋아하는 구절은 고린도전서 13장에 있습니다. 13장 요약을 보면 '사랑장으로 널리 알려진 본장에서 바울은 사랑의 절대적 우위성과 속성을 아름다운 필치로 그려낸다'라고 설명하고 있습니다. '사랑-A.D. 59년경'으로 표기되어 있는데 이 당시 교인들은 방언을 무척 귀하게 여기고 있었다고 합니다. 하지만 바울은 사랑보다 귀중한 것은 없다고 전하고 있습니다.

내가 사람의 방언과 천사의 말을 할지라도 사랑이 없으면 소리 나는 구리와 울리는 꽹과리가 되고 내가 예언하는 능력이 있어 모든 비밀과 모든 지식을 알고 또 산을 옮길 만한 모든 믿음이 있을지라도 사랑이 없으면 내가 아무것도 아니요 내가 내게 있는 모든 것으로 구제하고 또 내 몸을 불사르게 내줄지라도 사랑이 없으면 내게 아무 유익이 없느니라

사랑은 오래 참고 사랑은 온유하며 시기하지 아니하며 사랑은 자랑하

지 아니하며 교만하지 아니하며 무례히 행하지 아니하며 자기의 유익을
구하지 아니하며 성내지 아니하며 악한 것을 생각지 아니하며 불의를 기
뻐하지 아니하며 진리와 함께 기뻐하고 모든 것을 참으며 모든 것을 믿으
며 모든 것을 바라며 모든 것을 견디느니라

사랑은 언제까지든지 떨어지지 아니하되 예언도 폐하고 방언도 그치고
지식도 폐하리라 우리는 부분적으로 알고 부분적으로 예언하니 온전한
것이 올 때에는 부분적으로 하던 것이 폐하리라

내가 어렸을 때에는 말하는 것이 어린 아이와 같고 깨닫는 것이 어린
아이와 같고 생각하는 것이 어린 아이와 같다가 장성한 사람이 되어서는
어린 아이의 일을 버렸노라 우리가 지금은 거울로 보는 것 같이 희미하나
그때에는 얼굴과 얼굴을 대하여 볼 것이요 지금은 내가 부분적으로 아나
그때에는 주께서 나를 아신 것 같이 내가 온전히 알리라 그런즉 믿음 소
망 사랑 이 세 가지는 항상 있을 것인데 그 중에 제일은 사랑이라

- 고린도전서 13:1~13

너희 모든 일을 사랑으로 행하라 (고린도전서 16:14)[15]

참으로 애석한 일은 이러한 성경 말씀을 다만 알고 있을 뿐이라는 사
실입니다. 이런 사랑을 성경에서 읽고 들어서 알고는 있지만 깨달은 것
은 아니어서 그것이 행동으로 구현되지 못하는 것입니다. 어느 종교에
서든지 종교인 각자는 신앙의 수준이 천차만별입니다. 진리의 말씀은
귓등으로 흘려듣고 개차반으로 사는 사람부터 그 말씀을 깨달아 사랑

---

15 아가페편집부, 『예스주석성경』, 아가페, 2007년.

과 봉사를 실천하면서 사는 사람까지 다양합니다. 사람이 종교 생활을 하는 이유는 자신은 깨닫지 못했더라도 선각자가 가르쳐주는 대로 살면 깨달은 사람과 같은 수준의 온전한 삶을 살 수 있기 때문입니다. 그러므로 참된 신앙인은 자신이 믿는 신과 같이 살아야 할 책임이 있습니다. 이 말은 그리스도를 믿는 이가 예수님처럼 혼자 살아야 한다거나, 제자를 거느리고 유랑하면서 살아야 한다는 이야기가 아닙니다. 신앙을 통하여 그분과 같이 사랑을 진리로 받아들여서 그분과 비슷하게라도 그런 사랑으로 살아야 한다는 뜻입니다. 그렇게 될 때 당신의 그리스도는 당신으로 인하여 진실로 기뻐할 것입니다. 남의 아픔은 아랑곳하지 않고 자기만을 위하여 사는 사람은 나뿐인 사람입니다. 나뿐인 사람은 내 마음 안에 나만 있어서 남을 사랑할 줄 모릅니다. 나쁜 사람인 것입니다. 종교인은 참되게 신앙생활을 하여야 합니다. 신앙인들은 자신의 신을 욕되게 하는 행동을 해서는 안 됩니다. 그리스도의 사랑을 아는 사람은 네 이웃을 네 몸과 같이 사랑하면서 살아야겠습니다. 그래요, 우리 그런 사랑으로 사십시다.

3) 식(識)의 신성(神性)

영성은 지고지순한 마음이므로 더 이상 정화되어야 할 것이 없는 것 같지만 여기에도 남아 있는 것이 있습니다. 그것은 바로 나라고 하는 개체성입니다. 하얀 백지 위에 아무것도 그리지 않으면 백지에는 그림이 존재하지 않습니다. 그 하얀 바탕 위에 동그라미를 하나 그리면 바탕과 분리되어 동그라미라는 영역이 만들어집니다. 이 비유에서 백지는 안 간 곳이 없고 비어 있는 곳이 없는 신성입니다. 그리고 동그라미는 개

체성의 나에 해당하는 영성입니다. 이전에는 그 동그라미 안에 가지각
색으로 채색이 되어 있었지만 이제는 그 색깔들을 다 빼내고 흰색 바
탕과 똑같은 흰색이 되었습니다. 개체성의 나인 동그라미 안에서 보자
면 더 이상 빼야 할 것이 없습니다. 하지만 동그라미 입장이 아니라 바
탕의 입장에서 보게 되면 '있는 것'이 보이고, 있다는 것은 또 버릴 것이
라는 의미입니다. 바탕의 입장에서 '있는 것'은 바로 동그라미입니다. 동
그랗게 그려진 그 테두리(울타리)를 벗어 버리면 이제는 동그라미를 그리
기 전과 같이 바탕만 남게 됩니다. 나라고 하는 분리성이 사라져 밖과
안의 구분이 사라집니다. 그래서 낱개로서의 나라고 하는 것이 없는, 그
대로 '테두리 없는 나'인 바탕이 되어 버립니다. 나단계로 보면 체(體)가
없는 식(識)이고 나와 너와 그들과 그것들의 구분이 없는 하나입니다. 마
음체의 단계로는 신(神)이며 성정으로는 신성(神性)입니다. 여기서의 신성
은 절대성입니다. 대상이 없는 하나여서 오직 하나의 목소리만 남아 있
습니다. 이전까지의 명상에서는 여럿의 목소리가 존재했었습니다. 그러
나 이때에는 하나의 결로 되어 있을 뿐이지요. 그것은 신성의 목소리입
니다. 절대성의 내 안에는 남이 없습니다. 아무것도 나지 않았으므로 너
도 없고 그들도 없고 그것들도 없습니다. 그냥 모두가 다 나입니다. 신
을 이해하셨나요? 신은 바로 그런 것이랍니다.

이 단계에서의 종교는 하나를 추구합니다. 신과의 합일을 통하여 그
하나가 됩니다. 그리고 너와 내가 없는 전체로서의 의식이 있습니다. 인
도에서 말하는 브라만이 여기에 해당한다고 봅니다. 아트만은 개체성이
지요. 유일신의 종교에서 그 유일신을 무엇이라고 부르든 다른 모든 신
들을 부정한 신이 아니고 불이(不二), 혹은 전일성(全一性), 즉 하나로서의

신을 뜻하는 유일신(唯一神)은 여기에 해당합니다. 그럼에도 인류는 유일신을 믿는 사람들끼리도 이름이 다르다고 서로 자기가 믿는 신만이 바른 신이라고 하면서 전쟁도 불사하고 있습니다. 심지어는 같은 이름으로 부르는 신을 믿는 사람들까지도 가르침의 내용을 다르게 해석하면서 자기들의 해석이 옳다는 주장을 고수하기 위하여 싸움을 합니다. 와우, 이걸 어떻게 바라봐야 할지 제나의 입장에서는 난감하기 이를 데가 없습니다. 이것이 얼마나 어리석은 다툼인지 단견(斷見)에 빠져 있는 사람들은 알 길이 없습니다. 그래서 제나의 안목이 절대적으로 필요하다고 저는 말하고 싶습니다. 어찌 신을 앞세워 서로 미워하고 다투고 전쟁까지 불사할 수가 있을까요! 어찌 신을 핑계로 나나 우리만의 이익을 추구할 수가 있을까요! 그것은 모두 신을 제대로 알지 못한 소치입니다. 우리 제발 제나아리하십시다.

4) 공(空)의 공성(空性)

신성에는 하나의 목소리라고 표현한 식(識)이 있었습니다. 앞에서 보았던 동그라미가 지워진 백지 상태가 식입니다. 이 식이라고 하는 신성에는 그림이 하나도 없기 때문에 여기에서 빼 버려야 할 것이 있을 것 같지 않습니다. 여기에서도 빼야 할 것이 무엇인지는 백지 안에서는 알 수 없습니다. 밖으로 나와야 거기에 무엇이 있는지가 보입니다. 백지 바깥에서 보니 그래요, 백지가 있습니다! 그것을 치워 버리면 더 이상 남아 있는 것이 없게 되는 것이지요! 나에게서 그 백지는 목소리라고 표현한 식(識)이라고 하였지요? 그 목소리를 비워 내야 합니다. 그러면 이제는 더 이상 내 안에는 남아 있는 것이 없습니다. 테두리도 없고 목소리도 없고 아, 그리고 없음도 없습니다. 식이 없으니 여기에는 이름도 없습니다. 이것은 그러한 상태입니다. 하나의 그러한 경험입니다. 하지만 식이 없으니 표현할 길이 없습니다. 말도 없고 목소리도 없으니 의도하는 것도 없고 없다는 것을 고할 방법도 없습니다. 그러나 그러한 상태가 있어서 부처님은 이것을 경험하였습니다.

사실 우리가 살고 있는 이 세상에 존재하는 것은 모두가 분리성과 변화성과 유한성을 지니고 있습니다. 그래서 대상을 무엇으로 삼더라도 본질을 찾아서 관(觀)을 하게 되면 결국에는 소멸하여 공에 이르게 됩니다. 신수심법(身受心法), 그 어느 것도 마찬가지이고 나의 바깥에 존재하는 나무나 바위 그 밖에 내 주위에 존재하는 모든 것, 심지어는 지구 밖의 달과 태양과 별을 대상으로 삼아도 마찬가지입니다. 그리하여 모두가 소멸해 버린 이 단계에서는 나도 없어집니다. 이 상태를 고타마 싯다르타는 무아(無我)라고 하였고 후에 대승에서는 그것을 공(空)이라고 표현하였습니다. 하지만 이미 이야기한 것과 같이 대승불교에서 말하는 공과 제나에서 말하는 공은 살짝 다를 수도 있다는 생각을 해 봅니다. 대승불교에서의 공은 '없다'는 뜻이라면 제나에서의 공은 '비어 있다'는 뜻이기 때문입니다. 불교에서의 공은 '비어서 **없음**'이라면 제나에서의 공은 '비어서 **있음**'의 의미입니다. 이것은 숫자 영(0)의 개념과 같은 것으로 이해하면 되겠습니다.

아마도 불교인 중에서 나단경계의 이러한 과정에 대해 듣는다면 공의 단계가 사선정의 초선정에 해당한다고 말씀하실지 모르겠습니다. 왜냐하면 사선정의 초선에서는 구행(口行)이 끊어진다고 하였기 때문입니다. 이때의 구행은 입으로 하는 행위, 즉 말이 끊어지는 것을 일컫습니다.

제가 느끼기에 마인드스캔은 지(止)의 명상인 사마타보다는 위빠사나와 같은 관(觀)의 명상이라고 판단합니다. 의식이 매우 적극적이고 동적이기 때문입니다. 사선정은 사마타 수행에서 나오는 단계라서 제나의 공을 선정으로 보기는 어려울 것 같습니다.

저는 제나아리를 하면서 명상은 수련의 방편에 따라 과정도 다르고 도착점도 다르다는 것을 알고 있습니다. 위와 같이 제나아리에서의 공이라는 개념이 불교에서 말하는 '비어서 없음'의 뜻이 아닌 '비어 있음'이라고 한다면 아마도 같은 공은 아닐 것이라고 말할 수도 있겠습니다. 하지만 이 공의 단계를 경험하고 나면 경전에서의 무상이나 무아는 이해하지 못할 것이 없습니다. 그리고 부처님이 어떤 입장에서 이러한 말씀을 하고 있구나 하는 것도 이해할 수 있다고 감히 말씀 드릴 수 있습니다. 이 단계에서는 부처님의 말씀이 다 진리이고 진실이며 현실이 됩니다.

없음도 없는, 나도 없고 너도 없고 그들도 없고 그것들도 없는 공성계의 단계살이 성정은 공성(空性)입니다. 이 공성을 제대로 알지 못하면 자칫 허무주의로 빠지기 십상입니다. 어쩌면 1970년대에 불교가 미국으로 건너갈 때 히피들이 이해한 것이 이것이었을지도 모릅니다. 하지만 공성은 허무한 것이 아닙니다. 부처님의 가르침대로 '집착할 만한 것이 없다'가 공성의 올바른 견해입니다. 욕심 부리지 말고 이기심으로 살지 말며 집착하지 말고 자비롭게 살라는 교지인 깃입니다. 와, 그런네 이 차원 높은 깨달음을 간직한 종교에서도 다툼은 어느 종교와 다름이 없는 것 같습니다. 국내에서는 종파 간의 갈등이나 자리다툼 등이 있었으며, 다른 나라에서도 이교도와의 갈등을 빚어 내고 있습니다. 어느 종교나 그

교리는 믿는 사람들에 의하여 증명이 되리라 생각합니다. 그래서 종교를 믿는 사람은 진리를 가슴에 담고 살아야 합니다. 무아이므로 집착하지 말고 자비롭게 이웃과 어울려 나누며 살 수 있다면 우리가 가야 할 극락정토가 바로 지금여기가 되지 않을까요? 그럼으로써 우리의 영성도 밝아지고 성장하는 끝에는 공완의 길이 열릴 것입니다. 우리 종교적으로도 참된 신앙인이 되십시다.

5) 마음나의 심성(心性)

공성은 참 이상한 성정입니다. 공성의 단계살이는 내가 무아인데 살이를 하는 것 자체가 모순입니다. 나는 없어요, 그런데 내가 살고 있어요! 이 기막힌 딜레마가 공성인 것입니다. 그러나 이 모순을 공성 안에서는 인식하지 못합니다. 영도범부도 알고 있는 모순이지만 공성을 깨닫고 그 안에서 살고 있는 사람에게는 이 모순이 보이지 않습니다. 왜냐하면 이 세상에 공성이 아닌 것이 어디 있습니까? 여기에서는 모든 것이 공입니다. 그러니 이 공성의 단계 안에서는 살이(삶)가 공성일 수밖에 없습니다. 명상에서도 공인 채로 있습니다. '살이'라는 말 자체가 말이 되지 않는, 참으로 이해할 수 없는 이 비실재성, 비현실성을 어떻게 설명을 해도 적절하지가 않아서 말씀을 드리기가 매우 애매한 그런 성정인 것입니다.

그런 공성에도 경계가 있는가 봅니다. 그리고 그 경계의 끝도 있는가 봅니다. 모든 깨달음이 '아!' 하는 순간의 인식인 것처럼 그 경계가 끝나는 지점도 찰나입니다. 어느 순간, 그야말로 부지불식간에 아직까지 아무것도 없었던 공(空) 중에 내가 있습니다. 아직까지 마음길을 따라서 걸어온 명상의 과정입니다. 지금까지의 과정들이 모두 마음에서 벌어지는 마음의 과정인 것입니다. 여기에서도 마찬가지로 일련의 경험들은 마음에서 일어났습니다. 없음조차도 없는 절대 공인 가운데 홀연히 내가 나타났습니다. 이때의 느낌을 저는 매직아이 같았다고 기억합니다. 매직아이라는 것을 처음으로 접했을 때가 제가 모 중학교에 근무할 때였습니다. 1990년 즈음이었으니 꽤 오래전의 일입니다. 신문에 조그맣게 소개된 매직아이 그림을 보고 주변의 다른 교사들은 금세 입체로 된 그림을 볼 수 있었습니다. 그런데 저는 어찌된 영문인지 점들만 가득하고 도통 그림이 보이지 않았습니다. 내 기필코 보고 말리라. 눈에 힘을 빡 주고 뚫어져라 응시를 하였습니다. 그런데도 좀처럼 그림이 나와 주지 않았습니다. 이 이쁜 그림이 왜 안 보이느냐는 핀잔을 들어가며 한 반시간은 노력한 끝에 드디어 오동통한 하트를 볼 수 있었습니다. 한 번 요령을 터득하고 나자 그다음에는 쉽게 다른 그림들도 볼 수 있었습니다. 마음나의 출현도 그와 비슷하였습니다. 하트를 보았던 그때와 같이 어느 순간 초점이 딸깍하고 맞아떨어지면서 나의 상(像)이 보였습니다. 다른 것이 있다면 매직아이는 보기 위하여 열정을 불사르며 노력을 한 끝에 보여진 것이라면 마음나의 경우는 부지불식간에 홀연히 나타나 있다는 것입니다. 무아여서 의식 자체가 없다가 나라는 인식이 시감각적 경험으로 이루어졌습니다. 이러한 과정은 순전히 마음으로 경험하게 됩니다. 그래서 마음나라고 하였는데 그 성정이 다를 것이 없습니다. 마음나의 성정은 오직 미음입니다. 마음이 나이고 내가 마음입니다. 그리고 이 세상에 존재하는 것은 모두가 마음입니다. 여기에서 마음이 아닌 것은 아무것도 없습니다. 오직 마음뿐이지요.

참으로 놀라운 것은 그렇게 신비로운 단계인데도 이미 선각자들이 있었다는 것입니다. 물론 제나와 같은 나단계로서 있었던 것은 아니었습니다. 제나라는 개념은 이제야 탄생한 것이어서 아직까지 제나라고 하는 개념은 이 세상에 없었습니다. 그리고 제나가 나오기 이전까지는 각 단계마다의 나에 대한 깨달음의 지혜들이 그냥 꿰지 않은 한 알 한 알의 보석으로 산재하여 있었을 뿐이었습니다.

불교 내에서 부처님의 무아 사상은 그의 입멸 후 500여 년이 지난 다음 나가르주나(용수보살)에 의하여 공사상으로 발전하여 성황을 이루었습니다. 사물뿐만이 아니라 사상도 흥망성쇠(興亡盛衰)하는 변화를 겪습니다. 부처님의 무아도 조금씩 변화가 일어납니다. 불멸(佛滅) 후 부파불교에 이르면 무아의 비실재성을 모든 사물은 순간적으로 존재한다는 찰나멸론(刹那滅論)으로 이해하기 시작하였고, 법의 실재성은 인정하는 부파도 생겨납니다. 한편 이러한 조짐들을 부처님의 무아가 변질된 것으로 보는 견해도 존재하였습니다. 원래 인도의 브라만 계급으로 태어난 나가르주나는 부처님의 가르침을 경험하고 대승불교의 주요 경전 중 하나인 반야경을 근본으로 하여 공사상을 전개합니다. 그에 의하면 이 세상에 존재하는 사물과 개념들까지도 모두 공입니다. 번뇌도 공하고 태어나고 죽는 것도 공하고 부처도 공하고 깨달음도 공하고 일체만법이 다 공합니다. 그래서 원래 공한 것이므로 번뇌를 끊을 필요도 없고 깨달을 필요도 없습니다. 오직 이 모든 것이 공함을 여실히 볼 수 있을 때 생사윤회의 굴레에서 벗어나 열반을 얻을 수 있다는 것입니다.

이러한 공사상도 마찬가지로 성쇠가 있었습니다. 지나친 공의 적용은 또다시 반작용을 불러왔습니다. 그 결과 유식(唯識)학파가 득세하게 되었습니다. 유식의 유(唯)는 오직 또는 오로지의 뜻입니다. 오직 마음에 의해서 생긴다는 것입니다. 이 말은 모든 현상은 오직 마음 작용에 지나지 않는다는 것을 말하고 있습니다.

우리나라에서는 신라 원효대사의 일체유심조(一切唯心造)가 유명합니다. 모든 것은 마음이 만들어 내는 작용이라는 것이지요. 그는 불경을 더 공부하기 위하여 의상과 함께 당나라로 유학을 떠났습니다. 가는 길에 날이 저물어 어둠 속을 헤치고 가다가 빈 초막을 만나 그곳에서 하룻밤을 묵게 되었습니다. 한밤중에 목이 말라 잠에서 깨어난 그는 주변을 더듬어 보니 마침 물이 담긴 바가지가 손끝에 닿았습니다. 원효대사는 바가지에 담긴 그 물을 마셨습니다. 물이 시원하여 갈증을 해소할 수 있었지요. 다음 날 아침 날이 밝았을 때 주변을 돌아보니 초막은 무덤이었습니다. 그런데 맙소사! 물바가지는 뜻밖에도 해골바가지였습니다. 그것을 알고 나자 순식간에 비위가 상하면서 구역질이 났습니다. 원효대사는 토하면서 생각하였습니다. '어젯밤에는 물이 달고 시원했는데 그것이 해골 썩은 물인 것을 알고 나니 이토록 구역질이 나는구나.' 그 순간 모든 것이 마음에 달린 것임을 깨달았습니다. 그는 "마음이 생기니 모든 것이 생긴다"고 게송(偈頌)을 읊었다고 합니다. 원효대사는 "내가 미처 깨닫지 못하여 당나라에 가려 했으나, 이제는 갈 필요가 없다"고 하고는 다시 신라로 돌아왔습니다. 그는 귀족층의 전유물이었던 신라의 불교를 일반 대중에게 널리 보급한, 우리나라 불교사에 길이 남는 최대의 학자이며 사상가로 꼽히고 있습니다.

일체유심조! 도대체 이 세상에 마음으로 이루어지지 않은 것이 무엇이 있을까요. 이 단계에서는 이 세상에 존재하는 사물과 사상들까지도 모두가 마음입니다. 생사도 마음이고 번뇌도 마음이고 깨달음도 마음으로 하는 것이고 부처도 마음이 일으킨 것입니다. 일체가 다 마음인 것입니다. 나도 마음이고 당신도 마음이고 그들도 마음입니다. 그것들도 다 마음입니다. 마음나 자체가 마음인 단계라서 그렇습니다.

6) 참나의 참마음

마음나의 단계살이가 시작되었는데 이건 완전히 새로 태어난 갓난아이와 같았습니다. 갑자기 몸에서 기운이 싹 빠져나가는 것을 느꼈습니다. 곧 쓰러질 것만 같아 함께 수련하던 사람들 틈에서 주저앉지 않으려고 무진 애를 썼었습니다. 마음으로 된 몸은 계단을 올라갈 때에도 힘에 겨웠고, 걸음걸이도 어린애의 걸음마가 된 것 같았습니다. '거듭난 나'라 함은 마음으로 난 나였으므로 저는 온전하게 마음나가 되는 수련을 하였습니다. 발을 만졌을 때 몸이 느껴지면 마음을 내었습니다. 마음은 못할 것이 없습니다. 수련이 무르익었습니다. 드디어 마음나가 완성되었습니다. 몸도 마음이었습니다. 이 세상은 마음밖에 없었습니다. 손등을 비벼 봐도 그것은 몸이 아니라 마음이었습니다. 이것도 마음이네, 저것도 마음이고 또 저것도 마음이구나! 이런 식으로 모두가 마음으로 된 세상을 확인하면서 단계살이를 하였습니다.

그런데 진리란 영원불변한 것이라고 했습니다. 진리는 참입니다. 나는 명상 수련을 하면서 어느 단계에서든지 경계를 통하여 단계를 올라갈 때마다 거기가 참세상이고 참마음이라고 생각을 하였었습니다. 그 단계에서의 경계를 만나기 전까지는 매번 그렇게 내 수준을 인식하였던 것입니다. 이것은 나의 수련에서뿐만 아니라 모든 이의 수련에서 다 그런 것 같습니다. 그래서 손톱만큼 깨닫고도 다 깨달은 줄 알고 설레발을 치고, 팔뚝만큼 깨닫고서도 허세가 대단합니다. 그것을 경계하기 위하여 스승이 필요합니다. 저는 저의 수련에서 공이 깨달음의 최고 경지로서 끝이라고 알고 있었기 때문에 마음으로 거듭난 마음나의 자리는 저만의 새로운 통찰인 줄 알았습니다. 그리고 더 이상의 단계가 없다고 판단하였던 것입니다. 그래서 마음나가 참나라고 생각했습니다. 참은 진리입니다. 그렇다면 참나는 영원불변한 것이 마땅합니다. 그런데 마음나로 거듭나서 한참을 살다 보니 경계를 만난 것입니다. 세상에나, 참나가 되었는데도 불구하고 나는 죽는다는 것이었습니다. 이런 해괴한 일이 있다니요! 이것은 분명 무언가 잘못된 것입니다. 참은 진리이고 진리는 영원한데 어떻게 내가 죽는다는 말인지 도무지 알 길이 없었습니다. 이렇게 나는 다시 경계를 만났습니다. 저의 제나아리 과정에서 마음나로 거듭난 것이 기적이었다면 마음나에서 만난 이 경계는 두 번째 기적이라고 이야기하고 싶습니다. 저는 영민한 사람이 아니기 때문에 저의 능력이었기보다는 아마도 지금 이 글을 읽고 있는 당신의 가호를 받은 것이 아니었을까 짐작해 봅니다. 그런 게 인연이지요.

이 경계 역시 이해하기 어려운 난제였습니다. 어떻게 풀어야 할지 감을 잡을 수가 없었습니다. 저는 다시 내면에 집중하였습니다. 마음나를 찬찬히 살펴보니 죽는 것은 마음이 아니었습니다. 봄이었습니다. 그런데 몸이 어디에 있나요? 스프링 평면도 영도에 있는 우리들 범부에게 이 질문은 도무지 납득이 되지 않습니다. 마치 개그콘서트 '1대1' 코너에 나왔던 '오답노트 집착남'처럼 남들은 다 알고 혼자만 모르는 완전 일반

상식인 것입니다. 그 남들은 다 알고 혼자만 모르는 완전 일반상식이 오답노트 집착남은 너무나 어려워서 쓰러집니다. 누구나 알고 있는 상식이기 때문에 오답노트에는 없는 것입니다. 그래서 다른 사람들이 잘 틀리는 난이도 높은 것만 모아 놓은 오답노트만 달달 외웠던 오답노트 집착남은 남들이 다 아는 아주 쉬운 문제는 정작 너무 어렵습니다. 마음나의 단계에 있으면서 몸을 찾는 저도 비슷한 상황을 겪었습니다. '몸은 도대체 어디에 있지?'

모를 때는 원전(原典)으로 돌아가라고 했습니다. 내가 처음에 어떻게 하였더라? 영도범부일 때에는 몸나는 있었지만 마음나는 어디 있는지 몰랐습니다. 그래서 저는 마음나가 되기 위하여 몸을 죽였었습니다. 차에 치어 죽고, 집이 무너져 깔려 죽고 등등. 그리하여 몸나는 사라지고 마음나가 된 것입니다. 그렇다면 지금 이 난국도 마음이 있는 것은 아는데 몸이 어디에 있는지를 알 수 없는 것이라 마음나가 죽어야 해결이 될 것입니다. 그런데 마음나는 죽일 수도 없네요. 또 다시 원점. 어떻게 하였더라? 다시 곰곰 생각해 보니 영도범부에서 어디에 있는지 알 수 없는 마음을 찾기 위해서 했던 것은 몸이 죽는 것이었습니다. 이런, 마음나가 죽어야 하는 거야? 여기에서 제가 했었던 명상은 마음나 죽이기 명상이었습니다.

저는 다시 정화하는 작업을 시작하였습니다. 그냥 마음나를 마인드스캔을 하였습니다. 그렇게 수련한 끝에 마음나에서 살이 나왔습니다. 저의 수련일지를 토대로 쓴 책 『참살앎』에서는 그때를 이렇게 적고 있습니다.

마침내 나는 죽으면 없어지는 몸나를 되찾았다.
몸나로 되돌아갔다는 것이 아니다.
마음나와 몸나가 합하여졌다는 뜻이다.

비로소,

마음나와 몸나가 서로 통하여
합일을 이루고

참나가 되었다.

이제야 참나인 것이다.
그리고 이제야 이 세상은 참세상인 것이다.

그동안 어느 단계에서건 단계가 시작되는 지점에서는 그 지평이 참세상이라고 생각하였었습니다. 단계가 시작되는 점은 이전 경계가 풀리는 지점입니다. 그때마다 저는 이제야 참나가 되었다고 생각을 하였었습니다. 그러나 마음나에서 살을 내어 몸나를 되찾았을 때가 되어서야 진정한 참나였습니다. 저는 이 자리를 성통(性通)이라고 합니다. 성(性)에는 음과 양이 있습니다. 살앎의 음양은 살이 음이고 앎이 양입니다. 성통이란 음과 양이 통했다는 말입니다. 양인 마음과 음인 몸이 합해졌으니 성통입니다. 양이나 음이나 모두 하나인 '일'을 뜻합니다. 양의 일은 '1'로서 아라비아 숫자의 표기법입니다. 음의 일은 '一'로서 한자의 표기법입니다. 양인 '1'과 음인 '一'이 합일을 이루면 '十'이 됩니다. 이 십이라는 숫자는 사람에게는 완성의 수입니다. 수로 읽으면 십이고 서수로는 열입니다. 우리말에서 십의 된발음은 남녀의 성합을 의미합니다. 그리고 열은 따듯한 기운입니다. 나에게서 마음과 몸이 서로 통하여 합해졌으니 이제야 성통을 이룬 것입니다. 성통은 새로운 기운을 창조합니다. 남녀의 성합으로 새로운 생명을 창조하듯 나의 몸과 마음의 성통은 새로운 나를 창조합니다. 말이 망아지를 낳고 소가 송아지를 낳는 것처럼 진리는 진리를 낳고 참은 참을 낳습니다. 우리의 본성은 우리의 절대계로부터 나옵니다. 신성의 대자유자재, 대자대비, 전지전능으로부터 오는 자유와 사랑과 무엇이든 할 수 있는 가능성이 있습니다. 공성의 완전함으로부터 오는 온전함이 있습니다. 그래서 참사람은 자유와 사랑과 가능성의 온전한 존재입니다. 당신도 나도, 우리는 본질적으로 다 같습니다.

저는 손등을 만져 보았습니다. 손등은 마음인 동시에 몸이었습니다. 저는 세상을 보았습니다. 세상은 마음인 동시에 물질이었습니다. 그것이 참세상이었습니다. 그런데 이건 정말 뜻밖일 수도 있는 고백인데, 살을 내고 이 세상이 그대로 참세상이라고 깨달았을 때 가장 먼저 느낀 것은 실망이었습니다. 무언가 속았다는 느낌. 완전히 도깨비놀음이었습니다. 뭐야, 여기가 거기란 말이지! 여기가 거긴데, 여기도 참세상이고 거기도 참세상이었는데, 왜 거기에서는 이것을 몰랐을까!

실망은 그런 것이었습니다. 아, 나는 단지 사람이로구나. 신인 줄 알았는데 살앎이었구나. 혹은 그토록 신비한 공인 줄 알았는데 단지 살앎이었구나. 혹은 오직 마음이었는데 살과 앎이었구나…. 심지어는 아주 잠깐이기는 하였지만 다시 평지로 되돌아온 것이 억울하기까지 하였던 것입니다.

그런데 이것이 참세상이고 참사람이었습니다. 이제야 더없는 참나였습니다. 이 세상은 그대로 온전하였고, 나는 그냥 한 마리 자연이었습니다. 나는 참사람이었고, 당신도 참사람이었고, 그들도 모두 참사람이었습니다. 그리고 그것들 또한 모두 참이었던 것입니다. 이 세상에는 찌그러진 것도 온전하였고 일그러진 것도 온전하였습니다. 온전하지 않은 것은 하나도 없었습니다. 내 마음속 인식의 영역으로 이러한 온전함이 번져 나오자 참살앎의 마음이 제대로 느껴져 왔습니다.

온전함… 자연스러움….

참나의 성정은 참마음입니다. 이 참마음이라는 것이 어떤 것인지 영도의 범부도 다 알고 있습니다. 다 알고 있으면서 모릅니다. 마음을 볼 수 없기 때문에 그렇습니다. 눈을 뜨고도 그 뻔한 것을 알지 못합니다. 이 세상이 참세상인 것을 모르기 때문이기도 합니다. 영도의 범부에게는 그것이 보이지 않으므로 찌그러진 것은 온전하지 않습니다. 일그러진 것도 온전하지 않습니다. 그래서 찌그러진 것에 찔리고 일그러진 것에 마음이 일렁입니다. 찌그러진 것에 찔리는 것이 잘못된 것이고 일그러진 것에 마음이 일렁거리는 것이 잘못된 일인 것입니다. 그래서 아프고 고통스럽게 잘못 살고 있습니다. 삼육공도범부에게는 찌그러진 것도 온전하고 일그러진 것도 온전합니다. 그래서 찌그러진 것에 찔리는 것도 온전하고 일그러진 것에 마음이 일렁거리는 것도 온전합니다. 그래서 아프고 고통스럽게 사는 때에도 온전합니다. 그것들이 다 자연스러운 것입니다. 참마음으로 산다는 것은 바로 양심으로 산다는 말과도 같습니다. 그렇기 때문에 영도의 범부도 모르는 것이 아닙니다. 그럼에도 불구하고 모르고 살고 있을 뿐입니다. 양심은 온전함이고 자연스러움인데 영도의 범부는 양심이 자연스럽지 못합니다. 양심의 나침반을 외면하고 정신이 가리키는 방향을 따라서 살기 때문에 온전히 살지 못하고 있습니다. 우리 양심적으로 제대로 사십시다.

순서	나단계	우리말단계	나경계	성정단계	제나단계
1	신체	몸나	몸정화	인성	모나
2	인식체	백	혼백	(백)귀성	귀신나
3	의식체	혼	영혼	(혼)귀성	영혼나
4	식체	령	신령	영성	신령나
5	식	신	신정화	신성	ㅎ나
6	공	공	거듭남	공성	보나
7	심식체	마음나	살내기	심성	마음나
8	심체	참나	참나	참인성	참나

나단경계의 여러 표현

6. 제나의 차원

제나의 개념이 단계와 경계를 이루면서 여러 개의 나로 구분을 하고 보니 나라는 것이 참 복잡하다고 느껴집니다. 그러니 내가 나를 잘 몰랐구나 싶기도 합니다. 내 안에 이렇게 여러 층의 내가 존재하니 드러난 나는 나의 참 작은 일부이겠구나 하는 생각도 어렵지 않게 할 수 있습니다. 그렇지요?

정말로 그렇습니다. 우리의 각자 나는 참으로 위대합니다. 결코 몸으로 살고 있는 몸나(모나)에 한정된 존재가 아닙니다. 그럼에도 몸으로 겪으면서 살고 있는 지금 나의 삶이 어렵고 아프고 힘들고 고단하여 점점 더 작고 초라해지고 있습니다. 여러분, 우리 각자의 나는 여러 종교에서 들어본 그 모든 것이 다 나라는 것을 알면 힘이 나실까요? 여태까지 말씀드린 대로 우리 각자는 그 모든 것입니다. 할머니가 들려주던 옛날이야기에 어김없이 등장하던 귀신도, 교회 가면 들었던 영혼도, 그리스도가 말하는 유일신 하나님도, 이슬람교의 하나님도, 요기들이 말하는 신이나 브라만도, 붓다의 공도, 일체유심조의 마음나도 모두 나라는 것을 아셨으면 좋겠습니다. 이것이 영도의 범부에게는 이해할 수 없는 이야기이지만 삼유공도범부에게는 당연합니다. 마음의 발을 평시에 닌고 사는 사람이 갑남을녀 우리네 범부입니다. 지구상에는 몸의 발은 땅을 딛고 있지만 마음의 발은 다른 차원을 밟고 있는 사람이 부지기수입니다. 아이러니하게도 그들은 자신이 분명 범부는 아니라고 하면서도 자신이 땅을 밟고 서 있다고 생각하고 있다는 것입니다. 그것은 자기존재인식이 삶앎으로서의 현실적 자기와 같지 않음을 뜻합니다. 자신의 현주소를 잘못 알고 있는 것입니다. 마치 부산에 살고 있으면서 자신이 서울에 살고 있는 줄 아는 것과 다르지 않습니다. 그래서 그들이 여실지견(如實知見)한다고 하는 것이 땅에 발을 딛고 있는 우리 범부의 현실 그대로 나오지를 않습니다. 영혼의 단계에 있는 사람은 여실지견이 우리가 영혼임을 그대로 아는 것이라고 할 것입니다. 신성계에 있는 사람은 여실지견이라고 하는 것이 우리가 모두 신임을 그대로 아는 것이라고 하겠지요. 공성계에 있는 사람이라면 내가 없다는 것을 아는 것이 여실지견이라고 할 것입니다. 심성계에 있는 사람은 이 세상은 모두 마음인 것을 그대로 알라고 할 것입니다. 한편, 영도의 범부도 범부이고 삼육공도범부도 범부입니다. 하지만 스프링 입면도 B점과 C점 같은 차이는 극복할 수 없습니다. 영도범부의 세상은 몸이 곧 나입니다. 삼육공도범부의 세상은 몸과 마음으로 삶앎하는 참사람이 되겠습니다. 와우, 이렇게 말해도 되겠습니다. 영도범부는 살고, 삼육공도범부는 삶앎하고. 제나아리 하십시오.

제나의 단계는 다른 차원들로 이루어져 있습니다. 먼저 몸으로 살고 있는 우리의 현주소를 살펴보는 것이 좋겠습니다. 우리의 현주소는 살과 앎으로 구성된 사람이라고 하였습니다. 보통 우리가 사는 세계를 3차원의 세계나 시공간 4차원이라고 말합니다. 점을 0차원, 선을 1차원, 면을 2차원, 입체는 3차원이라고 합니다. 4차원은 두 가지를 살펴볼 수 있습니다. 수학적인 4차원과 물리학적 4차원의 개념입니다. 수학에 젬병인 저로서는 수학적 4차원을 이해할 수 없군요. 차원은 좌표값에 의

해 나타납니다. 0차원의 점은 개념적인 점이라고 할 수 있을 것 같습니다. 좌표값이 0개이니까요. 우리가 이해하기 쉽게 점이라고 정의합니다. 1차원인 선은 1개의 좌표값(x축이나 y축)을 가지고 있고, 2차원의 면은 가로와 세로를 나타내는 2개의 좌표값(x축, y축)이 있습니다. 이 2차원에 높이를 나타내는 축까지 3개의 좌표값(x축, y축, z축)을 갖는 것이 3차원입니다. 여기에 하나의 축을 더 보탠 것이 4차원인 것입니다. 수학적으로는 계산이 된다고 하는데 그것이 우리의 이해력을 초월하고 있어서 인지가 불가능합니다.

물리학에서는 3차원 공간에 시간을 보태어 시공간 4차원이라고 말합니다. 그러므로 우리가 사는 공간은 수학에서는 3차원, 물리학에서는 시공간 4차원이라고 합니다. 일반적으로는 시공간 4차원으로 이해하고 있지 않을까요? 그리고 3차원의 세상에는 0차원이나 1, 2차원의 점, 선, 면이 다 있다고 하는 사람도 있지만 그것은 3차원적인 점, 선, 면이지 실제로 다른 차원의 점, 선, 면은 아닙니다. 3차원 안에는 무수한 점이 있을 수 있고, 무수한 선이 있을 수도 있으며 무수한 면도 존재할 수 있습니다. 1차원이라는 것은 선 안에서 점으로 존재합니다. 2차원이라는 것은 면 안에서 선으로 존재합니다. 0차원은 하나의 점일 뿐, 그 차원을 넘어서야 점들이 보입니다. 선으로 된 1차원은 1차원을 넘어서야 선들이 보입니다. 면으로 된 2차원은 2차원을 넘어서야 면들이 보입니다. 그리고 공간으로 된 3차원은 3차원을 넘어서야 공간들이 보일 것입니다. 그러나 우리는 3차원 안에 존재하면서 공간 밖으로 나가는 방법을 알 수가 없습니다. 그리고 우리는 우리의 3차원 공간에서 우리가 하위 차원을 이해하고 활용할 수 있을 뿐이지 3차원의 세계에 2차원이나 1차원이 공존하는 것은 아닙니다. 우리는 이 점을 잘 이해하고 기억하여야 할 것입니다.

물론 제나의 차원은 그러한 학문적인 차원과는 상이합니다. 마음 현상 내지는 마음 존재를 이해하는 도구라고 생각하시면 될 것 같습니다. 우리 몸이 사는 이 세상은 시공간 4차원입니다. 그리고 제나의 존재론적으로 볼 때 몸은 이 시공간 4차원 세계에 드러나 있습니다. 공간적으로는 세 개의 좌표값에 해당하는 여기에, 시간적으로는 지금 존재하는 것입니다. 이것이 우리의 세계이고 우리의 외면할 수도, 거부할 수도, 부인할 수도 없는 정말로 어쩔 수가 없는 우리의 현주소인 것입니다. 영화 〈인셉션〉이 생각나는군요. 우리는 이 현실을 죽음이 아니고서는 벗어날 수가 없습니다. 살에 앎을 가지고 있는 한은 세 개의 좌표값인 여기에 지금 존재한다는 것이 엄연한 당위입니다. 나는 살앎, 즉 사람임을 벗어날 수 없습니다. 여기서 드러난 것은 살이고 드러나지 않은 것은 앎입니다. 이 세상에 있는 것들은 두 가지 양상으로 존재합니다. 드러난 것과 드러나지 않은 것. 물성계의 물질만 놓고 본다면 물상(物像)은 드러나 있고 물리(物理)는 드러나지 않고 존재합니다. 이것은 물질과 작용이라는 것으로 분류할 수도 있고 또는 하나의 표면과 이면이라고 할 수도 있고, 표전과 차전이라고 얘기할 수도 있을 것입니다. 그래서 온전합니다. 그것들을 다 볼 수 있을 때 온전함을 볼 수 있습니다.

제나의 모든 차원에는 우리의 현주소인 시공간 4차원과 같이 드러난 것과 드러나지 않은 것이 있습니다. 이것이 현재 차원에서 다음 차원으로의 전변(轉變, Transformation)을 가능하게 합니다. 우리의 현재 차원에서 우리의 현주소는 살과 앎이라는 몸과 마음으로 되어 있습니다. 우리가 이 현주소를 벗어나는 길은 죽음밖에는 없다는 것을 누구나 이해합니다. 만약 우리가 단견을 가지고 있다면 그 사람은 다음 차원이라는 것을 생각할 필요가 없습니다. 이해할 필요도 없고 죽으면 그만인 것입니다. 그런데 거의 모든 종교는 다음 세상을 말하고 있습니다. 심지어는 다음 세상의 삶을 위하여 지금 우리의 현실세계를 희생하는 종교도 있는가 하면 무아가 핵심교리인 불교에서조차 사마타 수행의 이익으로 '이생에서 목숨을 마친 뒤 다음 생에 육계를 벗어나 색계나 무색계 세상에서 범천으로 태어날 수 있다. 그런데 다음 생에 범천으로 태어날 수 있으려면 죽음의 순간까지 선정 상태가 유지되어야 하며 그렇지 못하면 장담할 수 없다'라고 가르치고 있습니다.

제나아리 명상에서는 다음 세상이 있다, 없다를 말씀드릴 수는 없습니다. 왜냐하면 제가 죽어 본 적이 없기 때문입니다. 죽었다 살아난 사람의 이야기를 듣기도 하고 책도 읽었지만 그럴 때에도 의학이나 뇌과학은 늘 딴지를 걸고 있습니다. 진짜로 죽은 것이 아니라 어설피 죽었기 때문에 살아난 것이라는 반론이 나오는 것입니다. 의학적으로 죽었다는 판명을 받은 정신과 의사 와이스 브라이언이 다시 살아나 자신의 사후 경험을 이야기한 『나는 환생을 믿지 않았다』와 같은 책이 나오기도 했지만 반론은 다시 팽팽해질 수밖에 없습니다. 어차피 그 부분은 각자의 믿음의 영역이라고 사료됩니다. 그러나 저는 마음 단계로서의 다음 차원은 분명하게 이야기할 수 있겠습니다. 그렇다고 마음 단계라는 것이 칼로 무를 잘라 놓은 듯 구간이 정해져 있는 것은 아닙니다. 심리학에서의 발달단계와 같이 이해하시면 될 것입니다. 이것은 마음 전변의 과정을 살펴본 하나의 관(觀)이라고 할 수 있습니다. '제가 명상으로 걸었던 마음길을 되돌아보니 그것이 이런 모양을 하고 있었고, 생각해 보니 그 원리는 이러했습니다' 정도의 정리이고 해석이 되겠습니다.

각 계에는 드러난 것과 드러나지 않은 것이 있다는 것을 알면 그 넘어가는 원리는 이해하기 쉽습니다. 우리 현실의 현주소는 살앎, 즉 몸과 마음입니다. 그리고 우리의 현주소를 벗어나 다음 차원으로 넘어가기 위해서는 그 드러난 것이 소멸할 때입니다. 살앎의 살이 소멸하면 비로소 앎이 드러납니다. 그것이 다음 차원인데, 그 차원에서도 마찬가지입니다. 드러난 앎이 소멸하면 드러나지 않았던 것이 그다음 차원에서 드러나게 됩니다. 그런 식으로 각 차원에는 드러난 것과 드러나지 않은 것이 있습니다. 동양의 철학인 기철학에서 태극은 이러한 원리를 잘 보여주고 있습니다. 모든 것은 음과 양으로 되어 있고 음인 것은 태음과 소양으로 구성되어 있으며, 양인 것은 태양과 소음으로 구성이 되어 있습니다. 드러난 것이 음이면 양을 품고 있고 드러난 것이 양이면 음이 그 안에 내재하고 있습니다. 음이 극에 달하면 소멸하고 양이 드러납니다. 그리고 양이 극에 달하면 소멸하여 음이 드러납니다. 이생에 나 하나의 몸으로 태어나서 성장노쇠하면 죽음을 맞습니다. 이것은 비단 인간만의 숙명이 아닙니다. 우주 안에 존재하는 모든 것들의 속성입니다. 생겨남(탄생)은 분리성이고, 성장하고 노쇠하게 되는 것은 변화성이며, 소멸(죽음)하는 것은 유한성입니다. 분리성, 변화성, 유한성은 모든 '있는 것'이 가진 속성이어서 어느 것도 예외일 수 없습니다.

이상에서 살펴본 바에 의하면 다음 차원은 마음이 드러나는 것임을 알 수 있겠습니다. 우리의 현재 차원에서 나라고 하는 것은 나와 너의 구별이 없는 전체성으로부터의 분리여서 이 세상의 모든 분리된 것들 중 한 알입니다. 그런데 한 알의 경험과 개념과 느낌이라는 개인의 마음 요소들이 다 사라지고 나면 다른 것과 구별된 것이라고는 테두리밖에 없는 상태가 됩니다. 한 개라는 울타리로 구분된 영역만 남는 것입니다. 그래서 이것은 한 울이라고 할 수 있습니다. 이 울타리마저 사라지면 낱 개의 개념이 없습니다. 전체가 하나인 전체성이 드러나는 것입니다. 이 것은 하나의 식인 까닭에 한 얼이라고 합니다. 하나이지만 그 안에는 식 (識)이 있습니다. 그 식마저 사라지면 아무것도 없는 공(空)이 드러납니 다. 공도 생장멸한다는 것이 저조차도 납득이 안 가지만 공을 유지하다 보면 다시 식으로 나타나는 단계가 있습니다. 한 울에서 한 얼의 하나로 넘어가는 전체성에도 하나의 식만 남는데 이때의 식과는 느낌이 조금 다릅니다. 여기의 식은 천상천하 유아독존이기는 하지만 아직 상대적이 지 않을 뿐이지 한 알로서의 식이라고 여겨집니다. 마음속의 출현이기 도 하고, 전체성의 식과도 구분하기 위하여 여기서의 식은 마음(心)이라 고 정의하였습니다. 마음에서 다음 단계로 넘어가는 것은 살을 내는 것 이었습니다. 지금까지 설명한 것이 각 차원에서 드러난 표전입니다.

다음 세계로 이어지는 것은 현재 차원의 차전입니다. 몸나로 살고 있 는 우리에게 표전은 몸이고 차전은 마음입니다. 몸은 여러 가지 세포들 로 이루어져 있습니다. 인간의 세포는 한 종류의 세포들로 이루어진 다 세포 생물이 아니라 여러 종의 디세포들이 모여서 복잡한 세포를 가지 고 있는 고등생물이라고 할 수 있습니다. 뇌 세포, 뼈 세포, 근육 세포, 각 장기 세포, 피부 세포, 백혈구, 적혈구, 임파구 등의 혈액 세포, 신경 세포 등 여러 세포 종들의 종합세트입니다. 인간은 신체의 크기에 따라

거구인 사람은 100조 개 정도의 세포로 구성되어 있다고도 하고 보통은 60조 개의 세포를 가지고 있다고 합니다. 그중에서 한 개의 세포는 또 세포막 안에 핵과 미토콘드리아, 리보솜 등 우리가 생물시간에 배운 그 기관들을 가지고 있으며, 이 기관들은 다시 물, 단백질, 탄수화물, 지질, 핵산 등등으로 분석할 수 있습니다. 그리고 이것들은 또한 산소(O)·탄소(C)·수소(H)·질소(N)와 칼슘(Ca)·인(P)·염소(Cl)·마그네슘(Mg)·칼륨(K)·황(S)·나트륨(Na)·철(Fe) 그 밖의 미량원소 등의 분자로 이루어져 있습니다. 이 분자들은 다시 원자들로 이루어져 있고, 원자는 또다시 원자핵과 전자로 나뉘고, 원자핵은 또 다시 양성자와 중성자를 가지고 있으며, 양성자는 3류 6종의 쿼크로 구성되어 있으며 현재는 이 쿼크마저도 또 무언가로 구성되어 있을 가능성이 제기되고 있다고 합니다. 원자가 발견되었을 때에는 물질의 기초가 되는 입자로서 더 이상 쪼갤 수 없다고 하여 원자라는 이름을 갖게 되었지만 과학이 발달하면서 그것의 구성 요소가 밝혀졌습니다. 원자핵과 전자로 구성된 원자의 구조가 밝혀지자 과학자들만이 아니라 사상가들도 열광하였습니다. 이를테면 원자와 원자핵의 크기는 지름이 100미터 되는 운동장 가운데에 지름이 불과 1밀리미터에 해당하는 모래알과 같은 크기를 가지고 있어서 대부분이 비어 있는 공간이었던 것입니다. 이것이 불교에서 말하는 공(空)과 같은 것이라고 이야기하고 있습니다. 이것은 단언하건대 인간을 아원자 차원으로 이해한 것입니다. 우리에게 적용은 할 수 있지만 우리가 인식할 수 있는 영역대에 해당하지는 않습니다. 우리의 인식은 우리의 감각과 의식 속에서 이루어집니다. 그것이 우리의 현주소이고 우리의 삶이 이루어지는 차원입니다. 그리고 붓다의 무아에는 원자핵은커녕 쿼크도 존재하지 않습니다. 공이라는 것 또한 빈 것이기는 하지만 물리적 공간의 개념은 아닙니다. 물리적 공간은 어떻든 물질이 있습니다. 공이라는 것은 그 물질이 비어 있다는 뜻이니까요. 물질이든 에너지이든 혹은 개념이든 '있음'이 드러나는 순간 공은 깨집니다. 이것을 불교인들은 너무나 잘 알고 있습니다. 이것을 모르는 사람이라면 그는 공을 체험하지 못한 사람이 분명합니다. 그럼에도 불구하고 첨단과학에 편승하여 공의 논리를 펴는 것은 교리의 핵심을 망각한 처사입니다. 지름이 100미터인 운동장 안에 하나의 모래알만 한 1밀리미터의 크기로 핵이 있다면 거의 없는 것과 마찬가지이기는 하지만 그것은 역시 우리 인간의 차원에서의 생각일 뿐, 그것은 없음과는 관계가 없습니다. 과학자들 또한 그러한 첨단과학으로 종교를 증명하려는 것은 단계나 차원에 대한 이해가 없기 때문이라고 감히 말씀드리고 싶습니다.

또 어떤 이는 우리의 현실이 홀로그램 세계라고 말을 합니다. 이것도 우리의 현주소를 망각한 생각입니다. 만약 우리가 원자의 세상을 지각하면서 살고 있다면 이 세상이 홀로그램으로 보일 수 있을지도 모릅니다. 그러나 사실 그 단계에서 사는 생물이 있다면 그 생물에게 우리의 세상은 너무나 거대해서 알아볼 수 없습니다. 그래서 그러한 견해는 현실이나 현상에 대한 하나의 기만입니다. 그것은 우리에게서 학문적인 진실이나 진리가 될 수는 있지만 우리의 현실이 되지는 못합니다. 이것은 같은 계(界) 안에 있지만 단계 수준은 다르기 때문입니다. 물론 수학적인 3차원 세상에서 2차원과 1차원에 대한 정보를 가지고 유익하게 활용을 할 수 있는 것과 마찬가지로 우리의 생활에 적용되고 활용되는 것까지 부정한다면 그것 또한 기만일 것입니다. 하지만 우리의 현실은 분자가 모여서 물질을 이룬 그 단계에 있습니다. 하위 단계의 영향을 받고는 있지만 그렇다고 해서 우리가 곧 그것은 아니라는 것입니다. 삶앎인 우리 인간에게는 우리가 겪고 있는 지금여기가 현실이고 진실이고 진리입니다. 사람이면서 이것을 부정하지 마십시오. 우리는 삶앎임에 틀림없습니다.

광자역학에서 보는 자의 주관이 개입하여 파동이 되기도 하고 입자가 되기도 하는 성질이라면 오히려 기철학의 입장이 훨씬 더 잘 어울립니다. 기는 기본적으로 음의 기운과 양의 기운을 가지고 있으니까요. 더군다나 우리나라의 삼태극의 경우에는 음과 양 그리고 중의 기운이 다 표현되어 있습니다. 공은 기철학에서는 무극에 해당할 것입니다.

마음 역시 뇌과학에 힘입어 정신과학 분야에서 눈부시게 발달하고 있습니다. 사람의 뇌와 동물의 뇌를 연결하여 사람의 생각으로 동물을 통제하는 실험까지 성공하였다고 합니다. 아직 실험한 동물은 흰쥐였지만 언젠가는 뇌파로 사람이 사람을 통제하는 날이 올 수 있다는 이야기가 되겠습니다. 이런 일들이 우리 인간 사회에 어떻게 펼쳐질지 흥미롭기 그지없습니다. 그런데 그것은 마음 중에서도 정신 분야에 해당합니다. 제가 아는 마음은 세 겹으로 이루어져 있습니다. 이 중에서 정신은 살이 낸 마음입니다. 그것이 우리 인간의 마음 작용이기는 하지만 그것이 마음의 전부라고 볼 수 없습니다. 모르지요. 언젠가는 영혼의 입자까지도 과학이 발견을 해 낼 수 있을지도요. 그러나 입자라고 하면 물질이 분명합니다. 차원을 넘어가는 것은 그 차원의 드러난 것을 완전히 소멸한 다음이어야 하기 때문에 이것은 제나의 입장에서 참이 될 수 없습니다. 아마도 영혼의 입자라는 것은 어렵지 않을까 여겨집니다. 영혼의 문제가 과학에서 다루어지려면 아무래도 질적 연구를 하는 사람들이 담당하여야 하지 않을까 싶네요.

저는 제나를 단계로 보았습니다. 이 단계들은 다시 차원으로 이해할 수 있었습니다. 그리고 각 차원의 세계는 성정으로 본 단계에서 이름을 땄습니다. 그것이 우리가 가지고 있는 통념으로 이해하기가 가장 쉽다고 생각하였기 때문입니다.

제나의 차원은 물성계, 영성계, 신성계, 공성계, 심성계로 이루어져 있습니다. 그리고 각 계에는 몸과 마음이 있습니다. 몸은 그 계에서 나의 겉이라 할 수 있으며 드러난 것, 또는 표현된 것, 또는 표전입니다. 마음은 나의 속으로서 감추어져 드러나지 않은 것, 표현되지 않은 것, 또는 차전입니다. 물론 몸과 마음이라는 표현은 우리가 살고 있는 우리의 계에서 부르는 대로의 이름입니다. 그리고 어느 차원이든지 우리는 표현된 것으로 존재합니다. 물성계에서는 물성이 드러난 것이고 영성계에서는 영성이 드러난 것이고 신성계에서는 신성이 드러난 것입니다. 공성계에서는 공성이 드러나 있으며, 심성계에서는 심성이 드러나 있습니다. 물성계에서 살고 있는 우리의 현주소는 살앎인데, 살이 지금여기 나의 현주소에 드러나 있는 부분이고 표현된 부분이고 표전입니다. 살이 몸입니다. 그리고 몸은 물질입니다. 우리가 속해 있는 세계는 물질의 세계입니다. 그 성정대로 물성계가 되겠습니다. 물성계에서 살고 있는 나는 몸으로 살고 있는 중입니다.

1) 물성계(物性界)

우리의 몸은 물질로 이루어져 있습니다. 유기화합물이 우리의 몸입니다. 외형으로는 머리와 몸통이 있고 머리와 몸통은 목으로 연결되어 있습니다. 그리고 몸통에는 가슴과 배가 있습니다. 그리고 가슴 위쪽에 팔이 양쪽으로 달려 있고 배의 아래쪽에 두 다리가 달려 있습니다. 머리에도 안이비설(眼耳鼻舌身意)에 해당하는 기관들이 들어 있고, 그 안쪽에는 중요한 뇌가 들어 있다는 것을 모르는 이는 없습니다. 몸통에도 한 알로서의 내가 살아가기 위한 에너지를 조달하고 순환하게 하는 기관들이 있고 팔과 다리는 도구의 조작과 이동을 위한 기능들을 수행하고 있습니다.

과학 기술의 발달로 인간이 로봇을 만들면서 사람의 몸은 정말로 잘 만들어진 로봇과 같다는 생각을 해 보는 사람은 저뿐만은 아닐 것 같습니다. 인체는 정말이지 너무나 신비롭습니다. 어떻게 해서 그런 기능들과 모양을 갖게 된 것일까요? 눈을 들여다보면 얼마나 신기한지 모릅니다. 귀는 또 어떤가요? 하나하나 뜯어서 생각해도 모든 게 다 신비롭기 그지없습니다.

인체의 눈에 보이는 각 기관들도 그렇지만 그것들이 우리의 눈에 보이지도 않을 만큼 작은 세포들로 이루어져 있다는 것도 얼마나 놀라운 사실인지 모릅니다. 토우라는 호를 가진 한 알의 나로 살고 있는 내 몸이 하나하나의 아주 작은 세포로 이루어져 있다는 사실은 저의 분별력을 넘어서 버려서 그냥 놀라울 따름입니다. 그런데 각 세포들은 모두 살아 있어서 각자 가스교환을 하고 에너지를 생성한다는 거예요! 그 애들이 잘 살아 있어야 제 몸이 건강하다고 합니다. 세포는 분자로 이루어져 있고, 분자는 다시 원자로 이루어져 있고… 분자생물학에서는 유전자의 구조도 밝혀 놓고 있어서 아마 가까운 미래에는 병이 들었거나 고장이 난 신체 부위는 부속을 갈아 끼우듯 재생을 시키든지 교체를 하는 시대가 멀지 않아 도래할 것입니다.

　결국 몸이 건강하다는 것은 세포들이 잘 살고 있다는 것입니다. 세포들이 탈 안 나고 잘 살려면 세포들 차원의 건강을 챙겨야 한다는 이야기도 되겠습니다. 그래서 내 몸 세포를 건강하게 하는 분자 성분들을 알아야 하고, 그것들은 음식을 통해서 공급되니까 영양학이 나오고 건강보조식품에 보약, 치료제 등이 나오는 것입니다. 거기에 뜸이나 침, 기치료, 파동요법, 동종요법 등과 같은 것들도 병증을 개선하고 기력을 회복하는 데에 효과가 있다고 합니다. 이러한 건강요법들은 그 치유 원리의 근거를 이러한 몸의 구성 요소에서 찾을 수 있습니다.

　물성계의 탐구는 인류의 눈부신 과학과 기술의 발달로 인하여 미시적으로는 물질의 기본 단위를 찾고 있으며, 현재 원자핵의 구성 요소로 쿼크를 확인하였고, 거시적으로는 우주론을 바탕으로 은하계 밖의 천체까지도 확인하기에 이르렀습니다. 그리고 물성계에서 표현되지 않은 것, 드러나지 않은 것, 차전이라고 할 수 있는 마음에 관해서도 학문은 관심을 가지고 한발 한발 다가가고 있습니다. 심리학과 뇌과학이 그런 분야라고 할 수 있겠지요. 하지만 그럼에도 불구하고 마음이라는 것은 아직도 낯선 것이 사실입니다. 표현되어 드러나 있는 몸은 감각적으로 체험적으로 실체이기 때문에 관리를 잘 하면서도 마음에 관해서는 신경을 쓰지 않습니다. 신경을 쓰려고 해도 보이지도 않고 만질 수도 없는 것이라 확인도 안 되고 어떻게 해야 할지 알지를 못하는 것입니다. 그래서 내 마음을 나도 잘 모릅니다.

제나에서는 몸나가 가지고 있는 마음을 세 겹으로 구분합니다. 절대성의 마음인 본성이 있고, 살 자체가 가지고 있는 마음인 본능이 있고, 살이 낸 마음인 정신이 있습니다. 그중에서 몸나가 쓰는 마음은 몸의 마음입니다. 몸의 마음은 당연히 살을 연계합니다. 살의 마음과 살이 낸 마음이 그것입니다. 이 몸의 마음은 상대성의 마음입니다. 그래서 절대성을 인식하지 못합니다. 우리의 인식 작용은 오감을 통해서 들어오지만 그중에서도 눈을 통해서 들어오는 정보가 가장 많다고 합니다. 그런데 눈은 우리의 얼굴 위쪽 이마 밑에 자리 잡고 있어서 늘 밖을 향해 작용을 합니다. 눈은 다른 것은 다 보지만 자기자신은 볼 수 없습니다. 자기자신은 남을 통해서 보게 되는 것입니다. 우리는 남에게 비춰진 나의 상을 진짜 나라고 여기면서 살고 있습니다. 그것은 비춰진 상이지 진짜가 아닙니다. 자신에 대한 인식이 이렇듯 상대적이다 보니 살이가 고달픕니다. 남에게 잘 보여야 합니다. 남보다 무엇이든 잘하고 싶습니다. 남보다 더 많이 갖고 싶습니다. 남보다 더 잘나고 싶고 남보다 더 우월해지고 싶습니다. 그것이 행복이라고 알고 있는 것입니다. 그래서 부를 가져도 가져도 더 갖고 싶고, 남보다 더 존경받으면서 살고 싶습니다. 그러니 권력에 대한 욕망도 끝이 없고 명예에 대한 욕심도 끝이 없습니다. 상대적으로 살고 있는 사람들에게서 탐욕은 끝이 없을 뿐만 아니라 정당화됩니다. 그러나 나에게는 절대성의 마음이 내재해 있습니다. 내가 관심을 나의 내면으로 돌릴 때 나는 그 안에서 나와 너의 구분을 넘어서는 절대의 내 마음을 만날 수 있는 것입니다. 그 나는 비교하지 않습니다. 차별하지도 않습니다. 그 나는 나뿐이 아닙니다. 절대의 나는 너와 그들과 그것들과 공존합니다. 그냥 자연스럽게 삽니다.

물성계 안의 우리 살앎에게 선과 악은 무엇일까요? 선악의 문제는 표현된 것에서 기인하지 않습니다. 이것은 어느 차원, 어느 계이든지 그 차원이나 계에서의 마음인 표현되지 않은 것에서 비롯됩니다. 표현된 것은 표현되지 않은 것에 종속하기 때문입니다. 우리의 몸은 마음을 실현한다고 보시면 됩니다. 내 마음은 그렇지 않았는데 몸이 그렇게 했다고요? 그렇지 않습니다. 아니 그럴 수 없습니다. 그런 때에는 당신이 인식하지 못하는 당신의 마음이 몸을 움직인 것이라고 할 수 있겠습니다.

물성계의 나의 마음은 영성입니다. 영성은 사랑입니다. 그래서 사랑을 키우는 것은 선이고 사랑을 파괴하는 것은 악이라고 할 수 있습니다. 지고지순한 마음인 사랑을 키워 나갈 때 우리의 영성은 성장합니다. 이것은 우리가 계라는 차원을 넘어갈 때 중요한 의미를 갖습니다. 물성계 다음의 계에서 드러나는 것은 영성이기 때문입니다. 영성이 보잘것없는 사람은 영성계 안에서 보잘것없이 표현될 것이며, 영성이 많이 신장된 사람은 크게 표현될 것입니다. 이것이 우리가 사랑으로 살아야 하는 심오한 이유라고 할 수 있습니다. 자, 여러분. 이제는 각자 자신의 내면으로 눈을 돌려 허상의 거짓 내가 아닌 진짜 나를 찾아가 봅시다. 그리고 서로 사랑하면서 삽시다.

2) 영성계(靈性界)

제나 차원의 물성계에서의 표현된 나는 몸제입니다. 그리고 물성계에서 표현되지 않고 내재해 있는 것은 마음체입니다. 차원을 넘어가는 것은 어느 차원에서건 그 차원에 드러나지 않고 내재해 있는 것으로서 그 차원의 마음이 되겠습니다. 그래서 물성계 안에서는 몸이 살고 있지만 그다음 차원인 영성계에서는 마음체가 삽니다. 이 마음체는 몸이 없는 개체이므로 우리가 가지고 있는 개념으로는 영(靈)이라는 말이 유사 개념이라고 생각되어 그 성정으로 영성계라고 명명하였습니다. 영성계에서는 몸은 영이고 마음은 신성이 되겠습니다. 따라서 이 단계에서의 나는 영으로 살지요.

영성에도 분리성과 변화성과 유한성이 있습니다. 낱개인 한 울로서 존재하므로 상대적입니다. 영성계 내에는 수준이 있는데 가장 낮은 것은 넋의 몸인 백입니다. 몸의 습성을 그대로 간직하고 있는 마음체라서 가장 탁하다 혹은 거칠다고 할 수 있습니다. 그다음이 넋의 마음인 혼입니다. 이 수준은 몸으로 겪은 경험의 기억은 모두 정화되고 없지만 개념과 느낌은 가지고 있어서 백보다는 많이 맑고 밝습니다. 혼에서 개념과 느낌까지 모두 정화가 되면 하늘과 같이 맑고 순수한 마음을 지닌 영이 됩니다. 경계까지 포함하면 백, 혼백, 혼, 영혼, 영, 신령까지 모두 영성계에 있다고 하겠습니다.

제나의 각 계에서는 그 세계 안의 종교가 있습니다. 제나를 아는 사람이 아직은 저뿐이어서 그저 제나를 알면 종교를 알 수 있다고만 언급했을 뿐 아직까지 그것과 관련하여 말을 꺼낼 수가 없었지만 이제는 이야기할 때라고 생각합니다. 제나아리하면 나와 너, 그들과 그것들 모두가 다 나입니다. 여기에는 차별이 존재하지 않습니다. 하지만 제나아리는 고사하고 제나의 개념도 모르는 이들에게는 늘 더와 덜이 존재하기에 내 종교와 네 종교를 서로 이해하지 못하고 갈등하고 있습니다. 제나에서는 그 모든 종교가 다 '나'의 종교입니다. 단지 계가 다를 뿐 모두 '나'의 이야기를 하고 있는 것입니다. 종교를 가지고 다투는 것은 각자 자신의 신을 욕보이고 있는 중임을 자각하십시오. 진리는 어디에서건 갈등과 투쟁을 가르칠 수 없습니다. 그럼에도 불구하고 신을 빙자해서 갈등하고 투쟁하였으니 당신은 당신의 신을 가장 저급한 신으로 떨어뜨린 것입니다. 나의 종교를 위하여 다른 종교를 부정하는 것을 신은 결코 어여삐 여기지 않을 것입니다. 그렇지요? 나의 몸에서 손과 발이 서로 다른 일을 하고 생김새가 다르다고 하여 손이 더 옳다거나 발이 더 맞다고 하면서 분쟁할 수 없는 것과 다르지 않습니다. 더군다나 같은 신을 다르게 해석하여 나오게 되는 종파 간의 싸움은 더욱 미련합니다. 자기가 옳다고 생각하는 종파를 믿으면 그것으로 충분합니다. 내가 옳다고 하는데 남까지 다 나에게 맞장구를 쳐 주어야 할 필요는 없습니다. 그 사람은 그 사람이 옳다고 생각하는 종교가 또 있을 것입니다. 그것이 반드시 나와 같아야 한다는 주장은 오만입니다. 제나 자체가 차원을 가지고 있고 사람은 누구나 지금 된 그 정도로 사는 것입니다. 당신이 더 되었다고 여겨진다면 다툴 것이 아니라 기다려야 합니다. 사람에게는 누구에게나 본성이 있고, 그 본성은 한 알의 나로부터 하나인 절대성의 나로 성장해 나아가는 방향성을 가지고 있습니다. 너와 내가 하나라는 것을 알면 싸움은 참으로 어리석고 부질없는 짓입니다.

영성계에는 혼백의 수준에서 나오는 종교가 있고 영의 수준에서 나오는 종교가 있습니다. 혼백의 수준은 몸나를 그대로 반영하기 때문에 경험이 있으므로 사랑과 기쁨과 행복만 있는 것이 아니고, 미움도 있고 증오도 있고 원한도 있습니다. 그래서 믿고 증오하는 상대나 원한 맺힌 대상을 시기하고 질투하고 해코지할 수 있습니다. 나에게 잘하는 사람에게는 복을 주고 나에게 못하는 사람은 벌을 주는 것은 이 단계입니다.

그 때문에 구복을 빌 수 있는 대상은 바로 혼백입니다. 여기에는 토템이나 샤먼과 같은 원시종교가 속합니다. 무속신앙도 이 수준이라고 볼 수 있습니다. 또한 신들이 바람을 피우기도 하고 질투를 하기도 하며 전쟁을 일으키기도 하는 다신교는 모두 혼령의 단계 안에 있습니다. 몸나의 개념과 느낌을 가지고 우리 영도범부와 비슷하게 존재하는 것입니다.

다음으로 순수의식체인 영의 단계에서는 예수님을 만날 수 있습니다. 하나님 아버지의 독생자로서 사랑을 가르치십니다. 왼쪽 뺨을 때리거든 오른쪽 뺨을 내어 주고, 네 이웃을 네 몸과 같이 사랑하라고 말씀하십니다. 사랑은 영성입니다. 사랑이 가지고 있는 따사로운 빛과 포근함, 어떠한 어려움도 극복할 수 있는 힘과 어떠한 아픔도 치유하는 에너지를 느낄 수 있는 차원입니다. 그래서 많은 위로와 안식을 그리스도 안에서 경험할 수 있습니다.

그러나 예수님은 "너희가 모두 신이다"라고 말씀하지는 않았습니다. 오히려 그리스도교인들에게 이 말은 신성을 모독하는 아주 큰 불경이 되고 있습니다. 이것은 영성계 안에 있기 때문입니다. 그래서 우리는 모두 하나님 아버지의 자녀들이지 신은 아닌 것입니다.

영성계에도 선악이 있습니다. 선악은 어느 계에서나 드러나지 않은 부분인 마음에서 기인합니다. 마음에 기인한다는 것은 '나'의 성장을 의미하며 이것을 통하여 다음 차원으로의 도약을 가능하게 합니다. 여기에서의 마음은 신성입니다. 신성의 입장에서 본다면 선과 악의 구분은 '하나'를 기준으로 합니다. 따라서 분리성을 극복하는 것이 선이 됩니다. 분리성을 더 키우는 것은 악이 될 것입니다. 영성이 신성으로 나아가는 길은 나와 너가 하나가 되는 것이기 때문입니다. 나와 '나'를 멀어지게 하는 것, 그것이 악이고 나와 '나'를 가깝게 하는 것이 바로 선입니다. 나와 너를 멀어지게 하는 것, 나와 그들이 멀어지게 하는 것, 나와 그것들이 멀어지게 하는 것뿐만 아니라 나와 나 자신을 멀어지게 하는 것도 악이 되는 것입니다. 그와 반대로 선은 나와 '나'를 가깝게 하는 것, 나와 너를 가깝게 하는 것, 나와 그들을 가깝게 하는 것, 나와 그것들을 가깝게 하는 것입니다. 이것은 몸의 밀착을 뜻하는 것이 아닙니다. 마음이 가까워지는 것을 말합니다. 그래서 마음이 하나가 되면 우리는 신과 다름없는 삶을 살 수 있을 것입니다. 가까워지는 비결은 사랑밖에는 없습니다. 그래서 마음은 어느 차원을 막론하고 언제나 그 바탕이 사랑입니다. 사랑에는 기술이 필요하지요. 이해하고 배려하고 조화와 균형을 맞추어야 합니다. 이해가 없고 배려가 없고 조화와 균형이 없는 사랑은 사랑이 아닙니다. 내 마음에 있는 것이 나뿐이라면 사랑은 할 수 없습니다. 대부분의 사람들이 가지고 있는 착각은 사랑은 마음만 있으면 저절로 된다고 하는 생각입니다. 그러나 사랑은 저절로 되는 것이 아닙니다. 왜냐하면 나에게는 내 마음이 있고 너에게는 너의 마음이 있기 때문입니다. 그래서 서로 소통하는 법을 배우고 익혀야 사랑을 제대로 나눌 수 있습니다. 그럴 수 있으려나요? 이것은 참으로 어렵고도 쉬운 이야기랍니다.

3) 신성계(神性界)

신성계에서는 표현된 것은 신이고 표현되지 않은 것은 공입니다. 여기에서 나의 몸은 신이고 나의 마음은 공인 것입니다. 그래서 신성계에서는 신으로 삽니다. 영성의 개체성, 그 분리성을 넘어서면 전체성인 하나로서의 한 얼이 드러납니다. 이 하나는 제가 가지고 있는 개념으로 볼 때 절대유일의 신에 해당하였으므로 신(神)이라고 하였습니다. 이것의 성정은 신성입니다. 따라서 이 차원은 신성계가 됩니다. 한 얼의 '한'은 하나라는 뜻이고, 얼은 '식(識)'으로서 의식하는 주체 내지는 보는 자 등으로 설명되고 있습니다. 그리고 하나의 식은 말씀으로 나오는 것이었기 때문에 하나의 목소리였습니다. 그 목소리는 못할 것이 없었습니다. 대자유자재를 누립니다. 그리고 그 안에서는 상대적이지 않았으므로 미움도 다툼도 경쟁도 갈등도 나올 수가 없었습니다. 그냥 대자대비한 것입니다. 못할 것이 없으므로 전지전능합니다. 그래서 대자유자재, 대자대비, 전지전능이 바로 신의 성품입니다. 그런데 그것이 나였던 것입니다.

여기에서 나는 신입니다. 당신도 신입니다. 그들도 모두 신이고 그것들도 모두 신입니다. 신이 아닌 것이 아무것도 없습니다. 이 마음을 당신도 아셔야 합니다. 당신은 신이거든요.

신성계에서 만나는 신으로는 여러 종교에서 말하는 하나님이 있습니다. 하나님은 하느님과는 다른 말입니다. 하나님은 절대의 '하나'를 뜻하고 하느님은 '하늘'을 의미합니다. 하늘은 하나만 있는 것이 아닙니다. 즉, 지구 대기권도 하늘이고 대기권 밖의 우주도 하늘입니다. 그 둘을 구분 없이 다 하늘이라고 부르고 있습니다. 하지만 따지고 보면 우리가 구복의 대상으로 삼는 하느님은 대기권 하늘님이 되겠습니다. 절대의 하나를 의미하는 것은 3차원 물리적 차원에서는 우주이고, 존재론적으로는 유일신 하나님이 됩니다. 인도의 오랜 전통 속에서 이야기하는 브라만도 이 범주에 들어 있습니다. 어떻게 부르든지 간에 이러한 전체로서의 하나가 되는 신은 모두 이 자리의 '나'를 일컫는 말입니다. 분리성을 초월한 하나의 자리. 그래서 상대적이지 않은, 절대성의 '나'가 있는 것입니다. 신성계에서 나와 너는 분리되지 않습니다. 나는 너입니다. 너는 나입니다. 그들도 나이고 그것들도 나입니다. 내가 그들이고 그것들입니다. 신성 안에서 우리는 하나입니다. 불이(不二)가 되겠습니다.

4) 공성계(空性界)

그 한 얼의 목소리도 지우고 나면 식이 없습니다. 우리의 의식이 비어 있는 곳입니다. 완전한 비어 있음, 없음조차도 없음. 이곳의 성정은 공성이고 그 차원은 공성계입니다. 공성계의 경계수련은 무언가 시도를 못 합니다. 이 단계에서 명상은 공의 상태를 지속하는 것밖에는 도리가 없습니다. 앉아는 있으되 식이 비어 있습니다. 아무것도 떠오르지 않고, 아무것도 기대할 수 없습니다. 그냥 앉아 있습니다. 공성으로 있고 공성으로 사는 것입니다. 공성인데, 의식도 없고 말도 없는데 살이를 한다? 참으로 말이 되지 않는 궤변 중의 궤변입니다. 그런데 공성계에서는 그것이 진리이고 진실이고 현실입니다. 각 계마다 단계수련은 그 된 것으로 사는 수련입니다. 이 단계는 내가 공이 되어 있습니다. 따라서 나는 스스로를 공으로 지각합니다. 공성계의 단계살이는 당연히 공으로 하게 됩니다. 이 세상에 공이 아닌 것이 도대체 무엇이 있을까요! 낭신도 공이고 그들도 공이고 그것들도 다 공인 것입니다. 공성계에서는 모든 것이 공이어서 동(動)과 정(靜)이 다 공이고 언(言)과 행(行)도 공이고, 생각도 공이고, 나·남·그들·그것들 할 것 없이 어느 것 하나 공이 아닌 것이 없습니다. 그래서 공이 공하여 공하면서 공합니다.

제가 제아나리하고 보니 여기에는 부처님이 계셨습니다. 우리 인류 중에서 이 공의 단계에 명상으로 처음 도달하신 분이 고타마 싯다르타 붓다였습니다. 진실로 여기에서의 나는 무아(無我)입니다. 무아이고 무상(無常)입니다. 그런데 부처님은 공성계 밖으로 한 발짝도 나가지 않았습니다. 그래서 공성계가 그냥 현주소가 되었습니다. 우리의 현주소는 살 앎이지만 붓다의 현주소는 공성이어서 두 개의 계가 섞여 버리고 말았습니다. 사실 공성계의 진리로는 무아(無我)에 무상(無常)이고 무고(無苦)에 무락(無樂)이라고 하는 것이 맞습니다. 그런데 두 계가 섞여 버리니 무상(無常), 고(苦), 무아(無我)가 되었다고 저는 생각합니다. 두 개의 계가 섞여 버린 데에서 오는 혼란이 불교 안에서 모순으로 존재하고 있는 것입니다. 이를테면 사후열반의 문제를 들 수 있습니다. 고를 완전히 소멸한 상태를 열반이라고 합니다. 열반은 탐진치 삼독이 모두 사라지고 생사를 초월하여 윤회의 수레바퀴에서 벗어난 경지를 말합니다. 이러한 경지는 살아 있는 동안에 이룰 수도 있고, 사후에 신체를 떠나 실현되기도 한다고 합니다. 여기에서 사후에 신체를 떠나 열반하는 사후열반이 문제가 되었습니다. 인간은 무아인데 그러면 과연 누가 열반을 하는가가 문제인 것입니다. 그리고 살아서 열반을 이룬 여래가 죽은 다음에도 존재하는가도 문제가 되었습니다. 부처님은 이러한 문제에 대해서는 대답하지 않았습니다. 제가 제나의 입장에서 이 혼신의 원인을 말하자면, 공성계의 진리와 현상계의 진리가 차이가 있음에도 불구하고 오직 공성계 안에서만 보았기 때문이라고 봅니다. 그래서 생긴 모순인 것입니다. 이것은 우리 인간 존재의 현주소를 망각한 데에서 오는 오류라고 할 수 있습니다. 왜냐하면 명상은 마음의 과정이지 몸의 과정은 아니어서 공성계 안에서는 당연히 있을 수밖에 없는 오류이기 때문입니다. 보십시오. 공성계에서 표현된 것은 공입니다. 표현되지 않은 공성계의 마음, 즉 공성계의 차전은 심성입니다. 공성계의 표전과 차전 그 어디에 몸이 있을 수가 있겠습니까! 그 안에서는 인간 존재의 육신이라는 것의 단서를 아예 찾을 수가 없습니다. 그러니 수행에서건 일상생활에서건 인간의 육신은 의식하지 못하는 것입니다. 이것이 딜레마이고 아이러니입니다! 공이고 무아인 것은 수행의 차원으로서 마음의 공간입니다. 일상생활은 우리의 마음이 어느 차원을 넘나들고 있든지 간에 이 세상이라고 하는 시공간 4차원에 존재하는 몸으로 활동하고 실천하며 살아가고 있습니다. 그런데 명상에서 차원을 넘어가는 것은 마음입니다. 영성계나 신성계나 공성계나 심성계에서는 몸이 존재하지 않습니다. 심성계의 차전에만 몸이 있을 뿐, 그 외에는 표전이나 차전에 다 육신이 들어 있지를 않아서 그러한 차원은 몸을 초월하여 있습니다. 그러한 차원에서 일상생활을 하고 있는 나는 땅에 발을 딛고 있지 않습니다. 그 차원의 공간은 물성을 초월하여 있기 때문에 범부가 아닌 것입니다. 육신을 벗어나 영성으로 전환되었던 '나'가 다시 육신을 찾는 것은 심성계에서 살을 다시 내었을 때에서야 가능합니다. 심성계에서 경계로 살을 만날 수 있었던 건 그 계의 차전이 물성이기 때문에 가능하였다고 사료됩니다. 그래서 심성계에서 살을 내었을 때에서야 나는 다시 땅에 발을 딛고 사는 존재로 인식이 환원됩니다. 그렇기 때문에 고티마 싯다르타 부처님은 교리 안에 존재하는 모순을 해결할 수 없었습니다. 그 안의 모순은 그 계의 밖으로 나와야만 보이니까요. 제나에서 보자면 공성계 안에서는 무아이지만 현상계 안에서는 무아가 아닙니다. 분리성과 변화성과 유한성을 속성으로 가지고 있는 유아(有我)이기 때문입니다. 나는 지금여기에 몸과 마음으로 살고 있습니다. 그러나 나는 공성계 안에서는 무아로 살았습니다. 거기에서는 나뿐만이 아니라 삼라만상이 공 아닌 것이 하나도 없었습니다. 이 특이한 인식의 변환을 당신이 경험해 보아야 무아가 무엇인지 공이란 무엇인지를 알 수 있다고 감히 말씀드리겠습니다. 그렇지 않고 이해만으로는 추측만 무성할 것이기 때문입니다. 마치 아이스크림을 먹어 본 사람은 그 맛을 설명하지 않아도 알 수 있지만 먹어 보지 않은 사람은 그 맛에 대한 설명을 아무리 들어도 알 수 없는 것과 같습니다.

공성계는 모든 것이 공이고 나는 무아로 삽니다. 표현되어 있는 몸(표전)은 공이고 내재하는 마음(차전)은 식(識)입니다. 그러나 여기에서의 식은 신성계의 식과 구분하여 심(心)으로 정의하였지만 그 둘이 다를 것은 없습니다. 다만 마음의 세 가닥 중에서 본성을 의미한다는 것만 유념하면 되겠습니다. 이 공성계의 가장 대표적인 상징이 색즉시공(色卽是空) 공즉시색(空卽是色)입니다.

5) 심성계(心性界)

공성계 안에서는 경계도 없습니다. 일단 식을 지우고 나면 단계수련이고 경계수련이고를 할 수가 없습니다. 그냥 공으로 있어야 합니다. 그것이 공성계의 수련이고 수행도 마찬가지로 공, 공, 공하면서 공으로 살아갑니다. 인식 자체가 공이어서 인파로 가득한 백화점에 나가서 사람들과 웃고 떠들고 쇼핑을 한다고 해도 보이는 그 모든 것들이 다 공입니다. 여기에 존재가 어디에 있겠습니까. 심지어는 행위까지도 공이 됩니다. 그렇게 공으로 살다 보면 명상 중에 홀연히 식이 나타납니다. 마음으로 거듭나는 단계를 만나는 것입니다.

저는 대한민국이라는 나라에서 태어나 자랐습니다. 이 나라는 불교와 유교와 선도(仙道)가 정신적 환경입니다. 제가 알고 있었던 불교는 사실상 순수한 불교가 아니었습니다. 그 안에는 불교와 함께 유교적인 사상과 선도적인 사상이 짬뽕이 되어 있었던 것입니다. 그리고 내가 알고 있던 부처님도 순수한 고타마 싯다르타 부처님도 아니었습니다. 오히려 붓다가 돌아가시고 몇백 년이 흐른 다음 불교의 한 종파로 나타난 대승불교 중 중국으로 들어와 우리나라에 전파된 선불교(禪佛敎)의 영향을 받고 있었던 것입니다. 대한민국의 불교에 관심이 있는 사람이면 대개 알고 있는 수준의 그러한 내용들이었습니다. 그러면서도 최고의 깨달음을 이룬 이는 붓다라고 믿고 살았던 것입니다. 붓다라고 하면 고타마 싯다르타 한 분만을 가리키는 줄 알았습니다. 이것도 잘못 알고 있는 상식이었습니다. 이러한 잘못된 상식들은 특히 중국 무술영화나 무협지 같은 데에서 무심결에 습득한 지식이었을 것입니다. 따라서 깨달음의 최고의 경지는 공을 깨닫는 것이라고 아무런 의심도 없이 믿고 있었습니다. 그런 까닭에 저의 명상 수련은 공에서 꼼짝을 못했습니다. 그냥 열심히 공이 되어 공으로 살게 되었지요. 그런데 어느 순간 제가 나타났습니다. 순전히 마음인 나의 출현이었습니다. 절대의 진리이고 나의 본성으로 알고 있는 그 공으로부터 마음으로 낳아진 나였습니다. 마음으로 된 나였기에 저는 마음나가 되었습니다. 그리고 이 단계는 모든 것이 다 마음이므로 심성계라고 이름 붙였습니다. 여기에 마음이 아닌 것이 무엇이 있을까요? 하나도 없습니다. 나도 마음이고 너도 마음이고 그들도 마음이고 그것들도 모두 마음입니다.

제나로 볼 때 공성계를 부처님보다도 분명하게 설명하고 있는 가르침은 나가르주나(용수보살)의 중관이라고 느껴집니다. 그는 심지어 붓다도 공이고 깨달음도 공이라고 하였습니다. 그런데 우리가 살고 있는 우리의 현주소는 물성계입니다. 중관의 철저한 공사상은 전적으로 공성계여서 물성계의 우리 현실에 그대로 적용하기에는 부자연스러운 부분을 피할 수 없습니다. 그래서 그 반작용으로 유가행파(유식)가 형성되었던 것입니다. 유가행파의 유식사상(唯識思想)은 심성계를 그대로 드러내고 있습니다. 그리고 신라 원효대사의 일체유심조(一切唯心造)는 심성계의 핵심을 한마디로 표현한 말입니다. 마음나가 사는 세상에는 마음이 아닌 것이 티끌만큼도 끼어들 수 없습니다.

제나로 설명하자면 유식은 공성계를 넘어서 심성계에 이른 것이므로 불교의 발전이라고 판단할 수 있습니다. 사상이나 이론들도 생겨난 것이어서 시간의 흐름에 따른 변화를 피할 수 없습니다. 소승불교에서 대승불교로 넘어가는 과정도 변화일 것이고 인도에서 불교가 거의 사라진 것도 변화일 것입니다. 현재 인도에서 불교 신자는 0.3% 정도라고 합니다. 인도에서 불교가 쇠퇴한 것에는 여러 가지 원인들이 있지만, 종교 간에 서로 영향을 주고받으면서 인도인들의 정신세계에 공사상이 자연스럽게 녹아든 것도 불교가 잊어지는 한 요인이 되었을 것이라고 제나의 입장에서 조심스럽게 추측해 봅니다. 요기들에게도 공이 익숙한 개념이 되었다면, 불교 역사보다 훨씬 오랜 그들의 전통 속에서 브라만과 아트만, 그리고 다양한 신에 대한 믿음을 가지고 있는 인도인들이 자신들의 종교관을 그대로 유지하면서 공성까지 소유하게 된 것입니다. 무아에는 오직 공성만 있습니다. 나도 없고 영성도 없고 신성도 없는 것입니다. 공의 개념을 받아들여 영성과 신성과 공성을 모두 갖추게 된 인도인들에게 공성만 가지고 있는 불교가 굳이 따로 필요하지 않았을 것입니다. 인도 힌두교에서 주요 신은 셋이 있습니다. 창조(방출)의 신인 브라흐마와 보존의 신인 비슈누, 그리고 파괴(소멸)의 신 시바입니다. 이들 중 비슈누는 이 세상을 구원하기 위하여 동물의 모습이나 여러 성인의 모습으로 이 세상에 자신을 드러내기도 합니다. 이제 인도인들에게서 고타마 싯다르타 부처님은 이 세상을 구제하기 위하여 사람으로 태어난 비슈누의 화신으로서, 힌두교의 많은 신들 중 하나로 자리 잡게 되었습니다. 대승불교가 나타나게 된 것도 변화의 흐름이었다면 고타마 싯다르타에 의하여 불교가 탄생한 인도에서 불교가 쇠퇴한 것도 변화의 흐름입니다. 이 세상에 존재하는 모든 것들은 변화성을 가지고 있습니다. 변화하지 않고 영원불변하는 것은 아무것도 없습니다.

『반야심경』의 색즉시공 공즉시색이 공성계의 진리라면 이 심성계의 진리는 색즉시심(色卽是心) 심즉시색(心卽是色)이라고 할 수 있습니다.

6) 다시 물성계(物性界)

다시 물성계. 그냥 물성계가 아니라 **다시** 물성계입니다. 여기는 삼육공도범부의 자리인 물성계입니다. 나는 다시 평범해졌습니다. 그 평범함이 진리인 것을 깨달았습니다. 아주 어처구니없는, 싱겁기 짝이 없는, 이게 뭔가 싶은 그런 깨달음이라고나 할까요? 도깨비장난 같았다니까요. 그리고 얼마나 애석했던지…. '뭐야, 달라진 것이 하나도 없잖아!' 그런 거였습니다.

마음나에서 살을 내고 나서야 이제는 진짜로 참나가 되었습니다. 그리고 참나가 사는 이 세상이 진짜로 참세상이었습니다. 이 세상이 그냥 참세상이었다니! 그런데도 나는 왜 여태 그것을 몰랐을까요? 묘하게도 나는 이미 알고 있었다는 느낌, 다 알면서도 모른 채 살았다는 그런 느낌이었습니다. 왜 나는 다 알고 있으면서 모르고 살았을까! 그런 묘한 느낌이 있었습니다.

이 심성계에서 경계를 만난 것은 행운이었을까요, 운명이었을까요? 제가 어떻게 이토록 기특하게 나는 죽을 수밖에 없는 존재라는 것을 기억해 냈을까요! 마음의 특성상 심성계에서는 '나는 죽지 않는다'가 맞습니다. 이 계에서는 순전히 마음만 있습니다. 몸이 없으니 죽을 것이 없습니다. 그런데도 나는 죽을 수밖에 없다는 것을 마음나임에도 불구하고 부정할 수가 없었습니다. 어떻게 마음나가 죽을 수 있지? 이것이 그 경계의 화두였습니다. 결국 죽는 것은 마음나가 아니라 몸나인 것을 깨달았지요. 심성계에서는 드러난 표전(몸)이 마음나입니다. 마음이 드러나 있는 심성계의 몸(표전)인 것입니다. 몸(물성)은 드러나지 않은 내면 혹은 차전 혹은 심성계의 마음이었습니다. 마음이 몸(표전)이었고, 몸이 마음(차전)이었던 것입니다. 만질 수 있고, 느낄 수 있는 것은 마음이었고 보이지도 않고 어디에 있는지 도무지 알 수도 없는 것이 몸이었던 것입니다. 영도범부가 마음이 어디에 있는지 모르는 것처럼 여기서는 몸나가 어디에 있는지 알 수가 없었습니다. 수련 끝에 마음나에 살을 내자 그제야 몸과 마음으로 사는 참나가 될 수 있었습니다.

그렇지요. 바로 이것입니다. 영도범부는 몸나로 삽니다. 그러나 삼육공도범부는 몸과 마음으로 삽니다. 이제는 몸이 어디에 있는지 아는 것처럼 마음이 어디에 있는지도 압니다. 몸이 있는 곳에 마음도 있습니다. 마음이 있는 곳에 몸도 있습니다. 몸으로 할 수 없는 것은 마음으로도 하지 않고, 마음으로 하지 못하는 것은 몸으로도 하지 않습니다. 그냥 자연스럽게 삽니다.

 몸으로 할 수 없는 것을 마음으로 하고 있다면 그것은 상상이거나 망상입니다. 마음으로 할 수 없는 것을 몸이 하고 있다면 그것은 좀비나 강시가 아니면 거짓입니다. 무지 내지는 어리석음이며 이것으로부터 죄나 악을 초래합니다. 몸나와 마음나가 하나가 되어 살 때 우리는 참되게 살고 있다고 할 수 있습니다. 거짓마음은 몸나가 낸 생각이지 마음나가 아닙니다. 이 세상에서 거짓은 오직 당신의 거짓 마음밖에는 없습니다.

 제나의 차원을 정리하면서도 저는 감탄하지 않을 수 없었습니다. 왜냐하면 이것까지도 인류는 이미 다 알고 있었던 것이기 때문입니다. 영성계에 대한 가르침도 있었고, 신성계에 대한 가르침도 역시 존재하고 있었으며, 공성계에 대한 깨달음도 이미 있었고, 심성계에 대한 깨달음도 이미 이 세상에 있었습니다. 그뿐만 아니라 마지막 단계인 이 참세상에 대한 지혜도 이미 이 세상에 존재해 있었던 것입니다. 다만 그것이 제나가 아니라 한 토막씩으로 분리되어 있었습니다. 그래서 그것들이 다 나를 이야기하고 있음에도 불구하고 까막과줄 나무의 알과 애벌레와 번데기와 나비들처럼 서로를 알아보지 못하고 있었던 것입니다. 마지꿰지 않은 진주알처럼 각각 반짝이는 가치를 지니고서 흩어져 존재하고 있었습니다. 그런 채로 한 알 한 알이 모두 자기만 반짝이는 줄 알고 있었습니다. 그것은 제나의 눈으로 볼 때 참으로 안타까운 현실이었습니다.

도가의 노자는 무위자연을 이야기합니다. 일부러 인위적으로 하는 행위는 도가 아니라고 가르칩니다. 장자 또한 있는 그대로가 다 도라고 말하고 있습니다. 불교 안에서도 찾을 수가 있었습니다. 바로 "산은 산이요, 물은 물이로다"라고 한 성철 스님의 법어가 참세상의 표본입니다. 사실 이 말은 중국 송(宋)나라 때의 청원유신(靑原惟信) 선사의 법어였다고 합니다. 'Kormedi 건강편지'라고 하는 사이트에서 청원유신의 법어를 찾을 수 있었는데요, 참 인상적입니다. 일부라도 옮겨 놓지 않을 수가 없네요.

"내가 30년 전 아직 선 공부에 들어가지 않았을 때 산은 산이고, 물은 물이었다. 그러나 지식을 쌓아 경지에 이르니 산은 산이 아니고, 물은 물이 아니었다. 하지만 진정 깨달아 휴식처를 얻으니 정녕 산은 산이고, 물은 물이로구나(老僧三十年前未參禪時 見山是山 見水是水. 及至後來 親見知識 有個入處見山不是山 見水不是水. 而今得個休歇處 依前見山只是山 見水只是水)."[16]

위의 인용문은 제나아리의 과정과 정확히 일치하고 있음을 확인할 수 있는 적절한 본보기가 아닐 수 없습니다. 제가 제나에 대하여 이야기하기 이전에 이미 영도 범부와 삼육공도범부에 대하여 깨달아 선언하였던 선각자의 말씀이 있었던 것입니다. 청원유신 신사의 말씀대로 제나아리한 삼육공도범부가 사는 여기는 색즉시색(色卽是色)이요, 공즉시공

---

16 http://blog.n-aver.com/PostView.nhn?blogId=dan11&logNo=30084088531

(空卽是空)인 자리입니다.

제나아리 단계는 인류의 정신사와 그 변천을 같이하고 있는 것도 저로서는 신통방통했습니다. 따지고 보면 그럴 수밖에 없다는 것은 나중에 이해하였습니다. 그 발달 과정은 진화의 원리를 따라가기 때문에 단계가 순차적으로 나왔던 것입니다 우선 태곳적에는 토템이나 샤먼이 정신적인 수준이었을 것입니다. 그다음에 영혼의 종교들이 등장하여 인류에게 사랑을 가르쳤습니다. 일단 영혼에 눈을 밝힌 사람들은 신을 알 수 있었을 것입니다. 그래서 신과의 합일을 위한 수련을 하였습니다. 그다음 공이 등장합니다. 인도에서는 고대의 문명으로부터 선정(禪定)수련이 전수되고 있었습니다. 고타마 싯다르타 부처님이 선정에 들었을 때에는 신과의 합일에서 오는 지고한 지복을 누릴 수 있었으나 선정에서 나와 일상생활에서 직면하는 현실은 그 상태가 아니었습니다. 그것은 다시금 고(苦)였던 것입니다. 그래서 지금까지의 수행 방법을 부정하고 자신만의 방편인 위빠사나로 수행하여 무아를 얻었다고 합니다. 그러나 무아를 아는 나는 여전히 있을 수밖에 없습니다. 있기는 있되 없는 나. 내가 없으면 무엇이 나일까요? 몸으로 된 나가 없으면 마음만 남지요! 사실은 그런 취지는 아니었지만 어쨌든 인류의 정신문화는 마음으로 이루어진 세상에 도달합니다. 일체유심조인 것이지요. 부처님이 신과의 합일이 고를 완전히 해결하는 진리가 아니라고 판단하여 지금까지의 수행을 부정하고 다시 위빠사나를 행하여 무아를 얻은 것과 마찬가지로, 곰곰이 생각으로 나를 여의고 무아가 되었어도 눈을 뜨면 먹고살아야 하는 몸나가 여전히 있는 것은 심성계에서도 여전합니다. 오직 마음으로 된 심성계도 온전하지 못했던 것입니다. 그것이 완전해지기 위해서는

몸나를 찾아야 했습니다. 그리하여 살이 드러나자 이 세상은 비로소 온
전해졌습니다. 산은 산이고 물은 물이었던 것입니다. 나는 지금여기에
몸과 마음으로 살고 있는 그대로, 분리성, 변화성, 유한성을 지닌 채 그
대로 참사람이었고, 이 세상은 생장멸하는 그대로가 참세상이었던 것입
니다.

제나의 차원적 구조

이 그림은 제나아리 명상원에 게시해 놓은 그림인데, 안쪽에 있는 별
모양은 원래 없어도 될 사족입니다. 그림이 밋밋하여 시각적 효과를 바
라면서 아무 뜻도 없는 별이 들어갔습니다. 각각의 차원에서 별이 있는
쪽이 안으로서 드러나지 않은 차전이며, 이 차전이 바로 마음입니다. 바
깥쪽은 드러난 표전으로 그 차원의 봄이 되겠습니다. 물성계에서는 물
성이 표현되어 있고 영성은 내재해 있습니다. 영성계에서는 영성이 표현
되어 있고 신성이 내재해 있습니다. 신성계에서는 신성이 표현되어 있고
공성이 내재해 있습니다. 공성계에서는 공성이 표현되어 있고 심성이 내

재해 있습니다. 심성계에서는 심성이 표현되어 있고 물성은 내재해 있습니다. 어느 계에나 몸과 마음이 있네요. 물성계에서는 신체가 몸이고 마음은 영성이지요. 영성계에서는 영성이 몸이고 신성이 마음입니다. 신성계에서는 신성이 몸이고 공성이 마음이고요, 공성계에서는 공성이 몸이고 심성이 마음입니다. 심성계에서는 심성이 몸이고 물성이 마음이 됩니다. 이렇게 관(觀)을 해 놓고도 공 안에 마음이 있고, 마음 안에 물질이 있다니 저의 개념으로 쉽게 납득이 가지 않았습니다. 하지만 공이 표현되지 않은 것 없이 그냥 무(無)라면 존재는 생겨날 수 없었습니다. 심성계가 물성을 품고 있지 않았다면 현상계는 펼쳐지지 않았을 것입니다.

앞의 그림 '제나의 차원적 구조'를 보면 당신은 자신이 당신이 아는 것보다 훨씬 더 크고 완전한 존재임을 느낄 수 있으리라 기대합니다. 당신이 몸나로 살고 있는 이 세상의 나 자신이 초라하고 찌질하고 못나 보이시거든 저 활짝 핀 꽃처럼 아름다운 제나의 차원적 구조를 생각해 주시기 바랍니다. 이파리가 다섯 개인 무궁화 꽃의 꽃 이파리 하나를 뜯어내어 그것이 마치 무궁화 꽃인 양 여기신다면 그것은 대단히 잘못 알고 있는 것입니다. 우리 각자도 마찬가지입니다. 제나를 다 알고 나면 나는 언제나 그 모든 것임을 알 수 있습니다. 당신이 모르고 있을 뿐이지 당신은 늘 온전합니다. 드러난 하나의 꽃잎뿐만 아니라 드러나지 않은 네 개의 꽃잎까지가 나입니다. 그러니 거짓 마음에 휘둘리지 마시기 바랍니다. 거짓 마음에 휘둘릴 때조차도 당신 존재는 온전합니다. 당신은 온전함이에요. 그들도 온전함이고 그것들도 모두 온전합니다. 거짓 마음만 걸어 낸다면 우리는 늘 온전하게 살 수 있습니다.

7. 제나의 이원적 구분

제나라는 말 자체가 이 세상에는 아직 없었습니다. 그래서 제나의 차원적 구조를 납득하는 것이 쉽지는 않으리라 각오하고 있습니다. 낯설고, 어색하고, 못마땅할 수도 있고, 거북살스러울 수도 있으리라 여겨집니다. 익숙하지 않고, 이해하기 어려운 것에 대한 일반적인 느낌이 그럴 것이기 때문입니다. 그런데 이 차원적 구조가 아니더라도 우리는 이미 이 책을 여기까지 읽어 오면서 우리의 지금여기인 현주소와 그것이 아닌 것들에 대하여 많은 인식을 가지게 되었습니다. 즉, 이 세상에 속하는 것 ― 이것은 우리의 오감을 연장한 과학기술의 덕을 보는 것까지 포함합니다 ― 과 그것을 넘어서는 것으로 구분할 수 있는 것입니다. 이 세상은 물성계입니다. 이 물성계 안에서 우리가 속해 있는 단계는 복잡세포의 단계입니다. 이 단계는 지구 안에 살고 있는 우리로서는 접해 보지 못한 끝없는 우주 안으로 범위를 확대하였을 때에는 어느 정도의 단계일지 가늠할 수 없지만, 우리가 살고 있는 지구에서는 가장 고등의 단계라고 할 수 있습니다. 저등한 단계를 질료로 하여 고등 단계는 이루어져 있습니다. 그것은 이런 식이지요. 복잡세포인 인간은 다세포로 된 장기와 뼈, 근육 등을 가지고 있습니다. 간도 아주 많은 간세포로 이루어진 다세포이고 심장도 다세포이고 뼈도 많은 세포로 이루어진 다세포이고, 손톱도 다세포이고 그 다세포들은 단세포들이 모여 있는 것입니다. 그리고 하나의 세포는 그 안에 분자들을 가지고 있고, 하나의 분자는 그 안에 원자들을 가지고 있습니다. 하나의 원자는 다시 원자핵과 전자를 가지고 있으며, 하나의 원자핵은 양성자와 중성자를 가지고 있고, 그것은 다시 쿼크로 이루어져 있습니다. 그럼 물성계는 복잡세포, 다세포, 단세포, 분자, 원자, 아원자라는 여섯 이파리를 가진 꽃인가요? 저는 이 물성계를 다시 두 개로 나누어 보았습니다. 생명현상이 출현하는 것과 그것의 질료가 되는 단계로 구분지었습니다. 이를테면 생명현상 부분을 현상계로, 그 재료가 되는 단계는 원인계로 파악하였습니다.

제나의 차원도는 다섯 개의 계로 이루어져 있습니다. 물성계, 영성계, 신성계, 공성계 그리고 심성계입니다. 이 중에서 물성계를 제외한 나머지 계들은 우리의 몸나 수준을 넘어서 있습니다. 그런 까닭에 사람들은 보통 물성이 아닌 것을 모두 초월계로 정의하고 있었습니다. 제나의 개념이 아직 없으니까요. 한자의 신(神)의 용례를 살펴보면 쉽게 이해할 수 있습니다.

한자 '신(神)'은,
- 몸나 차원에서의 마음 부분을 뜻하는 정신(情神)에도 들어가 있으며
- 영성계의 수준이 낮은 단계인 귀신(鬼神)에도 들어가 있으며
- 영과 신 사이의 경계면인 신령(神靈)에도 들어가 있고
- 한 얼을 뜻하는 신성계의 신(神)을 나타내기도 합니다.
- 우리나라에서는 무속인들이 섬기는 귀신의 수준도 모두 신이라고 말하고 있습니다.

옛말에 무속인들은 영험한 무당이 되기 위하여 항아리 속에 서너 살

이 된 어린아이를 가두고 손가락을 잘라 간직한 다음 아이를 굶겨 죽인 다는 속설이 있습니다. 그러면 아이는 한을 품고 죽어서 이승을 떠나지 못하고 자신의 손가락을 찾아 무당에게 빙의가 되어 동자신이 된다는 것입니다. 실제로 이런 일이 있었는지는 알 수 없지만, 이것은 상대성으로 살고 있는 우리 삶의 경험과 개념과 느낌을 고스란히 가진 귀성의 단계를 극단적으로 설명하고 있습니다. 제나를 모르니 이러한 단계도 모두 '신(神)'이라고 부르고 있는 것입니다. 제나에서 이것은 귀성의 단계입니다. 이때에는 그냥 신이라고 부를 수 없습니다. 제나에서의 신은 모두가 하나인 전체성이며 절대성의 나인 한 얼의 단계만을 지칭하는 것이므로 그 개념을 바르게 가져야 할 것입니다.

귀신이라는 말이 나오고 신이라는 말이 나오다 보니 제나를 아무리 설명해 줘도 이해하지 못하고 일단 무섭다고 하는 사람도 있습니다. 자신이 가지고 있는 미신의 굴레를 쉽게 벗어나지 못하는 실례(實例)입니다. 제나아리에서 이 세상은 참세상이라는 것을 염두에 두고 보시면 한결 안심이 될 것입니다. 제나를 알게 되면 당신은 참사람이니 그런 것을 무서워할 필요가 없습니다. 귀신나라든지 혼나라고 하는 것은 사람으로 살고 있는 물성계의 용어가 아닙니다. 그리고 영성계에서도 귀신나라고 하는 것은 나에게 해코지를 하는 무섭고 못된 어떤 대상이 아니라 그 단계에서 쓰는 명사 '사람'과 다름없는 말입니다. 나 자신의 성장 과정 내지는 진화 과정 혹은 성숙도나 정화 정도라고 말할 수 있습니다. 물성계의 지금여기 나의 현주소인 몸나에서도 유아기와 아동기, 청소년기, 성년기, 장년기, 노년기 등으로 발달 과정을 설명합니다. 마음나에서도 그런 식의 구분이 있는 것이라고 보시면 됩니다. 즉, 영성계에서 오욕

칠정(五慾七情)¹⁷을 다 가지고 있는, 몸나가 경험한 기억과 알음알이로 가졌던 개념 그리고 느낌을 다 가지고 있는, 정화되지 않은 가장 저급한 수준이 귀신나 단계입니다. 거기에서 기억과 개념을 다 버려서 맑아지고 순수해진 수준이 영혼나의 단계이고, 개체성까지 다 사라져 너와 나의 구분이 없는 절대의 수준이 한 얼 혹은 흔나라고 하는 신인 것입니다. 다시 말하면 아직 성숙하지 않은 유치하고 어리석은 어린이 단계의 내 영혼을 일컬어 귀신나라고 한다는 것을 알면 무서울 것이 하나도 없습니다. 하긴 공포영화에서는 사악하고 무서운 어린애도 있을 수 있겠네요. 하지만 그 어린애도 자기자신을 무서워하지는 않겠지요. 이런 것을 생각한다면 사람은 그 무엇보다도 먼저 마음의 성장을 위한 삶을 살아야 할 것 같습니다. 내 마음체의 수준이 귀신의 수준에 머물러서는 안 될 것이기 때문입니다. 적어도 영혼은 되어야 하지 않을까요? 신령한 사람이 되면 더 좋겠습니다.

제나로 살펴보면 사람들이 초월계라고 생각하는 영역에는 영성계와 신성계와 공성계와 심성계가 포함됩니다. 영성계는 몸이 빠진 개체성인 마음체의 세계이고, 신성계는 개체성이 빠진 전체성의 세계입니다. 전체성마저 존재하지 않는 세계가 공성계이고, 그 공성계로부터 공성이 다하고 드러난 것이 심성계입니다. 이 중에서 상대성으로 존재하지 않고 전체성으로 존재하는 차원을 다시 절대계로 묶었습니다. 절대계는 신성과 공성과 심성이 들어갑니다.

---

17 색욕, 식욕, 명예욕, 재물욕, 수면욕의 오욕과 희(喜), 노(怒), 애(哀), 락(樂), 애(愛), 오(惡), 욕(欲)의 칠정을 아울러 이르는 말.

그런데 심성은 좀 특이합니다. 왜냐하면 신성의 식이나 심성의 식은 같은 식이면서도 심성의 식은 처음 나타날 때에는 천상천하 유아독존으로 상대성이 없지만 눈을 떠보면 세상이 드러나고 상대적이 되어버리는 것입니다. 그러고 보면 느낌도 약간 달랐습니다. 신성에서의 식은 흔나라는 무한의 느낌이지만 심성의 식은 좀 애매하였습니다. 저는 그 애매함이 한 알의 느낌이었을 것으로 생각합니다. 전체성이며 완전성인 공으로부터 분리되어 한 알이 된 느낌. 그것이 애매하였던 것이지요.

본성으로부터 낳아질 때 마음 상태는 두 가지가 있습니다. 객관성과 주관성이 그것입니다. 객관성은 바탕으로 드러나고 주관성은 하나로 응집된 개체 인식을 가지게 됩니다. 그래서 눈을 뜨면 객관적인 세상 안에 주관성으로 드러난 '나'가 놓여 있습니다. 저의 명상 과정에서의 경험으로 관(觀)하자면 나라고 하는 주관적인 세상에서 어쩌면 당신은 사물과 다름없이 객관적으로 존재하는 대상일지도 모릅니다. 남이란 나에게 어차피 그런 존재일 수밖에 없습니다. 그것이 각자의 내 세상이겠지요. 그렇지 않나요? 그래서 나는 이 세상에서 나 아닌 남 모두를 통째로 하나로 인식하여 그 모든 것들을 하나같이 사랑하여야 하는 것입니다. 그러면 사랑의 개념이 훨씬 간단하게 쉬워지겠지요. 책임에 대한 이해도 단순하게 100%로 나올 것입니다. 우리는 모두를, 모든 것을 사랑하여야 할 책임이 있습니다.

이 이원적 구분은 사람의 기준에서 본 것이라고 이해하십시오. 즉, 사람과 사람이 아닌 것으로 구분하고 있습니다. 살앎의 살로 표현된 지금 우리가 살고 있는 이 차원과 살이 없는 다른 차원의 구분이라고 해도 같은 뜻입니다. 한 가지 유념하여야 할 것은 이 차원이나 그 차원은 모두 나의 과정이라는 것입니다. 나와 분리된 그들의 세상이 아니라 나의 모든 혹은 모든 나의 세상이 그렇게 생겨 먹었습니다. 단지 지금 내가 존재하는 곳이 여기일 뿐입니다.

꿈속에서는 살앎이 아니라 앎만 있습니다. 그 앎은 마음 중에서도 살이 낸 마음이며 그것을 투영하고 있습니다. 앎이 그 안, 꿈의 안에 있기 때문에 꿈속의 나는 내가 꿈속에 있다는 것을 전혀 알지 못합니다. 그리고 살이 낸 마음이기 때문에 꿈 세계에 드러난 것은 살이 낸 마음이고 드러나지 않은 것은 현실 세계의 살앎입니다. 내가 꿈속에 있다는 것을 알려면 그 꿈에서 나와야 합니다. 꿈속의 나가 그 꿈속에서 나오려면 어떻게 해야 할까요? 꿈을 깨야 합니다. 즉, 꿈속의 내가 사라지지 않으면 그 꿈속에서 나올 수가 없습니다. 살이 낸 마음을 깨고 나왔을 때 꿈의 차원이 아닌 살앎이 있는 현실세계로 돌아옵니다. 이것과 똑같습니다. 이것이 제나의 존재가 현재 차원의 계에서 다음 차원의 계로의 전변이 일어나는 원리입니다. 즉, 물성계에서는 몸을 벗어나야 영성계가 드러나고, 영성계에서는 영성을 벗어나야 신성계가 드러나며, 신성계에서는 신성을 벗어나야 공성계가 드러납니다. 공성계에서는 공성을 벗어나야 심성계가 드러나고, 심성계에서는 물성인 살을 내어야 다시 물성계의 참살앎이 드러나는 것입니다. 참나를 찾아가는 길목 하나하나가 참으로 요지경입니다.

다시 살앎의 세상을 봅시다. 드러난 것은 살이고 드러나지 않은 것은 앎입니다. 살이 사라지고 나야 앎이 드러납니다. 살이 사라지는 것은 몸이 수명을 다하는 것이고, 그것을 우리는 죽음이라고 부릅니다. 우리의 거죽이 죽고 속이 살게 되는 경계가 죽음인 것입니다. 그래서 제나에서

볼 때 죽음은 끝이 아니라 또 다른 시작이 됩니다. 존재의 트랜스포메이션이 일어나는 곳이 죽음인 것이지요. 물성계에서는 몸이 죽어야 영성계로 넘어가서 영성이 살게 됩니다. 영성계에서는 영성이 죽어야 신성계로 넘어가서 신성이 살게 됩니다. 신성계에서는 신성이 죽어야 공성계로 넘어가서 공성으로 살게 됩니다. 공성계에서는 공성이 죽어야 심성계로 넘어가서 심성으로 살게 됩니다. 심성계에서는 물성인 살을 내어야 합니다. 그래야 마음과 몸이 하나가 되어 성통을 이룹니다. 죽음은 각각의 계에서 드러난 것이 소멸한다는 의미입니다. 깨진다, 사라진다, 소멸한다, 등등은 모두 죽는다는 말과 같습니다. 우리나라 사람들은 숫자 4를 아주 싫어해서 아파트에도 4층이 없고 엘리베이터에도 4층은 없습니다. 대신 4층은 숫자를 쓰지 않고 영어 'Four'를 가져와 F층으로 표기하고 있습니다. 그 이유가 죽을 사(死)와 발음이 같기 때문이라고 합니다. 중국과 마찬가지로 개똥밭에 굴러도 이승이 좋다는 우리나라 사람들에게 죽음은 그 정도로 두려운 대상입니다. 그러나 제나를 알면 죽음은 그렇게 두려운 것이라고 할 수 없습니다. 굼벵이가 허물을 벗고 번데기가 되듯 또는 번데기가 허물을 벗고 나비가 되듯, 내가 사라지는 것이 아니라 차원이 달라질 뿐이기 때문입니다. 저는 4자를 아주 좋아합니다. 저의 핸드폰 번호에는 4라는 숫자가 4개나 있습니다. 저에게 4라는 발음은 '사랑 사' 자를 의미하기 때문입니다. 마음 하나를 바꾸면 죽음도 사랑으로 보입니다. 우리 모두 제나를 알았으면 좋겠습니다.

흔히 우리의 무의식을 빙산에 비유합니다. 빙산은 90%는 바다 속에 잠겨 있고 10%만 물 밖으로 나와 있다고 합니다. 저는 이러한 비유가 참 마음에 듭니다. 제나와 현재 나의 비교도 빙산의 일각이라고 할 수 있습니다. 우리가 자기인식을 드러난 것에만 국한하지 말고 드러나지 않은 것까지 하게 된다면 사랑으로 충만한 차원도 만날 것이고 나와 남의 경계가 사라진 차원도 만날 것이고, 완전한 공성도 만날 것이고 모든 것이 마음인 세계도 만날 것입니다. 그런 것들의 경험이 있을 때 우리의 속성인 분리성과 변화성과 유한성을 극복할 수 있으리라 믿습니다. 그래야 각자가 참나가 되고 이 세상은 참세상이 되겠지요. 그래야 온전한 세상에서 자유로운 존재, 사랑의 존재, 가능성의 존재로 참살림을 할 것입니다. 이 책을 읽고 있는 당신은 물론이고, 이 세상에 살고 있는 모두가 참사람이 되시기를 기원합니다.

제나의 이원적 구분

이제는 제나가 무엇인지 이해하실 수 있으리라 기대합니다. 앞의 그림 '제나의 이원적 구분'과 먼저 설명한 '제나의 차원적 구조'를 같이 보시면,

차원적 구조는 다섯 이파리인데 이원적 구분은 또 다르게 생겨서 혼선이 있지나 않을까 하는 우려를 살짝 해 봅니다. 차원적 구조의 물성계가 이원적 구분의 노랑색 부분입니다. 물성을 좀 더 세분해 본 것입니다. 우리의 삶이 이루어지고 있는 부분이 현상계입니다. 단세포조차도 우리의 눈으로 확인하는 것이 어렵기는 하지만 느낌의 차원이고 생명현상의 차원입니다. 그러한 현상의 원질료가 되는 차원을 원인계로 보았습니다. 쿼크라고 하는 것들이 비록 우리의 감각을 넘어서 있으나 그렇다고 초월계에 속하는 것은 아닙니다. 그것은 어디까지나 물성계 안에 있습니다. 이 점도 제나를 모르면 얼마든지 혼동할 수 있습니다. 어쩌면 그것은 나와는 무관하여 다른 차원이라고 생각할 수도 있겠습니다. 그러나 그러한 생각은 섣부른 사고입니다. 내 안에는 물성의 그러한 요소들이 다 포함되어 있습니다. 다시 말해서 쿼크가 모여서 원자핵을 이루고 원자핵은 다시 전자와 함께 원자를 이룹니다. 원자가 모여서 분자가 되고 분자가 모여서 단세포가 되었습니다. 단세포들이 모여 다세포가 되었고 다세포들이 모여서 복잡한 구조를 가진 복잡 세포가 되었습니다. 물론 복잡세포라는 말이 생물학적이거나 의학적인 용어는 아닙니다. 제나아리식의 설명이 되겠습니다. 따라서 제나에서 우리의 현주소는 물성계 안에서도 현상계의 복잡세포의 수준입니다. 그러니 극소미립자의 세계가 곧 나라고 하지는 마십시오. 우리는 그런 것들로 구성이 되어 있지만 그렇다고 극소미립자라고 할 수는 없는 존재들입니다.

영성계는 표에 있는 그대로 생각을 하시면 될 것 같습니다. 그리고 이원적으로 구분했을 때 절대계로 묶인 부분이 신성계의 신과 공성계의 공, 그리고 심성계의 심이 됩니다. 절대계는 상대성이 없는 차원이어서 이렇게 묶을 수 있었습니다.

내 존재의 지금여기 드러난 것이 빙산의 일각인 것을 알려면 그림 '제나의 차원적 구조'에서 보시는 것이 더 잘 느껴질 것 같습니다. 이원적 구분으로는 마치 절반은 되는 느낌이지만 차원으로 보면 5분의 1 정도로 보이니까요. 그중에서도 표현된 것만을 생각한다면 우리의 표현되지 않은 부분은 90%가 맞습니다. 표현된 부분은 그야말로 빙산의 일각인 셈입니다. 아마도 시간적인 개념으로 생각해 보면 우리의 지금여기라는 현실은 우리 한 생애로 볼 때 아주 짧은 순간이라고 할 수 있습니다. 하지만 우리가 하는 시간인식은 시계가 가리키는 것과는 약간의 차이가 있습니다. 사람들은 하루, 일주일, 한 달, 1년 등으로 시간의 개념을 형성하고, 하루는 다시 아침, 점심, 저녁과 일어나는 시간, 잠드는 시간 등으로 구분할 것입니다. 시간을 인식하는 단위로 겁나게 긴 시간을 의미하는 겁(劫)이라는 단위도 있습니다. 이 겁이라는 시간은 산스크리스어 겁파(Kalpa)의 약칭으로서 인도에서 말하는 범천의 하루를 가리키는 시간입니다. 인간계의 시간으로 4억 3,200만 년이라고 합니다. 비유적으로는 가로와 세로 높이가 각각 12킬로미터씩 되는 바위를 천상에서 선녀가 100년에 한 번씩 내려와 춤을 출 때 옷깃으로 스쳐서 다 닳아 없어지게 하는 데 걸리는 시간이라고도 하네요. 인도인들이 생각하는 초월계의 시간이 그렇습니다. 이런 식으로 생각을 한다면 개인의 일생이라는 것이 과연 제나의 다섯 차원 이파리 중 하나라는 크기를 시간적 의미로도 충족시키는 것일지는 알 수 없습니다. 뭐 그런 것은 여벌로 생각해 본 것이고, 여하튼 내가 나라고 의식하는 지금여기의 나는 제나로 볼 때 아주 작은 나가 분명합니다. 더군다나 제나의 차원적 구조는 종적인 측면의 제나입니다. 횡적인 제나인 이 세상과 온 우주 안에 존재하는 모든 것들이 다 나라는 인식까지 보탠다면 제나의 인식은 끝이 없습니다. 라마[18]를 타고 온 독수리 인간이나 새 종족, 빛으로 말하는 종족도 다 나이고 영화 〈ET〉에 나오는 머리 큰 외계인도 나이고 〈스타워즈〉에 나오는 각양각색의 외계종족들도 다 나인 것입니다. 그러니 개체성의 나 하나는 빙산의 일각보다도 더 작은 존재라고 할 수밖에 없습니다.

즉, 우리는 각자가 본래적으로 너무나 대단한 존재라는 것. 저는 그것을 우리 모두에게 말씀드리고 싶습니다. 그것을 잊고 피부 울타리에 갇혀서 이기적으로 자신만을 위하면서 속 터지게 살지 말자고 말씀드리고 싶어요.

---

18 아서 클라크의 소설 『라마와의 랑데부』에 등장하는 원통형의 외계인 우주선.

IV

제나아리 명상 수련

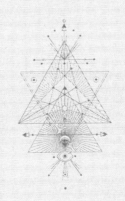

제나를 이해하고 통다지로서 나의 개념이 생겼다면 우리 모두 혹은 우리 전체라는 말이 온새미나라고 하는 것에 동의하실 수 있을 것 같습니다. 당신은 또 다른 나이고, 그들도 또 다른 나들이며, 그것들까지도 나인 것이니 다 나입니다. 모든 것이 다 나라고 하는 그 통째의 나를 온새미나라고 하였습니다. 제나와 온새미나는 다를 것이 없습니다. 다만 온새미나라는 말을 만들 때에는 상대성의 나의 총집합을 염두에 두었던 때였습니다. 그래서 수평적인 제나를 표현하는 말로 썼으나 지금은 낱낱의 제나를 이르는 말로도 쓰고 있습니다. 이 온새미나라는 말을 각 나라의 정치하는 이들이 알았으면 참 좋겠다는 생각을 합니다. 정치하는 사람과 교육하는 사람들이 제나아리하면 얼마나 좋을까 하는 생각도 해 봅니다. 우리나라와 너희 나라가 균형을 맞추고 조화로울 수 있는, 그러면서 우리나라도 잘 살고 너희 나라도 잘 살 수 있는 공존의 지혜는 집단이기주의를 넘어설 때 가능합니다. 내나라 사람이 아니면, 나와 같은 종교인이 아니면, 나와 같은 이념을 가진 사람이 아니면 테러도 감행하는 그런 남에 대한 인식은 집단적으로 인명을 살상하는 끔찍한 결과를 낳습니다. 인간의 역사에서 전쟁에서 승리한 위대한 장군들은 온새미나의 입장에서 보면 패배한 장군과 하등의 다를 바가 없습니다. 승리한 장군이나 패배한 장군이나 그들은 수많은 나를 죽인 살인자에 다름없으니까요.

사람의 나쁜 짓은 실로 오만가지가 있을 것입니다. 제나에서는 그것을 한 가지로 정의할 수 있습니다. '나를 나로부터 멀어지게 하는 행위'라고 말입니다. 여기에서 나라는 것은 나 자신이고 너이고 그들이고 그것들일 것입니다. 내가 나 자신과 멀어지게 하는 것도 나쁜 짓이고, 내가 너와 멀어지게 하는 짓도 나쁜 짓이고, 내가 그들이나 그것들과 멀어지게 하는 것도 나쁜 짓입니다. 나쁜 짓이 악이겠지요. 그렇다면 선은 저절로 알 수 있습니다. '나를 나로부터 가깝게 하는 행위'라고 말입니다. 나를 너와 더 가깝게 하는 것이 선입니다. 나를 그들과 더 가깝게 하는 일이 선입니다. 그리고 나를 그것들과 더 가깝게 하는 일이 선인 것입니다. 나를 '나'와 더 가깝게 하는 일은 나를 영적으로 성장시키는 일입니다. 이것은 그리스도교에서 의미하는 것과 차이가 있습니다. 즉, 나의 대자대비하고 대자유자재하며 전지전능한 본성에 좀 더 가까이 다가가는 것을 의미합니다. 나의 바깥에 있는 '나'의 본성이 남이고, 나의 안에 있는 참나가 나의 본성입니다. 본성의 나에게 다가가는 것, 그래서 나중에는 그것과 합치되는 것, 그것이 나를 위한 최고의 선이 됩니다. 이것은 선하게 산다고 되는 일은 아닙니다. 왜냐하면 우리의 시각이 밖으로만 향해 있는 한 이러한 선악의 개념은 생기지 않습니다. 나는 나이고 남은 남인 영도범부에게 이러한 선악의 개념은 생길 수 없습니다. 그래서 오만가지로 악을 구분하여야 하고 오만가지로 선을 구분하면서 선하게 살고자 노력하는 삶을 살게 됩니다. 하지만 제나의 입장에 서면 잣대가 하나입니다. 참나로부터의 거리가 그것이지요. 참나로부터 멀어지게 하면 악이라 하고 가까워지게 하면 선이라 합니다. 결국은 하나가 되어야 하는 것이 제나의 과정이기 때문에 그렇습니다.

시선을 내 안으로 돌려서 참나를 찾아가는 길이 명상입니다. 그중에서 제나아리 명상은 제나를 경험하는 수련이 되겠습니다. 명상의 종류를 저는 집중하는 형태에 따라서 정적 명상과 동적 명상으로 크게 나눌 수 있다고 생각합니다. 일반적으로 알고 있는 명상은 마음이 차분하고 고요해지는 것입니다. 이러한 성격의 명상은 정적 명상에 해당할 것입니다. 정적 명상은 한군데 집중하여 두뇌를 최대한 쓰지 않고 이완하는 명상이라고 할 수 있습니다. 요가나 불교 명상에서 하고 있는 사마타가 여기에 속합니다. 사마타 명상의 경우는 마음을 차분하게 가라앉혀 고요하게 해 줍니다. 소가 고삐가 풀리면 온 숲을 헤집고 돌아다니겠지만 나무에 매어 두면 그 언저리를 맴돌 뿐입니다. 그것과 같이 정적 명상은 마음을 한군데로 모아서 집중하게 합니다. 집중력이 강화될수록 점점 더 심층에 도달하게 됩니다. 그리고 그 안에서 지극한 고요를 만납니다. 이것을 선정이라고 합니다. 그런데 고타마 싯다르타 부처님은 요가 명상의 오래된 수행 방법인 사마타로 수행하여 선정에 도달하고 보니 선정에 들었을 때는 고요한 지복의 평온함이 있었으나 선정에서 나왔을 때에는 일상의 고통들이 여전하였습니다. 이 때문에 그 방편은 삶의 고통을 완전히 해결하는 방법이 아니라고 판단하였습니다. 그래서 그때까지 해 왔던 사마타를 부정하고 새로운 방법으로 수행한 것이 위빠사나(Vipassanā)였습니다. 위빠사나는 위(Vi) + 빠사나(Passanā)로 위(Vi)는 '뛰어난' 혹은 '특별한'의 뜻이고, 빠사나(Passanā)는 '봄' 혹은 '관찰'을 의미합니다. 이것은 관찰이기 때문에 계속하여 두뇌 작용을 할 수밖에 없습니다. 위빠사나에서 관찰하는 대상은 신수심법(身受心法)의 사념처(四念處)가 되겠습니다. '신'은 몸의 감각을 따라가며 관찰하는 것입니다. '수'는 느낌을 따라가며 관찰합니다. '심'은 마음을 따라가며 관찰하는 것입니다. '법'은 이치나 원리를 따라가며 보는 것이라 할 수 있는데 붓다가 말씀하시는 무상, 고, 무아를 보는 것이라고 합니다. 동적 명상은 위빠사나와 같이 계속 두뇌를 쓰는 명상이라고 할 수 있습니다. 도가의 명상인 단전호흡은 호흡에 집중을 합니다. 사마타의 경우에도 호흡에 집중을 하고 위빠사나의 경우에도 호흡에 집중을 하는데 방법은 약간씩 차이가 있습니다. 목적이 다르기 때문이지요. 요가에서 호흡에 집중을 하는 경우 마음을 고요하게 하기 위해서입니다. 위빠사나에서는 무상, 고, 무아라는 것을 깨닫기 위해서입니다. 단전호흡에서는 단전에 기를 쌓기 위해서입니다. 단전에 기를 쌓으려면 의념이 필요합니다. 따라서 단전호흡은 위빠사나와 같은 동적 명상과 성격을 같이한다고 볼 수 있습니다. 차크라 요가 명상도 마찬가지입니다. 일곱 개의 차크라를 열기 위해서는 의념이 필요하고 이러한 경우 동적 명상이라고 할 수 있겠습니다.

제나아리 명상도 동적 명상에 속합니다. 계속하여 두뇌 작용이 요구됩니다. 때문에 집중력이 충분히 붙을 때까지는 두통을 경험할 수도 있습니다. 젊은 사람의 경우에는 상관이 없지만 뇌세포의 근력이 떨어지는 장년이나 노년의 수련자 중에 제나아리 명상을 하면 머리가 아프다는 분이 계셨습니다. 이런 때에는 정적인 명상을 하면서 두뇌에 휴식을 취한 다음 제나아리 명상을 하는 것도 하나의 방법이 될 것입니다. 또는 호흡이 자연스럽지 못하여 두통이 생기는 경우도 있으므로 호흡을 무리하게 하지 말고 자연스럽게 자신의 호흡 길이에 맞추어 하는 것이 중요합니다. 이런 것들을 예방하기 위해서는 지도자가 있는 곳에서 명상을 하는 것이 가장 좋겠습니다. 또는 수련 경험이 많은 도반들과 함께 하는 것도 하나의 방법이 될 것입니다.

제나아리 명상원을 시작하면서 고민이 많았습니다. 1990년대 말에 겪은 IMF 때보다도 더 경기가 안 좋다고 하는 이때에, 경제수준이 그다지 좋지도 않은 이 작은 도시에서 돈을 내고 명상원을 찾을 사람이 과연 얼마나 있을까 하는 고민이었습니다. 그리고 여기는 문화 수준도 다른 대도시와는 차이가 큽니다. 명상이라는 것을 알고 있는 사람도 참으로 귀한 곳입니다. '오래 걸리겠구나!' 그것이 저의 예측이었습니다. 그렇지만 '그래도 열어야 된다'가 저의 결론이었습니다. 왜냐하면 제나를 사람들에게 알려 주는 것이 저의 사명이라고 여기고 중등 교직에서 명퇴하여 나온 지가 벌써 10년이 넘었기 때문입니다.

저는 예전에 3층짜리 건물이 하나 있었으면 좋겠다는 생각을 했었습니다. 맨 위층에서는 살림을 하고 가운데층은 명상원으로 쓰고 1층에서는 생계를 위한 수익사업을 하면 좋겠다는 꿈이었지요. 그러면 명상원을 사람들이 부담 없이 수련할 수 있게 할 수 있을 것 같아서였습니다. 그런데 명상원을 개원한 다음 저는 그 흉내를 어설프게나마 내보기도 했습니다. 오시는 분도 소수이지만 토요일에는 무료로 운영도 해 보았습니다. 덕분에 밖에서 숲해설가와 산림치유 활동을 통하여 명상원 월세를 해결해야 했습니다. 사람이 별로 오지 않으니 저의 시간도 넉넉합니다. 어찌 보면 저의 이생에서의 삶 중에서 지금이 가장 행복한 때가 아닐까 하는 생각도 해 봅니다. 그러나 제가 이렇게 한가한 시간이 길어지지는 않았으면 좋겠습니다. 왜냐하면 제나는 우리 모두가 알아야 할 우리 자신의 자기존재인식이니까요.

명상은 목숨을 부지하는 데에 아무런 영향을 주지는 않습니다. 목숨은 살앎의 살에 해당하는 부분이어서 전적으로 앎에 해당하는 명상의 효과나 가치를 체감(體感)하기는 어렵습니다. 물론 해 보면 몸으로 경험하는 바가 분명히 있지만 이것도 주사를 맞는다든지 약을 먹는다든지 하는 것과는 비교도 안 되게 은근하고 더딥니다. 가장 빠른 효과로 집중과 이완에서 오는 편안함이 있을 것입니다. 그러나 그것을 위해서 그

귀한 시간을 내고 그렇게 소중한 돈을 지불하고 그렇게 어렵게 노력을 기울이고자 하는 사람이 과연 몇이나 있겠는가 하는 것입니다. 앞서도 이야기했지만 알고자 하는 욕망은 학교 교육으로 얼마든지 충족이 되는 시대입니다. 도대체 사람들이 반드시 명상을 하여야 하는 이유가 뭐가 있겠습니까?

그나마 다행인 것은 우리나라 사람들은 서양에서 들어오는 문물에 아주 민감하다는 것입니다. 유럽이나 미국에서 그것도 유명인이나 지성인들이 명상에 열광하는 사태가 벌어진 것입니다. 서양에 가서 선진문화를 접하였거나 학위를 받아가지고 돌아온 국내의 여러 인사들 또는 박사들에 의하여 상담이나 의학, 철학, 심리학 등 정신 관련 분야에서 명상의 붐이 일어나기 시작하였습니다. 직업상 피치 못하게 명상을 접해야 할 사람들이 생겼다는 것입니다. 그러다 보니 국내에서도 일부 해당 분야에 있는 사람들 사이에서 명상에 대한 관심이 급부상하게 되었습니다. 그러한 경로를 통하여 이제는 명상을 하는 사람도 제법 늘어났습니다. 이러한 사회적 분위기는 사람들에게 제나를 알리는 데에 분명 한 몫을 하리라 기대합니다.

저는 정말이지 많은 이들이 제나를 알았으면 좋겠습니다. 그래서 나와 너와 그들과 그것들이 모두 나라는 것을 알았으면 좋겠습니다. 그렇게 되면 자비 명상을 하지 않고도 자비로울 수밖에 없을 것이고, 네 이웃을 네 몸과 같이 사랑하는 것이 성경의 말씀이기 때문이 아니고 원래 그래야 하는 것임을 알 것입니다. 지금 같이 살고 있는 현대의 사람뿐만이 아니라 미래에 이 땅에서 살아갈 우리 인류의 후손들을 위하여 지금 우리가 어떻게 살아야 할 것인가도 생각할 수 있을 것입니다. 오늘도 날

씨가 찜통더위를 하고 있습니다. 어제와 마찬가지로 폭염주의보가 내렸습니다. 겨울에는 이상기온으로 겨울다운 추위가 귀해졌습니다. 빙하가 녹고 있고, 바닷물의 수위가 높아져 물에 잠겨 가고 있는 나라도 생겼습니다. 우리가 제나아리 명상을 하고 자기존재인식이 제나로 형성될 때 나만을 위한 삶이 아니라 우리를 위한 삶을 살 수 있을 것입니다. 온전한 사람의 수가 증가할 때 사회적으로도 그만큼 온전한 삶을 살고 온전한 살림을 할 것이며, 지구도 그만큼 온전해질 것입니다. 지금 우리 인간 삶의 현주소는 '물질계 우주국 은하도 태양시 지구동'에 있습니다. 우리 인간 삶은 우리의 현주소에 살고 있는 모든 삶들에 대한 책임이 있습니다. 우리는 물질적인 발전을 정신적인 발전이 따라잡지 못하여 지속가능한 지구 환경을 위한 지혜가 많이 부족한 상태입니다. 시야가 나 하나의 안에 갇혀 있는 한 우리는 우리 모두를 위한 지혜를 얻을 수 없습니다. 그런데 그러한 큰 안목은 육신의 눈으로는 얻을 수 없습니다. 마음의 눈이 열릴 때, 그때 우리는 비로소 끝이 없는 나 자신과 만날 수 있고, 그런 나 자신이 될 수 있고, 그런 사람으로서의 삶을 꾸려나갈 수 있으리라 여겨집니다. 마음의 눈은 밖으로만 향했던 우리의 시선을 안으로 돌렸을 때 뜨게 됩니다. 마음의 눈을 뜨고 마음의 심층으로 갈 수 있도록 안내하는 것이 바로 명상입니다. 고달픈 나의 삶과 우리의 삶이 참삶이 되게 하기 위해서 우리 명상을 합시다.

제나에 대하여 나단계로, 나경계로, 나단경계로, 그리고 성징으로도 설명하고 또다시 다섯 차원으로, 그리고 두 가지 계의 구분으로도 설명을 되풀이한 것은 이 세상에 처음 나오는 개념이어서 생소하고 낯이 설기 때문이었습니다. 고타마 싯다르타 부처님은 보리수 아래에서 깨달음을 얻으시고, 자신의 깨달음이 너무나 심오하여 다른 사람들이 이해하기 어렵다고 생각하였습니다. 그는 50일 동안이나 이것을 어떻게 사람들에게 설명할 것인가를 고민하였다고 합니다. 새로운 것을 누군가에게 알리고자 할 때는 누구나 망설일 것 같습니다. 제나도 마찬가지여서 이러한 반복 설명에도 불구하고 이해되기 정말로 어려울 것이라는 생각을 합니다. 무아나 공이라는 말은 아직도 어렵기는 하지만 이제는 누구나 접할 수 있는 일반적인 개념이 되었습니다. 하지만 제나라는 말은 처음 듣는 말일 것이고 그 개념 또한 낯이 설 것입니다. 누구나 각자가 알고 있는 자기존재인식과 제나라는 자기존재인식이 아직은 한 사람도 같지 않을 것입니다. 나는 여태껏 나라는 것을 이렇게 알고 있었는데 갑자기 저렇다고 합니다. 어떤 이는 '내가 손톱만 한 줄 알았는데 온 몸뚱이가 다 나라네' 하면서 기뻐할 수 있습니다. 어떤 이는 익숙한 곳에서 낯선 곳으로 밀려난 것처럼 두렵기도 하고 거부감이 들기도 할 것이라고 생각됩니다. 사람들은 새롭고 낯선 것에 선뜻 발을 들여놓을 수가 없습니다. 하지만 자기의 존재인식은 삶에 그대로 반영이 됩니다. 저는 저 자신이 어떤 존재인지 알고 있습니다. 대자유자재하고 대자대비하며 전지전능한 신성과 완전성의 공성, 이 절대계의 본성 그대로의 나를 알고 있습니다. 그 본성으로부터 나온 나는 자유와 사랑과 가능성의 본성적 DNA을 가진 참사람입니다. 참사람은 있는 그대로 온전합니다. 참사람은 그래서 자연스럽습니다. 참사람은 참살이하고 참살림하는 존재입니다. 이제는 그런 저로 살고자 방법과 기술을 모색히고 연습하고 있습니나. 내가 깨달음을 얻었다고 주변의 모든 사람이 깨달아지는 것은 아닙니다. 그런 것을 기대했다면 그것은 크나큰 오산입니다. 그래서 참살이하고 참살림하기 위한 지혜와 연습이 필요합니다. 그런 노력이 없으면 깨닫고도 대인관계가 원만하지 못한 사람이 될 것입니다. 함께 하는 살림이 원만하지 못하면 행복은 물 건너가고 말 것입니다.

물론 제나라는 것은 제가 명상으로 걸은 마음길에서 경험한 바를 해석한 내용입니다. 제나에 대한 설명을 들은 사람들 중에서 자기존재의 인식을 저와 같이 하실 분들이 틀림없이 있으실 것으로 압니다. 그분들을 위해서 제나아리 명상원이 있게 되었습니다. 또한 제나아리 명상원에서만 제나아리 명상을 할 필요도 없습니다. 자기 안에 있는 것들을 비우고 정화할 줄만 안다면 어디에서 하든 상관이 없습니다. 다만 우선은 명상하는 방법을 제대로 알아야 한다는 것을 명심하십시오. 잘못된 수련 방법은 잘못된 곳으로 나를 데려갑니다. 건강을 해칠 수도 있고 마음을 해칠 수도 있으니까요. 그리고 또 한 가지 염려되는 것은 스승이 없으면 제대로 된 지도를 받지 못할 뿐만 아니라 적절하게 단계를 점검받을 수가 없다는 점입니다. 우리는 명상 수련 중에 어떤 경험을 하게 되면 그 경험으로 단계를 다 이루었다는 착각에 빠집니다. 실제로 혼자서 명상을 하는 사람이 겨우 귀성에서 영성으로 넘어가고도 참나를 알았다고 말하였습니다. 제가 겪었던 그대로입니다. 저도 한 단계 넘어설 때마다 모두 깨달은 줄로 착각하였던 것입니다. 처음부터 이렇게 되면 신성이나 공성의 경험은 놓치고 맙니다. 마음나로 거듭나는 경험도 할 수 없게 됩니다. 영성계의 그 지고의 행복을 누리기는 하겠지만 이 세상이 참세상인 것은 알 수 없습니다. 언제까시나 자신의 현주소가 영성계라고 인식하면서 살아갈 것입니다. 신성계까지만 경험을 한다면 이 세상은 피조물의 세상에서 머물거나 신이 인간계에서 살고 있을 것이고, 공성계까지만 경험하게 되면 이 세상은 신기루나 홀로그램과 같이 허상으로 되어 버릴 것입니다. 마음나로 거듭나는 것에 머물게 되어도 이 세상이 그대로 진리인 참세상은 볼 수 없습니다. 모든 것이 다 마음으로 되어 있어서 몸을 찾을 수 없는 세상이니까요. 이런 것만 피할 수 있다면 어디에서 명상을 하든 삼육공도범부가 사는 참세상에 닿지 못하리란 법이 없습니다. 한 발자국 떼어 놓고도 다 왔다고 하지만 않는다면 누구나 다 할 수 있는 것이 제나아리 명상일 것입니다. 그래서 제나아리 명상에서는 아리 중이든 아리 후이든 겸손이 가장 큰 덕목이 됩니다.

1. 제나아리 명상 수련 자세

제나아리 명상의 수련에서 요구되는 자세는 다른 방편에서 필요한 자세를 크게 벗어나지는 않을 것입니다. 목표를 크게 하여야 한다는 것을 적용해 보자면, 이 제나아리 명상을 통해서 자신이 도달하고자 하는 지점이 어디가 될지를 분명히 할 것을 권고합니다. 자신에 대한 존재 인식의 전환이 일어나야 합니다. 참나가 되는 것이 제나아리 명상의 목표라고 할 수 있습니다. 그래야 이 세상이 참세상이고 있는 그대로가 참이고 진실이며 온전함인 것을 깨닫게 되는 것입니다. 그러기 위해서는 제나를 깨달아야 합니다. 제나아리 명상에 입문하는 사람은 과정에서 얻게 되는 여러 가지 효과에도 불구하고 궁극적으로 삼육공도범부가 되어야 하는 것이지요. 그래야 자유로운 사랑과 가능성의 존재로 거듭나게 됩니다.

명상이 본디 쉽고 편안한 것은 아닙니다. 집중력이 생기고 자세도 몸의 조복을 받아야 안정이 됩니다. 무엇을 하든지 처음 시작하는 단계는 다 어색하고 어려운 것과 다르지 않습니다. 유아가 유치원에 가더라도 마찬가지이고 초등학교 신입생도 마찬가지이고 직장의 신입도 마찬가지입니다. 익숙해지는 것에는 시간이 걸리기 마련입니다. 시작하고 나서 그만두고 싶어지거든 두어 달 해 보고 그만두지 말고 적어도 세 달은 해 보고 그만둔다는 각오가 필요합니다. 그리고 단순, 무식, 지극정성으로 하십시오.

기필코 다 이루어 보리라 굳게 다짐하고 나름 성실히 했는데도 슬럼 프가 찾아옵니다. 이런 때에는 그것이 나만 겪는 어려움이 아니라 누구 에게나 찾아오는 장애라는 것을 염두에 두어야 합니다. 그래서 장애는 과정이라고 여기십시오.

되도록이면 제나아리 명상에서는 제나의 단계를 알아야 할 것 같습 니다. 그러면 중도에서 아리를 다 했다고 오단하는 것을 방지할 수 있을 것입니다. 어쩌면 하다 보니 그 단계가 되는 수련이 아닌 그 단계가 되 기 위한 수련을 하는 것도 가능하지 않을까 하는 기대도 있습니다. 제 나아리 명상에 마음을 열고 긍정적이며 능동적인 자세로 수련할 것을 당부합니다.

명상은 얼마나 해야 경계가 끝나고 단계가 열릴지 알 수 없습니다. 자 신의 생애에 이야기가 많고 생각이 많고 지식이 많은 사람은 마인드스 캔으로 정화해야 할 것도 많습니다. 아집이 강한 사람은 안에 붙들고 있는 힘이 강하여 정화하는 데에 걸리는 시간이 또 오래 걸릴 수 있습 니다. 습관적으로 살고 있는 사람도 마찬가지입니다. '습'이란 내 몸에 아 주 들러붙어서 내 것이 되어 버린 행동을 말합니다. 이것을 걷어 내기가 쉽지 않을 것임은 불 보듯 뻔한 일입니다. 그래서 사람을 시험하고 인내 와 끈기를 요구하는 것이 명상입니다. 처음의 열정, 그 초발심을 잃지 말 고 단무지로 합시다.

또 하나 명심하여야 할 것이 있습니다. 여러 명상 센터를 찾아다니는 사람 중에는 명상으로 얻게 되는 신비한 경험에 현혹된 사람도 많습니다. 내 몸이 물질로 이루어진 것을 본다거나 마음으로 책장을 넘긴다거나, 혹은 영혼을 본다거나, 전생 체험, 심지어 축지법이나 공중부양과 같은 것에 관심이 있습니다. 그러나 이러한 신비 체험은 별 의미가 없습니다. 물론 축지법이나 공중부양과 같은 것은 아니지만 명상을 하다 보면 어떤 기적인 체험들을 하게 됩니다. 일상의 경험이 아니어서 그것을 신비 체험이라고 할 수도 있겠습니다. 명상을 하는 사람은 그런 신비한 체험을 하게 될지라도 그것에 마음이 붙들려서는 안 됩니다. 따라서 수련의 목표도 그러한 신비 체험에 있어서는 안 됩니다. 그것이 살앎(사람)으로 사는 우리들에게 무슨 소용이 있겠습니까? 어떤 분은 내 몸이 물질로 이루어진 것을 시각적 경험으로 체험하였다는 사람의 이야기를 듣고 무척 부러워하였습니다. 우리는 그런 체험을 하지 않아도 물질입니다. 극소미립자까지 우리 눈으로 경험할 필요가 없습니다. 문을 왜 마음으로 열려고 하시나요? 그냥 손으로 열고 나가면 됩니다. 명상을 하다가 만나게 되는 기적인 체험은 누구나 다릅니다. 작고 미미한 것일 수도 있고 대단한 체험이 될 수도 있습니다. 그러나 그것은 다 과정에서 겪게 되는 체험들이어서 명상하는 사람의 궁극적인 목적이 될 수 없습니다. 그런 체험이 오거든 그런가 보다 하고 그냥 겪어 내시기 바랍니다. 그것 또한 지나가기 마련입니다. 그 체험이 아무리 황홀하더라도 영원토록 지속되는 것은 아닙니다. 그래서 강조되는 것은 역시 단무지네요. 포기하지 말고 꾸준하게 노력하는 자세가 필요합니다.

몸의 자세는 바르게 앉는 것을 원칙으로 합니다. 하지만 가부좌를 말하는 것은 아닙니다. 능력에 따라서 가부좌를 하셔도 되겠지만 그것은 매우 어렵습니다. 반가부좌를 하셔도 좋고, 평다리로 한 발 앞에 다른 발이 놓이게 하는 것도 좋습니다. 제나아리 명상원에는 좌식의자와 절 방석이 마련되어 있습니다. 오래 앉아 있는 것이 허리에 무리를 주기 때문에 좌식의자에 절방석을 올려놓고 그 위에 앉습니다. 집에서 홀로 수련하시는 분은 집에 있는 방석과 벽을 이용하셔도 좋습니다. 오래 앉아 있을 수 있는 사람은 좌식의자 없이 해도 됩니다. 그리고 허리를 기대지 않고 수련하는 분 중에 허리에 무리가 있다 싶은 사람은 허리를 약간 앞으로 숙이고 수련을 하시면 통증을 덜 수 있습니다.

방석은 엉덩이가 닿는 부분을 조금 높이면 앉아 있기가 편합니다. 엉덩이를 의자 등받이로 바짝 당겨서 앉는 것이 오래 앉아 있을 수 있는 비결입니다. 척추는 곧게 펴고 턱은 약간 당겨 줍니다. 양손은 달걀을 쥔 것과 같이 살짝 말아 쥐서도 좋습니다. 자연스럽게 펴도 상관없습니다. 무릎에 올려놓아도 되고 배꼽 앞에 포개거나 엄지손가락을 맞대어 포개 놓아도 좋습니다. 편하게 놓으십시오.

그리고 온몸의 긴장을 풀어 이완합니다. 집중력이 생기면 몸이 편안해질수록 마음은 더욱 여유롭고 정신은 맑고 또렷해집니다. 몸이 뻣뻣하게 긴장되어 있으면 마음도 따라서 긴장하기 때문에 집중력이 떨어집니다. 그래서 자세는 바르고 편안하게 하는 것이 중요합니다.

편안하고 바르게 자세를 잡았으면 천천히 그리고 깊게 숨을 들이쉽니다. 이때에 배는 숨을 들이쉬는 속도에 맞추어 천천히 내밀어 줍니다. 그런 다음 아랫배를 천천히 들이밀면서 같은 속도로 숨을 내쉽니다. 이렇게 큰 숨을 두세 번 쉬면서 몸과 마음을 이완합니다. 제나아리 명상에서는 곧바로 명상에 들어가지 않고 도인 마사지를 한 다음 마인드스캔에 들어갑니다.

2. 제나아리 명상 경계수련

제나아리 명상은 참나를 찾아가는 여정입니다. 그 끝에서 만나는 것이 참나이니까요. 출발은 지금 내가 알고 있는 나는 참나가 아닌 것을 인식하는 데서부터 시작합니다. 영도범부는 참나로 살고 있지 않습니다. 한 알의 시각을 벗어나지 못하고 있기 때문입니다. 아직 내면의 자신을 진중하게 들여다본 적도 없습니다. 그냥 들어오는 자극에 반응하며 살고 있습니다. 그나마도 세상살이를 몇십 년씩 하다 보니 자동반응시스템을 가동하여 살고 있는 중입니다. 집중하지 않아도 그냥 살아지는 것입니다. 영도범부의 시각은 늘 밖을 향해 있습니다. 밖으로 향한 시각은 상대적이어서 나 자신을 보지 않습니다. 상대방만 봅니다. 대화도 거기에서 이루어집니다. 영도범부가 상대방에게 말을 하면 그것은 상대방을 말하는 것이 아닙니다. 몸나로 사는 나는 당신에게 말을 할 때 당신을 말하는 것이 아니라 당신에 관하여 말을 합니다. '내가 볼 때는 당신이 이렇고 저렇다'라는 것입니다. 이것은 '당신이 이렇고 저렇다'는 것과는 아주 다른 말입니다. '당신이 이렇고 저렇다'는 존재를 말하는 것이고 '내가 볼 때 당신은 이렇고 저렇다'는 나의 관점을 말하고 있는 것입니다. 이러한 기본적인 오해를 가지고 말을 하고 있으므로 대화가 제대로 되지를 않습니다. 그러나 우리는 이것을 분별하지 못하고 살고 있습니다.

영도범부인 몸나는 나와 세상의 관계를 내가 세상 안에 있다고 생각하지만 실제로는 그렇지 않습니다. 내 안에 세상을 가지고 있는 사람이 영도범부입니다. 그래서 보통의 갑돌이와 갑순이는 이 세상을 다 내 안에 들여놓고 사는 사람이 가장 큰 사람이고 어진 사람이라고 생각합니다. 그래서 몸나의 단계에서는 수용이 아주 필요합니다. 내 마음이 편하기 위해서도 그렇고, 다른 이들과 원만한 관계를 유지하기 위해서도 그렇습니다. 왜냐하면 내 안에 들여야 하는데 그게 안 되니 마음이 아프고 고통스러운 것이거든요. 더욱이 밴댕이 소갈머리만 한 자기 안에 손바닥만 한 것들을 집어넣어야 할 때에는 얼마나 고통스러울까요? 그런데 삼육공도범부인 참나는 참세상 안에 자신도 한 알의 참으로 그냥 놓여 있습니다. 내 안에 수용하여야 하는 것이 아무것도 없는 것입니다. 이 세상의 모든 것을 다 수용하여 내 안에 있게 하여야 하는 몸나로부터 모든 것이 있는 그대로의 참된 세상에 나도 함께 참으로 있는 참나로의 전환 방법이 바로 제나아리 명상이라고 할 수 있겠습니다. 이것이 바로 전변(轉變)이고 의식의 트랜스포메이션입니다. 이것은 기적이라고 할 수 없습니다. 알이 애벌레가 되고 번데기가 되고 나비가 되는 것처럼 자연스러운 나의 길입니다.

그래서 우선적으로 해야 하는 단계가 밖으로 향해 있는 시야를 안으로 돌려놓는 것입니다. 자신의 내면으로 관점을 돌려놓고 그 시력에 힘이 붙도록 하는 것이 첫 번째 하여야 할 일입니다. 그 방법으로 인도의 오랜 명상법인 사마타 수행두 좋을 것이라고 봅니다. 제나아리 명상원에서는 우리나라에서 옛날부터 해 온 호흡수련인 단전호흡을 기반으로 한 이완명상을 통하여 집중력을 기릅니다. 그런 다음 적극적인 두뇌활동을 요구하는 동적 명상, 마인드스캔으로 들어갑니다. 이때부터가 본

격적인 제나아리 명상이라고 할 수 있습니다.

제나아리 명상 과정

1) 인식체(認識體)에서 의식체(意識體) 되기(해모나 수련)

해모나 수련은 몸나를 정화하는 명상을 말합니다. 몸을 해소한다는 의미로 몸나로 겪은 경험들의 기억을 마인드스캔하여 빛바래기를 시키는 것입니다. 상징적으로는 색깔을 퇴색하여 없어지게 하는 과정이라고 여기면 됩니다. 물질계에 존재하는 우리의 살과 앎은 모두 에너지(기, 氣)라고 할 수 있습니다. 쿼크나 전자가 물성인 것은 에너지가 움직이기 때문이라고 할 수 있습니다. 그 에너지가 우리 현주소의 기본 재료가 되어 펼쳐진 것이 물성계입니다. '나왔다'는 '나 왔다'로 내가 동(動)한 것입니다. 이것은 움직였다는 뜻이고 생(生)했다는 말입니다. 살도 그 에너지이고 정신도 그 에너지입니다. 그런데 마음 에너지는 한결같은 수준이 아닙니다. 세 개의 겹을 이루고 있습니다. 한 결이 아니라 세 결인 것입니다. 그 셋을 이제는 여러분도 다 아십니다. 즉, 정신과 본능과 본성이라는 것. 정신 에너지가 가장 거칠고 본능은 세포 차원이어서 보다 미세합니다. 본성은 그것들과도 차원이 다릅니다. 명상은 보다 심층의 깊은 마음 에너지를 쓰는 일이고 그것으로 탁한 기운들을 정화해 나가는 것이라고 설명하고 싶습니다. 우리가 내면을 응시하면서 더 본질적인 나를 탐색해 나아가는 길이 명상이니까요. 제나아리 명상의 정화 방식은 자꾸만 기억들을 의식의 영역에 노출시켜서 익숙하게 하는 것입니다. 기억은 익숙해지면 퇴색되고 사라집니다. 더 이상 감정이 묻어 있지 않게 됩니다.

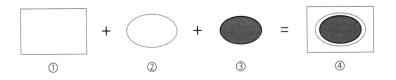

① 식(하나): 몸나의 세상을 그려 보기 위해서 준비한 A4용지(바탕)입니다. 물리적 설명으로는 우주라고 합니다.

② 몸체: A4용지(바탕)에 나의 몸을 그렸습니다.

③ 마음체: 본성+본능+정신이 다 들어 있습니다.

④ 이 세상에 살고 있는 나의 모습입니다.

명상은 순전히 마음으로 이루어지는 것입니다. 우리가 명상을 하는 동안 몸은 늘 지금여기에 있습니다. 정좌를 하고 있다면 앉아 있는 자세 그대로, 와선을 하고 있다면 누워 있는 자세 그대로 있을 뿐입니다. 방바닥이면 방바닥, 땅바닥이면 땅바닥, 보리수 아래면 보리수 아래의 바닥에 놓인 채로 몸은 지금여기를 떠날 수 없습니다. 지금여기를 떠나서 있을 수 있는 것은 마음입니다. 영성계이니 절대계이니 하는 영역을 따라가는 것은 마음입니다. 따라서 명상에서 취급하는 것은 마음뿐입니다. 몸나의 마음 중에서 몸체를 뺀 마음체는 본성, 본능, 정신이 다 들어 있고 그 정신에는 몸으로 산 경험과 느낌과 개념이 다 들어 있습니다. 명상을 시작한 마음체의 모습을 표현하면 다음 그림과 같습니다.

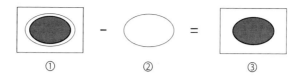

① 몸나입니다.

② 몸나에서 몸만 빼냈습니다.

③ 몸만 없을 뿐 몸으로 겪은 삶의 마음을 다 가지고 있는 인식체가
되었습니다.

명상이 마음으로 하는 것임을 이해하였으면 이제부터는 명상으로 들어가 보겠습니다. 명상의 첫 번째 단계는 이 까만 마음체가 좀 더 밝은 회색의 마음체로 되는 수련이라 하겠습니다. 까만 마음체라는 것은 인식체와 의식체가 섞여 있는 상태입니다. 인식체는 경험한 것들의 기억과 느낌과 개념이 다 들어 있는 수준입니다. 의식체는 경험한 기억들은 다 빠지고 느낌과 개념들만 남아 있는 수준입니다. 경험한 기억들은 자신의 역사입니다. 아주 어린 시절의 첫 기억에서부터 지금까지의 자신의 삶을 하나하나 떠올립니다. 찬찬히 마인드스캔으로 자신의 역사를 다 돌아봅니다. 지금여기까지 돌아보고 나면 다시 첫 기억으로부터 지금까지를 돌아봅니다. 돌아보고 또 돌아봅니다. 그 과정을 통해서 인식했던 것들이 다 사라지고 나면 의식했던 것들이 남습니다. 여기까지가 회색 마음체인 의식체 되기입니다.

방법은 이렇습니다. 먼저 심층의 마음 에너지를 얻기 위하여 몸과 마음을 충분히 이완합니다. 그다음에 내 마음에 있는 기억들을 떠올립니다. 즉, 그동안 경험해 온 기억들을 모두 떠올려 의식층으로 노출시키는 것입니다. 그래서 색이 다 바래면 더 이상 노출시킬 것이 없어집니다. 그때까지 마인드스캔을 계속합니다.

① 인식체입니다.

② 여기서 인식인 몸으로 산 마음, 즉 경험을 빼냈습니다.

③ 식이 많이 밝아진 의식체가 되었습니다. 밝아지기는 하였지만 의식체는 몸나가 가지고 있었던 느낌이나 개념은 아직 가지고 있습니다.

제나아리 명상을 하면 이 의식체가 된 것은 물론 저에게 점검을 받기는 하겠지만 그 확인은 본인이 할 수 있습니다. 내 안에 가지고 있는 기억들이 더 이상 떠오르지 않기 때문입니다. 그래서 많은 사람들이 이것을 오해하기도 합니다. 아무것도 떠오르는 것이 없으니 그것이 자기가 알고 있는 최고의 경지, 이를테면 최고의 경지가 신이라고 알고 있는 사람은 "나는 신을 보았노라"라고 할 수 있고, 공이라고 알고 있는 사람은 "나는 공이로구나!" 할 수도 있을 것이며, 무아라고 알고 있는 사람은 "이것이 무아로구나"라고 할 수 있는 것입니다. 명상 수련을 하는 사람은 무조건 겸손하여야 합니다. 그래야 이런 우를 범하지 않습니다. 나는 이제 겨우 첫 단계의 영역을 디딘 것이기 때문입니다. 여기에서 자신이 최고의 경지에 올랐다고 믿게 되면 참나는 찾을 수가 없습니다. 보세요, 삼육공도범부는 분명 범부입니다. 범부란 최고의 개념이 없는 너나 나

나 똑같은 평지의 단계라는 뜻입니다. 그런데 "내가 최고다"라고 하고 있으니 분명 참나와 같은 자리가 아닌 것이 분명합니다.

2) 의식체에서 식체(識體) 되기: 내말사전 마인드스캔

마음체가 의식체로 되었으면 여기에서는 기억은 떠오르지 않습니다. 기억이 아예 사라지는 것이 아니라서 애를 쓰면 기억이 나겠지만 기억하는 것이 힘들어집니다. 기억이 사라진 것이 아니라 그 기억에서 색이 빠졌다는 말이 맞을 텐데 어쨌든 기억하기가 힘이 듭니다. 그때에는 경험 마인드스캔은 그만두고 경계를 만나야 합니다. '어, 다 정화된 줄 알았는데 내 안에 아직도 무언가 있네!' 그것이 경계입니다. 왜냐하면 다 정화가 되고 나면 모두 비어서 공이 되어 버리는데 내 안에 아직 무언가가 있다면 그것은 공이 아니기 때문입니다. 의식체 안에 있는 것은 개념과 느낌입니다. 이 개념은 심줄로부터 생기는데 심줄을 아는 사람도 있고 모르는 사람도 있을 것 같습니다. 단계수련이 잘 되면 심줄을 느낄 수 있지만 그렇지 않으면 그 느낌이 없을 수 있다고 여겨집니다. 심줄은 자기중심성입니다. 그것으로부터 앞이나 뒤, 오른쪽이나 왼쪽과 같은 방위가 생깁니다. 그것을 중심으로 해서 위나 아래도 생기고, 색상도 생기고, 맛도 생깁니다. 좋다와 나쁘다 등도 이것을 기준으로 해서 생기지요. 사랑과 평화와 전쟁과 나무 이름, 풀 이름 등등 우리가 수업 시간에 배운 지식들은 모두 개념입니다. 지식이나 개념, 느낌까지도 모두 언어로 우리의 머릿속에 저장이 됩니다. 그래서 수련 자체가 자기 안의 내말사전을 마인드스캔하는 것이 됩니다. 그것들을 하나하나 마인드스캔하면서 벗겨 나가는 것입니다.

이 작업은 경험의 기억을 스캔하는 것보다 체계가 없습니다. 경험은 나이나 살았던 곳 혹은 학교의 학년이나 직장 등을 기준으로 잡아서 마인드스캔을 할 수 있는데 비하여 내말사전은 페이지가 따로 있는 것이 아니기 때문입니다. 하다가 다 되었다고 여겨질 때 했던 낱말을 다시 마인드스캔할 수밖에 없습니다. 그래서 다 빼내고 나면 내 안에는 더 이상 남아 있는 것이 아무것도 없게 됩니다. 순수의식의 식체만 남게 되는 것입니다.

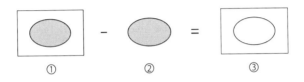

① 의식체입니다.

② 느낌과 개념을 마인드스캔하여 빼냈습니다.

③ 몸나의 경험과 개념과 느낌이 없는 나라는 식(識)의 범위만 남았습니다. 의식 범위인 울의 안이나 밖이 다 빈 공간의 식체(識體)가 되었습니다.

3) 식체에서 식(識) 되기: 한 울 마인드스캔

이제는 순수의식인 한 울입니다. 나라고 하는 테두리 밖은 한얼(하늘)의 허공이고 안도 다 비어서 하늘과 같은 허공입니다. 그것이 바로 영성입니다. 지고지순한 행복이 있는 단계가 되겠습니다. 나를 찾아가는 내면의 길에서 이곳이 가장 기쁘고 풍요롭습니다. 절대계의 느낌은 또 다른 기분입니다. 각 계마다 느낌이 다 달라서 각기 다른 특징들을 가지고 있습니다. 그런데 가장 충만감을 가질 수 있었던 곳이 바로 식체의 단계였습니다. 하늘을 닮은 마음이라고나 할까요? 그게 어떤 기분일까… 각자가 느껴 보셔야지요.

　그 단계의 단계수련이 이어지다가 경계를 만나게 됩니다. 나에게 아직도 남은 것이 있음을 알게 됩니다. 각 계는 그 안에 안주해 있을 때에는 경계를 넘을 수 없습니다. 인식체, 의식체, 식체가 모두 성정으로 보았을 때 영성계 안에 있습니다. 그 안에서 수준의 차이였다고 할 수 있습니다. 다음 차원으로 넘어가는 것은 늘 표현된 것이 사라질 때 가능합니다. 영성계 안에서 표현된 것은 한 울입니다. 그 울타리를 벗지 않으면 넘어갈 수 없습니다. 그 테두리는 마치 허물을 벗어 버리듯 해도 될 것이고 지우개로 지우듯 해도 될 것 같습니다. 저는 허물을 벗듯 벗어 버렸습니다. 그러자 안과 밖을 구분짓고 한 울이었던 것이 울타리가 없는 식(識)만 남았습니다. 이것을 물질적으로는 보통 우주라고 합니다. 성정으로는 신입니다. 상대성이 사라지고 절대성이 드러난 세계입니다. 울타리가 없어 나와 너를 구분할 수 없는, 모두가 하나인 자리입니다.

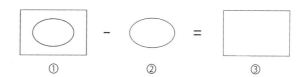

① 순수의식체인 식체입니다.

② 체(테두리, 몸, 개체성)를 빼내었습니다.

③ 그림이 모두 지워진 깨끗한 백지 상태의 바탕만 남았습니다. 백지

상태의 나는 우주입니다. 비로소 경계가 없는 하나가 되었습니다.

우리가 딛고 서 있는 이 땅의 하늘은 대기권입니다. 그런데 하늘은 그
것만 있는 것이 아닙니다. 지구 밖의 하늘이 또 있습니다. 하늘 밖의 하
늘, 그것을 우리는 우주라고 합니다. 만약 우주가 닫힌 우주여서 다른
우주가 있다면 그 우주는 다른 식(識)일 것입니다. 그것을 우리의 의식
을 가지고서도 알 수 있을지는 의문입니다.

사람의 궁금증은 참으로 끝이 없습니다. 우리 우주를 아는 것도 모
자라서 다른 우주가 있는지 없는지가 의문인 사람도 있을 것이고 그것
은 여러 학문적인 가설이 되었다가 나중에는 검증된 이론으로 규명하
는 사람도 나올 것입니다. 1백 년 후의 세상은 어떻게 펼쳐져 있을까요?
1천 년 후의 세상은 또 어떻게 펼쳐져 있을까요? 1만 년 후의 세상은 어
떻게 변해 있을까요? 불과 50년 전의 세상과 지금을 비교해 보면 달라
진 것이 너무나 많습니다. 그때에 우리나라에서 누가 핸드폰이라는 것
을 쓰게 될지 알기나 하였을까요? 컴퓨터를 쓰고 인터넷을 하게 될 줄
누가 알았을까요? 온 우주 안에 있는 것은 모두 분리성과 변화성과 유
한성을 가지고 있습니다. 인간의 문화도 있는 것, 생긴 것이어서 변화하
기 마련입니다. 저는 100년 후의 우리 인간 사회의 기술과 과학, 문화가
어떻게 펼쳐져 있을지 상상할 수가 없습니다. 그런데 다른 우주를 상상
하는 것은 정말이지 우리의 삶과 연관을 지어 볼 수조차 없습니다. 차
원도 마찬가지입니다. 영성계라는 것이 물성계의 현상들로 증명할 수
있을지는 상당히 회의적이라고 말씀드려야겠습니다. 하지만 혹시 과학
이 발달하다 보면 영성인자 내지는 영성성분 같은 것을 발견해 낼 수 있
을까 하는 생각을 해 본 적은 있네요.

우주는 테두리가 없으니 개체의 성질이 없습니다. 그래서 상대적이지 않습니다. 여기가 바로 절대계입니다. 이 단계에서는 너가 없습니다. 그들도 없습니다. 그것들도 없습니다. 내가 나를 상대로 하지도 않습니다. 오직 하나의 목소리가 남아 있을 뿐입니다. 이 개체성을 초월한 하나의 식을 우리는 신(神)이라고 부르고 있었습니다. 너와 내가 따로 존재하지 않는 의식의 차원, 그것이 신인 것입니다.

4) 식에서 공(空) 되기: 목소리 마인드스캔

신이 되어 신의 단계를 충분히 누립니다. 단계수련이지요. 식의 단계 수련은 재미있습니다. 내 마음에 제약이 없으니까요. 그런데 여기에서도 또 경계를 만나게 됩니다. 마음껏 신성을 누리다 보면 마음에서 집히는 의문이 있는 것입니다. 세상에나, 개체성이 사라진 절대계임에도 '뭐야, 이게 있잖아!' 아직도 남아 있는 것이 있다니 참으로 놀랍습니다.

그렇습니다. 경계는 늘 나에게 있는 것으로 시작이 됩니다. 여기에서 남아 있는 것은 목소리였습니다. 목소리라고 표현을 하지만 이것은 식의 상징입니다. 우리가 의식하는 것을 표현하는 것이 말이기 때문에 그 식은 말씀으로 나오게 됩니다. 그래서 목소리라고 이야기하고 있습니다. 그 목소리를 지워야 합니다. 우리의 마음에서는 끊임없이 속삭이는 목소리, 생각이 떠오릅니다. 그 생각을 끊을 수 있어야 하는 것입니다. 아마도 지금까지 해 온 수련 중에서 이 경계가 가장 깨고 나오기 어려울 것 같습니다. 생각으로 생각을 끊는 것이 아닙니다. 이것은 그냥 멈추어지는 것입니다. 삼투압에 의해서 물이 나무에 차오르듯 심연에서 스며 나오는 번짐이라고나 할까요. 그리고 또한 문득문득 찾아오는 식의 부재를 연장하는 작업입니다. 잠깐의 의식이 비는 공의 경험을 하는 것도 하늘에 별 따기라는 말을 합니다. 그렇다고 전혀 불가능한 것은 아닙니다.

사람들은 쉽게 "나는 아무 생각이 없어"라는 말을 하지만 이것은 실제로는 내 안에서 끊임없이 올라오는 생각을 지각하지 못하는 경우입니다. 진실로 아무 생각도 떠오르지 않는다는 것은 수련이 깊어지지 않고서는 만날 수 없는 고도의 경지입니다. 그것이 일상의 의식 수준에서 이루어지는 것이었다면 우리는 굳이 명상을 하지 않아도 되었을 것입니다. 처음 명상을 시작하는 수련자가 "정말로 나는 아무런 생각도 하지 않았다"라고 할 때에는 수련을 제대로 하지 못했다는 의미입니다. 왜냐하면 나의 생각을 보려면 나를 대상으로 하여 바라볼 수 있는 메타인지가 필요하기 때문입니다. 그런데 이 사람은 내 생각 안에 있어서 끊임없이 올라오는 생각을 볼 수 없었습니다. 나를 바라본다는 것도 하나의 훈련입니다. 집중도 마찬가지입니다. 처음 명상원을 찾은 분이 신체 부위에 집중을 하고 집중된 느낌을 느껴 보라고 하였더니 그게 무슨 말인지 도통 모르겠다고 하셨습니다. 우리는 일상생활에서 일부러 어느 한 부위에 집중하는 것을 해 보지 않고 삽니다. 무엇하러 그런 일을 해 보겠습니까? 그래서 처음 명상을 할 때 내가 집중을 잘하고 있는지에 관한 망상에 빠지기도 하는 것입니다. 하물며 생각을 완전히 비운 공은 일상의식 수준에서는 경험할 수 없습니다. 멍 때리고 있는 순간에도 생각을 멍하게 하고 있다고 보아야 합니다. 정말 어마어마한 사건이나 사고 앞에서 한 순간 의식의 칸칸한 절벽을 만나는 수가 있습니다. 아니면 술에 잔뜩 취해 가지고 필름이 끊어지는 수도 있겠습니다. 하지만 이런 경우에 경험하는 것은 공 비슷한 것이지 공이라고 할 수 없을 것 같습니다. 왜냐하면 단계살이가 공성으로 나올 리가 없으니까요.

　매우 어렵기는 하지만 수련에서 의식이 완전히 비워지는 때가 있습니다. 처음에는 잠깐이었지만 깊은 의식 속의 집중력으로 이 상태를 지속할 수 있게 됩니다. 이때에는 수련을 멈추었을 때조차도 머리가 스멀스멀할 정도로 기운에 휩싸여 있었습니다. 저는 머리의 실핏줄에서 피가 흐르는 소리까지 들리는 듯했습니다. 그렇게 그 상태를 누렸습니다.

　① 식입니다.
　② 식에서 식을 뺐습니다. 여기는 물리적인 개념의 설명이 더 쉬울 듯합니다. 우주에서 우주를 빼냈습니다. 명상적으로는 하나에서 하나를 뺐습니다.
　③ 등호(=)의 다음에는 아무런 그림도 그릴 수가 없습니다. 없음조차도 없으니까요.

　식이 존재하지 않기 때문에 등호(=) 다음에는 어떤 것도 올 수가 없습니다. 이것의 이름을 공이라고 하였습니다. 없음도 없음. 저는 공을 그렇게밖에는 설명할 길이 없습니다. 그래도 이 단계가 명상에서 존재하기 때문에 경험할 수 있습니다. 백 번이고 천 번이고 들어서는 알 수 없습니다. 그 상태가 궁금하신 분은 천생 명상을 하는 수밖에 없습니다.

5) 공에서 거듭나기(마음나 되기): 공으로 살기

공의 단계수련은 공으로 살기입니다. 그때에는 그냥 공을 누리는 것 외에는 아무것도 할 것이 없습니다. 공 상태를 지속하는 것입니다. 무작정 그냥 공입니다. 생각이 없으니 공인지 무언지도 모릅니다. 식이 없기 때문에 있을 것이 없습니다. 뭐냐 하면 깨어 있는 수면 상태라고나 할까요? 참으로 묘한 상태라고 할 수 있습니다. 참선을 하시는 어느 스님은 공은 상태가 아니라 한 번에 확 알아져 오는 '아하!'와 같은 것이라고 하셨습니다. 아마도 그것은 선에서의 깨달음일 것으로 저는 이해하였습니다. 왜냐하면 화두를 들어 고심 끝에 사고 체계가 깨어지는 깨달음이기 때문에 상태로 경험하게 되는 것이 아니라고 판단하기 때문입니다. 그런데 제나아리에서는 상태가 됩니다. 공으로 살아야 하는 처지가 되는 것입니다.

제가 아리를 끝내고 제나아리한 것을 나누기 위하여 썼던 책이 『참살앎』입니다. 그리고 명상원을 해 보겠다고 명퇴를 한 다음 제나아리를 지도하기 위해서는 다른 명상은 어떻게 하는지를 알아볼 필요를 느끼고 다른 명상하는 곳도 이곳저곳 기웃거려 보았습니다. 그러다가 한 오륙년 전에 최면 상담을 공부하게 되었습니다. 사실 저는 최면이라는 것은 쇼에서 보여 주는 속임수라고 생각하고 있었습니다. 그런데 상담 공부를 같이 한 분이 최면상담을 배웠다는 이야기를 저에게 하였습니다. 그 얘기를 듣자마자 관심이 생겼습니다. 최면으로 상담을 한다는군요! 저는 제나아리 명상을 시노할 때 분명 도움이 될 수 있다는 생각을 하였습니다. 마침 최면상담을 배웠다는 분이 그것을 가르쳐 준 최면상담 원장님을 찾아갈 것이라고 하여 함께 다녀왔습니다. 그때 원장님은 자신의 저서를 선물로 주셨습니다. 처음에 최면상담을 배웠다는 동기의 말을 듣고는 인터넷으로 최면상담을 뒤지기 시작했었습니다. 서울에 있는 최면상담실을 찾아가 보기도 하고, 여러 군데 전화 문의도 해 보았습니다. 하지만 그분의 책을 읽고는 일말의 망설임도 없이 이 분에게 배워야겠다고 결정을 하였습니다. 그리고 저의 책도 우편으로 보내드렸습니다. 처음 강의를 듣던 날 최면상담 원장님은 제나아리 명상이 다른 명상과 차이점이 무엇이냐고 물어보았습니다. 이 질문은 사실은 두 번째로 듣는 것이었습니다. 출판사 사장님이 책을 홍보하기 위하여 몇 가지 질문을 시험문제처럼 내 주었는데 그중에도 그와 같은 내용이 있었습니다. 저는 두 번 다 거듭남이 제나아리 명상의 특징이라고 대답하였습니다. 왜냐하면 이 거듭남이 없었다면 제나를 알지 못했을 것이기 때문입니다. 그랬으면 저는 아직도 이 세상을 공으로 보고 있을 것입니다. 그랬다면 저는 아직도 이 세상을 결코 참으로 볼 수 없었을 것입니다. 제나아리 나단경계도도 공에서 끝이 났을 것이고, 제나아리 수련의 단계도도 공에서 끝났을 것입니다. 제나의 차원적 구조도 나오지 못했을 것이고, 사람들이 그것을 어떻게 구분하고 있는지를 나타내는 이원적 구분도 정리할 수 없었을 것입니다. 거듭남을 통하여 공을 넘어갈 수 있었고, 다시 경계를 만나 살을 내어 이 세상이 그냥 그대로 참세상인 것을 알 수 있었습니다.

그런데 명상 수련 중에서도 이 거듭나는 단계는 어떻게 해서 그렇게 되었는지 알 수가 없습니다. 그냥 공으로 살다 보니 어느 순간 홀연히 내가 있었습니다. 그도 그럴 것이, 공이란 것이 식이 없는 상태이므로 알 수가 없습니다. 그냥 무르익어서 떨어지는 과일처럼 시기가 되었을 때 나타난다고 생각하고 있습니다. 매직아이를 비유로 들기는 했지만 그것은 나타남의 비유입니다. 그렇게 순식간에 드러나지만 그 원리나 속성을 알 수는 없습니다. 그래서 얼마나 공을 지속하여야 한다든지, 노력을 얼마만큼 들여야 한다든지, 그런 내용은 하나도 아는 것이 없습니다. 그러나 최초의 경험자가 갔던 길에서 만난 것이라면 다음에 그 길을 가는 사람도 만날 수밖에 없으리라고 저는 믿고 있습니다.

공에서 거듭난 자리를 심식체라고 하였는데 여기는 두 개의 계단으로 이루어져 있습니다. 일단 낮아지는 단계입니다. 이때는 공에서 낮아졌으므로 천상천하 유아독존입니다. 공 안에 홀로 존재합니다. 그래서 상대성이 없는 상태입니다. 그다음으로 눈을 뜨는 단계입니다. 그 상태에서 눈을 뜨니 빛나는 세상이 있었습니다. 모든 것이 다 구비되어 있더군요. 당신도 있고, 그들도 그대로 있고, 그것들도 모두 있었습니다. 마음으로 난 세상, 여기는 모든 것이 마음으로 이루어져 있습니다.

① 마음나로 거듭난 모습입니다.
② 마음나로 거듭나서 눈을 뜬 모습입니다. 바탕인 우주 안에 들어 있습니다. 한 알의 나로서 다시 상대성이 나타납니다.

여기에서 살펴보고 넘어가야 할 것이 있습니다. 저의 저서 『참살앎』이나 『제대로 살기』에서는 1번의 그림이 2번 그림의 안에 있는 동그라미가 아니라 밖에 있는 테두리인 사각형입니다. 이것은 잘못된 것은 아닙니다. 그때까지만 해도 저는 객관성의 거듭남으로 파악을 하였던 것입니다. 그런데 주관성의 거듭남이었다는 것을 그 후에 분별해 냈습니다. 그것은 분명 느낌이 달랐었으니까요. 제나아리 수련의 단계도에서 공 이전의 그림과 공 다음의 그림이 달라야 했던 것입니다. 그것은 같은 식(識)이면서도 같지 않았습니다. 공 앞의 식(신성계)이 전체성이었다면 공 뒤에 나오는 거듭남한 식(심성계)은 한 알의 식이었습니다. 한 알의 나 의 식으로 나와서 눈을 떠 보니 2번의 그림과 같이 이 세상은 이미 다 구비되어 있었던 것입니다. 이미 다 구비되어 있었던 세계는 객관성의 네모로 표현된 식의 공간인 심성계가 되겠습니다. 그래서 객관성으로 나온 2번의 사각 틀 안에 동그라미가 있는 그림 중 사각 틀의 그림과 동그라미 그림 둘 다가 공 다음에 오는 그림으로 틀리지 않습니다. 단지 나는 주관성으로 나왔으므로 지금은 1번의 그림과 같이 동그라미를 여기에 위치시켰습니다. 또 어려워졌네요.

6) 마음나에서 살내기(참나 되기): 마음나 마인드스캔

마음으로 거듭난 단계에서 제가 가장 신기했던 것은 개체성의 체험입니다. 제나아리 수련의 단계도에서 공의 앞에 있는 식의 차원(신성계)에서의 단계수련은 하나 되기였습니다. 그 식의 차원에서의 단계수련은 이것도 나이고 저것도 나이고 모든 것이 나였습니다. 앞에 앉아서 명상을 하고 있는 도우와도 하나가 될 수 있었고, 눈앞에 놓인 사물들과도 하나가 될 수 있었습니다. 도대체가 나 아닌 것은 한 개도 없었습니다. 그런데 마음나로 거듭나서는 아무리 애를 써도 하나가 되지 않았습니다. 이것은 이것대로 그대로 있었고, 저것은 저것대로 요지부동이었습니다.

처음에는 왜 이런 일이 생기는 것인지 미처 알아차리지 못했습니다. 한참을 시도하다가 나중에는 그냥 내버려두고 마음으로 하는 놀이를 즐겼던 것이 기억납니다. 저는 마음으로 피아노 건반을 눌렀습니다. 저는 마음으로 문을 열었고, 저는 마음으로 책장을 넘겼습니다. 이것은 듣기에는 신기한 일인지도 모릅니다. 마음나가 되어 보지 못했기 때문에 그것을 이해할 수 없습니다. 마음나로 낳아지면 이런 일들이 아주 평범해집니다. 그러므로 마음나로 낳아진 사람이 아니면 너무 애쓰지 마십시오. 그리고 수련을 하시기 바랍니다. 왜냐하면 그대의 마음으로는 되지 않을 것이기 때문입니다.

나중에서야 나와 남이, 주변의 사람이나 사물들과 내가 하나가 되지 않은 까닭을 알았습니다. 그것은 바로 분리성 때문이었습니다. 마음나에서 거듭난 단계까지는 절대적이지만 눈을 뜬 단계는 다시 상대적입니다. 나는 한 알의 나로 그것들과 함께 존재하고 있는 중입니다. 그래서 아무리 하나가 되려고 노력을 해도 될 수가 없었습니다. 그렇지만 하나가 되지 않는다고 하여도 이 단계의 저는 우리는 이미 하나인 것을 충분히 알고 있었습니다. 하나인데 나뉘어져 있다는 것을 알고 있었지요. 그래서 아쉽다거나 서운하다거나 섭섭하지 않았습니다. 우리는 제나였습니다.

그런데 여기에서도 경계를 만났습니다. 절대 진리인 절대계로부터 낳아진 진리 그대로인 나였는데 내가 유한한 것을 깨달은 것입니다. 아, 이것은 정말이지 미스터리이고 난센스였습니다. 어떻게 그럴 수가 있을까요? 지금 생각해 보면 없음도 없음의 자리는 유한도 없고 무한도 없습니다. 순간도 없고 영원도 없습니다. 하지만 저는 이전부터 그렇게 알고 있었던 바대로 공은 무한이고 영원이라고 여겼습니다. 그래서 그 공으로부터 낳아진 마음나는 영원히 사는 것이라고 믿어 의심치 않았던 것입니다. 그런데 마음나인데도 나는 죽습니다. 이것을 부정할 수가 없었습니다. 어떻게 이럴 수가 있는 걸까요! 이 난국을 또 어떻게 풀어야 할까요! 정말 희한한 일이 아닐 수 없었습니다. 풀리지 않는 경계란 없습니다. 저는 다시 열심히 수련하였습니다. 그러자 죽는 것은 몸이라는 것이 마음으로부터 들려 왔습니다. '죽는 것은 몸이라고? 그럼 지금 나에게 몸이 있다는 말인데 그것이 어디에 있지?'

세상에나, 몸은 어디에 있는지 알 길이 없습니다. 왜냐하면 여기에서는 표현된 것이 마음이고 몸은 드러나지 않은 것입니다. 그렇지요, 이제는 아시잖아요. 영도범부가 마음이 어디에 있는지 알 수 없는 것과 똑같다고요. 그렇습니다. 여기에서 몸을 찾는다는 것은 계를 넘어간다는 뜻입니다. 마음나를 소멸하지 않으면 표현되지 않은 것은 드러나지 않습니다. 그럼 어떻게 한다고요?

저는 영도범부에서 수련을 시작했을 때와 마찬가지로 마음나를 마인드스캔해 나가기 시작하였습니다. 여기에서의 마인드스캔은 마음나 죽이기였습니다. 그런 수련을 계속 해 나갔습니다. 그러자 드디어 몸나가 살아나기 시작하였습니다. 저는 비로소 마음나에 살을 내었던 것입니다. 그것이 제가 아는 성통입니다. 양인 마음에 음인 살이 딱 만나는 것. 그것이 열 십(+)이었던 것입니다. 이것은 어머니의 자궁 안에서 난자와 정자가 만나 수정이 되는 순간과 같은 기적이라고 말하고 싶습니다. 비로소 저는 참살앎을 하였습니다. 온전히 참인 살과 앎이 된 것입니다. 그리고 나서 수행[19] 중 창밖을 바라보자 눈에 보이는 이 세상은 그

---

19 제나아리에서는 일상생활로서의 수련을 말합니다.

대로 참이었습니다. 여기에는 참이 아닌 것이 하나도 없었습니다.

저는 참입니다.
당신도 참입니다.
그들도 참이고 그것들도 참입니다.
이 세상에 참이 아닌 것은 하나도 없습니다.

이것도 당신이 아셨으면 좋겠습니다. 저는 그들도 모두가 이것을 아셨으면 참 좋겠습니다. 삼육공도범부는 참으로 삽니다. 그리고 삼육공도의 세상은 그대로 참세상입니다. 그러니 여러분, 모두 제나아리합시다. 지금은 외면을 하더라도 언젠가는 제나를 꼭 아시기 바랍니다.

①

① 참사람의 모습입니다. 웃고 있네요!

마음나에서 살을 내면 참살앎이 됩니다. 이제야 비로소, 드디어, 마침내 참사람이 되었습니다. 이 얼굴, 어디서 많이 본 얼굴이지요? 스마아아일! 바로 웃고 있는 당신의 얼굴을 닮았습니다. 당신이 거짓 없이 순수하게 웃고 있을 때 당신은 분명 참사람입니다. 당신이 진심으로 행복하게 웃고 있을 때, 그때가 당신이 참세상에서 살고 게시는 때입니다. 그때 가만히 세상을 바라보십시오. 그리고 가만히 느껴 보십시오. 그 세상이 바로 참세상임을 느껴 보시기 바랍니다.

3. 제나아리 명상 단계수련

단계수련은 경계수련과 같은 마인드스캔이 아닙니다. 단계수련에서는 제가 수련 방법을 가르쳐 드릴 수가 없습니다. 제가 했었던 단계수련은 다만 참고사항이 될 것이라고 생각합니다. 왜냐하면 수련을 열심히 해서 경계가 끝나고 단계가 시작되면 그때부터는 그 단계의 살이가 시작되기 때문입니다. 이것은 깊은 의식 차원에서 일어나는 생각 속에 있다고 저는 여기고 있습니다. 저마다 당면하고 있는 문제가 있고 그것을 해결해 나가면서 얻어지는 깨달음들이 여기에 속해 있습니다. 그렇게 판단하였기 때문에 2011년에 쓴 『제대로 살기』에서는 단계수련에 대한 언급을 피했습니다. 하지만 각 단계에는 그 계에만 적용되는 사실과 진실과 진리가 있는 것이어서 적어도 그 단계에 대한 느낌이나 특징은 알려드려야 한다는 생각을 하게 되었습니다. 그래야만 영성계의 차원을 들여다보고 참나가 되었다고 하는 망상에 젖는 실수를 미연에 방지할 수 있을 것 같습니다. 역시 수련자의 제1 덕목은 겸손임을 다시 한 번 강조하지 않을 수 없습니다.

1) 신체에서의 단계수련: 가짜나 알기

신체는 몸으로 살고 있는 우리들 갑남을녀의 세계인 영도범부의 단계를 말합니다. 이건 단계수련이라고 할 것도 없이 그냥 우리 삶입니다. 여기에서 우리가 하여야 하는 수행은 아주 간단합니다. 참되게 살면 됩니다. 참되게 사는 것 또한 아주 쉽습니다. 해야 할 것은 하고, 안 해야 하는 것은 안 하면서 살면 됩니다. 정말 간단한 원리이지만 우리는 그것이 잘 안 됩니다. 취(取)할 것은 취하고 버릴 것은 버리고. 그런데 취할 것은 취하고 싶지 않고, 버릴 것은 간수하고 싶습니다. 지속하여야 할 것은 중단하고 싶고, 중단해야 할 것인데 계속하고 싶습니다. 많이 하면 안 되는 술 담배가 더 당기고, 몰래 훔쳐 먹는 사과가 더 맛있다고 여깁니다. 심지어는 아주 오래전에서부터 내려온 전통 속에도 해서는 안 되는 것을 하도록 하는 인습이 있습니다. 우리나라의 전통에서는 반상의 구별이 그러했었고, 세계 곳곳에는 아직도 세습적인 신분차별이 남아 있습니다. 남녀의 차별 또한 마찬가지입니다. 개인적인 측면으로 따져 보면 역시 해야 할 것은 하지 않고 해서는 안 되는 것은 하고 있는 것들이 참 많습니다. 이런 일들이 변치 않고 일어나는 까닭은 우리에게 해야 할 것이 무엇이고 해서는 안 될 것이 무엇인지에 대한 깨달음이 없기 때문입니다. 지식으로는 알고 있지만 깨달음이 아니고 보니 그냥 어기면서 사는 것입니다. 지식적인 앎은 그대로 행동으로 실현되는 것이 아니기 때문에 삶이 아닙니다. 그것은 그냥 기억력일 뿐입니다. 작은 것이라도 깨달음의 앎일 때라야 실천이 됩니다. 지식으로도 모르는 사람은 마땅히 앎 하여야 하는 것을 모름 하였으니 어리석은 사람 중에서도 최악이라고 할 것입니다. 예절 없는 사람, 배려가 없는 사람, 갑질하는 사람, 폭력적인 사람, 사기꾼, 살인자 등 이런 사람들은 마땅히 알아야 할 것을 몰랐다고 할 수 있습니다.

그렇다면 해야 할 것이 무엇이고, 해서는 안 되는 것이 무엇인지 어떻게 하면 알 수 있을까요? 저는 그 방법이 자기자신이 참이 되는 것이라고 주장하고 싶습니다. 자기자신이 참이 아니면 어떻게 어떤 것이 참인지 알 수 있겠습니까!

참이 아닌 것은 거짓입니다. 만약에 내가 해야 할 것을 하지 못하고 있다거나 하지 말아야 하는 것을 하고 있다면 그때의 나는 분명 거짓입니다. 그때에 내가 사는 세상은 거짓세상입니다. 내가 거짓되게 살고 있을 때 나는 결코 온전하지 않습니다. 만약 내가 온전하게 살고 있지 않다는 느낌이 든다면 '아, 내가 거짓세상에서 살고 있구나'라고 생각하십시오. 무언가 지금 내가 온전하게 살고 있지 못한 상태인 것을 지각하여야 합니다. 참세상은 있는 그대로 온전합니다. 온전한 세상에서 살고 있는 사람은 모든 것이 참인 것을 알고 있습니다. 그 마음에서는 분리성과 변화성과 유한성이 다 참입니다. 그래서 분리가 야속하지 않고, 변화가 고통스럽지 않으며, 유한이 두렵지 않습니다. 따라서 영도범부의 단계수행은 내가 아직 참이 아닌 거짓인 것을 깨닫는 것이 되겠습니다. 참이 진짜라면 거짓은 가짜입니다. 참나의 반대말은 가짜나라고 할 수 있습니다. 신체가 나인 영도범부는 가짜나로 가짜의 세상에서 살고 있는 중입니다. 어때요? 당신이 사는 세상은 참세상인가요? 있는 그대로 다 온전한가요?

2) 인식체의 단계수련: 귀신놀이

우리의 일상에서 무언가 온전하지 못함을 깨닫고 그것이 가짜나임을 자각하여 참나를 찾아가는 여행을 시작한 사람은 밖으로 향하던 시선을 자신의 내면으로 향합니다. 참나는 밖에서 찾을 수 없으니까요. 가짜나를 안다는 것이 벌써 시선을 안으로 돌려서 나를 보았다는 말입니다. 몸이 밖으로 표현된 것이고 나의 안쪽, 밖으로 드러나지 않은 내면은 바로 마음입니다. 몸나가 피와 살, 심장과 폐, 간과 콩팥과 위와 내장, 뼈와 근육 등등 내부 기관과 요소들로 구성되어 있는 것처럼 마음체도 경험의 추억들과 개념, 느낌 등의 복합체입니다. 그 복합체를 인식체라고 하였고 인식체에서 추억이라고 할 수 있는 기억들을 모두 뺀 것을 의식체라고 하였습니다. 의식체가 가지고 있는 개념과 느낌을 모두 빼버린 순수한 의식체를 그냥 식체라고 하였습니다. 이 인식체와 의식체와 식체는 영성계를 수준별로 구분해 놓은 것입니다.

인식체는 몸만 빠진 마음의 상태입니다. 마음에서는 빠진 것이 하나도 없습니다. 즉, 몸으로 살면서 경험한 것들 중 기억으로 저장된 것들이 모두 다 그대로 있습니다. 몸나가 인식체가 되기 위한 경계는 몸이 없어지는 것입니다. 몸이 없는 나, 그것을 우리가 무엇이라고 부를까요? 몸이 없는 마음체를 우리는 귀신이라고 부르고 있습니다. 몸이 아닌 정신의 비물질적 요소를 또 다른 말로 넋이라고도 합니다. 그런데 사람들은 일반적으로 영, 혼, 백을 모두 넋으로 알고 있는 것 같습니다. 제나에서는 넋은 혼과 백만을 나타내는 것이며, 이 단계를 귀신나라고 쓰고 있습니다. 자라 보고 놀란 가슴 솥뚜껑 보고도 놀란다고 일단 귀신이라는 말이 들어가니 공포영화에 등장하는, 머리 풀어 헤치고 입가에는 핏자국이 얼룩진 잡귀신부터 생각합니다. 그것은 인식체를 잘 이해하지 못한 오해입니다. 귀신나라는 말은 내가 원한에 사무친 잡귀라는 말이 아니라 나 자신이 몸나의 기억 단계에 머물러 있는 수준을 일컫는 단어입니다. 자기자신을 무서워할 필요가 있을까요? 우리 조상들은 예로부터 마음에 원망과 한을 품어 넋이 그 맺힌 원한에 집착하여 제 갈 길로 가지 못하고 떠도는 것이 귀신이며, 마음에서 원망도 한도 다 내려놓고 넋이 맑아지면 영혼이 된다고 믿었습니다. 그러니 우리는 귀신이 되지는 말아야겠습니다. 마음속에 어두운 기억들을 마인드스캔하여 밝은 영혼의 빛으로 정화하여야 합니다. 그래서 집착도 미련도 다 떨쳐 버리고 밝은 정신으로 맑게 살아야겠습니다.

저는 인식체의 단계수련으로 귀신놀이를 했습니다. 기억 버리기를 하다가 귀신놀이를 했는지 아니면 경계가 다 끝난 다음에 했는지는 기억이 잘 나지 않습니다. 죽어서 영혼이 되어 기억 버리기를 먼저 했습니다. 나 자신이 귀신이 되어 〈사랑과 영혼〉이라는 영화에 나오는 영혼처럼 사람도 만져 보고, 가로수도 통과해 보고 옆에 있는 사물들을 휘저어도 보았습니다. 그때에는 귀신과 영혼의 차이를 알지도 못했습니다. 단지 귀신이 되면 큰일난다는 소리는 누군가가 해 주었었습니다. 저의 귀신놀이는 마음으로 하는 것이지만 저는 이것이 처음부터 잘되지는 않았습니다. 한참을 집중하여 노력한 결과 영화에서 보는 귀신들처럼 손으로 사물을 만지자 스윽 통과하게 되었습니다. 그다음에는 재미가 붙어서 앞에 앉아 있는 사람도 만져 보고 사물들도 휘저어 보면서 놀았습니다. 그런데 제나아리 명상을 하고 계신 분에게 이 수련을 시켰더니 의외로 이것이 아주 쉬웠다고 하셨습니다. 그러고 보면 누구나 같은 정도의 시간이나 노력이 드는 것은 아닌 것 같습니다. 어떤 이에게는 쉽기도 하고 어떤 이에게는 어렵기도 하고. 이러한 특성은 어느 단계나 다 마찬가지일 것입니다. 개인의 수련에서도 어느 단계는 빨리 통과하고 어떤 단계는 아주 더디게 넘어가는 경우를 경험하게 되리라 여겨집니다.

이것은 자신의 내면의 색깔과 에너지의 크기, 흔히 내공이라고 하는 것 혹은 근기라고 하는 것과도 관련이 있을 것입니다. 그러니 다른 사람과 비교하는 것은 별 의미가 없습니다. 무소의 뿔처럼 혼자서 가는 길이 수련의 길입니다. 묵묵히 꾸준히 성실하게 수련합시다.

　귀신나의 놀이는 재미있었습니다. 요령은 이렇습니다. 우선 팔부터 내야 합니다. 마음으로 팔을 벌립니다. 마치 영화 〈타이타닉〉의 명장면 ― 여주인공이 뱃머리에서 두 팔을 벌리고 바람을 맞는 장면 ― 처럼 마음으로 마음의 팔을 벌립니다. 팔이 나오면 주변의 사물을 잡아 봅니다. 저는 살아온 습(習)이 있어서 마음으로 하는 것임에도 영화에 나오는 영혼과 같이 사물을 통과할 수 없었습니다. 한참을 수련하고서야 통과할 수 있었습니다. 이 글을 보면서 사람들은 그것이 되려고 하였기 때문에 마음이 그렇게 되었던 것이라고 이의를 제기할 수도 있겠습니다. 하지만 제나아리할 때 그것이 과정이 아니라면 그렇게 될 수가 없다는 것을 확인할 기회가 있었습니다. 의식체에서의 심줄이 그러하였고, 식과 마음나에서의 혼 놀이(합체놀이)가 그랬습니다. 특히 마음나에서의 사람이나 사물과의 합일은 아무리 노력해도 되지 않았던 것입니다. 그러한 인연들로 인하여 저는 이것을 마음으로 조작하는 것이 아닌, 하나의 과정이며 그렇게 되어 가는 것으로 확신하고 있습니다.

　일단 귀신나의 놀이를 할 수 있으면 차를 타고 가면서 가로수를 쓸고 갈 수도 있습니다. 제나아리 수련을 하고 있는 여자분에게 이 놀이의 느낌을 여쭈었더니 '자유로움'이라고 대답하였습니다. 몸나의 한계를 넘어 마음의 자유를 드디어 느껴 보실 수 있었던 것입니다.

3) 의식체와 식체의 단계수련: 심줄 지우기

인식체의 경계수련이 해결이 나자 마음속에서 아무것도 떠오르지 않았기 때문에 저는 제가 공의 자리에 들었다고 잠시 착각을 했습니다. 그래서 도우미 선생님한테 수련상담을 받았는데 가르쳐 주는 대로 하지 않았다고 야단을 맞았습니다. 그 도우미 선생님 덕분에 제나아리 명상이 나올 수 있었습니다. 그분이 그 명상원의 다음 단계로 저를 넘겨 주셨더라면 저는 아마도 그 명상원의 명상 방법대로 수련을 했을 것이기 때문입니다. 그분이 저의 수련에 대해서 이해를 잘 안 해 주었던 까닭에 결국 저는 저 나름대로 수련을 할 수밖에 없었고, 그 바람에 저는 제나아리할 수 있었습니다.

의식체 경계수련에서 개념과 느낌을 버리는 도중 그것들이 다 비워졌는지 무의식적으로 확인을 하였습니다. 저는 귀신놀이로 마음의 손을 쓸 수 있었으므로 그 마음의 손으로 마음속을 휘휘 저어 보았습니다. 기억이 다 버려진 다음 기억을 떠올리려고 해도 떠오르는 것이 없자 성급한 마음은 그것이 곧 공이라고 단정하였으므로 아무것도 없으리라고 생각하고 저어 본 것이었습니다. 하지만 웬걸요, 뜻밖에도 손에 걸리는 것이 있었습니다. 저는 이것을 중심으로 해서 앞뒤, 좌우, 그리고 위아래 등과 같은 방위를 가지고 있음을 알았습니다. 이것을 중심으로 해서 '나아간다'거나 '후퇴한다'는 등의 개념이 생기고 있었습니다. '아, 이건 또 뭐지?' 그것을 가만히 들여다보니 좋다, 나쁘다, 싫다, 기쁘다, 슬프다 등의 느낌도 다 거기에 있었던 것입니다. 그러니 어쩌겠어요. 또 다시 버리기를 시작하는 수밖에요. 다시 경계수련으로 돌입하여 제 안에 있는 것들을 마인드스캔해 나갔습니다.

단계수련이라고 하기는 했지만 심줄 확인하는 것은 개념과 느낌 버리기를 하는 중간중간 해 보았던 것 같습니다. '여기서부터 여기까지가 경계수련이고 여기서부터 여기까지는 단계수련이야'라고 구분하기가 애매한 것이, 영성계 안에서 또 수준을 나누어 놓은 것이라 왔다갔다했습니다. 심지어는 신성계로 넘어갔다가 영성계로 넘어왔다가 하는 혼선도 빚었습니다. 저의 제나아리 수련 과정을 살펴보면 마음길을 가는데 일자로 똑바로 걸어간 것이 아니고 마치 눈 위에 난 발자국과 같이 구불구불합니다. 어떤 때에는 되돌아와서 확인을 하고 다시 가야 하기도 했었고 뒤돌아보면서 되새기기도 했었고 삼천포로 빠지는 때도 있었습니다. 그러면서 나아갔지요. 제가 테두리를 벗어 버렸을 때도 그런 예라고 생각됩니다. 또한 심줄로 단계수련을 할 때도 그런 경우에 해당할 것 같습니다. 식의 단계인 줄 알았는데도 불구하고 심줄이 있어서 느낌과 개념 버리기를 했었습니다. 그래서 단계나 경계의 구분은 영성의 밝은 정도가 그렇게 있다는 것의 지표로 여겨야 할 것입니다. 나단경계를 구분해 놓았다고 해서 수학공식처럼 그것에 들여 맞추는 것은 무리가 있습니다. 개인마다 살아온 경험이 다르고 간직하고 있는 개념이 다르고, 느낌 또한 모두가 주관적으로 가지고 있는 것이어서 우리의 마음길이라는 것은 아주 많은 경우가 생길 수밖에 없습니다. 저는 1백 명의 수련자가 있다면 1백 개의 다른 길이 생길 것으로 생각합니다. 단지 그 밝기 또는 맑기라고 하는 것으로 지표를 삼을 수 있다는 뜻입니다. 이 점은 반드시 이해를 하셔야 합니다. 공식에 집어넣으면 1천 명이든 1만 명이든 하나의 답을 도출해 내는 수학 같은 것과는 거리가 멉니다. 혹은 자로 딱딱 맞추어 재단을 할 수 있는 기계적인 구간이나 순서라고 고정시켜서도 안 될 것입니다. 그렇게 단순하고 규격화된 것으로 기대를 하신다면 도대체가 들어맞지 않을 것이기 때문입니다. 1천 명의 수련자가 있으면 1천 개의 경우가 있습니다. 아마도 가장 비근한 예로 심리학에서 사용하는 여러 가지 발달단계 개념을 들 수 있겠습니다.

제가 수련할 때에 지표로 삼았던 것은 두 개였습니다. 하나는 단전 호흡수련을 하면서 새벽수련으로 했었던 영기통수련에서 '나는 무엇인가?'라는 물음에 대한 응답으로, 내면으로부터 받았던 '나는 빛이다'라는 것이었고, 다른 하나는 제가 갔었던 명상원에 걸려 있던 그곳의 수련 단계를 나타내는 그림이었습니다. 그래서 수련 도우미 선생님의 안내를 받지 못하게 되자 그것들을 지표로 삼아 혼자서 제 마음길로 나아갔던 것입니다. 제나아리 명상에서도 얼마든지 혼자서 수련하시는 분들이 나올 수 있습니다. 그때 지표가 되어 주는 것이 나단경계가 될 것입니다. 나단계만 가지고 가서도 좋고, 나경계까지 챙기셔도 좋고, 또는 그것을 원으로 표현한 차원적 구조를 기준으로 삼아도 될 것 같습니다.

표현에 너무 연연하지도 않아야겠습니다. 저는 심줄이라고 말을 했지만 어떤 이는 벽 같은 느낌일 수도 있고, 점 같은 것으로 인식할 수도 있을 것이며, 어떤 다른 느낌의 것일 수도 있는 것입니다. 나한테서는 줄이 아닌데 그럼 이것은 틀린 건가 보다 하는 의구심이 일어나거든 그것은 단지 하나의 상징이라는 것을 기억하십시오. 마음으로 나를 점검하였을 때 걸리는 것 내지는 남아 있는 것이 없이 그냥 허공이면 됩니다. 무언가 걸리는 것이 있으면 내 안에는 걸린 그것이 남아 있는 것입니다. 그것이 무엇인지 세밀히 살펴서 그것마저 없애야 합니다. 그래서 당신에게서도 반드시 심줄이어야 하는 것은 아닙니다. 유연하게 마음을 열어 두시기 바랍니다.

4) 식에서의 단계수련

(1) 훈 놀이(합체놀이)

단계수련은 된 그것으로 살아 보기였는데, 저는 느낌 버리기를 하면서 테두리를 벗어 버렸기 때문에 이것이 영성에서의 지평이라고 해야 할지 신성에서의 지평이라고 해야 할지 약간 혼란스러웠습니다. 다시『참살앎』을 읽어 보니 식체에서 체를 벗고 식이 된 초기의 단계수련이었던 것 같습니다. 심줄이 다 사라진 다음 허공 우주가 되었을 때 저는 하나인 것을 알았습니다. 이 세상 모든 것이 다 나였습니다. 그래서 앞사람과도 합일이 이루어졌고, 그가 입고 있는 옷과도 합일이 되었습니다. 단상에 있었던 화이트보드와도 합체가 되었습니다. 눈에 보이는 모든 것들과 합쳐질 수 있었던 것입니다.

이런 놀이를 하면서 저는 정말로 이 세상이 하나로구나 하는 것을 깨달았고, 또한 이 세상이 다 나로구나 하는 것도 깨달았습니다. 그것은 정말로 가슴 벅차고 신비로운 경험이었습니다. 저는 끊임없이 합일을 이루면서 이것도 나, 저것도 나, 또 이것도 나, 또 저것도 나임을 확인했습니다. 이 세상에 나 아닌 것이 여기에 무엇이 있었을까요? 정말이지 내가 아닌 것은 하나도 없었습니다. 낱개로 하나하나가 모두 나였으며, 전체가 하나로 나였습니다. 이 자리를 여러분도 보아야 합니다. 그래야 우리가 다 나인 것을 알게 됩니다. 글로 읽거나 혹은 말로 들어서 알 수 있는 것이 아니기 때문에 당신도 해 보시기를 기원합니다.

(2) 전지전능 놀이

그다음 식이 되어 어느 정도 지나서는 저는 전지전능 놀이를 합니다. 마음으로 온 우주를 헤집고 다녔습니다. 별을 향해 날아가기도 하고 태양 속으로 뛰어들기도 하고 마음이 시키는 것들을 다 따라하면서 돌아다녔습니다. 마음이 가는 것은 시간도 들지 않았습니다. 그때 저는 정말이지 전지전능하였습니다. 이 세상에서 못 할 것이 하나도 없었습니다. 그러므로 그것은 대자유자재였습니다. 거기에서는 그 전지전능과 대자유자재로 인하여 못된 마음이 터럭만큼도 나오지 않았습니다. 그것은 대자대비였습니다. 모두가 사랑이었던 것입니다. 그것이 내 마음이었습니다. 그것이 당신의 마음입니다. 믿어지시나요? 경험해 보지 않으면 도저히 믿을 수 없을 테지요. 지금 와서 돌이켜보면 그 무한정의 자유를 많이 즐기지 못한 것이 좀 아쉽습니다.

저는 단계가 매우 빨리 넘어갔습니다. 그 덕분에 나단경계를 파악할 수 있었다고 생각합니다. 아마도 단계살이가 몇 달 혹은 몇 년씩 되었더라면 단계를 구분하는 것이 쉽지 않았으리라 생각합니다. 왜냐하면 각 단계의 구간이 너무 길어지면 각 구간의 특징을 분별하기가 어려웠을 것이기 때문입니다. 마치 남미 페루의 남부 사막 지대인 나스카(Nazca) 평원에 그려져 있는 문양과 같이 식별할 수 있는 크기를 넘어 버리면 우리는 그것을 알 수 없습니다. 나스카 문양은 지상에서는 거기에 그림이 있다는 사실조차 알아차릴 수가 없다고 합니다. 지상으로 300미터가량 올라가야 비로소 그림이 보인답니다. 그런데 다행히도 저의 경우 넘어가는 기간이 대단히 짧았습니다. 집중력이 생기자 거의 하루에 한 단계씩 넘어갔습니다. 그래서 나단경계라는 것을 식별할 수 있었을 것입니다. 하지만 한편으로는 각 단계마다의 단계살이를 많이 하지는 못했다는 것도 사실입니다. 그중에서도 이 식의 단계는 신이 된 것인데 그것을 좀 더 누렸더라면 하는 아쉬운 기분입니다. 제가 언제 그런 마음을 가질 수 있겠습니까. 에이, 그때 많은 짓들을 좀 해볼걸. 대자유자재, 대자대비, 전지전능… 범부가 누릴 수 있는 마음 상태는 아니지요?

5) 공의 단계수련과 수행: 공 수련, 공으로 살기

공 단계에서는 잠자는 것은 아닌데 앎이 없습니다. 말이 없기 때문에 표현을 할 길이 없습니다. 식까지도 비워지므로 의도하는 바가 있을 수 없습니다. 없다는 것은 있지 않다는 뜻이고 생각이 없는 의식입니다. 여기에는 생각이 없으므로 없다는 생각도 없습니다. 다 비어 버린, 그래서 있을 것이 없는 그런 상태입니다. 따라서 이 단계에서는 경계도 없고 단계도 없이 그냥 공으로 있습니다. 마음을 완전히 비우고 그 상태를 지속합니다. 당신의 마음에서 오고가는 말들을 다 없애는 것만 해도 만만치 않을 것인데 그것을 그대로 쭉 유지한다는 것에는 고도의 집중이 필요합니다. 명상을 하는 이들 중에는 이것을 불가능하다고 여겨 그런 단계는 있을 수 없다고 말하기도 합니다. 그러나 수련이 깊어져서 집중력이 최대로 올라가고 의식은 마음의 가장 깊은 심연의 아래로 내려가면 잠깐씩 찾아오는 공의 순간이 있습니다. 그것이 나중에는 지속적으로 연결이 됩니다. 그리고 마침내는 있을 만큼 있을 수 있는 때가 도래합니다. 저는 교편을 잡고 있었던 평범한 범부였습니다. 지금도 저는 삼육공도의 평범한 범부입니다. 그런 제가 할 수 있었던 것이면 당신도 분명히 할 수 있으리라고 저는 믿습니다. 당신도 공으로 살아 보십시오.

여기서의 단계수련은 명상 중에 있었다기보다는 수행 중에 있었습니다. 저는 수련은 명상실이나 숲속에서 단정히 앉아 눈을 감고 명상하는 것으로, 수행은 실제 생활에서 마음을 모은 것으로 정의하였습니다. 즉, 수행은 생활수련인 것입니다. 일상생활에서의 행동들이 모두 공으로 치환되어 있었습니다. 예를 들면 다음과 같습니다.

> **행동:** *내가 주방으로 가서 냉장고에서 시원한 물을 꺼내 컵에 따라 마셨다.*
>
> **인식:** *공이 공으로 가서 공에서 시원한 공을 꺼내 공에 따라 마셨다.*

처음에는 그렇게 나왔습니다. 이 짓도 오래하니 익어 갔었나 봅니다. 어느 시점에서부터인가는 모든 것이 공이 되어 버렸습니다.

> **행동:** *내가 주방으로 가서 냉장고에서 시원한 물을 꺼내 컵에 따라 마셨다.*
>
> **인식:** *공이 공으로 공해서 공에서 공한 공을 공하여 공에 공하여 공했다.*

여기에서는 공이 아닌 것이 하나도 없더라고요. 나도 공이고 너도 공이고 그들도 공이고 그것들도 모두 공이었습니다. 그리고 그것이 너무나 자연스러웠습니다. 저는 이 단계에서도 무위자연을 느꼈었습니다. 이것이 진리이고 완전함이었습니다.

명상으로 온전히 공에 들어 있을 때에는 시간의 개념도 없었습니다. 그래서 그 단계는 수행에서조차도 영원이었던 것입니다. 왜 거기에서는 변화를 눈치 채지 못했을까요? 그 단계에서는 분리성도 생각할 수가 없었습니다. 변화성도 유한성도 생각이 미치지 못했습니다. 지금 생각해 보면 그런 경계를 만날 수 없었던 것이 기이하면서도 당연하게 여겨집니다. 그때에는 생활수련이라고 한 그것으로 사는 때조차 모든 것은 공이었으므로 변화성마저도 공했던 것입니다. 그 단계에서 경계를 만난다는 것은 어쩌면 있을 수가 없는 것입니다. 완전성이기 때문입니다. 그리고 공이기 때문에 몸이라는 것을 인식할 수가 없었습니다. 여기 어디에 몸이 존재할 수 있겠어요? 여기 어디에 나라고 하는 것이 존재할 수 있겠습니까? 무상이고 무아인 곳입니다. 무상(無常)이고 무아(無我)이며 무고(無苦)이고 무락(無樂)인 곳이지요. 그래서 제나아리 명상에서의 마음나로 거듭나는 단계가 더욱 소중하게 여겨집니다. 그 단계가 없었더라면 저는 아직도 이 세상이 공성인줄 알고 살고 있었을 것입니다. 이 세상이 참세상인 것을 여태도 모르고 살고 있을 거라는 생각이 듭니다.

6) 심식체의 단계수련

이제 마음나로 거듭났습니다. 거듭나기 이전까지에서 저는 명상 중에 시감각적으로 기(氣)적인 경험을 한 적이 없었습니다. 어떤 사람은 전생이 파노라마처럼 펼쳐지기도 한다고 하고 어떤 사람은 자신의 물성을 보기도 했다고 합니다. 대부분 사마타와 같은 정적 수행에서 많이 나타나는 것으로 전해지고 있지만 단전호흡과 같은 기공 쪽에서도 기(氣) 체험은 많이 들었습니다. 제가 해본 것은 진동(振動)과 단무(丹舞) 정도였지만 기이한 도사들의 이야기는 믿을 수 없이 다양했습니다. 동적인 명상에서도 기현상은 있습니다. 그러나 저의 경우 시감각적으로 하는 경험은 마음나로 나는 것이 처음이었습니다. 잠이 들지 않는 상태에서 꿈과 같이 시각적으로 보이는 그런 경험을 한 것입니다.

얼굴이 잘 기억나지는 않습니다. 성별도 애매합니다. 미켈란젤로의 「천지창조」에 나오는 아담을 생각했었습니다. 포즈도 거의 비슷했습니다. 「천지창조」의 아담은 생명을 받기 위하여 왼손을 들고 있지만 나는 두 손 모두 팔꿈치로 바닥을 짚고 있었습니다. 상체를 약간 들고서 일어나려고 했는지도 모릅니다. 그냥 세상을 바라보고 있었는지도 모르겠습니다. 그것이 나라는 것만은 제가 알 수 있었습니다. 기분도 얼떨떨하면서 담담했습니다. 마음속에는 그 느낌밖에 아무것도 없었지요. 얼떨떨하면서도 담담한, 아련하고 아직 형성되지 않은 느낌. 참으로 이상한 기분이었습니다. 아무것도 없으면서도 모든 감정이 섞여 있는 듯도 한 그런 느낌. 그러나 내가 공으로부터 낳아졌다는 것이 내면으로부터 알아져왔습니다. 공으로부터 순전히 마음으로 온 나였습니다.

여기에서도 단계수련은 마음으로 하는 것보다 수행이 더 많았습니다. 생활 속에서 감각을 익혀야 했습니다. 마음으로 된 몸은 갓난애와 같아서 힘이 작았습니다. 처음에는 서 있는 것도 어려웠고, 계단을 오르는 것도 힘겨웠습니다. 몸의 감각은 마음보다는 몸을 기억했었습니다. 그런데 수행을 통해서 몸이 온전하게 마음이 되었습니다. 마음나의 감각이 되었던 것입니다.

그때 마음나의 세상은 모두 마음이었습니다. 그 단계는 표현된 것이 마음이었는지라, 몸나로 살고 있을 때에 마음이 어디에 있는지 보이지 않았던 것처럼 몸이 보이지 않았습니다. 나도 마음이고 너도 마음이고 그들도 마음이고 그것들도 모두 다 마음이었습니다. 손을 들어 보아도 그것은 마음입니다. 다리를 만져 보아도 그것은 마음입니다. 의자도 마음이고 책상도 마음이며 마음이 아닌 것이라고는 하나도 없었습니다. 색즉지심 심즉지색.

7) 심체의 단계수련: 참살이(제나사리)

심체는 마음나에서 살을 내어 마음과 몸이 만난 자리입니다. 참살앎 하였으므로 참사람의 자리이고 여기에서의 나는 참나입니다. 다시 땅에 발을 딛고 사는 살앎으로 돌아왔습니다. 삼육공도의 범부가 된 것입니다. 참사람이 되면 그다음에는 명상원에 앉아서 경계수련을 할 필요는 더 이상 없습니다. 참사람이 되었으니 참으로 살면 문제될 것이 아무것도 없습니다. 영성계와 신성계와 공성계와 심성계를 모두 거쳐서 나왔기 때문에 내가 어떤 존재인지 이제는 다 알고 있습니다. 나는 무엇인가요? 그 모든 것입니다. 영성계에서 나는 오직 영(靈)이었고, 신성계에서 나는 오직 신(神)이었습니다. 공성계에서는 내가 오로지 공(空)이었고 심성계에서 나는 그냥 마음(心)이었습니다. 그런데 참세상에서는 나는 그모든 것이었습니다. 아시겠어요? 나는 내가 제나인 것을 이제는 아무런 의심도 없이 알고 있습니다. 그래서 이제는 그만큼 된 것으로 살게 됩니다. 된 것이 제나이고 몸과 마음으로 살고 있으며, 참세상에서는 표현된 것이 살앎입니다. 영도범부의 세상에서는 표현된 것이 살이었으나 삼육공도에서는 표현된 것이 살앎이었습니다. 살앎의 삶이라서 제나사리라고 합니다.

제나사리에서 명상은 경계의 명상이 아닙니다. 제나사리의 일상에서 경계가 없는 것은 아닙니다. 그러나 여기에서의 경계는 더 이상 경계가 아닙니다. 경세이시만 온전합니다. 그래서 치음 제나사리를 시작했을 때 어떤 명상을 해야 할지 알 수 없었습니다. 제나아리하면서는 내안에 있는 것을 비우면 되었습니다. 하나를 버리고 나면 아무것도 없는 줄 알았지만 또 있는 것이 보였고, 그것을 비우고 나면 다시 아무것도 없는 줄 알았지만 있는 것을 또 만나면서 자꾸만 비워 나갔습니다. 드디어 아무것도 없는 '없음도 없는' 곳에 닿을 수 있었습니다. 그다음부터는 되기 수련이었습니다. 마음으로 낳아지고, 거기에 살을 내어 참나가 되고. 그런데 제나사리할 때에는 딱히 어떤 수련을 해야 하는지 알 수 없었습니다. 비우기 수련도 의미가 없고, 되기 수련도 의미가 없었던 것입니다. 아직까지 했던 것처럼 수련을 하기는 해야 하는데 글쎄, 무슨 수련을 할까? 그래서 공성으로 있기를 하기도 했고, 그날 있었던 일들을 되돌아보며 하루 일들을 마인드스캔으로 비우기 수련을 하기도 했고, 그러다가 내 가족과 이웃과 이 세상을 위해서 행복 기원을 하는 수련을 해 보기도 하였습니다. 나중에 보니 제가 시도했던 그런저런 명상들은 이미 요가나 불교 혹은 다른 수련원에서 하고 있는 명상법들이었습니다. 특히 남을 위해서 행복을 기원해 주는 그 명상은 꽤나 인기 있는 명상법으로 자비 명상이라고 부르고 있었습니다. 지금은 제가 처음 했었던 수련이면서 가장 오래 했던 단전호흡을 저에게 맞게 수정하여 제나사리의 명상으로 하고 있습니다. 마음을 고요하고 풍요롭고 충만하게 해 주는 기호흡입니다. 제나사리 기호흡의 그 기운은 나에게 원래 있는 것이면서 방사되는 빛으로 저는 인식합니다. 그래서 자비 명상을 할 때의 심적인 충만감과 단전호흡을 할 때의 기적인 안정감을 모두 누릴 수 있어 제나사리 단계의 명상으로 가장 적당하다고 생각합니다. 우아한 심신의 휴식이라고나 할까요?

나단계	명상수련	
	경계수련	단계수련
신체	몸 빼기	진짜 나 알기
인식체	경험 마인드스캔	귀신놀이
의식체	개념·느낌 마인드스캔	마인드스캔
식체	테두리 벗기	심줄 끊기
식	목소리 비우기	혼 놀이/전지전능 놀이
공	공 수련	공 수련
심식체	거듭나기	마음나 놀이
심체	살내기	제나사리 기호흡

제나아리 명상의 경계수련과 단계수련

　삼육공도범부가 되셨다면 이제는 우리의 현주소로 다시 돌아온 것입니다. 인간이 아무리 명상으로 마음길을 따라가면서 마음의 차원들을 경험한다고 해도 우리의 현실은 지금여기에 표현된 몸을 벗어날 수가 없습니다. 마음은 영이 되고, 신이 되고, 공이 되고, 마음나가 되어도 몸은 방석 위에 앉은 채로 명상원에 있었습니다. 다시 삼육공도의 범부가 되고 나서야 몸은 언제나 여기에 있었던 것을 깨달을 수 있었습니다. 이상도 하지요. 이 땅 위의 지금여기, 땅 거죽에 발 딛고 사는 범부로 돌아오기 전까지는 그것을 알 수가 없었던 것입니다. 영성계나 신성계 공성계에서는 표현된 것이나 표현되지 않은 것 그 어디에서도 몸을 찾을 수가 없습니다. 그 단계에서는 표전과 차전이 몸나를 초월하여 있으므로 현재 나의 주소를 기억할 수가 없습니다.

저의 지인 중 한 사람은 자신에게 감명을 준 다섯 권의 책 목록에서 스리 니사르가닷따 마하라지의 질문자와의 대담을 묶은 책『아이 앰 댓(I am that)』을 최고의 책으로 꼽고 있었습니다. 그런데 그 책은 자신의 최고의 책이면서도 무언가 이상한 것이 있었다고 고백합니다. 다 맞는 말씀이고 감동적인데 무언가 현실과는 괴리가 있는 이해하기 어려운 부분들이 섞여 있다는 것입니다. 제가 읽어 본 바로 저는 그것이 바로 우리 사람의 현주소와 맞지 않는 부분이었을 것이라고 판단했습니다. 분명 진리를 이야기하고 있는데 살짝 어긋난 부분이 있는 것입니다. 마하라지의 말씀은 신성계의 진리이고 진실이고 현실이기 때문에 우리에게 진한 감동과 깨우침을 주지만, 살앎의 현실인 살의 부분에서 초점이 맞지 않는 부분이 나올 수밖에 없습니다.

부처님의 가르침도 마찬가지입니다. 마음체의 부분에서는 공성계의 진리를 가르쳐 주고 계십니다. 그렇기 때문에 우리는 무아라는 말을 듣고 감동하고 공감합니다. 그러나 부처님이 깨달은 보리수 아래에 가부좌를 틀고 앉아 있던 몸은 그 공성계에 들어 있는 것은 아니었습니다. 우리는 몸으로 살고 있으며 우리의 현주소는 지금여기입니다. 몸은 늘 물성계에 있을 따름입니다. 그래서 초월계를 우리의 현주소에 그대로 적용할 때에는 어긋난 부분이 생기기 마련입니다. 사실 우리의 현주소에서 보면 무아나 공만큼 추상적인 개념도 없습니다. 하지만 우리는 살앎이어서 앎은 그것을 진리로 받아들이고 감동하는 것입니다. 더군다나 몸과 마음의 의미를 따지고 보면 우리의 인식에서는 마음의 비중이 더 크다고 할 수 있습니다. 그리고 절대계의 마음은 우리의 본성입니다. 그래서 그토록 추상적인 무아나 공이라는 진리를 현상계에 발을 딛고 존재해 있는 살앎들도 무리 없이 그대로 진리로 받아들일 수 있습니다. 유식에서와 같이 이 세상이 모두 마음 아닌 것이 하나도 없으므로 모든 것은 마음먹기에 달렸다고 한대도 마찬가지입니다. 약간 이해하기 어려운 부분이 있기는 하지만 이 역시 현상계에 발을 딛고 존재하고 있는 살앎들이 진리로 받아들일 수 있습니다.

명상 속에서 앎은 자신이 깨달은 단계인 그 계의 진리가 진실이고 현실이 됩니다. 영성계에서는 영성이 진리이고 진실이며 현실이고, 신성계에서는 신성이 진리이고 진실이며 현실이 되며, 공성계에서는 공성이 진리이고 진실이며 현실입니다. 심성계에서는 심성이 진리이고 진실이며 현실이지요. 의식은 몸의 감각까지도 변환시켜서 인식할 수 있습니다. 그래서 물질계는 다른 계에서는 인식할 수가 없습니다. 영성계에서는 영성뿐이고, 신성계에서는 신성뿐이고, 공성계에서는 공성뿐이며 심성계에서는 오직 마음뿐이니까요. 덕분에 우리는 모두 하나일 수가 있습니다.

각각의 계 안에서는 그 계에 표현된 것이 몸입니다. 따라서 물성계에서는 표현되어 있는 몸이 물성계의 몸입니다. 영성계에서는 영이 몸입니다. 신성계에서는 신성이 몸입니다. 공성계에서는 공성이 몸입니다. 공성이 몸이라고 함은 곧 몸이 없다는 것입니다. 몸은 없어요. 그 때문에 부처님은 사람을 실재하는 것이 아닌 안이비설신의의 육근, 이를테면 마음에 맺혀지는 요소들로 파악하였던 것입니다. 심성계에서는 마음이 몸입니다.

그리고 각각의 계 안에서 그 계에 속하지만 표현되지 않은 것은 그 계의 마음입니다. 따라서 물성계에서 표현되지 않은 채 내재해 있는 것은 마음체인 영성입니다. 영성계에서는 신성이 마음입니다. 신성계에서는 공성이 마음이고, 공성계에서는 심성이 마음입니다. 그리고 심성계에서는 물성이 마음이 됩니다. 그러나 앎이 영과 신과 공과 마음으로의 전변을 통하여 여러 계를 넘나드는 동안에도 살은 그냥 이 세상에 물질 분자로 이루어진 세포들의 공생체인 채로 앉아 있는 육신인 것을 어찌할 수 없습니다.

　현상계에서의 우리는 마음이 몸으로 살고 있다고 하는 표현이 적절할 것 같습니다. 하나의 계 안에서 표전과 차전은 떼려야 뗄 수 없는 하나로서, 이것은 마치 컴퓨터가 하드웨어와 소프트웨어를 가지고 있는 것과 다르지 않습니다. 표전이 컴퓨터의 하드웨어라면 차전은 소프트웨어가 되겠군요. 소프트웨어에 의해서 하드웨어가 작동합니다. 저는 이것은 어느 계에서나 마찬가지라고 알고 있습니다. 어느 계에서나 몸(표전)으로 표현된 존재론적인 부분이 있고, 마음(차전)으로 내재하고 있는 인식론적인 부분이 있는 것입니다. 영성계에서는 신성에 의해서 영성이 작용하고, 신성계에서는 공성에 의해서 신성이 작용할 것입니다. 공성계에서는 심성에 의하여 공성이 드러나 있습니다. 이것은 사람들에게 심각한 아이러니가 되겠지만, 그럼에도 불구하고 그렇지 않다면 심성계는 드러날 수 없습니다. 심성계에서는 물성에 의하여 심성이 표현되겠지요.
　이것들은 다르게 말할 수도 있습니다. 우리 현상계에서는 몸으로 실현하는 것들에 의해서 영성이 성장하고, 영성계에서는 영성으로 체험하는 것들에 의해서 신성이 성장하며, 신성계에서는 신성으로 실현되는 것들에 의해서 공성이 성장할 것입니다. 공성계에서는 공성으로 사는 것에 의해서 심성이 자라고, 심성계에서는 심성의 노력에 의해서 몸을 만나게 되겠습니다. 그래서 물질계는 심성계의 마음의 작용에 의하여 드러나게 되는 것입니다. 물질계가 심성계에 의해서 드러난다? 이것은 무언가 물리적 차원에서도 상당히 심오한 의미가 있을 것 같습니다.

어쨌거나 사람으로 살고 있는 우리의 현주소는 '우주국 은하도 태양시 지구동'입니다. 우주 산업이 발달하여 다른 별로 이사를 갈 수 있는 시대가 온다고 해도 몸으로 사는 한은 물질계를 벗어날 수 없습니다. 그래서 삼육공도범부에게 이 세상은 몸과 마음으로 사는 참세상인 것입니다. 그리고 삼육공도범부는 어느 계의 진리이든 그것이 모두 진리인 것을 다 알고 있습니다. 우리는 모두 하나님의 자녀인 것도 진리이고, 우리는 하나이며 신이라는 것도 진리이고, 무아나 공도 진리이고, 일체유심조도 진리입니다. 그리고 지금여기에 내가 살앎으로 살고 있다는 것도 부정할 수 없는 진리입니다. 결과적으로, 그래서 제나아리는 제나사리하기 위한 과정이라고 말씀드리고 싶습니다.

영도범부가 어찌 착하게 사는 것이 중요한 것임을 알겠습니까. 많은 성인들로부터 착하게 살아야 한다는 말을 무수히 들었지만 제나를 모르면 착하게 살라는 말에 식상해합니다. 으레 성인군자들의 잔소리 정도로 그러려니 하게 되지요. 교회에 다니는 사람은 불교를 믿는 사람들이 다른 신을 믿는 사탄에 빠진 자들이라고 오해합니다. 유명한 목사님이 TV 종교채널에서 "절에 다니는 사탄에 빠진 자들을 위하여 기도합시다!"라고 설교하는 것을 보고서 저는 충격에 빠졌었습니다. 불교 신자는 불교 신자대로 크리스천이 마뜩찮아 보일 수 있습니다. 힌두교인들이 너무나 이상하게 보이고 이슬람교인들이 불만스럽습니다. 하지만 이제는 정말 그러지 말아야 합니다. 누구나 자기 마음에 끌리는 종교가 있기 마련입니다. 우리는 그것이 각자의 '나'의 계가 다르기 때문이라고 생각하여야 합니다. 제나사리한다면서 그렇게 생각하지 않는 사람은 아리를 다 한 사람이라고 볼 수 없습니다. 또한 더 좋은 계라는 것은 없습니다. 제나아리하면 모두가 다 '나'라는 것을 알게 되니까요. 불교 신자가 "우리는 무아야"라고 하였습니다. "아니야, 우리는 제나야"라고 대답하였습니다. 삼육공도 범부에게 이 대답은 올바른 대답이 아닙니다. "그래, 맞아. 우리는 무아야. 그리고 우린 제나야"라고 하는 대답이 바른 대답이 됩니다.

미워하고 차별하는 것은 마음의 질병이 틀림없습니다. 몸에는 자가면역질환이라는 것이 있습니다. 나인 것을 모르고 나의 면역체계가 나를 공격하는 것입니다. 마찬가지로 그것이 나인 줄도 모르고 남을 미워하고 차별하는 것은 마음의 자가면역질환이라고 할 수 있습니다. 미움과 차별은 분명 자기 마음을 해칩니다. 집안에 병자가 있으면 병자 자신뿐만이 아니라 온 가족이 불행해지는 것처럼 마음의 질병을 가진 사람도 가족이나 다른 사람을 괴롭히게 됩니다. 우리는 자신을 위해서든 남을 위해서든 건강하게 살아야 합니다. 살앎의 앎은 본성으로 살아야 건강합니다. 우리의 본성은 절대계에서 나옵니다. 신성의 대자유자재, 대자대비, 전지전능으로부터 자유, 사랑, 가능성이 나오고 공성의 완전함으로부터 온전함이 나옵니다. 이제 우리는 제나라는 것을 압니다. 자유롭고 사랑과 가능성의 존재로서 온전한 삶을 살 자질과 자격이 있습니다. 그것이 참살앎입니다. 그러므로 제나사리는 당연히 참사람으로 살고, 참사랑으로 참살림하면서 살아야겠습니다.

V

제나사리에 대하여

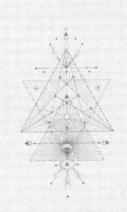

21세기 현시대의 정신문화에 있어서 명상은 하나의 트랜드가 되었습니다. 제나아리 명상원에서 명상을 하고 계시는 분께 어떻게 명상을 할 생각을 하였냐고 여쭈었더니 TV에서 스트레스를 관리하는 방법으로 명상이 나왔다고 합니다. 그 즈음에 스트레스 받는 일이 생겨 밤마다 잠을 못 이루고 고생하는 바람에 명상을 하게 되었다고 하셨습니다. 부부가 오셨었는데 실제로 명상을 시작하고 며칠 지나지 않아 잠을 편히 주무신다고 하였습니다. 스트레스나 우울증 등 정신 건강을 다스리는 데에 명상의 효과가 입증된 것은 두말할 필요도 없고, 마음 공부로도 명상만 한 것이 없을 것입니다. 하지만 역시 명상의 궁극적인 목적은 깨달음에 있습니다. 깨달아서 깨달은 대로 살고자 명상을 합니다. 그렇게 말하면 깨달음보다 더 궁극적인 목적으로 깨달은 대로 살기 위해서 명상을 하는 게 맞겠습니다. 결국은 잘 살기 위해서 명상을 하는 겁니다. 대부분의 사람들이 처음에는 건강을 위하여 명상을 시작합니다. 그러면서 차츰 명상에 익숙해지고, 자신의 내면 깊숙한 영역에 접근하게 됩니다. 그동안 모르고 살았던 자신의 본질을 조금씩 접하게 되고, 그것으로 나아가는 길로 안내를 받게 될 것입니다. 그렇게 사람들은 자신의 참나를 찾아가고 그래서 결국에는 참세상에서 참사람으로 참살이하게 됩니다. 참살이는 제나사리와 같은 말입니다.

저는 명상에서의 깨달음이라는 것을 근원적인 자기존재인식으로 보았습니다. 자기존재의 인식이 깨달음인 것입니다. 나는 누구인가에 대한 스스로의 정의가 되겠습니다. 당신은 누구신가요? 아직도 여전히 나는 누구누구의 딸 또는 아들이고, 어떤 일을 하고 있으며 직위는 무엇이며, 누구의 배우자이고 누구의 부모이며 키는 얼마나 크고 연봉은 얼마나 되고… 그런 식의 자기존재인식을 하고 계실 수도 있고, 영혼을 이야기하실 수도 있으며, 신성이 나라고 하실 수도 있고, 무아 혹은 공성이라고 하실 수도 있으며, 마음이 나라고 하시는 분도 있을 것입니다. 그러나 그렇게 말씀하시는 누구라도 아직 참나가 아닙니다. 참나는 그 모든 것이기 때문입니다. 나는 몸으로 된 몸나도 나이고, 영혼의 나도 나이고, 신성의 나도 나입니다. 공성의 나도 나이며 심성의 나도 나입니다. 그리고 우주 안의 모든 것도 다 나입니다. 그래서 참세상에서는 찌그러진 것도 온전하고 일그러진 것도 온전합니다. 이 세상은 있는 그대로 다 온전합니다. 온전한 나를 인식하고 온전한 너를 인식하고 온전한 그들과 그것들을 인식하고 온전하게 살기, 그것이 참사람의 삶이고 제나사리입니다.

제나사리의 어린 시절에는 갑남을녀의 어린 시절과 마찬가지로 홍역도 앓습니다. 그것은 뿌리 깊은 편견이 깨어지는 관념의 병치레를 말합니다. 저는 은연중에 깨달음이라는 것을 등산에 비유하고 있었습니다. 산을 넘는 것과 동일한 개념으로 받아들였던 것입니다. 그리고 그 산의 정상에 부처님이 있었습니다. 어렸을 때에는 친구 따라 성당에도 가 보고 교회에도 가 봤었는데 결국 성당이나 교회에 다니지는 않았습니다. 그리스도교뿐만이 아니라 불교도 마찬가지였으니 종교는 저와 인연이 없었나 봅니다. 종교적인 목적으로는 한 번도 절에 가 본 적이 없었습니다. 그럼에도 불구하고 공성을 가장 높은 경지의 깨달음이라는 편견에 자신도 모르는 사이에 물들어 있었던 까닭은 아마도 단전호흡을 하면서 우리나라의 정신수련문화에 고무되어 고정관념을 갖게 되었기 때문이라고 생각됩니다. 불교에 대해 무지하기 짝이 없는 저의 상식선에서는 절에서 천도제를 지내고 있었고, 초파일에는 죽은 이를 위하여 등을 달고 있었으며, 존재의 계를 욕계, 색계, 무색계의 삼계(三界) 이십팔천(二十八天)으로 구분을 하고 있었기 때문에 당연히 영적이라는 생각을 하고 있었습니다. 지금은 본성을 절대계의 성정으로 알고 있지만 그때만 해도 정상에 공이 있었으므로 본성이라고 하면 공성만을 뜻하는 것으로 믿고 있었습니다. 그뿐인가요? 불교에서는 일체유심조라는 말과 '산은 산이요, 물은 물이로다'라는 말도 하고 있었습니다. 하물며 둘이 아니라 하나라는 뜻의 불이(不二)도 있었던 것입니다. 저의 입장에서는 제가 아는 제나를 불교 안에서도 다 볼 수 있었지요. 한편으로는 무언가 제나의 이치와는 확실하게 어긋난 부분이 있었는데, 이 점은 평지에서 이루어지고 있는 삶을 산꼭대기의 시각으로 조망하고 있으므로 초점이 맞지 않는 부분이 생기는 것이라고 나름대로 해석을 내렸습니다. 저는 제나아리한 것을 다른 이들에게 효과적으로 나누기 위해서는 다른 명상에서는 어떻게 명상 지도를 하고 있는지 알 필요가 있었습니다. 그래서 여기저기 명상원과 명상학과를 기웃거렸습니다. 그러한 인연으로 동남아에서 정통 상좌부 불교를 전공하신 매우 영민한 분을 만났습니다. 그분을 통하여 고타마 싯다르타 부처님을 조금이나마 알게 되었습니다. 부처님의 가르침은 오직 무아였던 것입니다. 그 안에는 영성이 없습니다. 있을 수가 없습니다. 대승불교로 넘어오면서 유식에서는 영성이라는 단어를 쓰지는 않았지만 제가 아는 한 유식(唯識)의 식(識)은 영성과 별반 달라 보이지는 않았습니다. 말이 다를 뿐이지 뜻은 그게 그거라는 뉘앙스였습니다. 그러나 초기 불교에서 영성이나 신성을 말하는 것은 가당치 않았던 것입니다. 이것은 저에게 크나큰 충격이었습니다. 세상에, 내가 부처님을 너무나 잘못 알고 있었구나!

무아의 뜻이 그러하였습니다. 자아도 없고, 영혼도 없고, 신도 없습니다. 물론 '영원불변한 실체로서의 나는 존재하지 않는다'라고 하는 것이 고타마 싯다르타 부처님이 말씀하신 무아의 정확한 의미입니다. 저는 제 마음속의 이 혼돈을 분명하게 정리할 필요가 있었습니다. 이와 관련하여 저의 두뇌에서는 여러 가지 의문과 대답이 오갔습니다. 이천오백육십여 년 전 인도사람들은 영원불변한 나라는 자기존재인식을 가지고 있었을지는 모르지만 현대를 살고 있는 사람들은 자기자신을 그렇게 인식하고 있을 것 같지는 않습니다. 태어나 생장멸하는 존재인 것을 모르는 이가 있을 것 같지는 않네요. 따라서 현재 인류의 의식 수준에서는 이러한 정의(定義) 자체가 새삼스러울 것이 없다고 저는 생각하였습니다. '영원불변한 실체로서의 나'라는 것은 마땅히 상식적으로 존재하지 않습니다. '영원불변한 실체로서의 나는 존재하지 않는다'라고 하는 명제에서 '고로 나는 무아이다'가 도출되었다면 이것은 재고의 여지가 있습니다. '변화하는 나'를 상정할 수 있는 여지가 분명히 있기 때문입니다. '어디를 찾아 봐도 나라고 할 만한 것이 없더라'라는 말씀에서 무아가 나온다면 그때의 결론도 제나로 볼 때 좀 혼란스럽습니다. 도대체 나를 어디에서 찾은 것일까요? 살에서 찾았을까요? 아니면 앎에서 찾았을까요? 부처님은 공성계에서 나를 찾았습니다. 당연히 공성은 없음조차도 없으므로 거기에서는 나를 절대로 찾을 수가 없습니다. 우리의 현주소는 물성계 중에서도 현상계입니다. 여기에서의 나는 존재합니다. 그래서 '나는 존재한다'도 진리이고 '나는 공성이다'도 진리입니다. 우와, 어떻게 이 둘 다가 진리일 수가 있을까요! 나는 존재하는데 나는 없다? 제나를 모르면 이 딜레마를 극복할 수 없습니다.

어쨌거나 저는 제가 알고 있는 그 제나를 불교는 다 이야기하고 있는 것으로 철석같이 믿고 있었습니다. 저는 어이없게도 영성계와 공성계와 심성계와 삼육공도의 참세상까지, 이 단계들을 모두 다 불교 안에서 찾았던 것입니다. 그리고 그것은 모두 고타마 싯다르타 부처님의 가르침이라고 잘못 알고 있었습니다. 부처님이 말씀하셨다는 사마타 수련의 이득 중에 "이 생에서 목숨을 마친 뒤 다음 생에 욕계를 벗어나 색계나 무색계 세상에서 범천으로 태어날 수 있다"고 하는 구절은 우리가 일반적으로 영혼이라 부르는 그것과 다를 것이 하나도 없건만, 불교에는 영혼이 없다는 말은 도대체 무슨 궤변인가요? 그런데 그게 아니었습니다. 주제와 관련된 책이나 논문을 읽을수록 확실해지는 것은 고타마 싯다르타 부처님은 오직 공성계에만 계셨다는 것이었습니다. 그 공성계에서 그분은 한 발짝도 나서지 않았습니다. '이럴 수는 없어! 이건 무언가 잘못된 거야!' 저는 커다란 공포에 휩싸였습니다. 그것은 초등학교 때 선생님은 화장실에도 가지 않는 사람인줄 알았는데 화장실에서 딱 마주쳤을 때의 그 충격과 당혹감 같은 것이었습니다. 제 안에서 권위를 가지고 있던 대들보가 무너져 버렸습니다. 이 사건은 저의 마음뿐만 아니라 몸의 기운까지도 바닥을 냈습니다. 그때 그 가을은 정말로 외롭고 초라하고 힘겨운 시간이었었습니다. 제나를 함께 이야기할 사람도 없었던지라 그 한철은 정말 중요한 장기 하나를 잃은 것처럼 마음이 허했습니다. 제나 사리하면서도 미처 알아차리지 못했던 거대하고 뿌리 깊은 편견으로부터 그렇게 깨어났던 것입니다.

그런 마음의 홍역을 앓고 나서 저는 제나의 공성계를 다시 들여다보았습니다. 그러자 초기 불교의 이론들을 이해할 수 있었습니다. 공성계 안에서는 당연히 무아입니다. 당연히 공이지요. 거기에 나라고 하는 것은 존재하지 않습니다. 그리고 부처님의 무아를 기반으로 하지만 대승으로 넘어오면 유식이 유행하였고, 우리나라에서는 신라의 원효대사도 일체유심조라고 설하셨습니다. 그런가 하면 송나라 때 청원유신선사(靑原惟信禪師)의 법어가 그 효시라고 하는, 우리나라 성철스님의 법어로도 유명한 "산은 산이요, 물은 물이로다"라는 구절은 분명 삼육공도 자리의 진리였기 때문에 불교 내에서도 막을 수 없는 정신세계의 진화의 흐름을 엿볼 수 있었습니다. 저는 고타마 싯다르타 부처님과 용수보살(나가르주나), 유식유가행파의 무착과 세친 스님과 원효대사, 그리고 청원유신선사와 성철스님의 깨달음은 완전히 다른 것이라고 말씀드리고자 합니다. 그 셋은 전혀 다른 계를 반영하고 있기 때문입니다. 하지만 부처님의 무아나 용수보살의 공의 개념 없이 그리고 그다음의 유식유가행파 또는 원효대사의 일체유심조가 없이 청원유신선사나 성철스님의 깨달음이 나온다는 것은 불가능한 일이었을 것입니다.

생각해 보니 저에게도 많은 인연들이 있었습니다. 그중 하나가 삼백육십도라는 원의 개념을 언급해 주신 분과의 인연입니다. 덕분에 저의 제나의 도식은 정상을 정복하고 내려오는 등산길에서 벗어나 둥근 원의 개념으로 정립되었습니다. 그리고 마침내 거기에서 좀 더 진화한 스프링 구도의 삼육공도범부로 환원되는 도식을 만들 수 있었습니다. 그에 따라서 제나의 차원적 구조도 완성이 되었고, 이원적 구분도 정리될 수 있었습니다.

제가 느끼는 저의 일상은 평범하기 그지없습니다. 그냥 내가 있는 이 자리에서 지금 이 시간으로 만나는 일들을 하고 있을 뿐입니다. 어떤 이는 하던 일도 그만두는 나이에 명상원을 시작하는 저에게 근심 어린 눈빛을 감추지 못하기도 하지만 저는 근심 없이 그냥 하고 있습니다. 저로서는 이미 제나사리의 나침반을 그 방향으로 맞춰 놓은 것입니다.

제나아리하면 누구나 저처럼 평범하게 사실 것입니다. 제나는 그 자체로써 특별한 나를 허락하지 않습니다. 그러니 제나아리는 다시 범부로 만듭니다. 영도범부와 구분하여 삼육공도범부가 되었지만 이 대지에 발 딛고 사는 살앎이 된 것입니다. 삼육공도범부가 사는 세상은 완전평등의 인식이 있게 되므로 더와 덜을 만들 수가 없습니다. 세상은 온전하고 제가 손댈 것이 하나도 없었습니다. 그냥 보아 주고 기다려 주는 것밖에는 제가 할 일이 하나도 없었던 것입니다. 그런데 숲속의 명상에 오시는 명상 열성분자인 이대장 님께서 저에게 절에서 법문을 하듯 도담 시간을 가져 보자는 제안을 하셨습니다. 그래도 저는 명상을 지도하는 것 외에 제가 이 세상에서 남에게 간섭해야 할 일이 없다고 생각했었습니다. 그런데 제게 변화가 생겼습니다. 객관적인 세상과 주관적인 세상을 구분한 것입니다. 거기에서 나온 통찰은 내 세상을 통하여 객관적인 세상을 만들어 가야 한다는 자각이었습니다. 내 세상이 온전하다고 남의 세상도 모두 온전한 것은 아님을 이제야 알아차린 것입니다. 삼육공도범부의 세상과 영도범부의 세상은 불이(不二)임에도 불구하고 같지 않았습니다. 삼육공도범부도 영도의 범부도 살앎입니다. 하지만 삼육공도범부는 참사람이라고 하고 영도의 범부는 그냥 사람이라고 합니다. 객관적인 세상은 물리적인 이 세상 하나이지만 주관적인 세상은 모두 각자의 세상이면서 하나도 같은 것이 없습니다. 각자의 주관적인 세상도 그러한데 삼육공도범부의 주관적인 세상과 영도범부의 주관적인 세상이 당연히 같을 리가 없습니다. '그 차이를 알면서도 여태 몰랐구나'라고 이제야 깨닫고 있는 것입니다. 그러면 이러한 차이를 어떻게 극복할 수 있을까요? 제가 얻은 해답은 의외로 간단합니다. 제나아리 명상을 하지 않고도 제나사리하면 됩니다. 그러면 참사람으로 살 수 있을 것입니다. 그렇지 않을까요? 명상으로 깨달아 제나아리하기가 어렵다면 다른 방법으로 제나를 알면 됩니다. 그리고 제나사리를 하면 되는 것입니다. 저는 지금은 참사람과 참살이 혹은 참세상 만들기를 꼭 명상을 통해서만 할 수 있는 것은 아니라고 생각합니다. 그리고 이제는 참살이하고 참살림하면서 참세상을 만들어 가는 일을 참사람들과 해 보고 싶습니다. 해보려고요. 제나아리 안에 분명 방법이 있습니다. 우리 같이 제나사리합시다.

1. 참사람으로 살기

제가 처음 제나사리를 시작할 때, 저 자신을 깨달은 사람이라고 말하는 것은 겸손하지 못한 처신이라고 여겼습니다. 그것은 오만이고 방자라는 생각이 들었습니다. 그래서 저는 감히 그렇게 선언할 수가 없었습니다. 그러나 이제는 진정으로 말합니다. "제가 깨달은 것은 제나입니다"라고.

제나아리가 끝나고 제나사리를 시작하였을 때 모든 차원에서 그러했듯이 되어 살기를 어떻게 하여야 할지 알지 못했습니다. 나 자신이 참나이고 이 세상이 참세상이라는 것을 알았지만 참되게 사는 데에는 앎만 가지고 되는 것은 아니었습니다. 한집에서 한솥밥을 먹고 사는 식구들과도 화목하게 살기 위해서는 지혜와 노력과 인내가 필요합니다. 안다고 해서 저절로 그냥 되는 것이 아니었지요. 서로 간의 균형을 맞추고 조화를 이루는 것은 쉬운 일이 아닙니다. 화는 내가 알아차리기 전에 불쑥 올라오고 분노는 알아차리기만 하면 입김 한 번에 촛불이 꺼지듯 싸악 사라지는 그런 것이 아닙니다. 화가 나면 스스로 위로하면서 화를 삭였습니다. 분노하고 짜증내고 열불내면서 살았습니다. 그런 감정도 내게 있는 요소들이고 그런 것들이 나타날 때마다 그저 빨리 지나가게 하는 것이 저의 방법이었습니다. 하지만 지금은 그런 것들의 정체를 알고 있습니다. 지금은 화가 나면 화가 나는 줄을 압니다. 화가 아직 가라앉지 않으면 그런 줄을 압니다. 그리고 그것이 자연스러운 것임을 압니다. 제나아리가 그랬듯 제나사리도 저에게는 가르쳐 주는 사람이 없었습니다. 그동안 많은 배움의 기회가 있었고 그중 어떤 것들은 매우 유용하였습니다. 그런 기회들이 저에게 여러 가지 방법들을 탐색하게 해 주었고 훈련시켰습니다. 화가 나고 짜증나고 분노하게 되는 그런 모든 것들은 전부 제가 만들어 내는 것입니다. 이것은 제나아리만으로도 충분히 알고 있는 바였습니다. 알기는 했지만 어떻게 다루어야 할지 그 방법을 알 수 없었기 때문에 효과적으로 대처하고 관계하지 못했습니다. 이제는 입장이나 상황 속에서 제 안에 올라오는 감정들이 보입니다. 그것들을 보다 온전하게 다룰 수 있을 것 같습니다. 삼육공도의 온전함. 모든 존재의 온전함. 모든 관계는 그것을 바탕으로 하였을 때 온전해집니다. 그것을 온전히 다루어야 비로소 참세상에서 참되게 사는 것입니다.

화목한 대인관계를 위한 지혜는 상대방을 있는 그대로 보아 주는 것이고, 있는 그대로로 보아 주는 것이 바로 온전함이었습니다. 찌그러진 것은 찌그러진 그대로 온전하고 일그러진 것은 일그러진 그대로 온전합니다. 그것은 상대방을 온전한 존재로 인정하는 것으로부터 시작됩니다. 그리고 거기에는 완전한 평등이라고 하는 관계의 균형이 있습니다. 균형이 맞으면 조화는 저절로 생깁니다. 그러한 자리에서 겸손은 자연적으로 따라옵니다. 나와 남을 온전함과 평등의 존재로 인정하는 것은 제나사리의 가장 근본이 되는 지혜입니다. 그런 지혜 속에는 이해와 수용과 용서와 감사와 사랑이 근원적으로 포함됩니다. 온전함을 잃고 평등함이 사라질 때 차별과 멸시와 다툼과 폭력이 드러나게 됩니다. 제나사리에서 불행은 온전함이 사라진 영역에 있습니다. 그 공간은 평등과 균형과 조화가 사라진 영역입니다. 그러한 자리는 우리를 짜증나고 불쾌하게 만들지요. 불편함과 불안함을 가져오기도 합니다. 지금여기에 함께하는 너를 진정으로 인정하는 것, 그것부터 해 봅시다. 지금까지 살아오면서 형성한 아상(我想)이 있어서 이것이 쉽지는 않을 것입니다. 행복은 역시 능동적으로 만드는 것이지 거저 얻을 수 있는 것은 아닌가 봅니다. 지금까지 가지고 있었던 효과적이지 않은 습관으로부터 보다 효과적인 습관을 몸에 붙인다는 것은 새로 태어나는 것과 같습니다. 그 것은 하나의 죽음을 의미하지요. 효과적이지 않았던 습관의 죽음. 그만 큼 어려운 일이기는 하지만 새로운 탄생은 충분히 해 볼만 한 가치가 있 습니다. 그것이 일상생활에서의 해탈이니까요.

2. 제나아리의 수행지침

어떤 깨달음의 단계에서건 그 단계에 이르는 경계수련에서 깨달은 것으로 삶을 꾸려 갑니다. 그래서 사람은 자신이 된 만큼으로 삽니다. 그 이상이 나올 수가 없습니다. 제나아리 행동지침은 명상인이라면 일상에서 지켜야 할 삶의 지침을 정해 본 것입니다. 그것은 제나아리를 했든 안 했든 생활에서의 기본적인 행동지침이 됩니다. 심지어 제나사리를 하게 되어도 이것은 마찬가지입니다. 명상 수련에서 경계수련이 끝나고 단계사리가 시작되면 그 단계에서는 이제 막 태어난 아기와 같이 지평이 열린 그 단계의 유년시절을 맞이하게 됩니다. 좀 유치하고 어설프지요. 분명 이전과는 다른 공간에 서게 됩니다. 장의 전환이 일어나는 것입니다. 그래서 마치 자신만이 그 단계를 알고 있는 것과 같은 망상을 가질 수도 있고, 어린 애처럼 나뿐이라는 자만심이 나올 수도 있습니다. 혹은 신입생 같은 신선하지만 세련되지는 못한 그런 면모가 있는 것입니다. 누구에게나 어린 시절이 있는 것처럼 이것은 피할 수 없는 과정이라고 여겨야 할 것입니다. 이때에는 자기규정 내지는 자기규범이 필요합니다. 그래서 명상하는 사람이라면 생활에서 지켜야 할 기본 자세로 마련한 것이 정정행(正正行), 실존행(實存行), 실천행(實踐行), 조화행(調和行)이었던 것입니다. 그 외에 긍정적인 마음 자세와 남이 일할 때 함께 일하기와 거울 보기 수행 등을 들었습니다.

1) 정정행(正正行)

정정행은 '바르게'의 공간에 있기를 요구합니다. 바름의 공간에서 바르게 행동하라는 말입니다. 사람은 바르지 않은 공간에 서서 그 공간의 '바르게'로 있을 수도 있습니다. 바르지 않은 공간, 이를테면 테러리스트들의 공간에서 바른 행위는 자살 테러가 될 수 있습니다. 그 공간에서는 더 많은 인명의 살상이 더 자랑스럽고 위대한 행위일 수 있습니다. 그런 것은 정정행이 아닙니다.

정정행은 '바르고 바르게 살아라'가 아니라 온전함으로써 바르게 살라는 의미이기도 합니다. 보통은 착하게 살라는 말을 많이 합니다. 하지만 '착하게'라는 말은 상대적이며 하얀 마음입니다. 낮은 수준의 선업(善業)의 개념입니다. '착하게'라는 말은 자칫 균형을 잃을 수도 있기 때문입니다. 그 말은 '나에게 유리하게 네가 좀 맞추어다오'라는 식으로 점잖은 강요가 되기도 했습니다. 그래서 참사람의 참되게 산다는 의미는 '착하게'라기보다는 온전함으로 바르게 사는 것이 되겠습니다. 온전하게 바른 행동하기. 이것은 안이비설신의를 올바르게 갖는 것으로 표현할 수도 있겠습니다. 그것을 제나아리에서는 '제대로'라고 말합니다. '제대로'란 '원래 제 것대로'라는 뜻이 있습니다. 그래서 '제대로 보고, 제대로 듣고, 제대로 맡고, 제대로 말하고, 제대로 느끼고, 제대로 생각하고'가 됩니다. 에이, 참. 뭐가 이리 복잡할까요? 온전함과 균형과 조화가 있으면 세세할 필요가 없을 듯합니다.

2) 실존행(實存行)

실존행은 마음 간수에 관련된 지침입니다. 지금여기 하라는 뜻입니다. 몸이 있는 곳에 마음도 있어야 함을 강조하는 덕목입니다. 이 실존행을 제나아리에서는 다른 말로 신재심(身在心)이라고 합니다. 몸은 여기에 두고 마음은 다른 곳을 헤매고 있으면 우리는 지금 이 시간에 온전히 존재하고 있는 것이 아닙니다. 우리는 살앎인데 살만 있고 앎은 출타 중이니 지금여기에는 반밖에 존재하지 않고 있습니다. 이때의 앎이 망상입니다. 이러한 공간에서는 100%로 살고 있지 않기 때문에 생기(生氣)가 없습니다. 실제로 존재하는 실존적인 사람에게 있어서 시간은 오직 지금밖에는 없습니다. 살앎이 인식하는 시간은 과거와 현재와 미래가 있습니다. 그중에서 삶은 현재에서만 이루어집니다. 그런데 현재는 아이러니하게도 시간이 비어 있습니다. 공의 지대, 즉 지금여기라고 하는 현 시점은 제로 지대인 것입니다. 과거는 경험된 개념의 시간입니다. 실제로 존재하는 시간이 아닙니다. 미래는 경험될 시간으로 역시 실제로 존재하지 않는 시간입니다. 우리 인간의 삶이 이루어지는 세계는 물성계이므로 공간 안에 있습니다. 공간은 물성이지요. 공간은 분명 공이 아닙니다. 공은 공성계의 성정이고 공간은 물성계의 성정입니다. 물성계에 존재하는 공이 공간인 것입니다. 그 둘을 혼동하지 마십시오. 우리는 공간에서 살고 있기 때문에 물질의 성정으로서의 시간을 가지고 있습니다. 시간이란 물성의 변화 척도입니다. 그런데 사람의 인식 수준에서 물질의 변화는 아주 더딥니다. 그 차이를 민감하게 알아자릴 수 없습니다. 그래서 조금 전의 공간과 지금의 공간이 다르지 않습니다. 저기 저 책상은 저 자리에 있고 의자 또한 한결같이 그 자리에 있기 때문에 같다고 여기는 것입니다. 그래서 현재 이 시점을 정확히 이해하지 못합니다. 과거가 기억이며 개념인 것도 알기 어렵습니다. 만약 사람의 수준이 아니고 쿼크의 수준이라면 1초 전의 공간과 지금 이 순간의 공간이 결코 같지 않다는 것을 인식할 수 있을 것입니다. 하지만 우리의 현주소는 어쩔 수 없이 사람임을 벗어날 수가 없습니다. 물성은 존재입니다. 그리고 존재한다는 것은 지금여기에 있음을 뜻합니다. 그 어떤 권위로도 물성의 존재를 부정할 수가 없습니다. 물성이라는 말 자체가 있음 혹은 존재함을 나타냅니다. 있지 않으면 물성은 사라집니다. 같은 맥락으로 지금여기에 나는 존재합니다. 존재하는 것이 늘 지금여기이면서 변화합니다. 그 변화가 시간인 것입니다. 그래서 현재의 나는 매순간 같지 않습니다. 그런데 지금 이순간이라는 때에는 시간은 존재하지 않습니다. 존재하는 현재에 시간은 비어 있기 때문입니다. 존재하는 것은 시점이고 그 존재의 변화로 시간이 생깁니다. 시간이라는 것은 변화의 척도니까요. 이것이 명상으로 보는 시간의 실체입니다. 시간이라는 것은 존재가 시점의 구간을 가지고 변화가 이루어졌을 때라야 볼 수 있습니다. 그래서 현재 또는 지금 이 순간이라는 시점은 시간의 제로 지대라는 것입니다. 존재하려면 시간이 없어야 합니다. 물리학과 같은 학문적인 이론으로서의 시간은 저는 모릅니다. 하지만 명상으로 바라보는 현재, 지금이라는 시간은 그러합니다. 지금여기의 현재는 마치 한 장의 사진과 같은 것입니다. 한 장의 사진 안에는 시간이 존재하지 않습니다. 마치 전자제품에서 전원이 꺼진 것을 '0'으로 표시하는 것과 같은 상태라고나 할까요?

　하지만 사람의 인지는 현재 또는 지금 이 순간이라는 시점을 의식할 수 없습니다. 찰나 혹은 순간이라고 하는 그때가 아니라 훨씬 긴 구간으로 현재를 인식합니다. 존재의 변화로 나오는 시간으로 인식하는 것입니다. 그 때문에 살앎의 앎은 현재를 제로 지대로 가져오는 것이 어렵습니다. 어쨌거나 그래도 사람의 현재는 비어 있어서 거기에는 주관자의 시점(視點)이 작용을 합니다. 다른 시간이 반영되는 것이지요. 보는 사람이 과거를 가져다 놓으면 과거가 작용을 하고 미래를 가져다 놓으면 미래가 작용을 합니다. 내 삶의 기억들이 들어와 있으면 과거가 반영된 것이고, 앞으로 닥쳐올 것으로 예상하는 그 내용이 들어와 있으면 미래가 반영된 것입니다. 과거가 반영된 지금여기라고 하는 삶은 등에 태엽 감는 나사로 태엽을 감고 그 힘으로 앞으로 나아가는 태엽 인형과 같습니다. 과거에 의해서 조종되는 대로의 삶을 살고 있지요. 현재는 다양하게 드러납니다. 해야 할 일이 도래하고 뜻하지 않은 사건과 사고도 발생하며 우발적인 재해도 생깁니다. 이러한 삶의 우여곡절을 과거가 조종하는 대로 겪어 내는 삶을 살고 있습니다. 이렇게 과거의 반영으로 사는 것은 주도적인 삶이 아닙니다. 그래서 문득 정신을 차린 어느 날 무언가 자유롭지 못하고 질질 끌려가는 삶을 살고 있다고 느끼게 됩니다. 이런 삶은 지금여기의 나로서 살고 있지 못하기 때문에 생생하게 살아 있는 생동감이 없습니다. 그냥 습관적인 관성으로 살고 있음을 나의 본성은 알고 있으니까요. 그러나 사람들 대부분은 이렇게 살고 있습니다.

그런가 하면 우리는 미래가 반영된 지금여기의 삶도 살펴볼 수 있습니다. 아직 오지 않은 미래도 우리의 현재에 자신을 반영합니다. 그런데 사람들이 비추어 보는 미래상은 대부분 과거에 조종당한 모습을 가지고 있습니다. 과거에 근거해서 앞날에 가져다 놓은 근심과 걱정, 망상과 같은 것들입니다. 그러한 미래의 현재 반영은 그냥 과거를 반영하는 것과 같이 아무런 힘도 발휘할 수 없습니다. 그것은 아무 생각 없이 과거에 조종당하는 삶과 다를 바가 없습니다. 그 때문에 실제로 존재하는 지금여기가 우리 살앎의 수준으로는 제로 지대가 되기 어렵습니다. 오직 명상만이 그것을 가능하게 하지만 그것을 경험하는 수련자는 지극히 드물다는 것을 저는 알고 있습니다. 그래서 제안하는 것은 과거로부터 자유로워지라는 것입니다. 과거는 지나간 것입니다. 지금여기에 없습니다. 그것은 단지 내 머릿속에 저장된 기억일 뿐입니다. 우리는 그것으로부터 완전히 벗어날 수는 없지만 그것의 가치를 이해한다면 제로 지대를 가져오기가 훨씬 수월할 것입니다. 내 세상이 존재하는 것도 지금여기밖에는 없습니다. 과거라는 것은 주관적인 내 세상 안에서도 개념일 뿐입니다. 개념은 실재가 아닙니다. 구태여 마인드스캔을 하지 않더라도 원망과 회한과 슬픔과 혹은 즐거움과 기쁨까지도 절절하게 배어 있는 과거의 기억들로부터 감정과 의미를 빼 버릴 수 있습니다. 그 기억들이 실재가 아님을 분별할 수만 있다면 사진첩에서 사진을 보듯 가볍게 취급할 수 있을 것입니다. 그렇게 하면 우리의 지금여기를 좀 더 자유롭게 할 수 있지 않을까요?

그리고 미래를 온전히 미래로 설계하십시오. 판도라의 상자에서 마지막으로 나왔다는 희망이라는 것을 거기에 가져다 놓는다면 지금여기에 반영되는 우리의 행위는 당연히 희망적일 것입니다. 당신의 미래를 어떤 것으로 설계할 것인가는 오직 당신에게 달렸습니다. 그것은 지금 이 순간이라는 현재에다가 방향을 제시해 줄 것입니다. 과거의 망령을 가져다 놓을 것인지, 당신의 자아를 실현시킬 구체적이고 실제적인 희망을 가져다 놓을 것인지도 오직 당신에게 달렸습니다. 과거로부터는 제로 지대를 만들고 자신의 삶의 방향, 생의 비전인 위대한 무엇인가를 미래에 설계했을 때 삶은 생기로 충만해질 것입니다. 그것을 사람들은 '시크릿'이라고 부르고 있습니다. 기적의 삶이라고 해야 할까요? 그것이 실존행입니다. 우리는 당연히 실존행이 되어야겠습니다.

3) 실천행(實踐行)

실천행은 심재신(心在身)으로 몸에 대한 지침입니다. 마음이 있는 곳에 몸도 있어야 한다는 말이 되겠습니다. 살앎은 앎이 살로 이 세상에 드러나 있는 현상입니다. 그래서 앎만 가지고는 아무것도 이루어지지 않습니다. 앎은 곧 마음인 것을 우리는 이제 다 알지요? 실천행은 마음을 몸으로 이 세상에다 실현하는 것입니다. 그래서 심재신(心在身)입니다. 마음이 있는 곳에 몸이 따라 주어야 하는 것이지요. 마음으로는 착하고 바른 생각을 얼마든지 할 수 있습니다. 그러나 그것을 실천하지 않는다면 그것은 단지 망상일 뿐입니다. 그리고 실천행이란 마음이 하고자 하는 바를 몸이 어기지 않는다는 말도 됩니다. 마음으로는 이렇게 하여야 한다고 생각을 하면서도 몸은 꼼짝하지 않습니다. 귀찮아서, 힘들어서, 시간이 없어서, 돈이 없어서 혹은 아는 게 없어서 등등 핑계와 탓을 끊임없이 들이대면서 실천하지 않습니다. 하지 않는 것은 열매를 맺지 못합니다. 우리의 현주소인 현상계에서는 드러난 것은 몸이고 드러나지 않은 것은 마음입니다. 마음은 몸의 실천행을 통해서 성장합니다. 당신의 행동으로 당신의 영성이 자라는 것입니다. 영성의 성장, 이것은 지금 여기 우리 삶의 의미이고 목적입니다. 좋은 의도를 아무리 많이 가졌다고 해도 그것을 실행하지 않는 한 이 세상에는 아무것도 표현되지 않습니다. 표현되지 않은 마음은 생명력이 없습니다. 생명을 얻어야 싹이 트고 꽃이 피며 열매를 맺을 수 있습니다. 당신의 좋은 심성이 풍성한 결실로 맺히기를 바라 마지않습니다.

제나아리하게 되면 신재심 심재신(身在心 心在身)은 저절로 됩니다. 마음이 있는 곳에 몸도 있고 몸이 있는 곳에 마음도 있습니다. 마음이 하지 못하는 것을 몸이 하려고 하지도 않으며, 몸이 해서는 안 되는 것에 마음이 나지도 않습니다. 그러나 살이 내는 마음은 두뇌에 만들어진 회로에 의해서 작동합니다. 두뇌 회로의 지배를 받아 나오는 것은 실재가 아닌 망상이지만 이 망상은 쉽게 삶을 지배합니다. 영도범부는 이 회로가 자신이라고 알고 있기 때문입니다. 기본 지침에 깨어 있다면 이러한 망상에 빠지지 않을 것입니다.

4) 조화행(調和行)

조화는 여러 가지 요소들의 어울림을 의미합니다. 조화행은 어울리는 행동으로 설명할 수 있습니다. 이것도 남을 인정하는 것으로부터 시작됩니다. 인정하고 공존하면서 함께 아름다운 공간을 만들어 가는 요소이어서 단지 인정하는 것보다 한 차원 높여 남을 어여삐 여김이 있어야 합니다. 남을 예쁘게 본다는 것도 저절로 되지 않습니다. 이것도 나의 노력이 있어야 합니다. 그러므로 남을 어여삐 볼 수 있는 것은 하나의 능력이라고 할 수 있겠습니다. 미워하는 사람과는 같은 자리에 있는 것도 불편하지만 내가 어여삐 보는 사람과는 조화를 이루기가 쉽습니다. 조화의 가장 핵심적인 요소는 아마도 아름다움이 아닐까요? 사람은 자신이 신세를 진 사람보다는 자신이 돌본 사람이 더 애틋하고 편안합니다. 내가 어여삐 보는 사람이 더 편안한 것입니다. 어여쁘다는 것은 아름답다는 것이고 아름다움은 조화이지요. 그래서 다른 이들과의 조화로움은 곧 평화를 의미합니다. 조화행은 내 마음의 편안함뿐만이 아니라 그 공간의 평화를 만들어 냅니다. 반대로 미움과 갈등과 다툼과 싸움은 남과 나의 사이에 있는 조화를 깨뜨리고 평화를 파괴합니다. 미

위하고 갈등하고 싸우는 마음은 지옥입니다. 그러니 조화행은 중요하지 않을 수가 없습니다. 우리는 천당이나 극락세계가 지저분한 시궁창이나 삭막한 사막으로 연상되지는 않을 것입니다. 우리의 상상력은 천당이나 극락세계를 아름다움으로 표현합니다. 이것이 본능적으로 아름다움을 추구하는 본질이기도 할 것입니다. 그리고 조화라는 개념에는 관계가 존재합니다. 나와 남, 그들과 그것들이 포함되지요. 조화롭기 위해서는 자기자신만을 생각해서는 안 됩니다. 타인에 대한 인정과 타인과 나 사이의 균형이 언제나 필수입니다. 주고받기의 균형, 말하기와 듣기의 균형, 힘의 균형, 분배의 균형 등 균형을 이루어야 하는 요소도 많습니다. 특히 분배에 대한 부분은 조화를 이루기 위한 참으로 민감한 영역임에도 우리 사회에서는 이들 분야에 존재하는 불균형을 개선하는 것이 쉽지 않습니다. 부의 분배, 기회의 분배, 의무와 책임의 분배, 일의 분배, 권리의 분배 등 생각해 볼 점이 많이 있습니다. 나를 상대적인 내가 아닌 제나로 인식할 때에 이것에 대해 보다 효과적인 방안들을 모색할 수 있을 것입니다. 여기에 당신의 헌신을 기다리는 분야가 분명 있을 것으로 기대합니다. 그리고 그런 분야에서 추구하는 당신의 헌신은 우리의 삶을 아주 가치 있게 할 것임을 확신합니다. 조화로운 지구, 조화로운 세계, 조화로운 이웃과 조화로운 너와 나. 상상만 해도 가슴이 뜁니다. 제나사리하는 당신이 우리가 삶을 영위하는 지금여기의 공간, 우리의 현주소, 지구촌을 그렇게 만들어 가는 주인공이라고 말씀드립니다.

5) 그 밖의 수행지침

긍정적인 마음 자세도 필요합니다. 긍정적인 마음은 개방되어 있습니다. 기꺼이 받아 줍니다. 기꺼이 받는 마음에는 거스름이 없습니다. 저항을 받지 않을 것이며 마찰이 없을 것입니다. 참사람의 수준에서 긍정적인 마음은 절로 나는 것이지만 우리 두뇌에 새겨진 회로는 제나아리로 제거되지는 않습니다. 그것은 두뇌를 가지고 있는 한 사라지지 않습니다. 한 번 형성된 회로는 그것을 자극하는 감각에 의해 자동으로 작동이 됩니다. 회로를 누르기만 하면 자동으로 반응하게 되는 것입니다. 대개 자동반응시스템으로 돌아가는 회로는 까칠합니다. 어떤 말을 들었을 때, 또는 어떤 행동을 보았을 때 나도 모르게 불쾌해지고 화가 납니다. 그것이 살이 내는 마음입니다. 이를테면 자라 보고 놀란 가슴은 솥뚜껑을 보고도 놀라게 됩니다. 시집살이를 호되게 한 사람은 시금치의 '시' 자를 들어도 신물이 난다고 하지요. 이것을 좀 더 과학적으로 살펴보면 살의 마음은 원래 그렇게 작동되도록 설계되었음을 알 수 있습니다. 스트레스 호르몬인 코티졸은 잠에서 깨어나는 시각에서부터 증가하기 시작하여 아침에 눈을 뜨고 활동을 시작할 때 수치가 가장 높습니다. 활동을 한다는 것은 기본적으로 스트레스인 셈이지요. 스트레스야말로 우리가 살아가는 동력이라고 해도 과언이 아닙니다. 단지 필요 이상으로 혹은 필요한 상황이 끝났는데도 지속하여 스트레스 호르몬이 분비되는 것이 문제가 됩니다. 이렇게 보면 스트레스는 우리가 긍정적인 마음을 갖는 데에 아무런 장애도 되지 않는다는 사실을 알 수 있습니다. 스트레스는 스트레스이고 긍정심은 긍정심입니다. 지금여기 살앎하는 자리에는 스트레스가 있기 마련이라는 것입니다. 살기 위하여 살이 형성하는 마음이기 때문에 온전함 안에서 그것은 문제가 되지 않습니다. 그런 것들로 인하여 긍정심을 잃지 않도록 우리는 분별할 필요가 있습니다. 위대한 사람들은 고난 속에서도 긍정심을 잃지 않은 사람들입니다. 그런데 위대한 사람이 따로 있는 것이 아니지요. 우리 모두는 제 나입니다. 그들이 할 수 있었던 것이라면 누구라도 할 수 있다는 것을 이제 우리는 알고 있습니다. 우리는 각자 개개인이 온전하며 자유와 사랑과 가능성의 존재라는 것을 잊어서는 안 됩니다. 그리고 마음의 구조에서 살이 낸 마음을 이해하면 우리가 주의하여 긍정적인 마음을 갖는 것이 쓸데없는 화를 경계하는 방법임을 이해할 수 있습니다. 긍정 마인드는 여여한 평상심을 갖는 데에 필수라고 할 것입니다.

남이 일할 때에 함께 일하는 센스. 참, 누구나 할 수 있는 것임에도 아무나 할 수 없는 마음가짐입니다. 지금여기에 깨어 있고 심재신 신재심하는 사람이면서 섬세한 사람이 되어야겠습니다. 함께 존재하는 공간에서 일하는 사람만 일하게 하지 마십시오. 함께 일하면 함께 누리는 시간이 그만큼 커집니다. 이러한 행동을 취할 수 있는 사람은 자신의 세상을 원만하고 따뜻하게 만들어 갈 것입니다. 이것이 조화와 균형을 가져다주고 행복을 만드는 방법입니다. 수련을 많이 하고도 행복하지 못하고 그의 가정에 화목이 없다면, 그리고 직장이나 주변 사람들과 원만하지 못하다면 이런 소소한 일상의 것들에서 분명 훈련이 되지 않은 사람입니다. 사실 가치를 두지 않아서 그렇지 일상이란 삶의 기본적인 활동이면서 매우 중요한 것입니다. 하지만 사람들은 이를 의식하지 않은 채 살아갑니다. 마음이 나지 않은 수행이 무슨 소용이 있을까요! 영성이 히나도 자라지 못한 수련은 공염불이 아닐 수 없습니다.

그다음의 거울 보기 수행을 저는 행복의 열쇠라고 말합니다. 이 세상은 함께 살아가는 우리의 세상입니다. 살앎을 인간(人間)이라고 하는 것은 남들과 어울려 사회를 이루고 사는 게 사람이라는 뜻입니다. 그래서 대인관계는 아주 중요합니다. 대인관계를 형성하는 원리가 바로 거울 보기 수행입니다. 내가 거울을 봅니다. 거울 속에는 내가 있습니다. 가만히 들여다보니 눈 밑의 까만 점이 마음에 들지 않습니다. 마음에 들지 않는다고 생각하는 순간 나의 표정은 화를 드러냈습니다. 그러자 더욱 마음에 들지 않습니다. 나는 거울을 들여다보며 "에잇, 못생긴 게!"라고 한마디 했습니다. 이런, 거울 속의 나도 저를 보고 "에잇, 못생긴 게!"라고 비아냥거립니다. 저는 더욱 화가 납니다. 한쪽 손을 들어 한 대 패주려고 주먹을 둘러매었습니다. 그러자 거울 속의 나도 나를 때리겠다고 주먹을 둘러맵니다. 거울 속의 내가 밉다고 별짓을 다 해 봐도 거울 속의 나는 나와 똑같이 별짓을 다 합니다. 결코 나를 향해 웃어 주지 않습니다. 거울 속의 내가 웃는 모습을 보려면 방법은 하나밖에는 없습니다. 내가 웃는 수밖에요. 내가 웃으면 비로소 거울 속의 내가 나를 향해 웃어 줍니다. 이것이 거울 보기 수련입니다. 거울 속의 나는 당신이지요. 거울 속의 나는 언제나 나를 상대하는 당신입니다. 어떤 당신이 되었든 당신이 웃게 하려면 내가 당신을 보면서 웃는 수밖에는 없습니다. 찡그린 모습, 화내는 모습, 우는 모습보다는 웃는 당신을 볼 때 내가 행복합니다. 내가 웃으려면 당신을 보면서 웃어 주십시오. 내가 행복하려면 내가 당신을 행복하게 해 주십시오. 그것이 대인관계에서 행복을 만드는 비결입니다.

6) 경계 수행지침

이 외에 경계수행지침도 있었네요. 제나아리 명상인은 살면서 무지(無

知), 게으름, 욕심, 자존심 이 넷을 경계하라는 지침을 마련하였습니다. 무지는 원망과 미움을 낳습니다. 게으름은 퇴보를 낳고, 욕심은 거짓을 낳습니다. 자존심은 분노를 낳고 나와 남을 더욱더 분리시킵니다. 영도범부에서부터 삼육공도범부에 이르기까지 이 넷은 경계가 될 것입니다. 이 넷의 경계 중에서 제나아리하고 심재신과 신재심이 되면 무지나 게으름, 욕심과 같은 어리석음은 많이 떨어져 나갈 것으로 기대합니다. 하지만 자존심은 좀 더 근원적인 것이어서 골치 아픈 경계로 남아 있을 수 있다고 여겨집니다. 심지어는 '나는 이만큼 이루었어'라고 더욱 강화될 수도 있는 것 같습니다. 자만심, 열등감, 수치심 등과 같은 감정들도 그 뿌리는 자존심에 있습니다. 이런 것들이 지금 나에게 맺혀지고 있는지를 보려면 제나사리에서도 여전히 내면을 들여다보아야 합니다. 명상을 하는 사람들은 명상을 통해서 그 자존심의 근원을 분별할 수 있습니다. 분별이 되면 해결이 가능합니다. 경계 수행지침을 지키면서 제나아리 한다면 참살앎을 만나고 온전함으로 참살이하고 참살림도 할 수 있겠지요? 그래요, 우리 참살앎 하십시다.

3. 제나사리의 수행지침

'수행하다'란 키워드로 네이버에서 검색해 보니 첫 번째 나와 있는 의미는 '생각하거나 계획한 대로 일을 해내다'로 풀이되어 있습니다. 두 번째로 나와 있는 것이 '1. 행실, 학문, 기에 따위를 닦다. 2. 〈불교〉 부처의 가르침을 실천하고 불도를 닦는 데 힘쓰다. 3. 〈종교〉 생리적 욕구를 금하고 정신과 육체를 훈련함으로써, 정신의 정화나 신적(神的) 존재와의 합일을 얻으려고 종교적 행위를 하다'라는 것이네요. 제가 이 말을 사용할 때에는 첫 번째 의미 또는 두 번째 설명 중 1번에 가깝습니다. 저는 명상실이나 숲속에서 명상을 하고 있는 것은 수련으로, 명상과 연계된 일상생활은 수행으로 부르고 있습니다. 시장을 가면서 걸음걸이에 집중한다든지 밥을 먹으면서 밥 먹는 것에 깨어 있다면 수행입니다. 깨닫기 위해서 혹은 깨달은 바를 실천하고 도를 닦는 데 힘쓴다는 의미로도 쓸 수 있으며 이럴 때는 두 번째의 2번에서 '실천하고'라는 말이 해당되겠습니다. 제나아리 수련의 마지막 단계에서는 이 세상이 있는 그대로 진리이고 진실이었는지라 사는 것이 그대로 수련이었습니다. 수련과 수행이 별개가 아니었던 것입니다. 그래서 열심히 수련하던 명상실을 나와 집으로 돌아오게 되었습니다. 따라서 제나사리의 수행이라고 하면 저 자신의 수련을 위하여 설계해 놓은 생활지침이었다고 해도 과언은 아닙니다. 저는 그때를 저의 제나사리의 간난시절이라고 여겼습니다. 저는 깨달음에 있어서 이러한 간난시절을 누구나 보낸다고 믿습니다. 이러한 측면에서 꽤나 기특하게도 저는 현명하였다고 생각됩니다. 그래서 그러한 지침이 마련됨으로써 해이해지지 않고 자숙하는 어린 시절을 보낼 수 있었을지도 모릅니다. 이것은 다른 이들의 제나사리 간난시절에도 지침이 되어 줄 것이라고 생각하고 있습니다. 그러한 경계지침으로 겸손, 관아, 관간, 범수, 금결 이 다섯을 꼽았습니다.

1) 겸손

제나사리 행동지침의 가장 첫 번째가 겸손입니다. 저는 이것을 가장 강조하고 싶었습니다. 처음 제나아리를 마치고 제나사리를 시작할 때 가장 필요한 것이 이것이라고 생각했기 때문입니다. 이것은 깨달음 성취가 가져올 수 있는 온전하지 못한 사태에 대한 경각심을 일깨우기 위함이었고, 저 자신이 오만해지는 것을 경계하기 위함이었고, '내가 제일 많이 깨달았다'라거나 '내가 더 많이 깨달았다'는 비교급의 논리에 빠지지 않기 위함이었습니다. 그런데 겸손이라는 덕목은 삼육공도범부가 아니라도 누구에게나 반드시 필요한 태도로 평가하고 싶습니다. 겸손하지 않음으로 하여 생겨나는 관계에서의 균열은 많이 있습니다. 온새미나는 완전합니다. 제나로서의 우리는 그래서 완전 평등한 인격체라고 할 수 있습니다. 그런데 분리되어 나온 한 알의 나는 아직은 한 알만의 완전함으로 자기를 인식합니다. 제나를 볼 수 없기 때문에 한 알의 내부에 한정된 완전함밖에 알 수가 없습니다. 한 알인 영도범부의 습성은 기본적으로 자기의 완전성에 대한 인식을 가지고 있어서 나는 틀리지 않고, 나는 잘못된 것이 없습니다. 온새미나의 완전함이 우리들 모두에게 그런 식으로 내재해 있습니다. 그것은 틀리지 않은 인식입니다. 단지 그 완전함은 전체가 하나인 나에서 나오므로 온 우주 안에 나 혼자만이 존재하였을 때 나타납니다. 지금여기 한 알의 나는 무수히 많은 한 알 중의 하나이므로 그 완전성은 내가 제나로 있을 때라야 가능합니다. 즉, 나만 그런 존재가 아니라는 것을 알고 모든 이와 함께 존재할 때에 그 완전성이 바르다고 할 수 있겠지요. 그것을 모르는 완전함의 인식은 이기적이며 교만하고 오만합니다. 나만 아는, 나뿐인 나쁜 생각인 것입니다.

제나사리에서 겸손의 개념은 일반적으로 알고 있는 것과 다르게 표현이 됩니다. 일반적으로 일컬어지는 겸손은 나를 낮추는 것입니다. 나를 낮추고 남을 높이라는 말입니다. 제나에서의 겸손은 나를 높이지 말라는 뜻이 더 강합니다. 나를 높이지 말고 남을 낮추지도 말라는 뜻이 되겠습니다. 나를 남보다 낮추는 겸손은 나를 높이는 오만을 뒤집어 놓은 것과 별반 다르지 않습니다. 나를 남보다 높이는 것이나 나를 남보다 낮추는 것이나 마찬가지로 그 안에는 자연스럽지 못한 의도가 있습니다. 자연스럽지 못한 것은 순수하지 않습니다. 그래서 그러한 겸손은 오래가지 않습니다. 제나사리의 겸손은 완전한 평등의 기초 위에 있습니다. 나도 사람이고 너도 사람이고, 나도 사랑이고 너도 사랑이고, 나도 신이고 너도 신이고, 나도 공이고 너도 공이고…. 이러한 나와 남의 인식에서는 겸손이 의도한 바에 의하여 나오는 것이 아니고 그냥 자연스럽게 나타납니다. 그런데 하룻강아지는 범도 못 알아보는 시절입니다. 제나사리의 어린 때에 깨달음이 교만으로 작용하여 남과 다른 나로 분별하는 어리석음을 초래할 수 있음을 경계한 지침인 것이지요. 그래서 참 삶의 겸손은 온전한 평등으로부터 시작이 됩니다. 마음이 남의 위에 있는 자는 겸손이 나올 수가 없습니다. 남의 밑에 있는 사람도 순수하게 겸손하지 않습니다. 거기에는 '남보다 더 넓은 나' 혹은 '남보다 더 나은 나가 전제되기 때문입니다. 그리고 이 평등으로부터 나만큼의 남 인정하기가 나옵니다. 남을 인정하지 않으면 역시 겸손할 수 없습니다. 지금 나와 마주하고 있는 이가 누구이든 인정해 보십시오. 마주하는 이가 아내이면 아내를 인정하고, 남편이면 남편을 인정하고. 자식이면 자식을 인정하고 부모이면 부모를 인정합니다. 모르는 사람과 마주하고 있다면 그 모르는 사람을 인정하여야 합니다. 남을 인정하려면 믿음이 필요합니다. 그래서 영도범부는 이것을 쉽게 할 수 없습니다. 영도 지평에서의 의식은 한 알의 나를 벗어날 수 없습니다. 기본적으로 남을 모릅니다. 삼육공도의 지평에서는 남이 나이지만 영도의 지평에서는 남과 나는 별개입니다. 나는 남을 알 수가 없습니다. 알지 못하는데 어떻게 남을 믿을 수 있을까요? 제나아리하면 내가 너이고 네가 나입니다. 그도 나이고 그들도 나이며 그것들도 다 나입니다. 여기에는 믿음이 필요하지 않습니다. 그냥 다 자연적으로 있습니다. 영도범부라면 겸손을 체득하기 위해서 '나는 똑똑하니까 의심해야 돼. 믿지 마. 속지 마'라는 내적인 속삭임을 분별해야 합니다. 그래서 자기 안의 더 큰 자기가 그것을 알아차려야 합니다. 그 큰 자기가 바로 당신의 참살앎이기 때문입니다. 자기 자신을 마주하고 있는 당신이 화를 내고 있다면 화를 내고 있는 당신을 인정하십시오. 화가 나는데도 알아차리지 못하고 "나 화 안 났어!" 하는 것은 겸손과도 거리가 멀고, 진실과도 거리가 멉니다. 만약 겸손한 사람이 진실하지 않다면 그 겸손은 위선이고 척입니다. 거짓이고 가면인 것이지요. 그러므로 겸손에는 진실함이 또 하나의 요소라고 할 수 있습니다. 진실과 믿음으로 나와 나 아닌 이들과 나 아닌 것들을 인정하여 그 모든 것들과 그냥 같이 존재할 때 겸손은 저절로 우러나올 것입니다.

여기에서 영도범부가 지켜야 할 경계 지침이 따라 나옵니다. 뭐냐 하면 겸손한 이를 존중할 줄 알아야 한다는 것입니다. 왜냐하면 자칫 나서서 드러내 놓는 교만한 사람을 칭송하고 부러워하며, 드러나지 않는 겸손한 사람을 얕잡아 보는 우를 범하기 쉽기 때문입니다. 사람들은 아직 마음을 볼 줄 모릅니다. 망막에 맺히는 상 그 이상을 볼 수 없습니다. 거만하고 교만한 자에게 겸손한 사람은 보이지 않을 수도 있습니다. 또는 겸손한 태도가 연약함이나 무지한 모습으로 보일 수 있습니다. 또는 겸손이 적극성의 반대어로 들리는 사람이 있을지도 모릅니다. 겸손과 적극성은 성향이 다릅니다. 겸손의 반대말이 불손이라면 적극성의 경우 참고어는 능동성이고 반의어는 소극성입니다. 겸손한 사람이라고 해서 적극성이 빠졌다거나 소극적일 것이라는 판단은 당연히 오류입니다. 진정으로 나와 남의 경계 없이 행복을 위하여 헌신할 그 사람을 가까이할 수 있는 기회를 놓치는 것은 자기자신에게 매우 큰 손실입니다. 겸손한 사람을 알아보는 안목은 스스로 겸손한 데서 나올 것입니다. 스스로도 겸손함을 지니고 또한 겸손한 사람을 존중한다면 그 사람이 존중받는 것은 사필귀정이라 할 수 있습니다. 저 역시도 겸손한 사람이 좋습니다.

2) 관아(觀我)

관아(觀我)는 나를 본다는 뜻입니다. 이것은 자기자신에게 깨어 있어야 한다는 의미입니다. '너 자신을 알라'는 소크라테스의 명언을 자기자신에게로 돌렸습니다. '나 자신을 알자'라는 말입니다. 관아를 참사람 삼육공도범부의 지침으로 선택한 데에는 이유가 있습니다. 제나아리 하고 나서 이제는 어떤 명상을 하여야 할지 갈피를 잡을 수가 없었습니다.

무언가를 버리기 위한 수련도 의미가 없었고, 무언가가 되기 위한 수련도 필요가 없었습니다. 그냥 있는 그대로가 진리이고 온전하였던 것입니다. 아침에 일어나서 혹은 잠이 들기 전에 하루를 열고 닫는 의식처럼 좌선을 하기도 했습니다. 대부분의 좌선은 무심하였습니다. 제나사리하는 데에 명상이 별 의미가 없었던 것입니다. 그래도 아직까지 해 오던 습관 때문에 해야만 될 것 같은 생각으로 이렇게 혹은 저렇게 명상을 해 보았습니다. 이를테면 일상생활 중에도 공 안에 머물기 위해서 잡념이 올라올 때마다 일갈하는 수련도 고안해 보았습니다. 이런저런 생각이 올라오고 있는 나를 만나면 '사(思)!', 쓸데없는 근심에 빠져드는 나를 보면 '망(妄)!', 분노가 일어나면 '화!' 등과 같이 하는 방법입니다. 그리고 수련으로 남을 위한 축원의 기도를 하는 수련도 해 보았습니다. 내 주변의 가까운 사람으로부터 시작하여 지구촌 사람들과 온 우주의 평화를 위한 기도를 하다 보면 마음이 한없이 편안해졌습니다. 혹은 나의 보이는 세상에서 마음을 빼는 수련도 나름대로 해 보았습니다. 오직 객관의 세상을 보는 훈련을 해 보았던 것입니다. 나중에 알고 보니 이러한 수련 방법들이 이미 이 세상에 다 있는 것들이더군요. 여하튼 이러한 일련의 수련과 수행들은 오래가지는 않았습니다.

남편과 딸아이와 시어머니와의 관계에 경계가 생길 때에는 나의 수행은 그중 낮은 수준으로 드러난 사람을 따라갔습니다. 지금은 이것이 관계의 당연한 원리라는 것을 알지만 그때에는 이러한 상황들이 버거운 번뇌였습니다. 마음속에 분노가 올라오고 미움이 휘몰아치기도 하였지요. 그런 때에 저는 저를 살펴야 했습니다. '아, 내가 화를 내고 있구나.' 이런 상황을 많은 고수(高手)들은 알아차리기만 하면 금세 화가 싹 사라지는 듯 이야기하고 있지만, 현실에서는 내가 화를 내고 있다는 것을 알아차리는 것만으로 화가 풀리지는 않았습니다. 그리고 아무리 제나아리하였다고 해도 관계가 저절로 고급스러워지고 우아해지는 것은 아니었습니다. 그것은 나와 남이 함께 하는 것이기 때문에 여전히 '우리'의 몫이고 거기에서 나의 책임이 작용하게 되는 것 또한 여전했습니다. 그 책임을 잘하기 위한 덕목이 관아였습니다. 나를 잘 살펴서 일상에서의 수행을 무리 없이 해 나가고자 하는 전략입니다. 나는 제나입니다. '**우리**를 형성하는 다른 구성원의 기분에 나를 휩쓸리게 하지 말아야지. 그래서 관계에서의 나 자신이 좀 더 온전해지자.' 그런데 제나사리를 시작한 지 십 년도 더 지난 지금도 그것은 녹록하지 않습니다. '우리'는 각자가 성향이 다르고 경험이 다르고 욕망도 다르고 취향도 다른 각자의 세상에서 살고 있기 때문입니다. 그 주관적인 세상을 '우리' 안에 반영하고 있는 한 흔우리 안에서의 관계는 충돌이 일상의 하나일 수밖에 없습니다. 흔우리가 그냥 객관적인 세상이 되지 않는 한 갈등이나 감정의 기복은 자연스러운 우리 일상의 속성이라고 생각하면 되겠습니다. 흔우리가 그냥 객관적인 세상이 된다는 것은 그 구성원 모두가 제나아리했다는 것을 의미합니다. 그런데 그것은 저의 원대한 미래 속에 있을 뿐 아직은 어림도 없습니다. 저의 식구들은 명상의 '명' 자도 모르는 사람들이고 보니 저에게 관아는 아주 필요한 수행 지침이 아닐 수 없었습니다. 당신에게서도 마찬가지일 테지요. 당신이 참사람 삼육공도범부가 되었다고 저절로 당신의 식구들도 삼육공도범부가 되지는 않습니다. 영도범부가 삼육공도범부가 되려면 제나아리하여야 합니다. 당신의 원대한 미래에는 모두가 제나사리하는 날이 있기를 바랍니다. 그리고 관아하십시오.

저는 모든 이가 제나아리하여 제나사리하는 이 세상을 꿈꾸고 있습니다. 그것을 위하여 헌신하기로 제나아리하고 나오는 길에서 마음을 냈습니다. 그리고 십년도 넘은 다음에서야 제나아리 명상원을 개원하였습니다. 그러나 제나아리하려는 사람은 아무도 만나지 못하였습니다. 일 년이 넘도록 명상을 하러 오는 사람이 손에 꼽을 정도입니다. 이것은 순전히 저의 책임입니다. 제나의 존재론으로 들어가면 벌써 사람들은 머리가 아파옵니다. 제나의 차원도나 이원적 구분 혹은 나단경계도와 같은 원론적인 이야기는 명상을 하고 계신 분들조차도 도대체 납득하지 못하십니다. 명상으로 경험하기 전에는 그럴 것 같습니다. 모두들 같은 말을 하십니다. "좀 더 쉽게 설명해주세요". 저에게 제나의 차원도나 이원적 구분 혹은 나단경계와 같은 것은 너무나 쉬운 이야기입니다. 그것은 자명한 것이니까요. 도대체 어떻게 더 쉽게 설명을 할 수 있을까요? 이 난국을 어떻게 극복하여야 할지 참으로 난감합니다. 아이스크림을 한 번도 먹어 보지 못한 이에게 아이스크림 맛을 설명합니다. 먹어 본 경험자로서 자기가 할 수 있는 모든 것을 동원해서 설명을 해 봅니다. 하지만 말로 듣고 있는 사람은 도통 그 맛을 가늠할 수가 없습니다. 이제 어떻게 해야 할까요? 모든 이가 제나사리할 수 있게 하는 방법은 제나아리하는 것입니다. 그리고 제나아리는 명상을 통해서 깨닫게 되는 것입니다. 그런데 사람들이 제나아리 명상을 하려고 해야 말이지요. 또한 명상으로 제나를 깨우친다는 것은 몇 년이 걸릴지 도무지 알 수 없습니다. 원하는 것을 얻는 데에 몇 년씩이나 걸리는 것을 현대인들은 용납할 수 없습니다. 그런 끈기를 지닌 사람을 만나 보지 못했습니다. 제가 너무너무 어려운 일을 남에게 시키려고 하고 있는 것입니다. 그렇다면 명상을 통하지 않고 알게 하는 방법이 있을까요? 결론은 '네'였습니다. 있습니다. 어떤 방법이 있느냐 하면, 바로 교육이라고 하는 것이 있었던 것입니다. 물론 만족스럽지는 않습니다. 지식으로 아는 것과 깨닫는 것은 다르다고 누누이 주장해 온 저로서는 그것이 만족스럽지는 않습니다. 하지만 아는 것은 모르는 것보다는 비전(Vision)이 보입니다. 한 알에게 한 알을 알게 하고 제나를 알게 하면 그 둘의 분별이 생기리라 기대합니다. 당신은 당신이 자신이라고 알고 있는 것보다 훨씬 더 크고 온전하다고 가르쳐드리고 싶습니다. 그래서 크기가 기껏해야 2미터가 안 되는 한 알이 아니라 온 우주만 한 크기의 온전한 당신이라고 가르쳐드리고 싶습니다. 그래서 기껏해야 2미터가 안 되는 사람으로 살지 말고 우주만 한 당신으로 사시라고 가르쳐 드리고 싶습니다. 그러려면 관아가 제대로 이루어져야 합니다. 한 알의 나를 먼저 알아야겠지요. 나는 무엇인가요? 내가 무엇인지 나는 무엇으로 살고 있는지 나를 제대로 알아야 하는 것입니다. 그러려면 사람이 무엇인지도 알아야 하고, 마음이 어떻게 생겨 먹은 것인지도 알아야 합니다. 한 알의 나로 살고 있는 영도범부인 나의 행동기제가 되는 것은 또 무엇인지도 분별할 필요가 있습니다. 몸의 마음이 있고, 몸이 낸 마음이 있습니다. 몸의 마음은 느낌으로 들어 있고 몸이 낸 마음은 경험된 것들의 기억으로 들어 있습니다. 우리는 보통 그것이 나라고 알고 있습니다. 그리고 살로 표현되는 이 세상의 존재로서 우리는 그 살의 기억의 영향을 벗어나기 어렵습니다. 관아는 그런 것들을 다 보아야 합니다. 구스타프 융의 분석심리학에서 말하는 그림자[20]나 페르소나[21]는 나를 이해하는 데에 아주 유용합

---

20 자신도 인식하지 못하는 무의식에 억압해 둔 자신의 성향.

21 연극에서 사용하는 가면을 페르소나라고 합니다. 대상이나 상황에 맞추어 역할이 달라지듯 그 역할에 따라 다르게 표현되는 성격을 말합니다.

니다. 우리는 억압된 무의식을 끄집어내서 그림자 분석을 할 수도 있고 자신의 페르소나를 분별할 수도 있습니다. 이런 것들은 의식의 장기인 두뇌의 작용 안에 있습니다. 특정한 일련의 자극에 대하여 비슷하게 반응하는 것은 성향 또는 습성이라고 할 수 있습니다. 이것은 두뇌에 패턴이 생긴 것으로 '그러한 자극에는 그렇게 반응한다'라는 형식을 만들어 놓은 것입니다. 저는 그것을 흐름도와 같은 것으로 보았습니다. 그 흐름도는 어떤 자극이 들어왔을 때 어떻게 반응한다고 하는 자신만의 공식입니다. 그 흐름도나 공식이 자기자신의 습관을 만들어 내는 두뇌의 회로인 것입니다. 개인에게 어떤 두뇌회로가 처음 형성될 때 작용하는 요인은 기질이라고 봅니다. 이것은 DNA가 가져오는 성향의 영향이라고 생각합니다. 한 알의 나라고 하는 것은 나의 부모와 조상들의 성향을 선험적으로 가지고 있다는 것입니다. 이 기질적인 요소에서 가장 중요한 것은 물론 부모가 될 것입니다. 기질은 살아가는 동안에 호불호라고 하는 방향성으로 우리가 '흐름도'라고 일컫는 것에서의 화살표와 같은 역할을 하게 될 것입니다. 이를테면 '김치를 먹는다'가 자극입니다. 여기에 대한 반응으로서 두 개의 화살표가 나갑니다. '안 신 것이 좋다'와 '신 것이 좋다'입니다. 이것에 기질적으로 안 신 것이 좋은 사람도 있을 것이고 신 것이 좋은 사람도 있을 것입니다. 이렇게 이야기하면 이것은 미각세포의 영향이지 기질의 문제는 아니라고 할 수도 있지만 그러한 미각세포를 갖게 된 것은 아무래도 DNA의 영향이 있을 것입니다. 여기에다가 태어나서 경험하는 것들로부터 그러한 기질에 따라 선택한 방향으로 뇌세포에 회로를 구축하여 자극과 반응이라고 하는 관계구조를 통해서 한 알은 살고 있다는 것이 저의 견해입니다. 그래서 두뇌회로를 구성하는 것은 기질과 태어나서 하게 되는 경험입니다. 우리는 보통 외부로부터의 자극에 내가 반응하면서 살고 있다고 생각을 하지만 '관계'에서 보자면 나는 반응이면서 동시에 자극입니다. 그 둘은 분리되어 있지 않습니다. 그런데 관아는 내 안에서 일어나고 있는 지금여기의 상태를 인식합니다. 그래서 제나사리의 관아는 받아들이는 인식에서 반응과 자극의 분별이 가능합니다. 즉, 자극은 자극이고 반응은 반응이 되게 할 수 있습니다. 나를 알아차리고 나 아닌 것을 알아차릴 수 있지요. 그러면 자극은 너의 표현이며 반응은 나의 표현이 됩니다. 무심한 관계가 아니라 지혜로운 관계를 만들 수 있는 것입니다.

한 알의 영도범부가 기질과 두뇌회로를 자신으로 온전히 분별하게 되면 한 알의 자신의 모습이 보입니다. 여기에 자기자신을 한 알에 국한하지 않고 자신의 보다 큰 존재 영역, 살의 차원에서의 제나를 알게 된다면 나만 나가 아님을 알게 됩니다. 그것과 함께 앎의 차원에서의 제나를 가져올 때 모든 의식의 차원도 나임을 알게 됩니다. 그러면 영도범부도 제나아리의 소양을 모두 갖추게 됩니다. 당신에게는 그 모든 것이 다 들어 있습니다. 그 모든 것이 당신입니다. 그래서 당신은 온전합니다. 이렇게 아는 것이 제나아리 명상이 아닌 제나사리 교육으로 가능하지 않을까요? 그러면 삼육공도범부의 관아뿐만이 아니라 영도범부의 관아도 제대로 될 것입니다. 저는 그랬으면 참 좋겠습니다.

3) 관간(觀間)

세 번째로 관간(觀間)을 들었습니다. 이것은 공존의 원리입니다. 관간은 사람과 사람 사이, 당신과 나의 사이가 균형 있고 조화로울 것, 더 나아가 사랑이 있을 것을 요구합니다. 제나아리한 사람에게 남은 '나'로부터 '남(탄생)'하여 '남(타인)'이 된 다른 살앎이니 결국 나입니다. '나'의 분리로 만들어진 남인 것입니다. 하지만 이것은 제나아리한 삼육공도범부의 인식입니다. 영도범부는 그것을 알지 못합니다. 그래서 사람과 사람 사이에는 믿음과 신뢰가 없습니다. 사랑이 없습니다. 남은 그냥 다른 몸이기 때문에 나와는 아무런 상관이 없습니다. 그래서 얼마든지 이기적이고 탐욕스러울 수도 있습니다. 제나사리의 수행 지침에서 자꾸만 영도범부의 이야기를 하는 것은 갑남을녀의 99퍼센트가 모두 영도범부이기 때문입니다. 관간은 그 사람들과 함께 살아가기 위한 지침이 되겠습니다. 함께 살아가는 지금여기 나와 당신의 사이에는 무엇이 있을까요? 나와 당신들 사이에는 무엇이 있을까요? 남과 남 사이에는 또 무엇이 있을까요? 지금 당신과 가장 가까운 그 사람을 떠올려 봅시다. 당신과 그 사람 사이에는 무엇이 있습니까? 사랑이 있나요? 믿음과 신뢰가 있나요? 그 사람을 나와 같이 인정하나요? 균형이 있는 조화로운 관계를 형성하고 있나요?

관간이 되기 위해서는 먼저 알아야 할 것이 두 가지 있습니다. 하나는 관아로서 나를 제대로 알아야 한다는 것입니다. 제나아리는 내가 어떤 존재인지를 확연히 깨닫게 합니다. 그런데 제나아리한 사람에게는 본성과 본능과 두뇌 작용으로 일어나는 사고체계가 다 있습니다. 이 말은 아무리 제나아리한 사람일지라도 본래 마음인 본성만 가지고 생활하는 것은 아니라는 뜻입니다. 본성만 가지고 살 수 없습니다. 사람이란 성령을 깨우치든 불이를 깨우치든 공을 깨우치든 일체유심조를 깨우치든 상관없이 살앎입니다. 기본적으로 살을 가지고 있는 것이 사람이기 때문입니다. 그럼 제나아리하지 않은 사람들과는 어떤 차이가 있는 걸까요?

영도범부는 마음의 그러한 세 차원을 알 수 없습니다. 빙산의 일각이 나의 모든 것이라고 알고 있을 뿐이지요. 하지만 영도범부와 삼육공도범부는 다르지 않습니다. 단지 영도범부는 지금, 아직까지는 그것을 모르고 있을 뿐입니다. 그래서 당신의 상대방은 언제나 참사람입니다. 저는 당신의 상대방도 언젠가는 제나를 알 것이라고 확신합니다. 왜냐하면 이 세상에 제나가 아닌 것은 아무것도 없으니까요.

또 하나 알아야 할 것은 주관적인 세상과 객관적인 세상의 분별입니다. 사람과 사람 사이의 갈등이 왜 일어나는지를 이해하려면 우리는 이것을 선명하게 구분하여야 합니다. 제가 지금 앉아 있는 이곳은 명상원의 명상실입니다. 여기에서 지금 눈에 띈 것은 왼쪽 벽면 앞에 있는, 개원할 때 지인으로부터 받은 커다란 해피트리 화분입니다. 화분 뒤 벽에는 창문이 하나 있습니다. 창문 옆 빈 벽면 앞에는 화이트보드가 세워져 있고 구석에 에어컨이 있습니다. 제가 앉아 있는 맞은편 벽면에는 수련의 단계를 보여 주는 작은 액자 일곱 개가 일정한 간격으로 걸려 있습니다. 오른쪽 끝에는 사무실과 연결된 문이 있습니다. 오른쪽 벽에 복도로 연결된 출입문이 있고 그 옆에는 벽시계와 먼저 쓰던 사람이 붙인 벽장식이 있습니다. 그 아래에 여러 가지 물건을 올려놓은 좁은 테이블이 있고, 테이블 아래에는 좌식 의자가 자리 잡고 있습니다. 여기에 어떤 사람이 들어오든 이것들은 이 공간을 구성하고 있는 사물들로서 존재합니다. 이 물건들은 이 공간의 객관적인 요소들입니다. 이 물건들은 어떤 이에게도 동일한 존재입니다. 저 화이트보드는 하나입니다. 하나가 여기에 있습니다. 저 수련 단계도 일곱 개입니다. 그것들이 여기에 있습니다. 이러한 사실은 사람이 셋이 있든 넷이 있든 혹은 몇십 명이 있든 그것에 의해 달라지지 않습니다. 사물의 공간은 객관적인 세계입니다. 그에 비해서 사람은 그 객관적인 세계를 자신의 의식 속에서 주관적으로 인식하고 있습니다. 내가 인식하는 이 세상은 사물의 공간이 아닙니다. 사물의 공간이 내가 본대로 혹은 내가 받아들인 대로 반영된 주관적인 세상에서 살고 있는 것입니다. 아, 너무 어려워요. 머리가 지끈거리기 시작하였습니다. 그렇죠? 이것은 우리가 당연히 객관적인 세상에서 살고 있다고 여기고 한 번도 분별해 본 적이 없어서 겪는 어려움입니다.

자, 다르게 설명을 해 보겠습니다. 당신은 당신의 세상에서 살고 있다는 것입니다. 당신은 거기에서 한 발자국도 밖으로 나와 본 적이 없습니다. 그것은 당신의 경험의 세계입니다. 객관적인 세계를 당신의 경험대로 가지고 가서 그 안에서 살고 있습니다. 지금여기 이 명상실에 다섯 사람이 들어와 앉아 있다고 합시다. 객관의 세계는 분명 하나입니다. 다섯 사람이 다 그 안에 있습니다. 그때 각각의 개인의 경험은 자신의 주관적인 세상에서 이루어지고 있습니다. 어떤 사람은 해피트리라고 하는 화분에 먼저 눈길이 갈 수도 있습니다. 어떤 사람은 일곱 개의 수련 단계도가 궁금할 수도 있습니다. 어떤 사람은 제가 앉아 있는 뒤편에 걸려 있는 제나아리 차원도가 눈에 들어올지도 모릅니다. 각자가 다른 의미와 의도가 객관적인 세상에 투사되겠지요.
저의 집에는 네 식구가 살고 있습니다. 저와 남편과 딸, 그리고 시어머니입니다. 저는 어떤 세상에서 살고 싶었는지를 분별해보니 '아름다운 세상'이었습니다. '아름다운 세상에서 살고 싶다'고 하는 저의 세상에 대한 천명은 저의 두뇌에 형성된 근원적인 회로들 중 하나인 것입니다. 이

회로는 생활의 곳곳에서 작동을 합니다. 그래서 정리가 잘 되었으면 좋겠고 깨끗했으면 좋겠습니다. 쾌적하고 청결하고 시각적으로도 미적이고 싶습니다. 그 미적인 세계에 위협이 가해질 때 저는 화가 치밀어 오릅니다. 저의 남편의 경우 그의 주관적인 세상은 편안한 세상이 아닐까 싶습니다. 꼼작거리지 않아도 되는 안락한 세상. 그러기 위해서는 돈도 필요하지요. 편안한 세상을 천명한 그는 아이러니하게도 일요일에도 놀고 있으면 불안합니다. 다른 사람들이 여가를 즐기고 있는 풍경은 심기를 불편하게 합니다. 집 안에서는 자신이 먹은 빵 봉지가 쓰레기통에 들어가 있기보다는 소파 밑에 들어가 있는 예가 허다합니다. 그러한 그의 편안한 세상은 꼭 아름다워야 할 필요는 없습니다. 그는 자신의 편안함이 도전을 받을 때에 폭발합니다. 시어머니의 세상은 풍요롭기를 원합니다. 당신 수중의 돈은 절대 비밀의 영역입니다. 밭일이 시작되면 온 관심과 열정이 밭으로 향합니다. 집 안의 정리정돈은 그분의 안중에는 하나도 없습니다. 제 딸의 세상에는 자존심이 우선인 것 같습니다. 그것을 건드리는 사람은 아주 철천지원수가 됩니다. 저는 퇴근하면 어수선한 집 안 꼬락서니에 울화통이 터지곤 했습니다. 그들은 어떻게 이런 집 안에서 아무렇지도 않은지 도대체 이해를 할 수가 없었습니다. 아무데나 널브러진 남편의 양말, 약 봉지, 식탁 위에 놓여 있는 행주며 여기저기 흩어져 있는 그릇들, 특히나 고춧가루와 마늘 양념이 덕지덕지 묻어 있는 그릇들과 양념통들, 뚜껑 없이 냉장고에 들어가 있는 반찬통들, 방바닥 여기저기 굴러다니는 딸애의 기다란 머리카락 등등 때문에 스트레스가 이만저만이 아니었던 것입니다. 그러다가 객관적인 세상과 주관적인 세상에 관하여 깨달음이 왔을 때 그것은 오로지 저만의 문제인 것을 알았습니다. 저의 남편의 주관적인 세상에 관해서 이해하고 나니 남편에게 정리정돈이 안 되는 것은 아무런, 그야말로 일말의 문젯거리도 아니었던 것입니다. 시어머니요? 도대체 집 안이 어수선하고 지저분한 것이 무엇이 문제란 말입니까! 나가서 농사를 지어야지요. 일찍이 지병이 있어 농사일을 못하셨던 저의 시아버지는 그나마 쉰 살도 못 살고 돌아가셨습니다. 덕분에 혼자서 농사지어 오 남매를 키워야 했던 시어머니의 입장에서 집 안의 정리정돈은 신경 쓸 부분이 아니었습니다. 그것은 그분의 세상에서는 전혀 관심 없는 이야기입니다. 집 안이 어질러진 것쯤이 뭔 대수겠습니까! 저의 딸의 세상에서도 그것은 시답지 않은 부분입니다. 아주 많이 어질러졌을 때 가끔씩 치워 주면 되는 것이지 무엇 때문에 매일매일 청소를 해야 하는지 도무지 이해할 수가 없습니다. 딸아이에게 그게 뭔 대수겠어요! 그것은 오직 제 세상에서만 문제가 되었던 것입니다!

제 세상에 사는 그들이 객관적인 세상의 그들은 아닙니다. 이것을 확실하게 깨달아야 하는데, 어떻게 말씀을 드려야 할지 모르겠습니다. 저는 오직 저의 세상에서 살고 있습니다. 당신 역시 당신의 주관적인 세상에서 살고 있습니다. 그래서 이 세상은 모두 각자의 것입니다. 저에게 이 세상은 저의 것입니다. 당신에게 이 세상은 당신의 세상입니다. 그에게는 이 세상이 그의 세상입니다. 그래서 나는 내 세상의 창조주이고 내 세상은 100% 나의 책임입니다. 당신의 세계는 당신이 창조주이고 그 세계는 100% 당신의 책임입니다. 그의 세상은 그가 창조주이고 100% 그의 책임하에 있습니다. 내 세상은 내가 만들어 가고 있으며 당신의 세상은 당신이 만들어 가고 있습니다. 그의 세상은 그가 만들어 가는 것입니다. "너 때문에 내가 못 살아"라는 견해는 객관적인 세상과 주관적인 세상에 대한 깨달음이 없을 때 나옵니다. 이것은 못된 짓을 하는 사람을 정당화하는 이야기가 아닙니다. 일단 못된 짓은 '나'가 못된 사람의 행동입니다. 그 못된 짓은 그런 행동을 저지르는 그 사람의 책임이 100%입니다. 그것에 어떻게 대응하는지에 대한 책임은 100% 대응하는 사람에게 있습니다. 우리는 객관적인 세상과 주관적인 세상을 구분해 본 적이 없어서 이것을 이해하는 데에도 어려움이 있습니다.

다른 예를 하나 더 들어 보겠습니다. 이것도 제가 경험한 것으로 설명이 가능할 것 같습니다. 신혼 시절, 맏며느리인 저에게 "작은애네 집은 큰애가 사주어야 한다"고 하시던 시어머니의 말씀이 저는 너무나 억울하고 분했습니다. 저는 중등 교사였고, 남편은 백수였습니다. 시어머니께서 밥을 한 번 하셨을까요, 청소를 한 번 하셨을까요. 제가 퇴근하여 청소하고 저녁을 해 먹은 다음 설거지를 하고 아침에 먹을 밥이며 반찬, 국까지 해 놓고 주방을 나옵니다. 그러면 아침에 중학생이었던 막내 시누이와 고등학생이었던 큰시누이의 큰 딸인 조카의 밥을 시어머니께서 차리시는데 출근하는 저의 밥은커녕 수저 한 번을 놓아 준 적이 없습니다. 그런데 돈 버는 사람은 너이니 네가 사 주어야 한다는 것도 아닌 큰애가 작은애네 집을 사 주어야 한다는 것입니다. 그 말씀을 듣는 저는 가슴이 콱콱 막혔습니다. 작은애네 집을 백수인 큰애가 무슨 수로 사 주겠습니까! 그 얘기는 분명 저보고 작은애네 집을 사 주라는 말인 것입니다. 또한 네가 작은애네 집을 사 주어도 그것은 네가 사 주는 게 아니라 큰애가 사 주는 것이라고 말씀하고 계시는 것입니다. 절대로 네 공은 아니라는 것이지요. 그뿐인가요. 저는 대하소설쯤 되는 고부갈등의 에피소드를 가지고 있습니다. 저는 대들지도 못하고 삭이지도 못하는 엄청난 스트레스로 임신 4개월 만에 사산을 하고 말았습니다. 백수인 남편으로 인한 갈등도 만만치 않았을 수 있을 때였으나 고부갈등에 가려져 그것은 제게 아무런 제약이 되지 못했습니다. 저도 저의 행복할 권리를 가지고 시집을 왔건만 도저히 이해할 수 없는 불공정하고 불공평한 대우는 저를 거의 미치게 만들었습니다. 결국 저는 20개월을 함께 산 다음 분가를 했습니다. 지금은 어떻게 살고 있을까요? 제나사리하면서 시어머니를 모셔왔습니다. 객관적인 세상과 주관적인 세상을 분별하게 되면서 시어머니께 진심으로 사과하였습니다. 그동안 어머니를 쌀쌀맞게 대한 것을 용서해 달라고 말을 꺼냈습니다. 명상을 해 오면서 여러 각도에서 미움을 해소하였지만, 내 세상에 대한 책임이 나에게 100% 있다는 깨달음은 책임을 할당하려던 저의 꼼수를 알아차리게 하였습니다. 준 만큼 받고 싶은 마음이 있었습니다. 그리고 인정받고 보상받으려고 했던 저의 욕망도 들여다볼 수 있었습니다. 나의 시어머니는 주관적인 그녀의 세상에서 살고 있습니다. 거기에 섭섭하게도 저는 없었습니다. 아니 제가 있기도 했습니다. 기대하고 요구하는 대상으로서만 있었던 것입니다. 그러나 그것은 제가 탓할 일은 아니었습니다. 그것은 100% 그녀에게 책임이 있습니다. 나의 세상에 살고 있는 나의 시어머니는 100% 나의 책임입니다. 나의 주관적인 세상이 100% 나의 책임이 되면 그 세상은 더 이상 나만의 주관적인 세상이 아닙니다. 그것은 객관적인 세상이 되는 것입니다. 즉, 나의 세상에서 나의 책임이 100%가 되면 나의 세상에 있는 당신을, 그들을, 그것들을 100% 인정하게 되는 것입니다. 모든 것을 다 수용한다는 것은 아무것도 수용하지 않는 것과 같습니다. 내 안에 우주가 들어온다는 것은 우주가 그대로 다 있는 것입니다. 그래서 내 안에 아무것도 들여놓을 필요가 없습니다. 그냥 함께 존재하면 됩니다. 그냥 함께 존재하는 것. 그것이 바로 객관적인 세상인 것이지요. 그것이 진리의 세상이고 참사람의 세상이고 참세상입니다. 있는 그대로가 진리이고 참입니다.

지금 나의 시어머니의 세상에는 제가 들어가 있습니다. 며느리가 아침 먹고 설거지를 한 다음 출근을 하면 한밤중에나 돌아옵니다. 그러면 주방일이며 빨래며 당신 손이 닿지 않는 데가 없습니다. 쓰레기통을 비워 주는 것도 늘 어머니가 하십니다. 강아지를 돌보는 것도 어머니가 맡고 계십니다. 퇴근하여 돌아와 보면 시어머니가 주방에서 김치를 담근 흔적, 반찬을 만든 흔적을 봅니다. 무언가 깔끔하게 정리가 되어 있지 않은 경우도 많습니다. 저의 기준으로 볼 때 그것은 그 일을 100% 마친 것이 아닙니다. 어떤 때는 2%가 부족하고 어떤 때는 10%가 부족하고 또 어떤 때는 30%도 부족해 보입니다. 예전 같았다면 뒷정리가 덜 되어 있는 것에 저는 엄청 짜증이 났을 것입니다. 그러나 지금은 98%나 해 놓은 것에 대해서, 어떤 때는 90%나 해 놓은 것에 대해서 또 어떤 때는 70%나 해 놓으신 것에 대해서 감사합니다. 그리고 정리하거나 닦아 놓는 나머지 몇 %를 해 놓습니다. 또한 300평 남짓 되는 저희 밭에는 시어머니가 가꾸는 고추며 오이, 배추 등이 자라고 있습니다. 저는 밭일을 도울 새가 거의 없습니다. 시어머니라고 해서 제가 다 예뻐 보이겠습니까. 하지만 저에게 불평하지 않으십니다. 이것도 감사하지요. 지금의 저는 시어머니의 세상을 봅니다. 시집온 지 삼십 년이 넘었으니 처음 같이 살 때보다 쭈굴쭈굴 많이 늙었음에도 불구하고 저는 그때보다 지금의 시어머니가 더 예쁘게 느껴집니다. 현재 시어머니와 저는 무리 없이 잘 살고 있습니다. 제 마음 또한 처음 시집와서 갈등하면서 살 때보다 지금이 훨씬 더 편안합니다. 당신의 세상은 어떠한가요? 염두에 두고 있는 그 사람과의 사이에는 무엇이 있나요? 당신도 있는 그대로 진리이고 참인 세상에서 살고 계시기를 기원합니다.

　관아가 되면 관간이 됩니다. 내가 보이고 내 앞에 서 있는 당신이 보입니다. 그것은 그냥 나와 너가 아니고 나의 세계와 너의 세계를 보는 것입니다. 그냥 나와 너라고 하면 그 사이에는 거리가 존재하지 않습니다. 그것은 각자의 주관적인 세계가 인정된 거리를 확보하지 못하고 있기 때문입니다. 그러한 공간에서 우리는 책임을 분할합니다. 부부가 그런 공간에서 함께 가정을 꾸리면 책임도 반씩 나눠야 한다고 생각하는 것입니다. 그래서 각자 50%씩인 세상을 만들고 있습니다. 그것은 분단된 북한과 남한의 관계와 다르지 않습니다. 또 다르게 표현한다면 반푼이 둘이 같이 사는 것과 다르지 않습니다. 어쩌면 다리는 두 개인데 한 발로 서 있는 것과도 다르지 않습니다. 온전하지 않습니다. 여기에는 온전함이 없습니다. 그런데 나의 세상과 너의 세상이 함께 있는 가정이라면 부부는 각자 자신의 세상에서 100%의 책임을 가져가므로 그 가정에는 200%의 책임이 살아 있게 됩니다. 여러분, 그게 제나사리입니다. 각자가 100%의 책임을 다한다는 것이야말로 한 알의 '나'가 제나로 산다는 뜻이고 온전하게 산다는 의미입니다. 비로소 제대로 당신 자신이 되었다는 말입니다. 그럴 때에 당신은 자녀도 자신의 삶, 자신의 세계에 대하여 100%의 책임을 다할 줄 아는 사람으로 키우겠지요. 그런데 우리는 어떤가요? 제가 제나아리하기 전까지, 아니 제나사리하면서도 주관직인 세계와 객관저인 세계를 깨닫기 전까지 저는 4인 가정에서 1/4의 책임만을 수행하는 것이 마땅하다고 여겼었습니다. 그런 때에는 저와 그들 사이에 수시로 충돌이 생겨났고 온전한 대화가 어려웠습니다. 내가 내 세상의 책임을 온전히 다하고자 했을 때 적어도 나에게 있어서는 나와 그들 사이의 단절은 사라졌습니다. 남편과의 관계, 시어머니와의 관계, 딸과의 관계에서 새롭게 소통이 시작되었던 것입니다. 그러자 집안에 자연스러움과 편안함이 생겨났습니다. 사랑을 표현하는 것도 자연스러워졌습니다.

　내가 내 세상에 100%의 책임을 가져왔을 때 나는 더 이상 남에게 기대하고 바라는 것이 없었습니다. 그러자 저와 마주하는 당신은 당신이 계신 거기에 그냥 존재하게 되었습니다. 이것은 제가 당신을 100% 인정할 수 있다는 말입니다. 더 이상 눈치를 볼 일도 없었고 실망할 일도 없었고 분노할 일도 없었습니다. 내 세상의 책임을 100%로 가지고 오는 일이 나의 능력을 1/4에서 4/4로 늘려야 하는 일도 아닙니다. 나는 원래 내 세상에서 100%의 책임을 다할 수 있는 능력이 있습니다. 왜냐하면 나는 나의 주관적인 세상의 창조주이기 때문입니다. 그 세상에서의 어떤 기대나 요구는 내가 필요하다고 생각하는 것으로서 바로 나 자신이 창조한 것입니다. 그 필요는 마땅히 나에게서 나옵니다. 그것을 해결하는 능력은 언제나 나 자신에게 있습니다. 그것을 해결할 능력이 나에게 없음에도 불구하고 창조해 놓는다면 그것은 단언컨대 나 자신의 과욕입니다. 욕심이고 과대망상인 것입니다. 그리고 일의 가짓수가 1/4에서 4/4로 늘어나는 것도 아닙니다. 내가 창조하였으나 누군가에게 미루고 싶었던 혹은 나누고 싶었던 그 일들을 내가 하는 것뿐입니다. 원래 내가 창조하기를 4/4로 하였던 것입니다. 그런데 객관적인 세계와 주관적인 세계가 분별이 되지 않으니 내가 100%로 사는 법을 몰랐던 것입니다. 100%로 사는 것이 제대로 사는 삶이고 참살앎의 삶입니다! 믿을 수 없겠지만 여기에 무위자연이 있습니다. 산은 산이고 물은 물이 되는 삶. 나는 나이고 당신은 당신이 되는 삶. 당신의 삶이 100%가 된다는 것은 정말 멋진 일이 아닐까요?

  사람과 사람의 사이는 관계가 있습니다. 독일의 철학자이며 수학자인 라이프니츠(Leibniz, Gottfried Wilhelm)는 인간을 '창구 없는 모나드'라고 하였습니다. 여기서 모나드란 단자(單子)를 의미합니다. 한 알이 바로 단자입니다. 창구 없는 모나드는 사람을 서로 소통할 수 있는 창구가 없는 개개인으로 정의하고 있습니다. 이것은 영도범부에 대한 가장 탁월한 설명이 아닐 수 없다고 저는 생각합니다. 나밖에는 볼 수 없기 때문에 창구가 없습니다. 각자가 단절되어 서로 관계가 없는 남(他人)입니다. 그런데 관간이 되면 관계가 나옵니다. 관계는 서로 맺어 가는 재료, 어떤 매개체가 있습니다. 사람과 사람 사이를 맺어 주는 매개체. 그것은 과연 무엇일까요? 우리는 그것의 정체를 알아야 합니다. 그것은 사람과 사람 사이에서 아주 중요한 것입니다. 그럼에도 불구하고 우리는 그것의 진면목을 바로 알지 못하고 있습니다. 그것이 과연 무엇일까요?

  그것은 바로 '말'입니다. 말. 우리는 늘 말을 하면서 살고 있지만 그것의 정체를 간과하고 살고 있습니다. '말'은 '마음의 발'이라고 이해하십시오. 나의 말은 제 마음의 발입니다. 그것으로 저의 마음이 당신에게로 갑니다. 당신의 마음 역시 말을 통하여 저에게로 옵니다. 성경에는 태초에 말씀이 있었다고 기록하고 있습니다. '말씀'은 말을 쓰는 것입니다. '말을 씀'이 곧 말씀이지요. 우리 각자의 사이에도 말씀이 있습니다. 우리는 말씀으로 소통합니다. 그런데 창구 없는 모나드는 말을 쓰지 못합니다. 쓰지 못하는 말들을 하고 있기 때문입니다. 창구가 없으므로 마음이 나오지 못합니다. 마음이 없는 말은 쓰이지를 못해요. 그것은 말씀이 아닙니다. 그냥 의미를 나타내는 부호들인 것입니다. 마치 아직 말을 할 줄 모르는 아기가 하는 옹알이와 다를 바가 없습니다. 이런 말들은 이를테면 '닫힌 말' 혹은 '갇힌 말'이 될 것입니다. 이것은 안에 고인 말이고 살아 있지 않은 말입니다. 때로는 썩어서 악취가 나는 말이 되기도 한다는 것을 저는 알고 있습니다. 우리가 하는 말들이 그렇게 닫힌 말 혹은 고여 있는 갇힌 말들이었습니다. 열려 있어서 사이 혹은 관계로 나아가 상대방에게 전달되는 말은 살아 있는 말입니다. 이것은 생명을 창조하고 생명을 살리는 말씀이 됩니다. 우리들 사이에는 무엇으로 소통되고 있을까요? 내 마음의 발은 어떤 것을 쓰고 있을까요? 살아 있는 말은 말씀이 됩니다. 나의 말이 살아 있으려면 말에 생명력이 있어야 합니다. 나의 말이 생기가 있으려면 온전하여야 합니다. 말은 마음의 발이라고 하였습니다. 나의 말이 온전하려면 마음이 실려 있어야 하는 것이지요. 그런데 마음을 실어야 한다는 말이 또 무슨 소린지 알 수 없습니다. 사이가 불편한 그 사람과의 사이에 살아 있는 말을 하려면 가장 먼저 해야 할 일은 관간입니다. 사이를 보는 것입니다. 불편하게 하는 요인을 검토하고 거기에서 진정으로 참회(懺悔)하는 마음을 내어야 합니다. 참회만으로 말은 살아나지 않습니다. 참회는 내 마음속의 매듭을 풀어내는 작업입니다. 그다음은 풀어진 마음에서 발원이 있어야 합니다. 발원은 상대방의 마음으로 나가는 내 마음의 발인 것입니다. 상대방의 마음으로 가서 그 마음에 존재하는 매듭을 풀어내야 하는 것이지요. 그 매듭까지 풀어내야 사이가 온전해집니다. 용서하고 감사하고 축복하고 살림하는 말이 나가야 사이는 온전해집니다. 나와 너 사이에 사랑과 행복을 불러오는 방법이 이것이라고 할 수 있습니다. 그러므로 아무리 제나아리하였어도 관간을 할 줄 모르면 제나사리가 편안하지 않습니다. 관간을 통하여 나의 세계와 너의 세계를 보고, 그 관계에 말씀으로써 사이가 균형과 조화를 이루고 사랑으로 충만하도록 제나사리하십시오.

4) 범수(凡守)

그다음으로 범수(凡守)를 들었습니다. 중국식으로 하려면 수범이라고 해야 한답니다. 하지만 우리나라에서는 문맥상 범수로 해도 무방하다고 합니다. 수범이보다는 범수가 더 마음에 들었답니다. 범수는 자연스럽게 살라는 말입니다. 자연은 있는 그대로 진리입니다. 그런데 자연스러운 것은 정말로 평범합니다. 산은 산이고 물은 물이지요. 그냥 그렇습니다. 그런 연유로 평범함을 간직하라는 의미인 범수가 나왔습니다. 참사람을 구태여 삼육공도범부라고 부르는 이유가 이것입니다. 삼육공도범부는 어차피 이 지구의 대지를 밟고 사는 평범한 살앎입니다. 지극히 평범함, 지극히 자연스러움은 당연히 제나사리의 덕목입니다. 여기서 평범하다는 것은 '일반적인 것' 내지는 '보통의 것'을 말하기보다는 '제 것대로의 것'을 뜻합니다. 누군가는 저를 노골적으로 사이비 명상가 취급을 했습니다. 제나든 무엇이든 '깨달은 사람' 같지 않다는 것입니다. 심지어 어떤 사람은 언짢아했습니다. 앞으로 아마도 많은 사람들이 그렇게 말할 것입니다. 그런 면에서 저는 이 범수라는 덕목과 관련하여 참 잘 살고 있다고 생각하였습니다. 그 사람들이 생각하는 '깨달은 사람' 같지 않게 저는 진짜로 평범하게 살고 있으니까요.

범수에는 또한 우리의 현주소를 잊지 말라는 당부도 들어 있습니다. 우리는 살앎, 즉 사람입니다. 범수는 살을 망각하고 앎만 가지고 있는 초월계에 빠져 있지 말라는 의도도 있습니다. 사람은 물성계 중에서도 현상계에 있습니다. **존재**인 것입니다. 앞으로 어떤 계의 어떤 차원에서 수련하고 있더라도 삶은 지금여기에 있습니다. 그것이 우리의 현주소이지요. 이것은 어떤 권위로도 부정할 수 없습니다. 그것을 망각하게 되면 있는 사람이 없어집니다. 혹은 분리성이 사라집니다. 공(空)이라든지 불이(不二)라든지 그런 것들은 아주 차원 높은 깨달음이지만 현주소에 맞지 않는 측면에서는 역시 자연스럽지 못합니다. 영성계나 신성계나 공성계나 심성계 어느 것도 다 마찬가지입니다. 그 안에 고착되면 그 계의 진리와 진실에도 불구하고 모순이 나옵니다. 왜냐하면 지금여기 우리의 현주소가 아니기 때문입니다.

제나아리 명상원을 방문했던 어느 분은 저에게서 어떤 기적(奇跡)을 기대하고 왔었음을 저는 알고 있습니다. 유감스럽지만 저는 기적을 행할 수 있는 사람이 아닙니다. 아마도 저에게 기적을 행할 수 있는 능력이 있었다고 해도 저는 기적을 행할 수 없었을 것입니다. 이 세상은 그대로 온전하여 누군가가 기적을 행해야 하는 곳이 없습니다. 자신의 세계에서 기적이 필요하다면 그것은 자신만이 할 수 있습니다. 각자의 주관적인 세상에서 살고 있는 우리는 남의 세상에 눈곱만큼도 관여할 수 없습니다. 각자의 주관적인 세상이 객관적인 세상에 영향을 미칠 때에만 주관적인 각자의 세상으로 그 영향을 가져갈 수 있는 거지요. 당신의 세계에 제가 어떤 기적을 일으키는 것이 아니라 당신 자신이 그런 기적을 만들어 가는 것입니다. 영성계나 신성계나 공성계 혹은 심성계에 있는 사람은 기적을 행할 수 있을지도 모릅니다. 그러나 삼육공도에 있는 사람은 다만 범부일 뿐입니다. 여기는 참세상이고 우리는 참사람입니다. 우리에게 필요한 것은 참살이고 참살림이지 기적이 아닙니다. 그래서 제나사리의 도사는 '생활의 달인'이지 도술을 부리는 '기인'은 아닌 것입니다.

삼육공도가 범부인 것은 실망스러운 일일지도 모릅니다. 그렇게 싱거울 수가 없었습니다. 제나를 다 깨닫고 보니 정말로 실망스러웠습니다. 물에 물 탄 맛이라고나 할까, 헛웃음이 나왔습니다. '세상에, 여기가 거기라니! 거기가 여기라니! 이 세상이 그대로 진리이고 참이었다니!' 이 세상은 영도에서도 진리이고 참이었는데 단지 내가 몰랐을 뿐이었습니다. '영도의 세상이 그대로 삼육공도의 세상이었구나!' 그리고 온전하였습니다. 일그러진 것은 일그러진 대로 온전하였고 찌그러진 것은 찌그러진 대로 온전하였던 것입니다. 우리는 흔히 온전함을 통찰하지 못합니다. 보통은 일그러진 것이나 찌그러진 것은 온전함이 아닌 것으로 알고 있습니다. 좋은 것, 바른 것, 옳은 것, 평화롭고 즐겁고 기쁘고 행복한 것이 온전함이고 나쁜 것, 바르지 않은 것, 옳지 않은 것, 불평스럽고 불쾌하고 슬프고 불행한 것에는 온전함이 없다는 인식을 가지고 있습니다. 그러나 제나에서의 온전함은 모든 것이 다 있으므로 가능해집니다. 제나는 그 모든 것이니까요. 그 모든 것이 다 나입니다. 온전한 나에게는 슬프고 불행한 시간도 있는 것입니다. 내가 그것을 싫어한다고 그것이 온전함에서 빠지지는 않습니다. 내가 그것을 싫어하기 때문에 그것을 오래 겪을 필요가 없다는 것은 바른 견해이나 내가 그것을 싫어하기 때문에 그것은 온전하지 않다는 것은 바르지 않습니다. 그렇지요? 저도 불편한 것은 싫습니다. 불쾌한 것이 싫어요. 슬프고 불행한 것이 싫습니다. 그렇다고 그런 것들이 저의 온전함에서 빠지지는 않습니다. 좋은 것은 좋은 대로 살고 싫은 것은 또 싫은 대로 삽니다. 범수는 이 온전함으로 살라는 말입니다. 삼육공도범부 이전에 제나아리한 참사람이므로 범부보다는 좀 특별대우가 있을 것으로 기대할 수도 있습니다. 나에게 온전함이란 마치 일그러진 것이나 찌그러진 것이 없는, 그리고 좋은 것, 바른 것, 옳은 것, 평화롭고 즐겁고 기쁘고 행복한 것만 있는 반쪽짜리로 기대할 수 있습니다. 하지만 그럴 리가요! 그것은 제나의 온전함이 아닙니다. 반만 있는 것은 온전하지 않습니다. 그래서 제나사리는 그 모든 것이 다 있는 온전함으로 하시기 바랍니다. 참사람은 특별한 사람이 아닙니다. 정말로 정말로 평범한 사람입니다. 그것을 잃지 않아야 제대로 제나사리하실 거예요.

5) 금결(禁結)

금결(禁結)은 맺어 두지 말자는 것입니다. 인연을 맺지 말자는 뜻이 아니라 마음에 맺어 두지 말라는 말입니다. 맺은 것을 매듭이라고 합니다. 금결에서 보는 매듭에는 두 가지가 있습니다. 하나는 과거의 영역에 있는 매듭이고 또 하나는 미래의 영역에 있는 매듭입니다. 과거의 영역에 있는 매듭은 풀어지지 않고 과거로 흘러간 것이고 미래의 영역에 있는 매듭은 빚 같은 것입니다. 둘 다 지금여기 현재에 영향을 미칩니다. 사실은 우리가 마인드스캔을 할 때 올라오는 것은 모두 과거의 영역에 있는 매듭이라고 할 수 있습니다. 우리가 살아오면서 지금이라는 현재 시간 안에서 경험한 것들이 모두 기억으로 남지는 않습니다. 그 숱한 순간들이 모두 현재라는 시간 속에서 살앎하지만 그 살의 앎 대부분이 의미로 남지 않고 그대로 망각됩니다. 하지만 마음속에 의미 있게 받아들인 상황이나 자극은 뇌리에 각인되어 기억으로 맺혀서 남겨집니다. 그런 것들이 매듭입니다. 살앎에서의 살이 60조 개에 달하는 체세포라고 한다면 그 세포들은 피부, 뼈, 근육, 체액 그리고 각 장기를 형성하고 있습니다. 그러한 신체 기관 중에는 두뇌라고 하는 것도 있습니다. 생각하고 기억하고 회상하고 느끼고 하는, 살이 내는 마음을 주관하는 기관이 되겠습니다. 대부분의 매듭은 두뇌에 회로를 통해서 형성해 놓은 것입니다. 그래서 매듭은 순전히 살이 낸 마음 영역에 있습니다. 어떻게 보면 나라는 살앎은 그 매듭이 다인 것 같습니다. 내가 존재하고 있는 현재 시점의 지금여기라는 배경으로부터 어떤 상황 또는 자극이 있었고, 나는 거기에 어떻게 반응을 해 왔으며, 그리고 바로 지금여기 현재에서는 어떻게 반응을 하고 있는지 그것이 나의 과거이고 나의 현재이며 미래이니까요. 그래서 제나아리 명상에서 마인드스캔으로 그것을 빼 보는 것입니다.

마인드스캔하는 과거의 영역에 있는 매듭은 그것이 아무리 아름답고 향기롭고 달콤하고 행복한 것일지라도 지금여기에 존재하는 것은 아닙니다. 존재하는 것은 오직 현재뿐이지요. 과거는 지나간 현재로서 지금여기가 아닙니다. 그래서 좀 심하게 이야기하자면 과거의 영역 안에 있는 매듭이라는 것이 현재에 반영될 때는 망령이라고 할 수 있습니다. 많은 사람들이 그 망령에 사로잡혀서 살고 있습니다.

그런가 하면 사람들은 아직 오지 않은 미래의 시간에도 매듭을 만들수 있습니다. 돈을 꾼다든지 외상 지는 것은 대표적인 예입니다. 그뿐이아닙니다. 약속을 한다든지, 기대를 하거나 상상으로도 맺습니다. 그런데 매듭이 생기는 시점은 과거나 미래가 아닙니다. 매듭은 오직 현재 시점에서 맺어집니다. 과거나 미래에 매듭을 만들 수 있는 능력은 사람에게는 없습니다. 오직 지금여기 현재만이 살아 있는 삶의 공간이어서 매듭은 현재에서 만들어지는 것입니다. 신재심(身在心)으로 관아하면 마음이 맺히는 것이 보입니다. '아, 지금 내 마음이 맺히는구나', 그것이 분별됩니다. 빈정이 상한다든지 짜증이 난다든지 화가 난다든지 실망을 한다든지 등등 불쾌한 경험을 할 때에 마음이 맺히게 됩니다. 그리고 보통 이상의 부정적인 다른 경험들도 마음을 맺히게 합니다. 놀랐다든지 겁이 난다든지 부끄럽다든지 자존심이 상한다든지 슬프거나 아프거나 그런 기분 나쁜 경험에서도 마음은 맺힙니다. 사실은 들떴다거나 흥분할 때도 마음이 맺힙니다. 그러나 보통 이러한 매듭들은 풀매듭입니다. 증폭되었던 기분이 가라앉으면 풀어지지요. 풀매듭은 저절로 풀리기도 하고 퇴색이 되기도 하고 망각될 수도 있습니다. 문제는 풀어지지 않는 옭매듭이 되겠습니다.

옭매듭은 회복되지 않을 만큼 크게 옭혀서 상한 마음에서 생깁니다. 생명의 위협을 느꼈다든지 죽을 것 같이 고통스러운 경험을 했다든지 그런 때에는 뇌리에 아주 강한 회로가 만들어집니다. 공포, 두려움, 불안, 좌절, 슬픔, 자존심의 손상, 혹은 수치심 등으로부터 겪게 되는, 존재를 불리하게 혹은 위험하게 만들었다고 느끼게 되는 마음의 상처가 그러한 경험이 되겠습니다. 그런 류의 옭매듭은 살아가는 동안 다시는 그런 불리함 혹은 위험을 되풀이해서 경험하지 않기 위하여 머릿속에 깊이 새겨집니다. 그래서 지금여기 현재 시점에 비슷한 상황이 오면 스트레스로 작동하게 됩니다. 자기로 하여금 피하거나 맞서 싸우게 하는 것입니다. 외면하거나 회피하거나 거부하거나 부정하거나 미워하는 것은 피하게 하는 기전(機轉)이고, 짜증을 내고 화를 낸다든지 분노한다든지 복수를 한다든지 혹은 위해를 가하는 등의 행동으로 나오는 것은 맞서 싸우는 동인(動因)으로 작동한 것이지요. 그게 업력이고 카르마의 힘입니다. 그러한 옭매듭이 업이고 카르마이니까요. 행복한 기억이 마음을 옭아맬 때도 있습니다. 행복의 풀매듭은 어떤 기호(嗜好)로 작용하고 추구하는 경향성이 되겠지만 행복의 옭매듭은 강력한 집착으로 작용하게 됩니다. 이것도 제나사리를 자연스럽게 하지 못하는 장애가 됩니다. 역시 풀어내야 하는 옭매듭이라고 하겠습니다.

　보통 옭매듭은 언제 만들어졌는지 기억하지 못하는 경우가 많습니다. 프로이드가 말하는 것처럼 자신도 모르는 무의식 층에 억압해 두고 의식하지 못하면서 쓰고 있는 것입니다. 우리나라 사람들이 가지고 있는 정서 중에는 한(恨)이라는 것이 있습니다. 이 한이 바로 강하게 묶어 놓은 옭매듭들입니다. 한이 많은 사람은 원망이 많습니다. 원망이 많으면 남을 사랑하는 것이 어렵습니다. 자유롭지도 못합니다. 그래서 현실적으로 많은 가능성을 놓치고 삽니다. 이것은 온전함을 잃는 것입니다. 한이 많은 사람은 불행하게 살고 있기 쉽습니다.

　제나아리하고 제나사리를 하는 참살앎은 더 이상 삶에서 마음을 옭아매지 않을 겁니다. 진심으로 겸손하고 관아와 관간이 제대로 되면서 범수로 산다면 도대체 맺을 것이 무엇이 있겠습니까. 그런데 제나사리하는 삼육공도범부에게도 맺힌 것이 있습니다. 저의 제나사리 초기를 되돌아보면 사실은 관아를 표전으로 드러난 것들만 하고 있었다는 것을 시인하지 않을 수 없습니다. 그래서 보지 못한 옭매듭이 있었던 것입니다. 그런 문제들은 제나아리 이전에 맺어 놓은 것이었습니다. 저의 의식이 미치지 않는 곳에 들어 있었으므로 보이지 않았고, 보이지 않았으니 풀 수도 없었습니다. 그래서 옭매듭을 풀기 위한 작업은 그 보이지 않는 부분을 탐색하는 것에서부터 시작해야 합니다. 보이지 않는 부분이지만 의식으로 떠올라 표전이 될 수 있는 마음의 영역이 있습니다. 정신분석학에서는 그 영역을 전의식(前意識)이라고 부릅니다. 그 지대에 매듭이 있습니다. 그리고 매듭의 끝은 의식의 영역에 걸쳐 있습니다. 우리는 그 끄나풀을 가지고 매듭을 탐색하고 분별해 들어갈 것입니다.

동양에서는 명상이라는 것을 통하여 존재에 대한 인식을 발달시켰다면 서양에서는 심리학을 통하여 마음의 구조와 작용에 대한 연구를 발달시켰습니다. 프로이드(Sigmund Freud)의 정신분석학에서는 마음 안에 존재하는 무의식이라는 영역을 연구하였습니다. 그의 제자였던 융(Jung, Carl Gustav)은 분석심리학을 통하여 개인의 무의식을 넘어서 집단무의식이라는 영역에 대해서도 많은 연구 업적을 남기고 있습니다. 무의식이라는 것은 자신이 의식하지 못하는 마음의 세계로서 의식의 세계에 영향을 줍니다. 집단무의식은 한 개인에게만 그러한 영역이 존재하는 것이 아니고 집단에게도 존재하는 무의식이 있음을 알려 줍니다. 사람은 자신의 의식으로는 도저히 받아들일 수 없는 경험을 자신이 인식하지 못하는 영역에 새겨 두고 있다는 것입니다. 그 무의식 영역에 존재하면서 의식의 세계에 부정적인 영향력을 행사하고 있는, 자신이 인식하지 못하는 어두운 국면을 그림자라고 합니다. 이 그림자를 분석하는 방법이 가장 널리 쓰이고 있는 전의식 속의 옭매듭 탐색 방법이 되겠습니다. 최면 상담 기법도 유용한 방법이라고 생각합니다. 최면은 의식을 지배하고 있는 무의식에 접근하는 기술이라고 볼 수 있기 때문입니다. 전문적인 방법 외에 우리가 할 수 있는 탐색은 자신의 마음을 맺히게 하는 요소를 분별하는 것입니다. 이상하게도 어떤 종류의 자극에 노출되었을 때 번번이 화를 내게 되더라고 한다면 거기에 내가 맺어 놓고 있는 옭매듭이 있습니다. 매번 똑같은 잔소리를 하게 되더라 하는 곳에도 옭매듭이 있습니다. 늘 같은 불평을 하고 있는 것이 보인다면 그것도 탐색하여야 합니다. 비슷한 상황을 되풀이하여 유발하는 습관에서도 찾아보아야 합니다. 필요 이상으로 강하게 사로잡히는 감정이 있다면 그 안에도 맺어진 것이 있을 것입니다. 내가 어떠한 자극을 받았을 때 자신도 모르게 머리에 스파크가 일어난다면 그것을 분석해 들어가야 합니다. 그러려면 마인드스캔을 통하여 관아하여야 그 상황을 알아차릴 수 있습니다. 매듭은 어쨌거나 자기 안에 자기가 맺어 놓은 것입니다. 결자해지(結者解之)라고 하지요. 풀 수 있는 것도 오직 자신만이 할 수 있습니다.

심리학 이론 중에 자이가르닉 효과(Zeigarnik Effect)라는 것이 있습니다. 러시아의 심리학자 블루마 자이가르닉이 제시한 이론으로 '미완성 효과'라고도 합니다. 완성된 일은 기억에서 잊어지지만 완성되지 않은 일은 완성될 때까지 계속해서 붙잡고 있게 된다는 것입니다. 기억에 붙잡고 있다는 것은 심리적인 긴장 상태가 지속되고 있다는 말입니다. 맺는다는 것은 결국 미완성된 기억입니다. 그것은 해결이 될 때까지 우리의 마음에 자리 잡고 있게 됩니다. 따라서 금결에서는 맺어 놓은 것의 해결이 반드시 있어야 합니다. 해결이 되지 않으면 긴장이 지속되면서 계속 스트레스 상태에 노출되어 있게 됩니다. 스트레스 상황에서는 자유와 사랑과 가능성이 없습니다. 그런 때 존재는 온전하지 못합니다. 존재가 온전하지 못하면 제나사리도 온전하지 못합니다.

미래에 맺어 두지 않는 것도 중요합니다. 미래에 맺는 것은 보통 욕심이 합니다. 지금 갖지 못한 것을 미래에서 빌려오기 때문입니다. 돈이라든지 권력, 체면이라든지 기회까지도 빌려옵니다. 빌려온 것을 갚을 때까지는 매어 있을 수밖에 없습니다. 그런 때에도 온전함이 없습니다. 참살앎은 완전함과 대자유자재하고 대자대비하며 전지전능한 절대계의 성품으로부터 온 품성이 있습니다. 온전함과 자유, 사랑, 가능성이 그것입니다. 그러나 어떤 사리(쌂)에서건 그것이 제나사리라고 하더라도 온전함을 잃어버리는 상황이 없을 수는 없습니다. 그런 때에는 '온전치 못하구나'라고 깨닫고 다시 온전함을 회복하면 됩니다. 영도범부이든 삼육공도범부이든 우리는 모두가 범부입니다. 범부의 정서에는 칠정(七情)이라고 하는 희노애락애오욕(喜怒哀樂愛惡慾)이 다 들어 있습니다. 기쁨, 노여움, 슬픔, 즐거움, 사랑, 미움, 욕심을 말합니다. 삼육공도범부라고 해서 이런 감정들이 없지 않습니다. 참사람은 기쁨만 있고 즐거움만 있으며 사랑만 가지고 있는 것이 아닙니다. 이것만 있다면 그 참사람은 온전하지 않습니다. 사람에게는 생체리듬이 있습니다. 오르락내리락 하고 있어야 살아 있는 것이지 움직임이 없는 일직선의 감정이라면 죽음을 의미하지요. 좋은 것이 있으면 나쁜 것도 있기 마련입니다. 그런데 칠정이 다 있어도 참살앎하는 삼육공도범부는 자유롭습니다. 여전히 온전하며 사랑과 가능성의 존재입니다. 칠정은 다만 그 시간에 그렇게 표현된 것임을 알기 때문에 아무런 문제가 되지 않습니다. 오름에서는 오름에서의 삶을 살고 내림에서는 내림으로 살 줄 아는 것입니다. 오름만 옳고 내림은 그르다고 하지 않을 것이고 오름만 좋고 내림은 나쁘다고 하지도 않을 것입니다. 다 온전함으로 살겠지요. 하지만 영도범부로 돌아갔다면 내림은 그르고 나쁠 것입니다. 이때에는 온전함이 없습니다. 다시 삼육공도로 돌아와 온전함을 회복하여야 합니다. 어떻게 회복하여야 할지 방법이 막막합니다. 그렇지요? 영도범부로 돌아갔다면 내림은 그르고 나쁩니다. 내림도 온전하려면 그 내림에서 '그르고 나쁘다'를 빼면 됩니다. 그러면 내림도 그르지 않고 나쁘지 않습니다. 만약 그 내림이 관계였다면 그 관계에서 '내가 그르고 나빴다'라는 것을 인정하고 거기에 다시 온전함을 가져오면 됩니다. 중요한 것은 '내가 그르고 나빴다'가 마음속에만 있으면 아무 소용이 없다는 점입니다. 이 세상은 마음을 살로 드러내지 않으면 그 마음은 세상에 나오지 않습니다. 반드시 말씀으로 표현이 되어 그 관계에서 실현이 되어야 합니다. 그것이 '그르고 나쁘다'를 빼는 방법이니까요. 그것이 해결입니다. 해결은 매듭을 푸는 것입니다. 그리고 그것이 금결하는 방법입니다. 해결하지 않으면 매듭은 여전히 존재할 것입니다. 온전함에는 매듭이 없습니다.

6) 참살이

제나아리하고 수련원을 나올 때 이 제나아리한 것을 사람들에게 나누어야겠다고 마음먹은 것이 저의 서원이었습니다. 만약 당신이 제나사리를 시작한다면 제나아리한 것으로 앞으로 어떻게 살 것인지에 대한 서원을 세우는 것이 필요합니다. 아마도 제나아리하게 되면 누가 시키지 않아도 서원을 하게 될 것입니다. 이제는 자신이 누구인지를 깨달았으니 그에 맞추어 새로운 삶에 대한 설계를 하게 될 것이기 때문입니다. 그때에는 나뿐인 삶이 되지는 않을 겁니다. 제나는 그럴 수 없지요. 자신이 이 세상의 어디에 헌신할지 스스로 정하게 되리라 믿습니다. 당신이 거기에 있음으로 하여 당신의 우리가 달라질 것임도 저는 믿습니다. 스스로 온전하고, 온전한 이 세상을 만들어 갈 것입니다. 당신 스스로 자유롭고, 자유로운 세상을 만들어 갈 것입니다. 당신 스스로도 사랑이고, 이 세상을 사랑의 세계로 만들어 갈 것입니다. 당신 스스로 가능성이고, 이 세상을 가능성의 세계로 만들어 갈 것입니다. 자유와 사랑과 가능성이 있는 온전한 세상, 저는 그것이 참세상이라고 알고 있습니다. 제나아리한 모든 사람은 저절로 그 세상을 위한 헌신이 있습니다. 그렇지 않다면 제나아리한 것이 아닐 것입니다. 그렇지요? 그건 믿음도 아니고 권유도 아니고 주어진 것도 아닙니다. 그냥 당신의 마음이 난 것입니다. 참사람의 서원은 그러므로 무위이고 자연스럽습니다. 온전한 이 세상에서 온전한 당신 삶의 방향을 설정하는 일이며 어디로 어떻게 갈 것인지에 대한 나침반을 얻은 것입니다. 참세상에서 모든 것과 함께 존재하며 함께 사는 삶을 살겠지요. 참살앎의 세상살이는 참살림입니다. 우리 참되이 잘 살림하면서 사십시다.

VI

온새미나의 향기

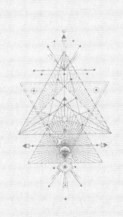

1. 멋진 온달

2018년 여름의 더위는 대한민국의 날씨에서 길이 기억에 남을 해인 것 같습니다. 폭염과 열대야 일수가 역대 최고치를 기록하고 있습니다. 한낮의 온도가 38~39도를 오르내리던 어느 일요일 아침이었습니다. 늘 하던 것처럼 평강은 여섯 시에 일어나서 아침을 준비하였습니다. 식탁을 다 차릴 즈음에 온달이 주방으로 나왔습니다. 시어머니 직녀는 밭에 나가고 딸내미 선덕은 아직도 자고 있는 중입니다. 평강은 오늘 할 일이 많습니다. 좁은 주방을 넓히느라고 그릇장과 김치냉장고를 밖으로 끌어내기로 하였습니다. 솜씨 좋은 온달이 주방 밖에다 아주 작은 골방을 하나 만든 것입니다. 김치냉장고가 거실에 놓인 지 몇 달이 지났는지 모릅니다. 이제 겨우 자리가 마련되어 거실도 정리를 할 수 있게 되었습니다. 주방에 있는 그릇장을 옮기려면 그 안에 있는 그릇들을 다 끄집어내야 합니다. 평강은 어제 그 일들을 마치고 싶었지만 온달이 고교 동창 모임이 있어 하루를 까먹었습니다. 오늘도 놓치면 다시 일주일을 기다려야 할 판입니다. 둘은 식탁에 마주앉아 아침 식사를 하였습니다. 평강은 온달의 심기를 건들지 않고 그 일을 제안할 요량으로 눈치를 보고 있습니다. 일상적인 이야기 몇 마디가 오고간 다음 평강은 무심코 음식을 하느라고 불을 썼더니 주방이 너무 덥다는 말을 하였습니다. 온달은 대뜸 "네가 창문을 내지 못하게 해서 창문을 못 내니 그렇지!"라고 짜증을 부립니다. "여보, 내가 왜 창문을 내지 못하게 해?" 자신이 하지도 않은 말을 가지고 비난을 하고 있는 온달의 짜증이 어이가 없는 평강은 눈이 동그래졌습니다. 온달은 자기의 잘못을 인정하지 못하고 대드는 평강에게 왕짜증이 났습니다.

"네가 창문을 내지 말라며!"

"아니 내가 왜 창문을 내지 말라고 했겠어!"

"네가 내지 못하게 해서 못 달고 있었던 거잖아. 그렇지 않았음 벌써 내고도 남았어!"

개뿔, 여태까지 바빠서 창문 낼 시간도 없었으면서! 평강도 슬슬 열이 나기 시작했습니다.

"당신이 생각해 봐. 내가 왜 창문을 내지 말라고 그래? 불을 쓰면 이렇게 더운데! 나는 작은 걸로 내자고 그랬지."

"저 봐, 저 봐. 자기가 한 말도 모르네! 네가 그랬는지 안 그랬는지 엄마한테 한 번 물어봐."

"그래, 어머니한테 물어보자, 내가 정말 그랬는지 안 그랬는지. 난 당신이 1미터짜리로 낸다고 한 것에 반대했을 뿐이야. 1미터짜리는 너무 아래까지 내려와서 가스레인지 위에 올려놓은 냄비까지 밖에서 다 들여다보일 것 같아서 싫다고 했지. 나는 0.5미터짜리로 내자고 했잖아."

"글쎄, 당신이 창문 내지 말자고 했다니까!"

언성이 높아지고 둘 다 화가 머리끝까지 올라가고 나서야 평강이 입을 다물었습니다. 더 이상 대꾸를 하면 온달이 폭발해 버릴까 봐 참는 것입니다. 하지만 속에서는 분하기 이를 데가 없습니다. 막상 하려던 말은 꺼내지도 못했습니다. 숟가락을 놓고 온달은 나가 버리고 평강은 먹은 그릇을 치웠습니다. 조금 있자니 직녀가 들어왔습니다. 평강은 직녀의 밥상을 챙기면서 푸념을 합니다.

"어머니, 내가 언제 애비한테 창문 내지 말자는 소리 하는 것 들은 적 있으세요?"

"며칠 전에 주방이 하도 더워서 애비한테 창문을 왜 안 내냐고 했더니 네가 못 내게 한다고 하더라. 그런 소린 들었어도 난 너희가 하는 얘긴 못 들었다."

이런 젠장. 자기가 어머니한테 한 얘기를 가지고 날 보고 어머니한테 확인을 해 보라고 그랬어? 이게 어머니가 증인이 될 수 있다는 거야? 나 참, 어이가 없네!

평강은 직녀가 식사를 마치자 설거지를 하고 청소를 시작하였습니다. 밭일이 시작되고 나서는 집안일에는 관심이 거의 없는 직녀입니다. 직장 다닌다는 핑계로 평강도 자주 청소를 하지 못합니다. 먼지가 수북하게 쓸려 나옵니다. 물걸레 청소까지 끝나자 거실에 있는 김치냉장고를 닦았습니다. 코드를 뽑아 놓은 지 한참이 지났습니다. 한 칸은 비워져 있었는데 한 칸은 말이 아니었습니다. 묵은지가 들어있는 김치통 하나가 방치되어 썩어 있었고, 성에가 녹은 물에서는 악취가 났습니다. 얼마나 비위가 상했는지 모릅니다. 그리고 얼마나 후회가 되었는지 모릅니다. 평강이 분명 김치냉장고 코드를 뽑기 전에 안을 확인했었던 것입니다. 그런데 한쪽만 열어 보았던 것이지요. 어떻게 이런 실수를 저지를 수가 있을까요. 냄새를 지우기 위해서 주방세제로 닦아 내고 알코올로도 닦아 냈습니다. 그래도 냄새가 가시지를 않습니다. 또 슬슬 부아가 치밀어 올랐습니다.

그다음에는 그릇장을 비우기 시작하였습니다. 자고 있는 선덕을 깨워서 같이 좀 하자고 부탁했지만 선덕은 일어날 기세가 아닙니다. 평강은 포기하고 혼자서 다 하기로 마음을 먹습니다. 그릇을 차근차근 꺼내서 식탁 위에 놓았습니다. 그릇장과 김치냉장고를 옮길 때에 방해를 받을 것 같아 그것들을 다시 거실 입구와 좌탁 위로 옮겼습니다. 시간이 꽤 걸리는 작업이었습니다. 일이 끝나자 점심 식사를 준비할 시간입니다. 가지도 볶고 마른 새우를 넣고 꽈리고추도 조렸습니다. 점심상을 다 차리기도 전에 조금 전에 밭에서 들어와 방에서 쉬고 있던 직녀가 나왔습니다. 그리고 이어서 온달이 들어왔습니다. 전동드릴을 들고 들어온 것을 보면 아래층에서 무언가 작업을 했던가 봅니다. 더위 때문에 얼굴이 벌겋습니다. 평강은 마음이 급합니다. 기다리는 것에는 아주 젬병인 온달입니다. 아침에 끓여 놓은 반 그릇 정도 남아 있는 미역국을 덥힐까 하다가 그냥 상에 내어 놓았습니다. 온달은 자리에 앉아서 식사를 하려고 보니 물컵에 물이 반쯤밖에 차 있지를 않습니다. 분노가 치밀어 올랐습니다. 왜 평강은 매번 물을 잘 챙기지 못하는 걸까요! 온달은 벌떡 일어나서 반쯤 찬 컵의 물을 밖으로 확 쏟아 버립니다. 그리고는 냉장고로 가서 새 물병을 꺼내다 물을 컵에 콸콸 쏟아 붓습니다. 온몸으로 '나 이렇게 화났어!'라는 연출을 하고 있는 것입니다.

"물 다 먹으면 꺼내 놓으려고 했는데."

평강이 변명을 합니다.

"됐어!"

그것만 해도 속이 부글부글 끓는데 한 그릇 올라와 있는 미역국은 먹으라는 건지 말라는 건지 덥히지도 않았네요!

"이걸 도대체 먹으라는 거야, 말라는 거야!"

"여보, 난 밥이 더운밥이니까 그냥 말아서 먹어도 된다고 생각해서 덥히시 않고 갖다놓은 건데…."

온달은 계속해서 변명을 하고 있는 평강이 더욱더 얄미워집니다. 평강도 화가 납니다. 자기는 상 차리는데 반찬 하나 꺼내 놓지도 않았으면서 불평불만만 해 대고 있습니다. 아침서부터 저 인간이 나를 들들 볶고 있는 것입니다. 아, 정말이지 일요일은 평탄한 날이 별로 없습니다. 분위기가 싸한 것을 보고 직녀는 서둘러 밥을 먹고 방으로 들어갔습니다. 평강과 온달도 침묵 속에서 밥을 먹었습니다. 평강은 설거지를 시작하고 온달은 거실로 들어가다가 그릇장이 다 빈 것을 보았습니다.

"어, 그릇장 다 비웠네?"

"그거 옮기려고. 오늘이 아니면 또 일주일 기다려야 하니까."

온달은 내심 미안했습니다. 자신이 그렇게 화가 났던 것은 방 안에서 꼼짝도 안 하는 평강 때문이었습니다. 밖에서 혼자서 일을 하는데 내려와서 좀 거들어 주면 좋을 것을 얼굴 한 번 비추지 않는 평강이 아주 괘씸하였던 것이지요. 그런데 나름 일을 하고 있던 것을 알게 되자 슬며시 미안해집니다. 내친 김에 김치냉장고도 옮기고 그릇장도 옮기기로 하였습니다.

그런데 김치냉장고 무게가 만만치 않습니다. 온달과 평강과 직녀가 옮기기에는 역부족입니다. 평강은 숙소에 있는 직원에게 부탁을 해 볼 생각을 하였지만 그들은 모두 외출 중이라고 합니다. 그럼 늦더라도 그들이 돌아왔을 때 도움 좀 받아서 옮기자고 제안했으나 온달은 휴일에 그들에게 집안일을 시키고 싶지 않았습니다. 어떻게 해서든 식구끼리 옮겨야겠다고 마음먹었습니다. 힘에 부치는 일을 하려니 다시 올라오는 짜증이 이만저만이 아닙니다. 통로에 놓여 있는 쌀독을 옮기고 자리를 낸 다음에 옮겨야 한다고 직녀가 충고했지만 온달에겐 그 말 역시 짜증나는 잔소리로만 들립니다. 그래서 평강이 쌀독을 옮길 준비를 하는 것을 보지도 못했습니다. 그리고는 김치냉장고를 힘겹게 돌리는 순간 한 달

전에 새로 산 냉장고 문을 김치냉장고 모서리로 긋고 말았습니다. 온달은 화가 나서 얼굴까지 벌겋게 달아올랐습니다.

"아, 뭐하고 있었어! 그것도 하나 못 보고!"

분노를 터트리고 나니 점점 더 부아가 치밀어 오릅니다.

"이놈의 김치냉장고, 그냥 확 굴려 버릴까 보다! 이걸 내다 버리지 끼고 사느라고 난리야, 난리가! 에이, 이거 갖다 버려! 이놈의 걸 왜 옮기느라고 이 지랄이야, 지랄이! 저 냉장고 문만 갈아야겠다! 이건 갖다 버리자! 에이, 승질 나!"

이제는 머리꼭지까지 분노가 치밀었습니다.

"너 때문에 그랬잖아! 그걸 잘 잡아야지, 뭐하느라고 그것도 제대로 못 잡아!"

평강이 온달을 쳐다보니 무어라도 걷어찰 기세입니다. 평강은 아무 소리도 안 하고 멍하니 지켜보고 있습니다. 속에서는 자기 잘못도 내 탓으로 돌리고 있는 온달이 야속하기 짝이 없습니다. 그렇게 분노와 원망에 차서 겨우겨우 김치냉장고와 그릇장이 자리를 잡았습니다. 주방에 돌아와 보니 냉장고 앞의 장판도 여기저기 까져 있었습니다. 평강은 멋쩍은 웃음을 지으며 온달의 엉덩이를 손바닥으로 살짝 때렸습니다.

"으이구, 성질머리 하고는. 좀 보면서 옮기지."

"그러는 너는 뭐했어. 잘 좀 들지!"

"그때 난 쌀독 옮기고 있었단 말이야"

온달은 전동드릴을 들고 아래층으로 내려가 버렸습니다. 평강은 혼자서 거실에 두었던 그릇들을 다시 그릇장으로 옮기기에 여념이 없습니다. 그때 선덕이 주방으로 나왔습니다. 선덕은 점심을 찾아 먹고는 방으로 들어갑니다. 평강은 선덕에게 그릇 정리를 같이 하자고 요청을 했습니다. 그렇지 않아도 혼자서 밥 챙겨먹으면서 눈치가 보였던 선덕입니다. 잔뜩 화가 난 엄마의 표정을 보는 것만으로도 엄청 짜증이 났습니다. 그까짓 것 같이 거들지 않았다고 저렇게 골이 났다니 엄마는 속이 좁아도 보통 좁은 게 아닙니다. 정말 마음에 들지 않지만 거실 입구에 늘어져 있던 그릇은 옮겨 주었습니다.

"이제 다 했지? 난 들어간다."

"아니, 테이블에 더 많이 있어."

"더 해야 돼?"

"에이, 고까짓 거 하고선 뭘 그래. 엄만 꺼내는 것도 혼자서 다했는데."

그것 봐. 속은 좁쌀이지. 그까짓 것 혼자 했다고 있는 대로 성깔을 부리고 있잖아. 선덕은 자기가 돕지 않고 낮잠을 잤다고 비난을 하고 있는 평강 때문에 부아가 치밀어 오릅니다.

"언제까지 해야 돼?"

선덕은 못마땅해서 툴툴거립니다. 평강은 여태까지 꼼짝 않고 누워 있다가 그릇 몇 개 옮겼다고 짜증을 내고 있는 선덕이 어이가 없습니다.

"화내지 마, 선덕. 이게 뭐 힘들다고 화를 내니?"

이런, 적반하장도 유분수지. 지금 화를 내고 있는 게 누군데 나보고 화를 낸다고 비난을 합니까? 선덕은 약이 오를 대로 올랐습니다.

"다 엄마 때문이잖아!"

"뭐가 엄마 때문이야? 엄마는 혼자서도 다 꺼내 놓았는데, 그것도 못해?"

비난이 계속되자 선덕은 폭발해 버렸습니다.

"그렇다고 내가 화가 덜 나야 돼? 엄마가 혼자서 꺼내는 걸 다 했으면 지금 내가 화가 덜 나느냐고?"

잡아먹을 듯이 노기충천해서 대드는 선덕을 보자 평강은 참고 참았던 분노가 한꺼번에 폭발하고 말았습니다. 아침부터 온달한테서 온갖 탓을 다 들었는데 이제는 딸내미한테서도 탓을 듣는 것이 억울해서 견딜 수가 없습니다.

"정말, 오늘 나한테 왜들 이래? 내가 뭘 그렇게 잘못했다고 나만 탓하는 거야!"

평강은 식탁에 엎드려 펑펑 울기 시작하였습니다. 계단을 올라오던 온달은 사태를 짐작하고는 달려와 평강을 위로합니다. 하지만 평강의 귀에는 하나도 들리지 않았습니다. 선덕은 자기 방으로 들어가 버리고, 온달은 몇 안 남은 나머지 그릇들을 챙겨 주고 나갔습니다. 평강은 방으로 들어와 못다 푼 서러움으로 한참 더 울었습니다. 그리고는 주섬주섬 조그만 보스턴백에 잠옷이며 내일 아침에 출근할 때 입을 옷가지를 간단하게 챙겼습니다. 막상 차를 몰고 나오니 갈 데가 없습니다. '화천으로 해서 철원을 다녀올까? 가평으로 해서 수피령 고개로 넘어오면 시간이 좀 걸릴 테니 마음이 조금은 풀리겠지? 그러기보다는 아예 부모님한테나 가 볼까?' 이런저런 궁리를 하다가 일단 의암 쪽으로 운전대를 꺾었습니다. '예전에 가 본 적이 있는 팔봉산을 가 보자! 그리로 가서 양평으로 넘어가 경치 좋은 모곡 쪽으로 돌아오자.' 평강은 마음을 정하고 차를 달렸습니다. 녹음의 자연을 보고 달리자니 마음이 조금씩 누그러집니다. 팔봉산을 지나서 아주 가파른 고개를 넘어갑니다. 이대로 운전을 하고 가면 시간이 너무 적게 걸릴 것 같습니다. 마음을 다 풀려면 더 긴 코스를 골라야겠습니다. 고개 마루를 넘자마자 오른 쪽으로 좁은 산길이 보입니다. 저 길을 따라서 내려가면 이쁜 마을이 있을 것 같습니다. 문득 한 번 내려가 볼까 하는 마음이 생겼습니다. 하지만 그냥 지나쳐 버립니다. 고개를 다 넘어가니 왼쪽으로 범상치 않은 산봉우리 두 개가 나타났습니다. 주변의 다른 산들과는 다르게 봉우리가 바위로 된 오뚝한 산입니다. 그 산으로 다가가자 그 옆 계곡으로 난 좁은 산길이 얼핏 보였습니다. 저기를 들어가 볼 걸 그랬나? 하지만 이미 지나쳐 버렸습니다. 그런데 가 보고 싶습니다. 평강은 차를 돌리기로 마음먹었습니다. 결국 선마을 입구에서 차를 돌렸습니다. 다시 되돌아와서 산길로 들어갑니다. 산길은 겨우 차 한 대가 갈 수 있는 좁은 길이었습니다. 이러다가 나오는 차라도 만나면 참으로 난감할 것입니다. 그런 생각을 하면서도 멈추지 않고 계속 들어갔습니다.

한참 들어가 보니 이번에는 앞이 탁 트인 아주 넓은 공간이 나왔습니다. 밭들이 다들 사오백 평 이상의 규모는 되어 보입니다. 밭들을 지나가니 길은 경사도가 50도는 될 성싶게 이어집니다. 평강은 타이어가 다 닳아버린 고물차가 미끄러질 것 같은 위협을 느꼈습니다. 위를 올려다보니 왼쪽으로 아주 평평한 몇천 평은 될 것 같은 큰 밭이 보입니다. 오른쪽에 있는 밭도 왼쪽 밭보다는 작지만 몇천 평은 됨직합니다. 그 밭 오른쪽 끝에 암자인지 농막인지 집이 한 채 보였습니다. 평강은 저런 집에는 어떤 사람이 살고 있는지 궁금해졌습니다. 차를 돌릴 수 있는 공간이 나타났지만 평강은 돌아서지 않았습니다. 끝까지 올라가니 백 개도 넘을 듯싶은 많은 장독이 가지런히 줄을 지어 서있는 장독대가 제일 먼저 눈에 띄었습니다.

'아, 장 만들어 파는 데인가 보다!'

그런데 오른쪽 끝에 있는 건물 앞에 마루가 있고 그곳에 스님 한 분과 여자 두 분 그리고 남자 한 분이 앉아서 이야기를 나누고 있는 모습이 눈에 들어옵니다. 평강은 차에서 내려 사람들에게로 다가가며 인사를 하였습니다. 그곳은 무려 일만 삼천 평에 이르는 넓은 터전으로 앞으로 선원을 지을 것이랍니다. 전경을 돌아보니 겹겹이 둘러싸인 산 능선들만 시야에 가득 찼습니다. 저 산들은 발치에 사람 사는 마을을 품고 있을 것입니다. 평강이 첩첩이 겹쳐진 산 능선을 바라보고 있자니 문득 지지고 볶는 일들이 별것 아니게 느껴졌습니다. 처음 보는 스님과 보살님들 그리고 처사님과 함께 이런저런 이야기를 나누면서 평강의 가슴속에 맺혀있던 매듭이 서서히 풀어지기 시작하였습니다.

마침 이 층에서 기도 중인 처사님 한 분이 차가 없어 갈 길이 막막했다는 이야기를 듣고 평강은 기꺼이 그분과 동행하여 산을 내려왔습니다. 가고자 하는 곳까지 모셔다 드린 다음 평강은 보스턴백을 실은 채 집으로 돌아왔습니다. 온달이 멋쩍게 반겨 주었습니다. 저녁밥을 챙겨 먹는 평강에게 다가와서 어디 다녀오느냐고 묻지도 않고 온순하게 말을 걸어 줍니다. 그런데 평강의 마음속에 있는 매듭은 아직 다 풀어진 것이 아니었습니다. 평강은 안색이 아직도 뚱한 채로 온달이 묻는 말에 짧게 대답하고 있습니다. 온달은 계속해서 '여보, 나는 다 풀렸어요'라는 메시지를 보내고 있지만 평강은 계속해서 '나는 하나도 안 풀렸어요'라는 반응을 보이고 있는 중입니다.

그다음 날도 식구들 모두 서먹하게 보냈습니다. 온달은 사실 평강에게 미안한 마음이 들었습니다. 냉장고에 흠집을 낸 것도 나보다는 평강이 더 속이 상했을 것입니다. 아침나절에 평강이 집 안에서 그렇게 혼자서 일을 하고 있었던 것을 오해하여 있는 대로 성질을 부린 것도 정말 미안했습니다. 기억을 더듬어 보니 평강의 말대로 작은 창문으로 내자고 했던 것도 생각이 났고, 그로 인해 언성을 높였던 것도 미안했습니다. 그런데 평강의 마음이 쉽게 풀어지지를 않네요. 선덕은 엄마나 아빠의 싸늘한 분위기가 싫습니다. 그래도 엄마가 펑펑 우는 모습을 보고 조금 미안한 생각이 들었었습니다. 아량 넓은 내가 참지 못한 것도 마음에 들지 않았습니다. 내가 먼저 마음을 풀어야지. 그것이 선덕의 입장입니다. 직녀도 마음이 불편합니다. 아들내외가 서로 데면데면하니 식탁에 앉아도 바늘방석입니다. 평강은 남편이 야속합니다. 그렇게 잘못해 놓고도 언제나 그랬던 것처럼 사과 한마디 안 하고 있습니다. 하나밖에 없는 딸내미는 엄마 속을 알아주기는커녕 바득바득 대들기나 하고. 자식은 키워 봤자 아무 소용도 없다는 생각이 풀풀 올라옵니다.

　다음 날 아침입니다. 평강은 평소와 다름없이 여섯시에 일어나 아침을 준비하여 식탁을 차리고 아침을 먹었습니다. 직녀는 밭에 나가서 들어오지 않았고, 자고 있을 선덕은 들여다보지도 않았습니다. 그냥 온달과 평강 둘이 마주 앉아서 아침식사를 하였습니다. 여전히 온달이 '나는 다 풀었어요'라는 사인을 보냈지만 평강은 모른 체하였습니다. 식사가 끝나자 평강은 빈 그릇을 가져다 설거지를 시작하였습니다. 물을 먹고 있던 온달은 컵을 가져다 평강에게 넘겨주고 나갑니다. 나가는 온달의 뒤통수에 대고 평강이 말합니다.

　"여보, 나한테 사과해."

　나가다 말고 온달이 돌아섭니다.

　"어떻게 사과해야 해?"

　"그냥 미안하다고 말해."

　온달이 다시 평강에게 다가왔습니다.

　"여보, 나 정말 당신한테 미안해."

　그러면서 평강을 꼭 껴안았습니다. 순간 온달의 마음에서도 평강의 마음에서도 벅찬 감동이 쓰나미처럼 올라왔습니다. 평강의 마음에 응

어리져 있던 서운한 마음이 그 한마디로 인하여 여름 햇볕에 나온 얼음처럼 순식간에 녹아 버렸습니다. 생전 안 해 보던 사과를 한 온달은 머쓱해져서 뒤돌아 나갑니다. 평강은 다시 온달의 뒤통수에 대고 말했습니다.

"여보, 사과해 줘서 정말 고마워."

온달은 촉촉하게 젖은 눈빛으로 평강을 잠시 돌아다보고 나갔습니다. 우와, 정말로 멋진 순간입니다. 조금 전까지만 해도 소한(小寒) 추위 같이 얼어붙었던 평강의 눈빛도 봄볕처럼 따스해졌습니다. 그러자 평강은 일말의 주점함도 없이 곧바로 선덕의 방으로 들어갔습니다.

"선덕, 엄마가 너한테 화를 내서 미안해. 엄마가 화가 난 상태여서 너한테 상냥하게 말이 나가지 못했어. 너 때문에 화가 난 것이 아니었는데 그렇게 하고 말았네. 정말 미안해, 딸."

선덕이 평강에게 말합니다.

"나도 엄마 때문에 화난 건 아니었어, 엄마."

그리고 일주일이 지났습니다. 밤늦게 퇴근하여 차에서 내리는 평강을 온달이 창문을 열고 손을 흔들며 반갑게 맞이합니다. 평강이 늦은 저녁을 먹는 앞에 앉아서 온달이 말합니다.

"여보, 나도 내가 왜 그러는지 모르겠어. 사실은 당신이 오기를 기다리고 있거든. 그래서 당신이 들어오면 무척 반가워. 마음은 그런데 말은 늘 반대로 나가더라고. 이제는 그러는 내가 보이니까 조금씩 고쳐 나갈 수 있을 것 같아. 그게 내 진심이니까 때로 당신을 섭섭하게 하더라도 고쳐 나가는 나를 좀 응원해 줘."

평강도 나름 반성을 많이 하였습니다. 온달이 그렇게 '나는 화가 다 풀렸어요'라는 메시지를 보내는데도 풀어지지 않던 마음을 보았던 것입니다. '내가 옳아'가 있었던 것이지요.

"여보, 나도 내가 옳다는 입장만 고수했어. 미안해."

평강도 온달에게 말했습니다. 그러면서 평강은 결혼 후 요즘처럼 온달이 멋있어 보인 적이 없었다는 것을 알았습니다. 온달이 연애할 때의 그 멋진 온달로 되돌아와 있었습니다. 그때 온달의 핸드폰이 울렸습니다. 아마도 온달의 대학 동창이 오랜만에 전화를 했나 봅니다.

"요즘 어떻게 지내?"

전화 속 목소리가 온달에게 묻습니다. 온달은 주저 없이 대답합니다.

"나? 요즘 아주 좋아. 늘 요즘 같으면 좋겠어."

평강도 마음속으로 그렇게 말했습니다. 그리고 온달이 있어 행복하다고 생각하였습니다.

사람들은 살아가면서 누구나 성공하기를 바랍니다. 성공하기 위해서 공부하고 일하고 노력합니다. 그런데 어떤 사람이 성공한 사람일까요? 성공한 사람은 과연 어떻게 살까요? 우리나라 사람들이 생각하는 성공한 사람이란 아마도 돈을 많이 벌어서 하고 싶은 것을 참지 않고 다 하고 사는 사람이지 않을까 싶습니다. 지구상의 모든 지역에서 사람들이 돈 많이 버는 것이 성공이라는 데 동의할지도 모릅니다. 혹은 명예를 높이는 것, 높은 지위를 갖는 것, 강력한 권력을 얻는 것 등등 비슷한 성공 염원을 가지고 살고 있을 것입니다. 그리고 각 개인은 이러한 성공을 위해서 아주 많은 노력을 기울이고 있습니다.

부자가 되는 것이 성공한 삶이라고 생각해 봅시다. 이 성공은 노력만 한다고 이루어지는 것은 아닌 것 같습니다. 우리나라에서는 사회구조상

우선 금수저[22]를 물고 나오면 절대적으로 유리합니다. 가방끈도 좀 길어야 유리하고요, 줄도 잘 서야 합니다. 거기에다 금전운이라는 것도 따라 주어야 합니다. 청년 실업률이 심각하게 높은 시대에 살고 있는 사회초년생들은 취직만 하면 성공한 것처럼 보일 것입니다. 그러나 직장에 들어가 그 직장사회의 일원이 되고 나니 성취해야 할 대상이 또 나타납니다. 승진을 해야 성공을 하는 겁니다. 주임으로 승진하고 나니 이번엔 대리가 되어야 하고, 대리가 되고 나니 과장이 되어야 한답니다. 이 사원은 언제 성공할 수 있을까요? 이런 종류의 성공을 저는 사회적인 성공이라고 부릅니다. 사회적인 성공을 좀 자세히 들여다보면 그 안에는 '남과의 비교'가 들어가 있습니다. 남들보다 돈을 더 많이 버는 것, 남들보다 더 큰 명예를 얻는 것, 남들보다 더 높은 지위를 획득하는 것, 남들보다 더 강한 권력을 갖는 것입니다. '남들보다 더'이어야 하니 어떤 사람보다 더 성취를 해도 극복해야 하는 또 다른 어떤 대상이 내닫습니다. 그 상대방을 제치고 나면 또 다른 남이 나타납니다. 이렇게 사회적인 성공은 해도 해도 끝이 없습니다. 성취하고 보면 또 성취하여야 할 고지가 보이고, 성취하고 나면 또다시 고지가 나타납니다. 그래서 사회적인 성공은 이루기가 어렵습니다.

삶에는 다른 성공도 있습니다. 바로 자기 인생에서의 성공입니다. 자기 인생에서의 성공은 누구나 할 수 있습니다. 마음먹기에 따른 것이기 때문입니다. 마음은 누구에게나 있으니까요. 도대체 자기 인생에서 성공한다는 것은 어떤 걸까요? 어떻게 마음을 먹어야 내 인생에서 성공할

---

22 부모의 부에 따른 자식의 경제적 지위를 비유한 분류입니다. 금수저, 은수저, 동수저, 흙수저 등으로 구분하며 요즘에는 최상으로 다이아몬드 수저도 말하고 있습니다.

수 있을까요?

자기 인생에서 성공한 사람은 행복하게 살고 있습니다. 행복이야말로 자기 인생에서의 성공인 것입니다. 사람은 누구나 행복할 권리가 있고 행복할 수 있는 능력이 있습니다. 행복할 권리와 능력은 우리에게 이미 다 갖추어져 있습니다. 단지 그것을 모를 뿐입니다. 누구에게나 마음이 있는 한 누구에게나 행복할 수 있는 권리와 능력은 있는 것입니다. 그 마음을 어떻게 쓰느냐에 따라 행복할 수도 있고 불행할 수도 있습니다.

범부에게 행복은 저절로 찾아와 주는 것은 아닙니다. 행복하게 살기 위해서는 지혜가 있어야 하고 노력하여야 합니다. 제나아리에서 지혜는 제나를 아는 것입니다. 우리는 드러나 있는 빙산의 일각을 보고 그것이 나의 전부라고 알고 있습니다. 그래서 자기가 어떤 존재인지를 아는 것은 중요합니다. 우리의 본성은 절대계의 성정을 그대로 반영합니다. 우리는 그것으로부터 남(출생)하여 남(타인)이 되었으니까요. 절대계에는 공성과 신성이 속해 있습니다. 공성의 성정은 완전합니다. 신성의 성정은 대자유자재, 대자대비, 전지전능합니다. 물성계의 분리성, 변화성, 유한성에도 불구하고 물성으로 살고 있는 우리의 성품 또한 이와 다르지 않습니다. 공성으로부터는 온전함을 가져왔습니다. 찌그러진 것은 찌그러진 대로 온전하고 일그러진 것은 일그러진 대로 온전한 것입니다. 그리고 우리는 신성으로부터 자유와 사랑과 가능성을 가져왔습니다. 온전함 속에서 우리는 언제든지 자유와 사랑과 가능성으로 살 수 있습니다. 그리므로 당신은 온전하며, 자유와 사랑과 가능성의 존재입니다. 그러한 통찰로 깨어나야 합니다. 제나란 나만 나가 아니고 너도 나이고 그들도 나이고 그것들도 모두 나입니다. 여기에는 절대평등이 존재합니다. 그러한 각성으로 깨어나야 합니다. 그래서 우리는 남을 나와 같이 인정하고 균형을 유지할 수 있습니다. 나와 남과 그들과 그것들 사이에 조화를 이룰 수 있습니다. 이렇게 사는 것이 자연스럽습니다. '나'에서 남(출생)하여 남(타인)이 된 우리지만 자유와 사랑과 가능성으로 온전함이 존재하는 자리는 행복일 것입니다. 나만의 행복이 아닌 너도 행복이고 그들도 행복이고 그것들까지도 온전함으로 존재하겠지요. 온전함, 그것은 행복의 다른 이름이라고 할 수 있습니다.

우리는 행복하기 위하여 명상도 하고 행복하기 위하여 제나아리도 합니다. 그래서 제나사리는 행복하게 사는 삶입니다. 그래서 제나사리는 당신의 인생에서 성공하는 사람이 되는 길입니다. 그리고 그것이 그냥 자연스럽습니다.

저는 남편과 딸, 시어머니와 함께 살고 있는 아주 지극히 평범한 사람입니다. 화도 많이 내고 겁도 많으며, 낯선 곳에서는 주눅이 들기도 하고, TV를 보면서 눈물도 잘 흘리고, 남들이 보면 사소할 것에 감동도 많이 하며, 언짢은 말을 들으면 기분 나쁘고 속이 상하기도 합니다. 남과 다른 것이 있다면 저는 그러한 저 자신이 참 좋다는 점입니다. 기쁘면 웃고, 슬프면 울고, 화가 나면 화를 내고, 무서우면 겁내고, 못 하는 것은 어설프고, 안 해 본 것은 잘 해 내지 못하는, 그냥 평범한 저 자신이 좋습니다. 저는 그것이 참된 살앎이라고 알고 있습니다. 제나를 모르면 그런 것들도 다 온전함인 온새미나를 알 수 없습니다.
─과 1을 모두 알아야 제나를 안 것입니다. 그것을 다 알아야 나의 온새미 제나를 볼 수 있습니다. 그리고 그것을 다 알아야 나의 현주소를 바르게 알 수 있습니다. 나의 현주소는 살앎입니다. 살앎으로 살고 있으

면서 신의 권능을 갖고자 한다면 그것은 자신의 현주소를 망각하고 있는 것입니다. 살앎으로 살고 있으면서 신이라고 한다면 현주소를 놓치고 있는 것입니다. 공이고 무아라고 한다면 그 또한 자신의 현주소를 망각하고 있는 것입니다. 나는 오직 마음뿐이라고 한다면 그것도 자신의 현주소를 제대로 파악하지 못하고 있는 것입니다. 한편, 현주소를 정확하게 알고 있는 사람이라도 제나를 모르고 온새미나를 볼 수 없는 사람은 영혼도 나이고 신도 나이며 공도 나이고 마음도 나라는 진리는 모를 것입니다. 그 모든 것이 다 '나'이면서 지금여기의 나는 살로 앎하고 있는, 즉 사람입니다. 하나의 사람으로 그냥 자연스럽게 살아갈 뿐입니다. 제가 보기에는 나도 사람이고 당신도 사람이고 그들도 모두 사람입니다. 이 땅에 태어나서 살다가 죽어간 이들도 모두 사람이었습니다. 또한 제가 보기에는 당신도 있고 그들도 있고 그것들도 있습니다. 그 속에서 저도 살고 있습니다. 당신이 보기에도 그렇지 않은가요? 그것은 내가 존재하고픈 욕심 때문에 그런 것도 아니고, 나라고 하는 아집이 있어서 그런 것도 아닙니다. 우리의 현주소가 살앎이기 때문에 그러합니다. 우리가 살 하고(살고) 있는 이 세상은 물성계입니다. 물성계에 존재하는 것의 속성은 분리성과 변화성과 유한성입니다. 따라서 살의 차원, 一로 보는 제나에 대한 인식으로는 이 세상에 존재하는 그 어느 것도 영원하지 않습니다. 마찬가지로 앎의 차원 1로 보는 제나도 똑같습니다. 제나로 보면 절대계의 신도 영원하지 않고 공도 영원하지 않습니다. 그뿐만 아니라 제가 보기에는 당신도 그들도 그것들도 각자의 본성대로 살아가는 모습이 아름답습니다. 욕심과 어리석음으로 거짓 삶을 살고 있는 사람들에게서도 본래의 마음, 우리에게 내재해 있는 양심은 가려지는 때가 있을지는 몰라도 없어지는 법은 없습니다. 양심은 누구에게나 있습니다. 육신의 두 눈은 밖으로만 향합니다. 이제 나를 상대하고 있는 남의 눈에 비춰진 '나'를 나라고 인식하여 남들과 경쟁하고 차별하고 갈등하는 시계(視界)로부터 벗어나 잠시 눈을 감아 보세요. 눈을 감고 내면을 바라보는 눈은 마음의 눈입니다. 마음의 눈으로 자기를 바라볼 수 있을 때 참된 나 자신을 만날 수 있습니다. 그 나는 상대적이지 않기 때문에 비교하고 차별하지 않습니다. 그러한 절대성의 나 자신의 참모습을 회복하여야 우리는 각자가 참살앎이 됩니다. 그 참살앎이 사는 세상은 참세상이 되는 것입니다. 그러면 당신은 '나'와 함께 온새미나의 향기를 누릴 수 있을 것입니다. 특별한 것이 행복이 아니라 사는 것이 그대로 행복인 이 세상. 이 세상은 있는 그대로 참이고 진리이고 진실입니다. 있는 그대로 온전합니다. 아직 당신이 모르고 있을 뿐, 당신은 있는 그대로 참이고 진리이고 진실입니다. 당신은 있는 그대로 온전합니다. 당신은 있는 그대로 자유와 사랑과 가능성의 존재입니다. 당신이 이 사실을 아셨으면 좋겠습니다. 모든 이가 이 사실을 다 아셨으면 참 좋겠습니다.

나비가 열리는 나무의 마지막 페이지는 이렇습니다.

희망찬 날갯짓으로 날아오른 파랑빛의 나비는 파랑 애벌레들이 사는 나뭇가지로 다가갔습니다. 그리고는 파랑 애벌레들에게 자신의 빛을 비추었습니다. 애벌레들은 파랑빛 속에서 들려 오는 목소리를 들었습니다. 너희는 모두가 형제야. 너희는 모두가 까막과줄 나무였어. 너희는 모두가 온전해. 너희는 모두가 자유야. 너희는 모두가 사랑이야. 너희는 모두가 가능성이야. 너희는 모두가 하나야. 너희는 모두가 다 나야.

"얘들아, 어머니 까막과줄 나무가 죽어가고 있어!"

처음에는 웅성거리던 애벌레들은 차츰 파랑빛의 나비가 들려주는 소리에 귀를 기울이기 시작하였습니다.

"우리가 계속 싸우는 것은 어머니 까막과줄나무를 죽이는 거야."

그러자 그 목소리를 제대로 알아들은 어느 파랑 애벌레가 큰 목소리로 물었습니다.

"그런 이야기는 들어 본 적이 없어. 그걸 어떻게 알아?"

"우리가 싸우느라 정신이 없어서 보지 않았어. 너희가 먹고 있는 이파리를 봐. 시들고 있는 거 보여?"

목소리를 들은 이웃 가지의 애벌레들까지 그들은 모두 깜짝 놀랐습니다. 그러자 갑자기 까막과줄 나무에 침묵이 퍼져 나갔습니다. 충격에서 벗어난 파랑 애벌레가 적막을 깨고 다시 물었습니다.

"그럼 우리가 까막과줄 나무를 살리려면 어떻게 해야 하는데?"

"두려워하지 마. 그건 우리가 싸움을 멈추기만 하면 돼. 서로 사랑하면서 살면 우리에게서 더 이상 독이 나오지 않아. 그럼 어머니 까막과줄 나무는 다시 싱싱해질 거야."

파랑빛의 나비는 다시 속삭였습니다.

"얘들아, 사실은 어머니 까막과줄 나무와 우리는 하나야. 알과 너희 애벌레들과 번데기와 나비들도 원래는 모두 까막과줄 나무였어. 우리는 다르지 않아. 그래서 우리는 서로 사랑하면서 살아야 해. 그래야 어머니 까막과줄 나무가 행복하게 살 수 있어. 그래야 우리도 생생하게 살 수 있는 거야. 어머니 까막과줄 나무는 너희를 사랑해. 나도 너희를 사랑해. 사랑해. 사랑해. 사랑해…."

비가 개고 무지개가 뜬 어느 날, 찬란하게 빛나는 햇살을 받으며 반짝

반짝 빛나는 빛의 나비들이 온 세상을 향해서 비행을 시작하였습니다. 파랑빛의 나비가 들려 준 이야기는 온 세상에서 빛을 내며 속삭일 것입니다. "얘들아, 사실은 우리는 하나야. 원래는 모두 흔 나였어. 우리는 다르지 않아. 그래서 우리는 서로 사랑하면서 살아야 해. 그래야 온 세상이 행복하게 살 수 있어. 그래야 우리 모두가 행복하게 살 수 있는 거야. 사랑해. 사랑해. 사랑해. 사랑해…."

당신은 온전합니다.
당신은 자유이고 사랑이고 가능성입니다.
당신은 행복입니다.
그리고 당신은 참살앎입니다.
이제는 참살이하고 참살림하십시다.